KB090292

2023

비단길

비전공자도 단번에
합격할 수 있는
길잡이

정보처리기사
실기 2권

BM (주)도서출판 성안당

목차

섹션별 출제 빈도

각 섹션의 출제 빈도에 따라 ★로 표시했습니다. 시험 준비 시간이 부족하다면 출제 빈도가 높은 섹션부터 먼저 학습하세요!

★★★ : 반드시 학습해야 하는 섹션입니다.

★★ : 합격을 위해 해당 섹션을 함께 학습해야 합니다!

★ : 출제 가능성이 낮은 섹션이므로 간략히 학습하세요.

9챕터　소프트웨어 개발 보안 구축

★★
01 SECTION 소프트웨어 개발 보안 구축　6
01. 소프트웨어 개발 보안 설계　6
02. Secure SDLC와 Secure OS　11
03. 소프트웨어 취약점　14
04. 시큐어 코딩　16
05. 암호 알고리즘　26

★
02 SECTION 시스템 보안 구축　32
01. 시스템 보안　32
02. 보안 아키텍처　35
03. 시스템 인증　37
04. 로그 및 취약점 분석　38
05. 보안 솔루션　41

★★★
03 SECTION IT 신기술 및 소프트웨어 개발 트렌드 정보　48
01. 네트워크 구축 관련 신기술 및 트렌드 정보　49
02. SW 구축 관련 신기술 및 트렌드 정보　60
03. HW 구축 관련 신기술 및 트렌드 정보　72
04. DB 구축 관련 신기술 및 트렌드 정보　77
05. 보안 구축 관련 신기술 및 트렌드 정보　83
챕터 기출예상문제　98

10챕터　프로그래밍 언어 활용

★★★
01 SECTION C언어　104
01. 데이터 타입, 변수　104
02. 연산자　108
03. 입/출력 함수　111
04. 제어문　114
05. 배열과 문자열　127
06. 구조체　131
07. 포인터　134
08. 함수　143

★★★
02 SECTION JAVA　147
01. 클래스, 객체　147
02. 입/출력 함수　154
03. 배열과 문자열　158
04. 상속, 오버라이딩, 오버로딩, 추상 클래스　164

★★★
03 SECTION Python　172
01. 입/출력 함수　172
02. 숫자형, 문자열, 리스트, 튜플, 딕셔너리, 집합　175
03. if문, for문　181
04. 함수, 클래스, 객체　186

★
04 SECTION 프로그래밍 언어 활용　192
01. 변수의 구분　192
02. 프로그래밍 언어　193
03. 라이브러리　198
04. 예외 처리　201
챕터 기출예상문제　203

11챕터 응용 SW 기초 기술 활용

★★
01 SECTION **운영체제 기초 활용**   218
01. 운영체제   218
02. 메모리 관리   222
03. 프로세스 스케줄링   231
04. 디스크 스케줄링   238
05. 파일 관리   241
06. 병행 프로세스   242
07. 교착상태   243
08. 환경 변수   244
09. 운영체제 기본 명령어   246

★★★
02 SECTION **네트워크 기초 활용**   250
01. 인터넷   250
02. OSI 7계층   257
03. 네트워크 장비   265
04. TCP/IP   269
05. 프로토콜   271
챕터 기출예상문제   278

12챕터 제품 소프트웨어 패키징

★
01 SECTION **제품 소프트웨어 패키징**   284
01. 제품 소프트웨어 패키징과 릴리즈 노트   284
02. 패키징 도구 활용   287
03. 제품 소프트웨어 설치 매뉴얼, 사용자 매뉴얼
                                                   290

★
02 SECTION **소프트웨어 품질**   293
01. 소프트웨어 품질   293
02. 소프트웨어 품질 표준   295
챕터 기출예상문제   301

실전 모의고사 & 최신 기출문제

실전 모의고사 1~3회   305
서술형 대비문제   338
2020년 1~3회 기출문제   20-1
2021년 1~3회 기출문제   21-1
2022년 1~3회 기출문제   22-1

찾아보기   421

9 챕터

소프트웨어 개발 보안 구축

- [소프트웨어 개발 보안 구축] 챕터는 보안적 요소를 고려한 응용 소프트웨어 개발을 위해 소프트웨어 개발 전 단계에 보안 요소를 갖추는 방법에 대해 학습합니다.
- 응용 소프트웨어 개발 시 발생할 수 있는 보안 취약점을 확인하고 소프트웨어 개발 보안 가이드를 참고하여 제거합니다.
- 비밀번호와 같이 암호화가 필요한 데이터는 암호 알고리즘을 적용합니다.
- 꾸준히 출제되고 있는 IT 신기술 용어에 대해 학습합니다.

01섹션. 소프트웨어 개발 보안 구축
  01. 소프트웨어 개발 보안 설계 ★★
  02. Secure SDLC와 Secure OS ★
  03. 소프트웨어 취약점 ★★
  04. 시큐어 코딩 ★
  05. 암호 알고리즘 ★★★

02섹션. 시스템 보안 구축
  01. 시스템 보안 ★★
  02. 보안 아키텍처 ★
  03. 시스템 인증 ★
  04. 로그 및 취약점 분석 ★
  05. 보안 솔루션 ★★

03섹션. IT 신기술 및 소프트웨어 개발 트렌드 정보
  01. 네트워크 구축 관련 신기술 및 트렌드 정보 ★★★
  02. SW 구축 관련 신기술 및 트렌드 정보 ★★★
  03. HW 구축 관련 신기술 및 트렌드 정보 ★★
  04. DB 구축 관련 신기술 및 트렌드 정보 ★★
  05. 보안 구축 관련 신기술 및 트렌드 정보 ★★★

합격자의 **암기 노트**

▶ **보안 3요소 : 무기가**
- 키워드 정보 변경 → 용어 무결성
- 키워드 접근 허용 → 용어 기밀성
- 키워드 접근 시간 → 용어 가용성

▶ **CLASP의 5가지 관점 : 개구취 역평**
- 개념 관점, Ⅰ
- 구현 관점, Ⅳ
- 취약점 관점, Ⅴ
- 역할 관점, Ⅱ
- 평가 관점, Ⅲ

▶ **양방향 암호 방식 분류 : LC / DASA / RC**
- Stream 방식 : LFSR, RC4
- Block 방식 : DES, AES, SEED, ARIA
- 비대칭키 암호화 기법 : RSA, ECC

▶ **시스템 보안 구현 환경**
- 키워드 인적, 절차, 규정 → 용어 관리적 보안
- 키워드 설비/시설 → 용어 물리적 보안
- 키워드 정보 → 용어 기술적 보안

▶ **인증 유형 : 생소한 행위지**
- 생체 기반 인증
- 소유 기반 인증
- 한
- 행위 기반 인증
- 위치 기반 인증
- 지식 기반 인증

▶ **취약점 분석 평가 수행 절차 : 계대분평**
- 계획 → 대상 선정 → 분석 → 평가

01

소프트웨어 개발 보안 구축

응용 소프트웨어를 개발할 경우 보안적 요소를 고려하여야 합니다. 소프트웨어 개발 보안 가이드를 참고하여 보안 요소를 고려한 응용 소프트웨어 개발 방법론과 시큐어 코딩, 암호 알고리즘 등에 대해 학습합니다.

★★ 01 소프트웨어 개발 보안 설계

1 소프트웨어 개발 보안

소프트웨어 개발 보안은 사이버 공격의 원인인 보안 취약점을 소프트웨어 개발 단계에서 미리 제거하고, 소프트웨어 개발 생명 주기에서 단계적으로 보안 업무를 수행하는 개발 방법이다.

• 보안 요소를 만족하는 안전한 소프트웨어※를 개발 및 운영하기 위한 목적으로 수행한다.

> **안전한 소프트웨어**
> 보안 관련 기능을 수행하는 소프트웨어가 아닌, 신뢰성이 위협받는 상황에서도 시스템을 신뢰할 수 있는 상태로 유지할 수 있도록 만들어진 소프트웨어

1. 소프트웨어 개발 보안의 3요소   [20년 4회] [22년 2회 필기] [21년 1회 필기] [20년 2, 3회 필기]

소프트웨어 개발 보안에서 정보보안의 3원칙인 기밀성, 무결성, 가용성을 지키고, 보안 취약점을 사전에 방지하여 외부 위협과 내부 위협으로부터 위험을 최소화하는 구축 방법을 말한다.

3요소	설명
기밀성 (Confidentiality)	인가(Authorization)된 사용자만 정보 자산에 접근할 수 있는 것 📖 방화벽, 암호
무결성 (Integrity)	적절한 권한을 가진 사용자에 의해 인가된 방법으로만 정보를 변경할 수 있도록 하는 것 📖 지폐는 오직 정부(적절한 권한을 가진 사용자)만이 한국은행을 통해(인가된 방법으로만) 만들거나 변경할 수 있다.
가용성 (Availability)	정보 자산에 대해 적절한 시간 또는 시점에 접근 가능한 것 📖 24시간 편의점은 무엇인가 필요할 때 언제든지 이용할 수 있다(가용하다).

> **합격자의 암기법**
>
> 보안 3요소 : 무기가
> • [키워드] 정보 변경 →
>   [용어] 무결성
> • [키워드] 접근 허용 →
>   [용어] 기밀성
> • [키워드] 접근 시간 →
>   [용어] 가용성

 3요소 외 보안 요소

그 외 요소	설명
인증 (Authentication)	시스템이 각 사용자를 정확히 식별하고자 할 때 사용하는 방법 📖 보안 절차-로그인
부인 방지 (Non-repudiation)	메시지 송·수신이나 교환 후 또는 통신이나 처리가 실행된 후에 그 사실을 증명함으로써 사실 부인을 방지하는 보안 기술 📖 이메일을 송신하고도 송신하지 않았다고 주장하는 송신자의 부인을 막는 송신 부인 방지

2. 소프트웨어 개발 보안 용어

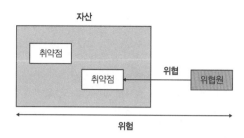

용어	설명
자산 (Asset)	조직의 데이터 또는 조직의 소유자가 가치를 부여한 대상 예 서버의 하드웨어 및 소프트웨어와 기업의 중요 데이터
위협원 (Threat Agents)	조직 자산의 파괴와 손해가 발생하는 행동을 할 수 있는 내·외부의 주체 예 해커, 인가받지 않은 내부 임직원, 단체, 자연재해
위협 (Threat)	조직의 자산에 대한 위협이 되는 위협원의 공격 행동 예 해킹, 삭제, 자산의 불법적인 유출, 위·변조, 파손
취약점 (Vulnerability)	위협이 발생하기 위한 사전 조건 및 상황 예 평문 전송, 입력값을 검증하지 않음, 비밀번호를 공유하는 행위 등
위험 (Risk)	위협원이 취약점을 이용해 위협적인 행동으로 자산에 나쁜 영향의 결과를 가져올 확률과 영향도 예 해커에 의한 실질적인 공격, 취약점에 의한 정보 유출

평문(Plaintext, Cleartext)
누구나 읽을 수 있는 암호화되기 전의 원본 메시지

2 소프트웨어 개발 보안 체계와 직무별 보안 활동

SW 개발 보안 관련 활동 주체는 행정안전부, 발주기관(행정기관 등), 한국인터넷진흥원(KISA), 사업자, 감리법인 등으로 구분할 수 있으며, 개발 보안 주체별로 잘 정의된 개발 보안 활동과 주체 간의 유기적인 협력이 필요하다.

▼ 활동 주체별 개발 보안 역할(SW 개발 보안 가이드, KISA, 2019)

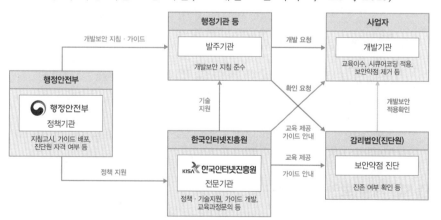

활동 주체	역할
행정안전부	• SW 개발 보안 정책 총괄 • SW 개발 보안 관련 법규, 지침, 제도 정비 • 국정원과 협의하여 'SW 개발 보안 가이드' 공지 • 감리법인(진단원) 양성과 관련된 업무 수행
한국인터넷진흥원	• SW 개발 보안 정책 및 가이드 개발 • SW 개발 보안 기술지원, 교육과정 운영 및 자격제도 운영
발주기관 (행정기관 및 공공기관 등)	• SW 개발 보안 계획 수립 • 제안요청서에 'SW 개발 보안 적용' 명시 • SW 개발 보안 역량을 갖춘 사업자 선정 • SW 개발 보안 준수 여부 점검 • SW 개발 보안 진단역량을 갖춘 감리법인 선정
사업자(개발자)	• SW 개발 보안 관련 기술 수준 및 적용계획 명시 • 개발 인력 대상 SW 개발 보안 관련 교육 실시 • SW 개발 보안 가이드를 참조하여 개발 • 자체적으로 보안 약점 진단 및 제거 • SW 보안 약점 관련 시정 요구 이행 • SW 보안 약점이 제거된 사업 결과물 및 증빙서류 등 제출
감리법인	• 감리계획 수립 및 협의 • 분석단계 중요정보 및 중요기능 분류 및 설계항목 정의 확인 • 설계단계 설계산출물에 대한 설계항목 반영 확인 • SW 보안 약점 제거 여부 진단 및 조치 결과 확인

▼ SW 개발 직무별 보안 활동(SW 개발 보안 가이드, KISA, 2019)

개발 직무	보안 활동
프로젝트 관리자 (Project Manager)	팀 구성원에게 보안 전략을 알리고, 보안 영향을 이해시킨다.
요구사항 분석가 (Requirement Specifier)	아키텍트가 고려해야 할 보안 관련 비즈니스 요구사항[※]을 설명한다.
아키텍트 (Architect, 구조 설계자)	보안 오류가 발생하지 않도록 보안 기술 문제를 충분히 이해하고, 적절한 보안 요구사항을 시스템에 적용한다.
설계자 (Designer)	특정 기술이 설계 보안 항목을 만족하는지 확인하고, 제대로 그 기술이 사용될 수 있는 방법을 파악한다. 그리고 소프트웨어에서 식별된 보안 위협에 대응한다.
구현 개발자 (Implementer)	코드를 구현하는 개발자는 안전한 코딩 표준을 준수하여 개발한다.
테스트 분석가 (Test Analyst)	요구사항과 구현 결과를 반복적으로 테스트한다.
보안 감사자 (Security Auditor)	프로젝트의 전체 단계에서 프로젝트 현재 상태를 검사하고 현재 상태의 보안을 보장한다.

> 비즈니스 요구사항
> 시스템의 최종 사용자 관점에서 제안된 시스템의 특성으로, 이해관계자 요구사항이라고도 한다.

3 SW 개발 보안 관련 법규

보안 요구사항은 법률적인 요구사항의 검토가 필수적이다. 전체 법조항이 필요한 경우는 국가법령정보센터(www.law.go.kr)를 참조하여 검토한다.

1. 정보보호 관련 법령 목록

구분	법령명
국가기밀보호	보안 업무 규정, 군사기밀 보호법과 군형법 등
중요정보의 국외 유출 방지	산업기술의 유출 방지 및 보호에 관한 법률, 기술의 이전 및 사업화 촉진에 관한 법률, 민군겸용기술사업 촉진법, 부정경쟁 방지 및 영업 비밀 보호에 관한 법률 등
전자서명 및 인증	전자서명법, 전자정부법 등
정보통신망과 정보시스템의 보호 추진	국가정보화 기본법, 정보통신기반 보호법, 정보통신망 이용 촉진 및 정보보호 등에 관한 법률, 전자정부법, 전자 문서 및 전자거래 기본법, 국가 사이버 안전관리 규정 등
침해행위의 처벌	전자무역 촉진에 관한 법률, 형법, 정보통신기반 보호법, 정보통신망 이용촉진 및 정보보호에 관한 법률 등
개인정보 보호	개인정보 보호법, 정보통신망 이용촉진 및 정보보호 등에 관한 법률, 신용정보의 이용 및 보호에 관한 법률 등

2. 개인정보 보호 관련 법규

관련 법규	주요 내용
개인정보 보호법	개인정보 처리 과정상의 정보 주체와 개인정보 처리자의 권리, 의무 등 규정
정보통신망 이용촉진 및 정보보호 등에 관한 법률	정보통신망을 통하여 수집, 처리, 보관, 이용되는 개인정보의 보호에 관한 규정
신용정보의 이용 및 보호에 관한 법률	개인 신용정보의 취급단계별 보호조치 및 의무사항에 관한 규정
위치정보의 보호 및 이용 등에 관한 법률	개인위치 정보수집, 이용, 제공 파기 및 정보 주체의 권리 등 규정
표준 개인정보보호 지침	개인정보 취급자 및 처리자가 준수해야 하는 개인정보의 처리에 관한 기준, 개인정보 침해의 유형 및 예방조치 등에 관한 세부사항 규정
개인정보의 안전성 확보 조치 기준 고시	개인정보 처리자가 개인정보를 처리함에 있어 개인정보가 분실, 도난, 유출, 변조, 훼손되지 아니하도록 안전성을 확보하기 위해 취해야 하는 세부적인 기준 규정
개인정보 영향평가에 관한 고시	영향평가 수행을 위한 평가기관의 지정 및 영향평가의 절차 등에 관한 세부 기준 규정

3. IT 기술 관련 규정/법규

관련 규정	주요 내용
RFID* 프라이버시 보호 가이드라인	RFID 활용 시 개인정보보호 조치 사항
위치정보의 보호 및 이용 등에 관한 법률 / 위치정보의 관리적, 기술적 보호조치 가이드	위치정보 수집 및 이용 시 개인정보보호 조치 사항
바이오 정보보호 가이드라인	지문, 홍채 등 생체 정보수집 및 이용 시 개인정보 조치 사항
뉴미디어 서비스 개인정보 보호 가이드라인	뉴미디어 서비스 이용 및 제공 시 개인정보 침해사고 예방을 위한 준수 사항

RFID(Radio Frequency IDentification, 전자 태그)
극소형 칩에 상품정보를 저장하고 안테나를 달아 무선으로 데이터를 송신하는 장치로써 유통 분야에서 일반적으로 물품 관리를 위해 사용된 바코드를 대체할 차세대 인식기술
⑩ 아파트 주차장 차량 인식

[21년 1회 필기] [20년 3회 필기]

01 정보보안의 3대 요소를 쓰시오.

···

해설 **TIP** 보안 3요소는 "무기가"로 기억하세요.

[20년 4회]

02 정보보안의 3대 목표 중 가용성(Availability)의 개념을 간략히 서술하시오.

···

해설 **키워드** 적절한 시점에 접근 → **용어** 가용성

[20년 2회 필기]

03 시스템 내의 정보는 오직 인가된 사용자만 수정할 수 있는 보안 요소는 무엇인지 쓰시오.

···

해설 **키워드** 인가된 사용자만 수정 → **용어** 무결성

04 다음은 소프트웨어 개발 보안과 관련된 용어에 대한 설명이다. ①~⑤에 가장 부합하는 용어를 〈보기〉에서 고르시오.

구분	설명
①	조직 자산의 파괴와 손해가 발생하는 행동을 할 수 있는 내·외부의 주체
②	위협이 발생하기 위한 사전 조건에 따른 상황
③	조직의 데이터 또는 조직의 소유자가 가치를 부여한 대상
④	위협원이 취약점을 사용하여 위협 행동하여 자신에 나쁜 영향의 결과를 가져올 확률과 영향도
⑤	조직의 자산에 대한 위협이 되는 위협원의 공격 행동

〈보기〉
㉠ 위험(Risk)   ㉡ 위협(Threat)
㉢ 자산(Asset)   ㉣ 취약점(Vulnerability)
㉤ 위협원(Threat agents)

① ···

② ···

③ ···

④ ···

⑤ ···

해설 **키워드** 손해, 행동하는 내·외부 주체 → **용어** 위협원
키워드 위협 발생 사전 조건에 따른 상황 → **용어** 취약점
키워드 조직의 데이터, 가치 부여 대상 → **용어** 자산
키워드 나쁜 결과를 가져올 확률과 영향도 → **용어** 위험
키워드 위협원의 공격 행동 → **용어** 위협

정답
01. 기밀성(Confidentiality), 무결성(Integrity), 가용성(Availability) **02.** 정보 자산에 대해 적절한 시간에 접근이 가능하다. **03.** 무결성(Integrity)
04. ❶ ㉤ ❷ ㉣ ❸ ㉢ ❹ ㉠ ❺ ㉡

02 Secure SDLC와 Secure OS

1 Secure SDLC(Software Development Life Cycle)

Secure SDLC(소프트웨어 개발 보안 생명주기)는 소프트웨어 개발의 각 단계별로 요구되는 보안 활동을 수행함으로써 안전한 소프트웨어를 만들 수 있도록 하는 방법론이다.

- 대표적인 방법론 : MS-SDL, Seven Touchpoints, CLASP 등

권쌤이 알려줌

Secure SDLC는 소프트웨어 개발 생명 주기에 보안 활동이 추가된 것입니다.

단계	주요 보안 활동
요구사항 분석 단계	• 보안 항목에 해당하는 요구사항을 식별한다. • 조직의 정보보호 관련 보안 정책을 참고하여 소프트웨어 개발에 적용할 수 있는 보안 정책 항목들의 출처, 요구 수준, 세부 내용 등을 문서화한다.
설계 단계	• 식별된 보안 요구사항을 소프트웨어 설계서에 반영하고, 보안 설계서를 작성한다. • 위협을 식별하여 보안대책, 소요 예산, 사고 발생 시 영향 범위와 대응책 등을 수립한다. • 서버, 네트워크, 개발 프로그램, 물리적 보안※ 등 환경에 대한 보안 통제 기준을 수립하여 설계에 반영한다.
구현 단계	• 표준 코딩 정의서※와 시큐어 코딩※ 및 소프트웨어 개발 보안 가이드를 준수하며 구현한다. • 소스 코드 보안 취약점을 진단 및 개선한다.
테스트 단계	• 보안 설계서를 바탕으로 보안 사항들이 정확히 반영되고 동작하는지 점검한다. • 테스트 결과를 문서화하여 보존하고 개발자에게 피드백한다.
유지보수 단계	• 보안 사고를 식별하고, 사고 발생 시 이를 해결하고 보안 패치※를 실시한다.

권쌤이 알려줌

주민등록번호와 같은 데이터는 필수 요구사항, 예약번호와 같은 데이터는 선택 요구사항으로 요구 수준을 분류할 수 있습니다.

물리적 보안
⑩ CCTV, 잠금장치, 출입통제 장비 등

표준 코딩 정의서
⑩ 명명 규칙(Naming Rule), 들여쓰기 규칙 등

시큐어 코딩(Secure Coding)
개발하고 있는 소프트웨어의 보안 취약점을 사전에 제거 및 보완하면서 프로그래밍하는 것

패치(Patch)
이미 발표된 소프트웨어 제품의 기능 개선 또는 버그나 오류 등을 수정하기 위한 업데이트 프로그램

2 소프트웨어 개발 보안 방법론(소프트웨어 개발 보안 적용 사례)

1. MS-SDL(Microsoft-Secure Development Lifecycle)

마이크로소프트에서 보안 수준이 높은 안전한 소프트웨어를 개발하기 위해 자체 수립한 개발 방법론이다.

- 방법론이 적용되기 전 버전보다 50% 이상 취약점이 감소했다.
- 교육부터 대응까지 총 7단계로 나뉜다.

1단계	2단계	3단계	4단계	5단계	6단계	7단계
교육 (Training)	계획 · 분석 (Require-ment)	설계 (Design)	구현 (Implemen-tation)	시험 · 검증 (Verification)	배포 · 운영 (Release)	대응 (Response)
보안 교육					사고 대응 계획	사고 대응 수행

2. Seven Touchpoints 　[20년 3회 필기]

실무적으로 검증된 개발 보안 방법론 중 하나로, 소프트웨어 보안의 모범 사례를 SDLC에 통합한 방법론이다.

- 공통 위험 요소를 파악하고 이해하며, 보안을 설계하고, 모든 소프트웨어 산출

물에 대해 철저하고 객관적인 위험 분석 및 테스트를 거쳐 안전한 소프트웨어를 만드는 방법을 정의하고 있다.

- SDLC 내의 개발 단계와 7개의 중점 관리 대상, 즉 터치포인트※를 제안하여 개발자에게 집중적인 관리를 요구한다.

7 터치포인트
- 악용 사례
- 보안 요구사항
- 위험 분석
- 위험 기반 보안 테스트
- 코드 검토
- 침투 테스팅
- 보안 운영

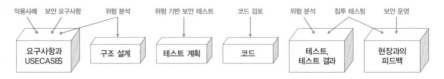

단계	설명
요구사항과 UseCases 단계	악용 사례와 위험 분석을 통해 설계 보안 항목 및 요구사항에 대한 정의와 명세 작성, 악용 사례에 대한 정의 및 케이스 예시 작성
구조 설계 단계	공격 저항 분석, 모호성 분석, 허점 분석 등을 통해 위험 요소 분석
테스트 계획 단계	공격 패턴, 위험 분석 결과, 악용 사례를 기반으로 위험기반 보안 테스트 수행
코드 단계	구현 오류에 중점을 두며 특히 소스 코드에 존재하는 취약점을 발견할 목적으로 코드 정적 분석※ 위주로 수행
테스트 및 테스트 결과 단계	위험 분석 및 모의 해킹 등의 침투 테스트※ 수행
현장과의 피드백 단계	보안 운영을 통해 얻은 공격자와 공격 도구에 대한 경험과 지식을 개발자에게 다시 피드백

정적 분석(Static Test)
프로그램을 실행하지 않고 분석하는 방법

침투 테스트(Penetration Testing)
실제 환경과 유사한 상황에서 침투 테스트를 수행하여 대상 시스템의 취약점을 파악하고 이를 보강하기 위한 것

합격자의 **암기법**

CLASP의 5가지 관점 : 개구취역평
- 개(념 관점, Ⅰ)
- 구(현 관점, Ⅳ)
- 취(약점 관점, Ⅴ)
- 역(할 관점, Ⅱ)
- 평(가 관점, Ⅲ)

3. CLASP(Comprehensive, Lightweight Application Security Process)

소프트웨어 개발 생명 주기 초기 단계에 보안 강화를 목적으로 하는 정형화된 프로세스로써, 활동 중심 및 역할 기반의 프로세스로 구성된 방법론이다.

- 이미 운영 중인 시스템에 적용하기 좋다.
- 5가지의 활동 관점을 제시함으로써 이들 관점 내에서의 활동을 정의한다.
- 5가지의 활동 관점 : 개념 관점(Ⅰ), 역할 기반 관점(Ⅱ), 활동 평가 관점(Ⅲ), 활동 구현 관점(Ⅳ), 취약성 관점(Ⅴ)

3 Secure OS(Secure Operating System, 보안 운영체제)　[20년 4회 필기]

Secure OS는 운영체제상에 내재된 보안상의 결함으로 발생할 수 있는 각종 해킹으로부터 시스템을 보호하기 위해 기존 운영체제의 커널※에 보안 기능을 추가한 보안 운영체제이다.

- 보안 커널(Security Kernel)은 운영체제에 탑재된 보안 기능을 갖춘 커널을 의미한다.
- 보안 운영체제 적용 분야에는 인터넷 뱅킹, 데이터베이스/웹 서버 보안, 온라인 중개 등이 있다.

커널(Kernel)
운영체제에서 가장 핵심적인 부분

▼ 보안 운영체제의 기능 [21년 2회 필기]

기능	예시
사용자 인증	사용자 신분 인증 및 검증
계정 관리	비밀번호 관리
통합 관리	다수 서버 보안 관리
접근 통제	권한, 특성 등에 따라 접근 통제 및 보안 관련 작업 시 안전한 경로 제공
감사 기록 축소	보안 관련 사건 기록 보호, 막대한 양의 감사 기록 분석/축소
변경 감사	보안 커널 변경 금지
해킹 감시(침입 탐지)	해킹 즉각 탐지 및 차단, 실시간 모니터링
객체 재사용 방지	메모리에 이전 사용자가 사용하던 정보가 남아 있지 않도록 기억공간 정리

권쌤이 알려줌

접근 통제 기술에는 강제적 접근 통제, 임의적 접근 통제, 경로 접근 통제가 있습니다.

기출 및 예상문제

02 Secure SDLC와 Secure OS

[20년 3회 필기]

01 실무적으로 검증된 개발 보안 방법론 중 하나로써 SW 보안의 모범 사례를 SDLC(Software Development Life Cycle)에 통합한 소프트웨어 개발 보안 생명주기 방법론은 무엇인지 쓰시오.

....

> **해설** [키워드] 실무적으로 검증 → [용어] Seven Touchpoints

[20년 4회 필기]

02 컴퓨터 운영체제의 커널에 보안 기능을 추가한 것으로 운영체제의 보안상 결함으로 인하여 발생 가능한 각종 해킹으로부터 시스템을 보호하기 위하여 사용되는 것은 무엇인지 쓰시오.

....

> **해설** [키워드] 운영체제(OS)의 커널에 보안(Secure) 기능 추가 → [용어] Secure OS

[정답]
01. Seven Touchpoints **02.** Secure OS(Secure Operating System, 보안 운영체제) **03.** ⓒ **04.** CLASP(Comprehensive, Lightweight Application Security Process)

[21년 2회 필기]

03 Secure OS의 보안 기능으로 거리가 먼 것을 모두 고르시오.

> ㉠ 식별 및 인증 ㉢ 임의적 접근 통제
> ㉢ 고가용성 지원 ㉣ 강제적 접근 통제

....

> **해설** Secure OS 보안 기능
> : 사용자 인증, 계정 관리, 통합 관리, 접근 통제, 감사 기록 축소, 변경 감사, 해킹 감시(침입 탐지), 객체 재사용 방지

04 다음의 설명과 가장 부합하는 용어를 쓰시오.

> 소프트웨어 개발 생명 주기 초기 단계에 보안 강화를 목적으로 하는 정형화된 프로세스로써. 활동 중심/역할 기반의 프로세스로 구성된 집합체이다. 이미 운영 중인 시스템에 적용하기 좋고, 5가지의 활동 관점을 제시함으로써 이들 관점 내에서의 활동을 정의한다.

....

> **해설** [키워드] 초기 단계, 이미 운영 중인 시스템, 5가지 활동 관점 → [용어] CLASP

권쌤이 알려줌

소프트웨어 보안 취약점이란 응용 소프트웨어에 실제로 내재되어 있는 위험 요소들로, 공격자가 이를 악용해서 해당 소프트웨어의 정상적인 작동을 방해하거나 정보 유출, 권한 상승 등을 일으킬 수 있는 것입니다.

위협(Threat)
⑩ 해킹

위험(Risk)
나쁜 영향의 결과

메모리 버퍼(Memory Buffer)
데이터를 저장하는 메모리 영역

포맷 스트링(Format String)
서식 문자
⑩ %d, %s, %x 등

쿼리(Query)
데이터베이스에게 데이터를 요청하는 것

HTTP 헤더
요청(Request)/응답(Response) 시 필요한 부가적인 정보
⑩ 클라이언트와 서버 연결 옵션 등

CR(Carriage Return)
커서를 그 줄의 맨 앞으로 이동

LF(Line Feed)
커서를 다음의 행으로 이동

파라미터(Parameter, 매개변수)
각 모듈 간에 데이터를 넘겨주는 데 쓰이는 변수

멀티 프로세스(Multi Process, 다중 처리)
컴퓨터 시스템 한 대에 두 개이상의 중앙 처리 장치를 이용하여 다중 작업을 처리하는 것

03 소프트웨어 취약점

1 취약점(Vulnerability)

취약점은 컴퓨터나 네트워크에 침입하여 자원에 대한 허가되지 않은 접근을 시도하려는 공격자에게 열린 문을 제공할 수 있는 소프트웨어, 하드웨어, 절차 혹은 인력상의 약점을 말한다.

• 취약점 자체가 직접적인 위험을 초래하지 않지만, 내·외부의 공격과 같은 위협(Threat)※에 의해 이용되어, 위험(Risk)※을 발생시킬 환경을 제공하게 된다.

2 소프트웨어 취약점

1. 메모리 보안 침입 [20년 3회 필기]

구분	설명
버퍼 오버플로 (Buffer Overflow)	메모리 버퍼※의 경계값을 넘어서 메모리값을 읽거나 저장하여 예기치 않은 결과를 발생시킬 수 있는 보안 약점
허상 포인터 (Dangling Pointer)	유효한 객체를 가리키고 있지 않은 포인터로, 현재 전혀 다른 데이터를 갖고 있어 예측할 수 없는 행동을 발생시킬 수 있는 보안 약점

2. 입력 확인 오류 [20년 2회] [21년 3회 필기] [20년 4회 필기]

구분	설명
포맷 스트링※ 버그 (Format String Bug)	printf( ) 등 외부 입력값에 포맷 스트링을 제어할 수 있는 함수를 사용하여 발생할 수 있는 보안 약점
SQL 인젝션 (SQL Injection, SQL 삽입)	검증되지 않은 외부 입력값이 SQL문 생성에 사용되어 악의적인 쿼리※가 실행될 수 있는 보안 약점
코드 인젝션 (Code Injection)	유효하지 않은 데이터를 실행함으로써 악의적인 결과를 초래하는 보안 약점
이메일 인젝션 (Email Injection)	이메일을 보낼 때 받는 사람 목록을 추가하거나 본문에 완전히 다른 메시지를 부정하게 추가할 수 있는 보안 약점
HTTP 헤더 인젝션 (Header Injection)	공격자가 HTTP 헤더※에 개행 문자(CR/LF)※ 등을 삽입해 공격하는 보안 약점
HTTP 응답 분할 (Response Splitting)	HTTP 요청에 들어있는 파라미터※가 HTTP 응답 헤더에 포함되어 사용자에게 다시 전달될 때, 입력값에 CR이나 LF와 같은 개행 문자가 존재하면 HTTP 응답이 2개 이상 분리될 수 있는데, 두 번째 응답에 악의적인 코드를 주입해 공격하는 보안 약점
디렉터리 접근 공격 (Directory Traversal)	비공개 디렉터리 파일에 대해 부정하게 디렉터리 패스(Path, 경로)를 가로질러 접근하여 공격하는 보안 약점
사이트 간 스크립팅 (XSS; Cross Site Scripting)	검증되지 않은 외부 입력값에 의해 사용자 브라우저에서 악의적인 스크립트가 실행될 수 있는 보안 약점

3. 경쟁 상태

구분	설명
검사 시점과 사용 시점	멀티 프로세스※상에서 자원을 검사하는 시점과 사용하는 시점이 달라서 발생하는 보안 약점

심볼릭 링크※ 경쟁 (Symbolic Link Race)	심볼릭 링크 파일을 수정하여 원본 파일을 수정할 수 있는 보안 약점

심볼릭 링크(Symbolic Link,
기호 연결)
윈도우의 바로 가기 기능과 유
사한 것으로 링크를 연결하여
원본 파일을 직접 사용하는 것
과 같은 효과를 내는 링크

4. 권한 혼동 버그

구분	설명
사이트 간 요청 위조 (CSRF; Cross Site Request Forgery)	사용자가 자신의 의지와는 무관하게 공격자가 의도한 행위(수정, 삭제, 등록, 송금 등)를 특정 웹 사이트에 요청하게 하는 공격
클릭재킹※ (Clickjacking)	투명한 버튼이나 링크를 함정으로 사용할 웹 페이지에 심어두어 의도치 않 은 콘텐츠에 접근하게 하는 공격
FTP※ 바운스 공격 (FTP Bounce Attack)	FTP 프로토콜 구조의 허점을 이용한 공격으로, 전송 목적지 주소를 임의로 지정해 임의의 목적지로 메시지나 자료를 전송할 수 있는 공격

재킹(Jacking)
거짓을 사실이라고 주장하는
행위

FTP(File Transfer Protocol,
파일 전송 프로토콜)
인터넷에서 파일을 전송하는 서
비스

 학습 플러스 취약점 분류 체계

분류	설명
CVE(Common Vulnerabilities and Exposures)	컴퓨터 하드웨어 또는 소프트웨어 결함이나 체계, 설계 상의 허점
CWE(Common Weakness Enumeration)	C, C++, Java 등의 다양한 소프트웨어 언어 및 아키텍 처, 디자인 설계, 코딩 등의 개발 단계에서 발생 가능한 취약점

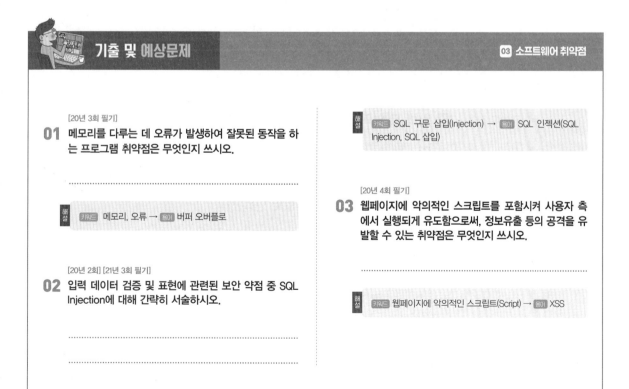

기출 및 예상문제 　　　03 소프트웨어 취약점

[20년 3회 필기]
01 메모리를 다루는 데 오류가 발생하여 잘못된 동작을 하는 프로그램 취약점은 무엇인지 쓰시오.

해설 키워드 메모리, 오류 → 용어 버퍼 오버플로

[20년 2회] [21년 3회 필기]
02 입력 데이터 검증 및 표현에 관련된 보안 약점 중 SQL Injection에 대해 간략히 서술하시오.

해설 키워드 SQL 구문 삽입(Injection) → 용어 SQL 인젝션(SQL Injection, SQL 삽입)

[20년 4회 필기]
03 웹페이지에 악의적인 스크립트를 포함시켜 사용자 측에서 실행되게 유도함으로써, 정보유출 등의 공격을 유발할 수 있는 취약점은 무엇인지 쓰시오.

해설 키워드 웹페이지에 악의적인 스크립트(Script) → 용어 XSS

04 다음 내용이 설명하는 소프트웨어 취약점은 무엇인지 쓰시오.

> • 사용자가 자신의 의지와는 무관하게 공격자가 의도한 행위를 특정 웹 사이트에 요청하게 하는 공격
> • 사용자의 신뢰 정보 내에서 사용자의 요청을 변조함으로써 해당 사용자의 권한으로 악의적인 공격을 수행하는 것

해설 키워드 자신의 의지와 무관, 공격자 의도 행위, 웹 사이트(Site) 요청(Request) → 용어 CSRF

정답
01. 버퍼 오버플로(Buffer Overflow) 02. 웹 응용 프로그램에 강제로 SQL 구문을 삽입하여 내부 데이터베이스 서버의 데이터를 유출 및 변조하고 관리자 인증을 우회하는 공격 기법이다. 03. XSS(Cross Site Scripting, 사이트 간 스크립팅) 04. CSRF(Cross Site Request Forgery, 사이트 간 요청 위조)

권쌤이 알려줌
악의적인 사용자의 내·외부 공격으로 응용 소프트웨어가 위험할 수 있으므로, 위험을 초래하지 않도록 보안 취약점을 사전에 제거하여 응용 소프트웨어를 개발해야 합니다.

04 시큐어 코딩

1 시큐어 코딩(Secure Coding)

시큐어 코딩은 소프트웨어 개발 보안 가이드를 참고하여 소프트웨어의 보안 취약점을 사전에 제거 및 보완하면서 프로그래밍하는 것이다.

• 소프트웨어 취약점의 최소화를 위해 초기 설계 단계부터 보안 요소를 고려하여 시큐어 코딩을 적용하여 개발한다.
• 시큐어 코딩 목적에는 보안 취약점과 결함 방지, 안전한 대고객 서비스 확대, 안정성 및 신뢰성 확보가 있다.
• 시큐어 코딩 점검 내용(소프트웨어 보안 약점 항목) : 입력 데이터 검증 및 표현, 보안 기능, 시간 및 상태, 에러 처리, 코드 오류, 캡슐화, API 오용, 세션 통제

2 입력 데이터 검증 및 표현 [22년 1회 필기]

프로그램 입력값에 대한 검증 누락 또는 부적절한 검증, 데이터의 잘못된 형식 지정, 일관되지 않은 언어 셋* 사용 등으로 인해 발생하는 보안 약점이다.

언어 셋(Character Set, 문자 집합)
정보를 표현하기 위한 글자나 기호들의 집합을 정의한 것

1. SQL 삽입(SQL Injection, SQL 인젝션)

사용자 입력값 등 외부의 입력값을 SQL문에 삽입하여 공격하는 보안 약점이다. 주로 웹 애플리케이션과 데이터베이스가 연동되는 부분에서 발생한다.

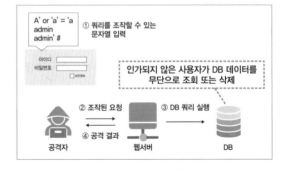

▶ 해결 방안
- ID와 암호 같은 전달 인자의 길이를 제한한다.
- SQL문에 쓰이는 예약어, 특수문자의 삽입을 제한한다.

2. 경로 조작 및 자원 삽입

데이터 입·출력 경로를 조작하여 서버 자원[※]을 수정 및 삭제할 수 있는 보안 약점이다.

자원(Resource, 리소스)
⑩ 파일, 소켓의 포트 등

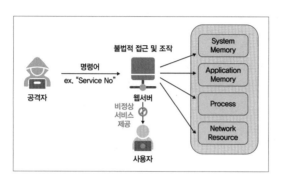

▶ 해결 방안
- 외부의 입력을 자원 식별자로 사용하는 경우, 적절한 검증을 거치도록 한다.
- 외부의 입력이 파일명인 경우에는 경로 순회를 수행할 수 있는 문자인 '/' 등과 같은 기호를 제거한다.

3. 크로스 사이트 스크립팅(XSS; Cross Site Scripting)

검증되지 않은 외부 입력값에 의해 브라우저에서 악의적인 코드가 실행되는 보안 약점이다.

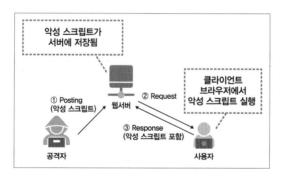

▶ 해결 방안
- 입력한 문자열에서 〈, 〉, &, ", " 등을 문자 변환 함수[※]를 사용하여 &lt, &gt, &amp, &quot 등으로 치환한다.

문자 변환 함수
⑩ replace()

4. 운영체제 명령어 삽입

외부 입력값을 통해 시스템 명령어의 실행을 유도함으로써 권한을 탈취하거나 시스템 장애를 유발하는 보안 약점이다.

▶ 해결 방안

- 웹 인터페이스를 통해 서버 내부로 시스템 명령어를 전달시키지 않도록 애플리케이션을 구성하고, 외부에서 전달되는 값을 그대로 시스템 내부 명령어로 사용하지 않는다.

5. 위험한 형식 파일 업로드

서버에서 실행될 수 있는 asp, jsp, php 파일 등 스크립트 파일의 업로드가 가능하고, 이 파일을 공격자가 웹을 통해 직접 실행시킬 수 있는 경우 발생하는 보안 약점이다.

▶ 해결 방안

- 업로드하는 파일 타입과 크기를 제한하거나, 허용된 확장자만 업로드하도록 제한한다.
- 웹을 통한 직접 접근을 차단하거나, 파일 실행 여부를 설정할 수 있는 경우 실행 속성을 제거한다.

6. 신뢰되지 않는 URL 주소로 자동 접속 연결

사용자의 입력값을 외부 사이트의 주소로 사용하여 자동으로 연결하는 서버 프로그램이 피싱※ 공격에 노출되는 보안 약점이다.

▶ 해결 방안

- 자동 연결할 외부 사이트의 URL과 도메인은 화이트 리스트※로 관리한다.

7. 기타 입력 데이터 검증 및 표현에서의 보안 약점

신뢰성이 낮은 URL 주소로 자동으로 접속되는 LDAP 삽입, 연결하는 크로스사이트 요청의 위조, XQuery 삽입, XPath 삽입, HTTP 응답 분할 등

3 보안 기능

인증, 접근 제어, 기밀성, 암호화, 권한 관리 등의 보안 기능을 적절하지 않게 구현할 때 발생할 수 있는 보안 약점이다.

1. 적절한 인증 없는 중요기능 허용

적절한 인증 없이 개인정보, 계좌이체 정보 등의 중요 정보를 열람 또는 변경이 가능한 보안 약점이다.

피싱(Phishing)
개인정보(Private Data)와 낚시(Fishing)의 합성어로 낚시하듯이 개인정보를 몰래 빼내는 것
- 금융 기관 등의 웹 사이트에서 보낸 이메일로 위장하여 링크를 유도한다.

화이트 리스트(White List)
허용할 리스트를 등록하는 것
- 반대로 블랙리스트(Black List)는 차단할 리스트를 등록하는 것이다.

▶ 해결 방안

• 중요한 정보가 있는 페이지는 재인증이 적용되도록 설계한다.

🔠 은행 계좌이체 – 이체 시 비밀번호를 다시 확인한다.

2. 부적절한 인가

적절하지 못한 접근 제어로 외부에서 입력한 파라미터 값을 포함한 문자열이 서버 인프라 자원에 접근되거나 서버에서 실행할 수 있는 보안 약점이다.

▶ 해결 방안

• 응용 프로그램이 제공하는 정보와 기능을 역할에 따라 배분함으로써, 공격자에게 노출되는 공격 표면※을 감소시킨다.

• 사용자의 권한에 따른 접근 제어 목록※을 관리한다.

공격 표면(Attack Surface, 공격 접점)
사이버 위협 및 공격에 취약한 모든 장소

3. 중요한 자원에 대한 잘못된 권한 설정

프로그램 설정값, 민감한 사용자 데이터와 같은 중요한 자원에 대해 적절하지 못한 접근 권한을 설정하여 의도치 않게 중요정보가 노출 및 수정되는 보안 약점이다.

▶ 해결 방안

• 설정 파일, 실행 파일, 라이브러리※ 등은 소프트웨어 관리자에 의해서만 읽고 쓰기가 가능하도록 설정한다.

• 설정 파일과 같은 중요한 자원을 사용하는 경우, 허가받지 않은 사용자가 중요한 자원에 접근 가능한지 검사한다.

접근 제어 목록
(ACL, Access-Control List)
자원의 관점에서 자원이 어떤 사용자에게 어떤 접근 권한을 갖는지 구성한 목록

라이브러리(Library)
자주 사용하는 함수를 미리 작성하여 저장시켜둔 것

4. 취약한 암호화 알고리즘 사용

패스워드, 개인정보 등 중요한 민감성 정보에 기밀성※이 취약한 암호화 알고리즘을 사용하여 정보가 노출되는 보안 약점이다.

▶ 해결 방안

• 자신만의 암호화 알고리즘을 개발하는 것은 위험하며, 학계나 업계에서 이미 검증된 표준화된 알고리즘을 사용한다.

• 기존에 취약하다고 알려진 DES, RC5 등의 암호 알고리즘을 대신하여, 3DES, AES, SEED 등을 사용한다.

• 업무 관련 내용, 개인정보 등에 대한 암호 알고리즘을 적용할 경우, IT 보안 인증 사무국이 안전성을 확인한 검증필 암호 모듈을 사용한다.

기밀성(Confidentiality)
인가된 사용자만 정보 자산에 접근할 수 있는 것

권쌤이 알려줌

암호 알고리즘은 이후 자세히 학습합니다.

5. 사용자 중요정보의 평문 저장 및 전송

보안과 관련된 민감한 데이터를 통신 채널을 통해 평문으로 송·수신할 경우, 통신 채널 스니핑※을 통해 인가되지 않은 사용자에게 민감한 데이터가 노출될 수 있는 보안 약점이다.

스니핑(Sniffing)
네트워크의 중간에서 남의 패킷 정보를 도청하는 해킹 유형

▶ 해결 방안
- 개인정보, 금융정보, 패스워드 등을 저장할 때는 반드시 암호화하여 저장한다.
- 중요한 정보를 통신 채널을 통해 전송할 때도 HTTPS나 SSL 등의 암호화된 통신 채널을 이용한다.

6. 하드코드※된 비밀번호 [20년 3회 필기]

프로그램 코드 내부에 하드코드된 패스워드를 포함하여 내부 인증에 사용하거나, 외부 컴포넌트와 통신을 하는 경우 관리자 정보가 노출될 수 있는 보안 약점이다.

하드코드(Hard Code)
코드 내부에 데이터를 직접 입력하는 코딩 방식

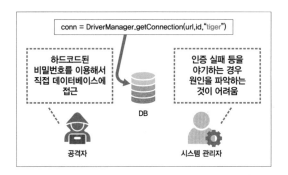

▶ 해결 방안
- 패스워드는 암호화하여 별도의 파일에 저장하여 사용한다.

4 시간 및 상태

다른 프로그램과 동시에 실행되는 병렬 처리 시스템이나 다수의 프로세스가 실행되는 환경에서 시간과 실행 상태를 부적절하게 처리하여 발생할 수 있는 보안 약점이다.

1. 검사 시점과 사용 시점(TOC/TOU)의 경쟁 조건(Race Condition)

다수의 멀티 프로세스에서 인프라 자원을 검사하는 시점(Time-Of-Check)과 사용하는 시점(Time-Of-Use)이 달라서 발생하는 보안 약점이다.

▶ 해결 방안
- 파일 이름으로 권한을 검사하고 열면 보안에 취약하므로 파일 핸들※을 사용한다.
- 예 윈도우에서 어떤 파일이 열려 있는지 파일 핸들로 확인한다.
- 상호 배제※를 사용한다.

파일 핸들
컴퓨터 운영체제에서 프로그램에 사용되는 각각의 파일을 식별하기 위하여 부여한 고유의 아이디

상호 배제(Mutual Exclusion)
한 프로세스가 공유 메모리나 공유 파일을 사용하고 있을 때, 다른 프로세스들이 사용하지 못하도록 배제시키는 제어 기법

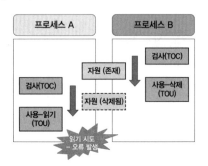

2. 제대로 제어되지 않은 재귀(Uncontrolled Recursion)

적절한 제어문을 사용하지 않아 종료되지 않는 반복문이나 재귀함수에서 무한 재귀※가 발생하는 보안 약점이다.

무한 재귀(무한 루프, 무한 반복)
프로그램이 종료되지 않고 끝없이 동작하는 것

▶ **해결 방안**
- 조건문 블록이나 반복문 블록 안에서만 재귀호출을 수행한다.

예 재귀호출

안전하지 않은 코드		안전한 코드
```int fac(n) {\n return n * fac(n-1);\n}```	→	```int fac(n) {\n if(n <= 0) return 1;\n else return n * fac(n-1);\n}```

5 에러 처리

에러를 처리하지 않거나 불충분하게 처리하여 에러 정보에 시스템 등의 중요정보가 포함될 때 발생할 수 있는 보안 약점이다.

1. 부적절한 오류 메시지를 통한 정보 노출

개발자가 에러 처리를 위해 오류 메시지 또는 디버깅※ 메시지를 배포 버전의 소프트웨어 소스 내에 포함시킬 때 발생하는 보안 약점이다.

디버깅(Debugging)
컴퓨터 프로그램의 논리적인 오류를 찾아 수정하는 과정

▶ **해결 방안**
- 오류 메시지는 정해진 사용자에게 유용한 최소한의 정보만 포함하도록 한다.
- 소스 코드에서 예외 상황은 내부적으로 처리하고 사용자에게 민감한 정보를 포함하는 오류를 출력하지 않도록 미리 정의된 메시지를 제공하도록 설정한다.

2. 오류 상황 대응 부재

시스템 오류를 처리하지 못해 프로그램 다운※ 등의 의도하지 않은 오류 상황에서 발생할 수 있는 보안 약점이다.

프로그램 다운(Program Down)
프로그램을 사용할 수 없는 상황에 놓인 상태

▶ **해결 방안**
- 오류가 발생할 수 있는 부분에 제어문을 사용하여 적절하게 예외처리를 한다.
  예 C/C++에서 if와 switch, Java에서 try-catch 등

3. 적절하지 않은 예외처리

예외에 대한 부적절한 처리로 인해 의도하지 않은 상황에서 발생할 수 있는 보안 약점이다.

▶ **해결 방안**
- 값을 반환하는 모든 함수의 결과값이 의도했던 값인지 검사한다.
- 예외처리를 사용하는 경우에 광범위한 예외처리 대신 구체적인 예외처리를 수행한다.

형 변환(Type Conversion)
이미 선언된 자료형을 다른 자료형으로 변경하는 것

널(Null)
비어 있다.

6 코드 오류

프로그램의 형 변환※ 오류, 메모리 등 인프라 자원의 적절하지 못한 반환 값 등과 같이 개발자가 범할 수 있는 개발 오류로 인해 발생하는 보안 약점이다.

1. 널(Null)※ 포인터 역참조

• Null로 설정된 변수의 주소 값을 참조했을 때 발생하는 보안 약점이다.

• 일반적으로 '객체가 널(Null)이 될 수 없다'라는 가정을 위반했을 때 발생한다.

▶ 해결 방안

• 널 값인지를 검사하여 안전한 경우에만 사용한다.

2. 부적절한 자원 해제

사용되는 자원을 적절하게 해제하지 못하면 자원의 누수※ 등이 발생하고, 자원이 부족하여 새로운 입력을 처리하지 못하는 보안 약점이다.

자원의 누수
컴퓨터 프로그램이 필요하지 않은 자원을 계속 점유하고 있는 현상
• 결국 시스템 자원을 낭비하게 된다.

▶ 해결 방안

• 자원을 획득하여 사용한 다음에는 반드시 자원을 해제하여 반환한다.

3. 해제된 자원 사용

해제한 메모리를 참조하게 되면 예상치 못한 값 또는 코드를 실행하게 되어 의도하지 않은 결과가 발생하는 보안 약점이다.

▶ 해결 방안

• 반환된 메모리에 접근할 수 없도록 주소를 저장하고 있는 포인터를 초기화한다.

4. 초기화되지 않은 변수 사용

초기화되지 않은 변수를 사용할 경우 임의 값을 사용하게 되어 의도하지 않은 결과를 출력하거나 예상치 못한 동작을 수행할 수 있는 보안 약점이다.

▶ 해결 방안

• 변수를 사용하기 전에 반드시 올바른 초기값을 할당한다.

7 캡슐화

중요한 프로그램의 데이터와 기능성을 충분하지 않게 캡슐화했을 때 인가되지 않은 사용자에게 프로그램 내부의 데이터 누출이 가능해지는 보안 약점이다.

예 Private 클래스 내부에 Public 데이터가 할당되거나 Public 메소드로부터 반환된 Private 데이터는 제한에 문제가 발생한다.

권쌤이 알려줌

Private 데이터는 외부에서 접근할 수 없는 데이터이고, Public 데이터는 외부에서 접근할 수 있는 데이터를 의미합니다.

1. 잘못된 세션*에 의한 정보 노출

잘못된 통신 세션에 의해 권한이 없는 사용자에게 데이터 노출이 일어날 수 있는 보안 약점이다.

▶ 해결 방안
- 전역 변수*보다 지역 변수*를 활용하여 변수의 범위를 제한한다.

2. 제거되지 않고 남은 디버그 코드*

프로그램 디버깅을 위해 작성된 코드를 통해 권한이 없는 사용자 인증이 우회되거나 중요정보에 접근이 가능해지는 보안 약점이다.

▶ 해결 방안
- 소프트웨어 배포 전에 디버그 코드를 확인 및 삭제한다.

3. 시스템 데이터 정보 노출

사용자가 볼 수 있는 에러 처리 메시지나 오류의 스택 정보에 시스템 내부 데이터나 로직 등의 디버깅 관련 정보가 공개되는 보안 약점이다.

▶ 해결 방안
- 예외 상황이 발생할 때 시스템의 내부 정보가 화면에 출력되지 않도록 개발한다.

4. Public 메소드로부터 반환된 Private 배열

Private로 선언된 배열을 Public으로 선언된 메소드를 통해 반환하면, 그 배열의 주소가 외부에 공개되어 외부에서 배열 수정과 객체 속성이 변경될 수 있는 보안 약점이다.

▶ 해결 방안
- Private 배열을 별도의 메소드를 통해 조작하거나, 동일한 형태의 복제본으로 반환받은 후 값을 전달한다.

5. Private 배열에 Public 데이터 할당

Public으로 선언된 메소드의 인자가 Private으로 선언된 배열에 저장되면, Private 배열을 외부에서 접근하여 배열 수정과 객체 속성이 변경될 수 있는 보안 약점이다.

▶ 해결 방안
- Public으로 선언된 데이터를 Private 배열에 저장할 때, 주소가 아닌 값으로 저장한다.

세션(Session)
클라이언트와 서버의 논리적인 연결

전역 변수(Global Variable)
함수 외부에 선언해 소스 코드 전체에서 사용 가능한 변수

지역 변수(Local Variable)
변수가 선언된 함수나 블록 내에서만 사용할 수 있는 변수

디버그 코드(Debug Code)
오류를 테스트하거나, 오류의 원인을 파악하기 위해 컴퓨터 프로그램에 입력된 컴퓨터 코드

API(Application
Programming Interface)
운영체제나 프로그래밍 언어 등
에 있는 라이브러리를 응용 프
로그램 개발 시 이용할 수 있도
록 규칙 등에 대해 정의해 놓은
인터페이스
예 배달 앱 개발 시 공개된 지도
API 이용

DNS(Domain Name System)
IP 주소와 호스트 이름(도메인
네임) 간의 변환을 제공하는 시
스템

스푸핑(Spoofing)
승인받은 사용자인 것처럼 시스
템에 접근하거나 네트워크상에
서 허가된 주소로 가장하여 접
근 제어를 우회하는 공격 행위

권쌤이 알려줌

Lookup은 '찾다'라는 의미입
니다.

8 API※ 오용

의도된 사용에 반하는 방법으로 API를 사용하거나, 보안에 취약한 API를 사용
하여 발생할 수 있는 보안 약점이다.

1. DNS※ lookup에 의존한 보안 결정

보안 결정을 DNS 이름에 의존할 경우, DNS는 공격자에 의해 DNS 스푸핑※ 공격
등이 가능하게 되는 보안 결정(인증 및 접근 통제 등)이 노출되는 보안 약점이다.

▶ 해결 방안
• 보안 결정에서 도메인명을 이용한 DNS Lookup을 하지 않도록 한다.
예 IP 주소를 이용한다.

2. 취약한 API 사용

취약한 API에 대해 확인하지 않고 사용할 때 발생하는 보안 약점이다.

• 보안상 문제가 없는 함수이더라도 잘못된 방식으로 사용할 경우 보안 문제를
발생시킬 수 있다.
• 취약한 API : 보안상 금지된 함수이거나 부주의하게 사용될 가능성이 많은 API
예 금지된 함수 : gets( ), strcat( ), strcpy( ), strncat( ), strncpy( ), sprintf( )등

▶ 해결 방안
• 보안 문제로 인해 금지된 함수는 이를 대체할 수 있는 안전한 함수를 사용한다.
예 안전한 함수 : gets_s( )/fgets( ), strcat_s( ), strcpy_s( ), strncat_s( ),
strncpy_s( ), sprintf_s( ) 등

9 세션 통제

이미 연결이 종료된 클라이언트의 정보가 삭제되지 않고 사용 가능한 상태로 방치
되는 경우, 허가되지 않은 사용자가 해당 연결을 탈취하여 시스템 기능을 사용하거
나 다른 개인의 중요정보에 접근하는 침해사고를 발생시킬 수 있는 보안 약점이다.

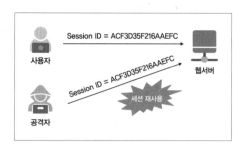

타임아웃(Timeout)
만료 시간
예 은행 사이트에서 로그인 후
이용하지 않으면 10분 뒤에
자동 로그아웃

1. 불충분한 세션 관리

인증 시 일정한 규칙이 존재하는 세션 ID가 발급되거나, 세션 타임아웃※을 너무
길게 설정한 경우 공격자에 의해 사용자의 권한이 도용될 수 있는 보안 약점이다.

▶ 해결 방안
- 이전 세션이 종료되지 않은 상태에서 새로운 세션이 생성되지 않도록 하거나, 일정 기간 동안 사용되지 않는 세션 정보는 강제적으로 삭제한다.

2. 잘못된 세션에 의한 정보 노출
잘못된 통신 세션으로 권한이 없는 사용자에게 데이터 노출이 일어날 수 있는 보안 약점이다.

▶ 해결 방안
- 전역 변수보다 지역 변수를 활용하여 변수의 범위를 제한한다.

 기출 및 예상문제 04 시큐어 코딩

[20년 3회 필기]

01 다음 JAVA 코드에서 밑줄로 표시된 부분에는 어떤 보안 약점이 존재하는지 〈보기〉에서 고르시오. (단, key 는 암호화 키를 저장하는 변수이다.)

```java
import javax.crypto.KeyGenerator;
import javax.crypto.spec.ScretKeySpec;
import javax.crypto.Cipher;
………생략
public String encripString(String usr) {
String key = "22df3023sf~2;asn!@#/)as";
if (key != null) {
byte[] bToEncrypt = usr.getBytes("UTF-8");
………생략
```

〈보기〉
- ㉠ 무결성 검사 없는 코드 다운로드
- ㉡ 중요 자원에 대한 잘못된 권한 설정
- ㉢ 하드코드된 암호화 키 사용
- ㉣ 적절한 인증 없는 중요 기능 허용

해설 하드코드란 데이터를 코드 내부에 직접 입력하는 것으로, 밑줄로 표시된 코드와 같이 하드코드된 키를 사용하면 키 값이 그대로 유출될 수 있으므로, 보안에 취약해질 수 있다.
- 무결성 검사 없는 코드 다운로드 : 원격으로부터 소스 코드 또는 실행 파일을 무결성 검사 없이 다운로드 받고 이를 실행할 경우, 공격자가 악의적인 코드를 실행할 수 있는 보안 약점

02 아래의 C언어를 실행하였을 때 발생할 수 있는 가장 적합한 보안 약점을 〈보기〉에서 고르시오.

```c
#include <stdio.h>
int main(void) {
    int a;
    printf(" 변수 a의 값은 %d입니다.", a);
    return 0;
}
```

〈보기〉
- ㉠ 널(Null) 포인터 역참조
- ㉡ 부적절한 자원 해제
- ㉢ 해제된 자원 사용
- ㉣ 초기화되지 않은 변수 사용

해설 변수 a를 선언만 하고 초기화하지 않으면, 기존 메모리에 들어있는 값을 그대로 사용하게 되어 의도하지 않은 결과를 출력하거나 에러가 발생하게 된다. 따라서 변수 사용 전 int a = 0; 과 같이 올바른 초기 값을 할당한 후 사용한다.

정답
01. ㉢ 02. ㉣

05 암호 알고리즘

1 암호화(Encryption) [21년 1회 필기]

암호화는 평문*을 암호문*으로 변환하는 과정이다.

- 복호화(Decryption)은 암호화의 역과정으로, 암호문을 평문으로 변환하는 과정이다.

▼ 암호 방식의 분류 [21년 1회 필기] [20년 3회 필기]

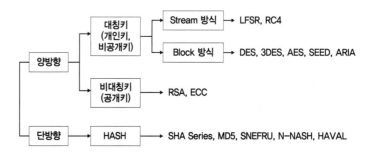

2 양방향 암호화

양방향 암호화는 평문을 암호문으로 암호화하는 것과 암호문을 평문으로 복호화하는 것이 모두 가능한 암호 방식이다.

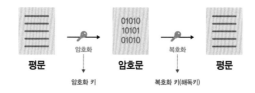

1. 개인키(Private, 대칭키, 비공개키) 암호화 기법 [21년 2회 필기]

- 암호화 키와 복호화 키가 같은 대칭키 암호화 기법이다.
- 키를 공개하지 않고, 동일한 키를 사용한다.
- 키 배송, 분배 문제로 인해 보안 수준이 낮다.
- 알고리즘이 단순하고, 속도가 빠르다.

▼ 종류 [21년 1회 필기]

종류	설명
Stream 방식	• 1bit씩 암호화하는 방식이다. • 하드웨어 구현이 용이하다. • 대표적인 알고리즘 : LFSR, RC4
Block 방식	• 2bit 이상씩 묶음 암호화하는 방식이다. • 소프트웨어 구현이 용이하다. • 대표적인 알고리즘 : DES, 3DES, AES, SEED, ARIA

평문(Plaintext, Cleartext)
누구나 읽을 수 있는 암호화되기 전의 원본 메시지

암호문(Ciphertext, Cyphertext)
의미를 알 수 없는 형식
• 평문으로 된 정보를 암호 처리하여 특정인만 이용할 수 있도록 암호화한 문서

합격자의 **암기법**

양방향 암호 방식 분류 :
LC / DASA / RC
• Stream 방식 : LFSR, RC4
• Block 방식 : DES, AES, SEED, ARIA
• 비대칭키 암호화 기법 : RSA, ECC

2. 공개키(Public, 비대칭키) 암호화 기법 [21년 1회 필기] [20년 4회 필기]

- 암호화 키와 복호화 키가 다른 비대칭키 암호화 기법이다.
- 키 하나만을 공개하고, 서로 다른 키를 사용한다.
- 보안 수준이 높다.
- 알고리즘이 복잡하고 속도가 느리며, 파일 크기가 크다.
- 대표적인 알고리즘 : RSA, ECC

권쌤이 알려줌

공개키 암호화 기법은 공개키를 이용하여 암호화하고 비밀키(개인키)를 이용하여 복호화할 수 있습니다. 또는 반대로 비밀키(개인키)를 이용하여 암호화하고 공개키를 이용하여 복호화할 수도 있습니다.

3 단방향 암호화 [21년 2회 필기]

단방향 암호화는 평문을 암호문으로 암호화하는 것은 가능하지만, 암호문을 평문으로 복호화하는 것은 불가능한 암호 방식이다.

- 해시(Hash)는 임의 길이의 입력 데이터를 받아 고정된 길이의 출력 값(해시 값)으로 변환하는 것을 의미한다.
- 해시는 암호화 기법과 함께 사용되어 전자 화폐, 전자서명※ 등 다양한 방면에서 활용된다.
- 대표적인 알고리즘 : SHA-256 등 SHA 시리즈, MD5, SNEFRU, N-NASH, HAVAL

전자 서명(Digital Signature)
전자 문서의 변경 여부를 확인할 수 있도록 작성자의 고유 정보를 암호화하여 문서에 포함하는 기술

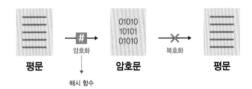

평문 → (#) 암호화 → 암호문 → (✕) 복호화 → 평문

해시 함수

권쌤이 알려줌

비밀번호를 서버에 저장할 때, 해시 함수에 의해 'dfde3sy…'처럼 16진수 64자리 문자열로 저장됩니다. 따라서 서버가 해킹되어도 비밀번호를 평문으로 복호화할 수 없으므로 안전합니다. 만일, 해시 함수로 저장된 비밀번호를 잊어버린 경우는 비밀번호 찾기에 의해 비밀번호를 찾을 수 없으므로, 새로 만들어야 합니다.

 단방향 해시 함수

단방향 해시 함수는 원본 데이터를 암호화된 데이터로 변환해 주는 알고리즘이다.
- 암호화된 데이터는 복호화가 불가능하므로 원래 데이터를 유추하기 힘들다.
- 단점
  - 동일한 원본 데이터는 동일한 다이제스트※를 갖는다.
  - 무작위 데이터들을 계속 대입해 보면서 얻은 다이제스트를 해킹할 대상과 비교해 가며 원본 데이터를 찾을 수 있다.
- 보완 방법 [21년 3회 필기]
  - 해시 함수를 여러 번 수행하여 무작위 대입 공격을 최대한 무력화한다.
  - 원본 데이터에 임의의 문자열을 덧붙이는 솔트(Salt)를 섞은 후 해시 함수를 실행한다.

예

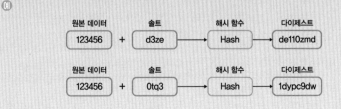

원본 데이터	솔트	해시 함수	다이제스트
123456	+ d3ze	→ Hash	→ de110zmd
123456	+ 0tq3	→ Hash	→ 1dypc9dw

다이제스트(Digest)
해시 함수라는 수학적인 연산을 통해 생성된 암호화된 메시지

권쌤이 알려줌

'원본 데이터에 임의의 문자열을 붙인다.'를 '소금 친다(Salting)'라고 하여, 솔트(Salt)라고 합니다.
- 솔트(Salt)는 일종의 랜덤 문자열입니다.

4 암호 알고리즘의 종류

1. 양방향 암호 알고리즘 [21년 2, 3회] [21년 3회 필기] [20년 2, 3회 필기]

종류	설명
LFSR(Linear Feedback Shift Register, 선형 피드백 시프트 레지스터)	• 시프트 레지스터*의 일종으로, 스트림 암호에서 의사 난수* 생성기로 오랫동안 사용된 방식이다.
RC4 (Rivest Cipher 4)	• 미국 MIT의 로널드 라이베스트(Ronald Rivest)에 의하여 1987년 개발된 스트림 암호 방식이다. • 암호화 속도가 빠르고 구현이 단순하여 SSL* 등에 사용됐지만, 이후 여러 연구에서 취약한 것으로 밝혀졌다.
DES (Data Encryption Standard, 데이터 암호화 표준)	• 1975년 미국 국립 표준국(NBS*)에서 발표한 개인키 암호화 알고리즘이다. • 56bit의 암·복호키를 이용하여 64bit의 평문(블록)을 암호화 및 복호화하는 방식이다. • 3DES(Triple DES) : 각 데이터 블록에 DES 알고리즘을 세 번 적용하여 보안을 강화한 암호화 알고리즘이다.
AES(Advanced Encryption Standard, 고급 암호 표준)	• 2001년 미국 국립 표준 기술 연구소(NIST)에서 발표한 개인키 암호화 알고리즘이다. • 128, 192, 256bit의 암·복호키를 이용하여 128bit의 평문(블록)을 암호화 및 복호화하는 방식이다. • DES를 보완하기 위해 개발된 알고리즘이다.
SEED	• 1999년 한국인터넷진흥원(KISA)에서 개발한 블록 암호화 알고리즘이다. • 블록 크기는 128bit며, 키 길이에 따라 128bit, 256bit로 분류된다.
ARIA (아리아)	• 2004년 국가정보원과 산학연협회가 개발한 국가 표준 블록 암호화 알고리즘이다. • 학계(Academy), 연구소(Research Institute), 정부 기관(Agency)의 머리글자를 딴 것이다. • 블록 크기는 128bit며, 키 길이에 따라 128bit, 192bit, 256bit로 분류된다.
RSA	• 1978년에 MIT 공과 대학의 Rivest, Shamir, Adelman 등 3인이 공동 개발한 RSA 법(RSA scheme)이라는 암호화 알고리즘을 사용하는 공개키 암호 방식이다. • 큰 수의 소인수 분해에는 많은 시간이 소요되지만, 소인수 분해의 결과를 알면 원래의 수는 곱셈으로 간단히 구해지는 사실에 바탕을 두었다. • 사실상 공개키 암호 체계의 세계 표준이다.
ECC(Elliptic Curve Cryptosystem, 타원 곡선 암호 방식)	• 1985년 밀러(V.S.Miller)와 코블리츠(N.Koblitz)가 제안한 타원 곡선 이론에 기반을 둔 공개키 암호 방식이다.

2. 단방향 암호 알고리즘 [20년 1회]

종류	설명
SHA-256 암호 알고리즘	• SHA*의 한 종류로, 비밀번호 등 임의의 길이 메시지를 256bit의 축약된 메시지로 만들어 내는 해시 알고리즘이다.
MD5 (Message Digest Algorithm 5)	• 미국 MIT의 로널드 라이베스트(Ronald Rivest)가 MD4를 대체하기 위해 개발하였다. • 정보보호를 위해 임의 길이의 입력 데이터를 128bit 고정 길이로 메시지를 압축하는 단방향 해시 알고리즘이다. • 데이터 무결성을 보장하기 위한 알고리즘으로, RFC 1321 표준에 규정되어 있다.

레지스터(Register)
컴퓨터 프로세서 내 기억 장소

의사 난수(Pseudo Random Number, PRN)
가짜 난수로, 특정한 공식을 통하여 생성되는 난수 열이 만들어진다. 즉, 연관성이 없는 듯한 수열을 만들어 내는 것이 소프트웨어의 난수 생성 방식이다. 따라서 진정한 난수가 아니다.
• 난수 : 정의된 범위 내에서 무작위로 추출된 수

SSL(Secure Socket Layer, 보안 소켓 계층)
웹 브라우저와 서버 간의 통신에서 정보를 암호화하는 것

NBS(National Bureau of Standards)
미국 국립 표준국, 미국 표준 기술 연구소(NIST)의 과거 이름

권쌤이 알려줌
RSA는 소수를 활용한 암호화 알고리즘입니다.

SHA(Secure Hash Algorithm, 안전한 해시 알고리즘)
미국 국립 표준 기술 연구소(NIST)가 표준으로 채택한 암호 해시 알고리즘

SNEFRU	• 1990년 머클(R.C.Merkle)이 제안한 해시 함수로, 128bit, 256bit 해시 코드를 생성하는 방식이다.
N-NASH	• 1989년 일본의 미야자키가 제안한 해시 함수로, 128bit 해시 코드를 생성하는 방식이다.
HAVAL	• 1992년에 발명한 해시 함수로, MD5 단점을 보완하여 128bit에서 256bit까지 32bit 단위로 다양한 길이의 해시 코드를 생성하는 방식이다.

기출 및 예상문제

[21년 1회 필기]

01 다음은 정보보호를 위한 암호화에 대한 설명이다. ①~④에 들어갈 가장 적합한 용어를 〈보기〉에서 고르시오.

구분	설명
①	암호화되기 전의 원본 메시지
②	암호화가 적용된 메시지
③	평문을 암호문으로 바꾸는 작업
④	적절한 암호화를 위하여 사용하는 값

〈보기〉
㉠ 평문　　　　　　㉡ 라운드
㉢ 복호화　　　　　㉣ 키
㉤ 암호화　　　　　㉥ 암호문

① ....

② ....

③ ....

④ ....

해설
키워드 원본 메시지 → 용어 평문(Plaintext, Cleartext)
키워드 암호화, 메시지 → 용어 암호문(Ciphertext, Cyphertext)
키워드 평문을 암호문으로 → 용어 암호화(Encryption)
키워드 암호화, 사용하는 값 → 용어 키(Key)

[21년 1회 필기] [20년 3회 필기]

02 블록 암호화 방식을 모두 고르시오.

㉠ DES　　　　　　㉡ RC4
㉢ AES　　　　　　㉣ SEED

해설
나머지는 스트림 암호화 방식이다.
TIP 블록 암호화 방식은 "DASA"로 기억하세요.

[21년 2회 필기]

03 암호화 키와 복호화 키가 동일한 암호화 알고리즘을 모두 고르시오.

㉠ RSA　　　　　　㉡ AES
㉢ DSA　　　　　　㉣ ECC

해설
나머지는 암호화 키와 복호화 키가 서로 다른 키를 사용한다.
• DSA(Digital Signature Algorithm, 전자 서명 알고리즘) : 미국 국립 표준 기술 연구소(NIST)에서 전자 서명 표준안으로 개발된 공개키 암호 방식 기반의 전자 서명 알고리즘

[21년 1회 필기]

04 다음 설명의 ( ) 안에 공통적으로 들어갈 가장 적합한 용어를 쓰시오.

암호화 키와 복호화 키가 같은 대칭키 암호화 기법은 ( ) 방식과 블록(Block) 방식으로 구분할 수 있다. ( ) 방식은 비트/바이트/단어들을 순차적으로 1bit씩 암호화하는 방식으로 LFSR, RC4 등이 있고, 블록(Block) 방식은 2bit 이상씩 묶음 암호화하는 방식으로 DES, AES 등이 있다.

해설
키워드 1bit씩 암호화 → 용어 스트림

[21년 1회 필기] [20년 4회 필기]

05 공개키 암호화 방식에 대한 설명으로 틀린 것을 모두 고르시오.

> ㉠ 공개키로 암호화된 메시지는 반드시 공개키로 복호화 해야 한다.
> ㉡ 비대칭 암호기법이라고도 한다.
> ㉢ 대표적인 기법은 RSA 기법이 있다.
> ㉣ 키 분배가 용이하고, 관리해야 할 키 개수가 적다.
> ㉤ 10명이 공개키 암호를 사용할 경우 5개의 키가 필요하다.
> ㉥ 복호화키는 비공개 되어 있다.
> ㉦ 송신자는 수신자의 공개키로 문서를 암호화한다.
> ㉧ 공개키 암호로 널리 알려진 알고리즘은 RSA가 있다.

해설
> • 공개키로 암호화된 메시지는 반드시 비밀키로 복호화해야 한다.
> • 10명이 공개키 암호를 사용할 경우 10개의 공캐기와 10개의 개인키가 필요하다.

[21년 2회 필기]

06 다음 설명의 ( ) 안에 공통적으로 들어갈 가장 적합한 용어를 쓰시오.

> • ( )은(는) 임의의 길이의 입력 데이터를 받아 고정된 길이의 값으로 변환하는 것으로, 주로 단방향 암호화 방식에서 사용한다.
> • 대표적인 ( ) 알고리즘으로 HAVAL, SHA-1 등이 있다.
> • ( ) 함수는 일방향 함수(One-way function)이다.

해설
> **키워드** 임의의 데이터를 고정된 길이의 값으로 변환, SHA-1 → **용어** 해시

[21년 3회 필기]

07 시스템에 저장되는 패스워드들은 Hash 또는 암호화 알고리즘의 결과 값으로 저장된다. 이때 암호공격을 막기 위해 똑같은 패스워드들이 다른 암호 값으로 저장되도록 추가되는 값을 의미하는 용어는 무엇인지 쓰시오.

해설
> **키워드** Hash, 추가되는 값 → **용어** 솔트

[21년 3회]

08 다음 설명에 가장 부합하는 암호화 알고리즘을 쓰시오.

> 1975년 미국 국립 표준국(NBS)이 IBM사의 제안을 바탕으로 제정한 개인키 암호화 알고리즘이다. 56bit의 암·복호키를 이용하여 64bit의 블록을 암호화, 복호화하는 방식이다. 이는 16번의 라운드를 반복하여 암호화가 진행된다.

해설
> **키워드** IBM, 개인키, 56bit 키, 64bit 블록, 16라운드 → **용어** DES
> **TIP** 라운드(Round)란 암호화의 한 단계를 여러 번 반복하여 수행하게 되어 있는 구조를 의미합니다.

[21년 2회]

09 다음 설명에 가장 부합하는 암호화 알고리즘을 쓰시오.

> DES를 보완한 것으로, 2001년 미국 표준 기술 연구소(NIST)에서 발표한 개인키 암호화 알고리즘이다. 128, 192, 256비트의 암호/복호키를 이용하여 128비트의 블록을 암호화, 복호화 하는 대칭키 암호 방식이다.

해설
> **키워드** DES 보완, 미국 표준 기술 연구소(NIST), 개인키 → **용어** AES

[20년 2, 3회 필기]

10 소인수 분해 문제를 이용한 공개키 암호화 기법에 널리 사용되는 암호 알고리즘 기법은 무엇인지 쓰시오.

해설
> **키워드** 소인수 분해 → **용어** RSA

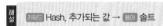

11 [21년 3회 필기]
비대칭 암호화 방식으로 소수를 활용한 암호화 알고리즘은 무엇인지 쓰시오.

─────────────────────────────

해설 **키워드** 비대칭 암호화 방식, 소수 → **용어** RSA

12 [20년 1회]
다음의 설명과 가장 부합하는 암호화 알고리즘을 쓰시오.

> 128비트 암호화 해시 함수이다. RFC 1321로 지정되어 있으며, 주로 프로그램이나 파일이 원본 그대로인지를 확인하는 무결성 검사 등에 사용된다. 1991년에 로널드 라이베스트(Ronald Rivest)가 예전에 쓰이던 MD4를 대체하기 위해 고안했다.

─────────────────────────────

해설 **키워드** RFC 1321, 로널드 라이베스트, MD4 대체 → **용어** MD5

정답
01. ❶ ㉠ ❷ ㉤ ❸ ㉢ ❹ ㉣ **02.** ㉠, ㉢, ㉣ **03.** ㉡ **04.** 스트림(Stream) **05.** ㉠, ㉣ **06.** 해시(Hash) **07.** 솔트(Salt) **08.** DES(Data Encryption Standard, 데이터 암호화 표준) **09.** AES(Advanced Encryption Standard, 고급 암호 표준) **10.** RSA **11.** RSA **12.** MD5(Message Digest Algorithm 5)

02

시스템 보안 구축

보안 3요소를 보장하기 위해 취해지는 활동인 계정 관리, 패스워드 관리, 권한 관리 등에 대해 학습합니다. 그리고 하드웨어 관점 및 소프트웨어 관점에서의 보안 활동과 불법적인 접근으로 부터 시스템을 보호하기 위한 보안 솔루션에 대해 학습합니다.

★★
01 시스템 보안

1 시스템 보안

시스템 보안은 시스템 구성 요소 및 자원들의 기밀성, 무결성, 가용성을 보장하기 위해 취해지는 활동이다.

- 구체적으로는 외부 피해[*]와 내부 피해[*]로부터 조직이 보유한 컴퓨터 시스템과 기록 및 정보 자원들을 보호하는 데 쓰이는 방법을 말한다.
- 시스템 보안 설계는 관리적, 기술적, 물리적 보안 차원에서 정보시스템 보안 구축 계획을 수립하고, 정보시스템 보안 설계서를 작성하는 것이다.
- 악성코드, 개인정보 유출, 중요 정보 노출 및 비밀 데이터 손실 등의 비즈니스 문제를 방지하기 위해 안전한 정보시스템 환경을 구축하기 위함이다.

> **외부 피해**
> 해커, 바이러스, 자연재해에 의해 일어날 수 있는 피해

> **내부 피해**
> 불만을 품은, 부정직한, 혹은 해고당한 종업원에 의해 일어날 수 있는 피해

2 시스템 보안 설계 대상 [21년 3회] [21년 3회 필기]

대상	설명
계정 관리	• 계정(Account)이란 한 사용자에게 소유되는 모든 파일과 자원, 그리고 정보를 말한다. • 계정 관리란 적절한 권한을 가진 사용자를 식별하기 위한 가장 기본적인 인증 수단이다. • 시스템은 계정과 패스워드 관리가 보안의 시작이다.
패스워드	• 패스워드(Password, 비밀번호)란 사용자가 컴퓨터 시스템 또는 통신망에 접속할 때 사용자 ID와 함께 입력하여 정당한 사용자라는 것을 식별할 수 있도록 컴퓨터에 전달해야 하는 고유의 문자열이다. **예** 윈도우 부팅 시 패스워드 입력 • 허가 없이 데이터베이스나 파일에 접속하는 것을 방지하기 위한 안전 대책의 한 가지이다. • 온라인 데이터베이스나 PC 통신 등 온라인 정보 서비스는 패스워드가 없으면 이용할 수 없다. • 서비스 제공자의 컴퓨터는 입력된 사용자 ID와 패스워드를 등록되어 있는 것과 대조하여 일치해야 접속을 허용한다.
세션 관리	• 세션(Session)이란 네트워크 환경에서 사용자 또는 컴퓨터 간의 대화를 위한 논리적 연결이다. • 세션은 컴퓨터의 프로세스들 사이에서 통신하기 위해 메시지를 교환하여 서로를 인식한 이후부터 통신을 마칠 때까지의 기간이다. • 세션 관리란 사용자와 시스템 또는 두 시스템 간의 활성화된 접속에 대한 관리이다. • 일정 시간이 지날 경우 적절히 세션을 종료하고, 비인가자에 의한 세션 가로채기[*]를 통제한다.

> **세션 가로채기(Session Hijacking, 세션 하이재킹)**
> 다른 사람의 세션 상태를 훔치거나 도용하여 액세스하는 해킹 기법

접근 제어	• 접근(Access)이란 일반적으로 데이터를 얻는 것으로, 데이터가 있는 곳을 알아내어 그곳에 가서 데이터를 가져오는 것이다. • 접근은 사용자가 컴퓨터 시스템이나 프로그램을 이용하기 위해 최초로 접속을 시도하는 것이다. • 접근 제어(AC; Access Control)는 시스템이 연결된 다른 시스템으로부터 적절히 보호되고 꼭 필요한 사람에 의해서만 필요한 서비스를 제공할 수 있도록 전체 시스템 차원에서 접근을 통제하는 것이다.
권한 관리	• 권한(Right)이란 책임을 수행하기 위해 필요한 권한으로, 직책 수행에 필요한 결정권, 기타 재능의 수단을 합한 것이다. • 권한은 한 개인이 조직 내에서 차지하고 있는 위치로 인하여 갖게 되는 공식적인 힘을 말한다. • 권한은 한 개인이나 집단을 지배할 수 있는 권리이다. • 권한 관리는 시스템의 각 사용자가 적절한 권한으로 적절한 정보 자산에 접근할 수 있도록 통제하는 것이다.
로그 관리	• 로그(Log)는 시스템 사용에 대한 모든 내역을 기록해 놓은 것이다. • 로그 관리는 컴퓨터 생성된 대량의 로그 메시지를 처리하는 것이다. • 시스템 내부 혹은 네트워크를 통한 외부에서 시스템에 어떤 영향을 미칠 경우 해당 사항을 기록하여 문제 해결 및 예방 활동에 활용한다.
취약점 관리	• 취약점은 공격자가 시스템의 정보 보안을 낮추는 데 사용되는 약점이다. • 취약점은 3가지 요소의 교집합으로, 3가지 요소에는 ① 시스템 민감성 또는 결함, ② 결함에 대한 공격자의 접근, ③ 결함에 대한 공격자의 공격 가능성이 있다. • 취약점 관리는 취약점을 확인하고 분류, 치료, 완화시키는 주기적인 과정을 말한다. • 시스템은 계정과 패스워드 관리, 세션 관리, 접근 제어, 권한 관리 등을 충분히 잘 갖추고도 보안 문제가 발생할 수 있다. 이는 시스템 자체의 결함에 의한 것이므로, 시스템 자체의 결함을 체계적으로 관리하는 것이 취약점 관리이다.

3 시스템 보안 구현 환경

시스템 보안 구현 환경은 기밀성, 무결성, 가용성이 보장된 안전하고 신뢰성 있는 시스템 보안을 구현하기 위한 조건, 장소, 기타 여러 가지 여건을 의미한다.

• 관리적, 물리적, 기술적 차원으로 구분할 수 있다.

구분	설명
관리적 보안	인적 자산에 대한 보안으로, 각종 관리 절차 및 규정을 말한다. ⑩ 기업의 시스템 보안 정책, 시스템 보안 규정 및 절차서, 시스템 보안 조직 및 인원 등
물리적 보안	설비/시설 자산에 대한 보안으로, 물리적 위협으로부터 보호하는 것을 말한다. ⑩ IDC[※], 보안 통제 공간, 잠금장치, 출입통제 장비 등
기술적 보안	정보 자산에 대한 보안으로, 실제 정보 시스템에 적용된 기술에 특화하여 기술적으로 마련할 수 있는 정보 보호 대책을 말한다. ⑩ 네트워크, 데이터베이스, 시스템 보안 솔루션 및 패키지 등

4 시스템 보안 구현 도구(보안 취약점 점검 도구) [21년 2회 필기]

시스템 보안 구현 도구란 기밀성, 무결성, 가용성을 보장하고, 시스템 취약점으로부터 시스템이 노출되지 않도록 하기 위해 필요한 도구 혹은 수단 또는 방법을 의미한다.

권쌤이 알려줌

접근 제어 방법에는 인증(Authentication)과 인가(Authorization)가 있습니다.
• 인증(Authentication) : 신분을 확인한다.
⑩ 로그인을 통해 사용자를 식별한다.
• 인가(Authorization) : 접근·허가를 결정한다.
⑩ 무료회원과 유료회원으로 구분하여 자원에 대한 권한을 부여한다.

합격자의 맘기법

시스템 보안 구현 환경
• 키워드 인적, 절차, 규정 →
  용어 관리적 보안
• 키워드 설비/시설 →
  용어 물리적 보안
• 키워드 정보 →
  용어 기술적 보안

IDC(Internet Data Center, 데이터 센터)
서버 컴퓨터와 네트워크 회선 등을 제공하는 건물이나 시설
• 연중무휴, 24시간 가동되는 인터넷 접속 환경의 보증, 서버의 설치·관리 등의 조건을 필요로 한다.

포트(Port)
컴퓨터 간 상호 통신을 위해 프로토콜에서 이용하는 가상의 연결단

NetBIOS(넷바이오스)
IBM사에서 근거리 네트워크의 기본적인 입·출력을 정의한 규약
• 마이크로소프트 운영체제에서 사용하며, 주로 파일 및 프린터를 공유할 때 사용한다.
ⓔ NetBIOS 컴퓨터 이름 : DESKTOP-6OQST8P

도구	설명
MBSA(Microsoft Baseline Security Analyzer)	일반적으로 윈도우 시스템에서 틀리기 쉬운 보안 관련 설정을 간단히 확인하는 기능을 갖춘 도구이다.
Nmap (Network mapper)	고든 라이온(Gordon Lyon)이 작성한 보안 스캐너로, 서버 관리자가 시스템 자체 스캔을 통해 자신이 운영하는 서버에 자신도 모르는 다른 포트*가 열려 있는지 등을 확인하는 도구이다.
NBTScan	네트워크를 점검(Scan)하는 프로그램으로, 점검하고자 하는 대상 IP에 대해서 질의를 보내면 해당 시스템은 IP 주소와 NetBIOS* 컴퓨터 이름, 사용자 이름, MAC 주소 등의 정보를 반송하는 도구이다.

기출 및 예상문제

01 시스템 보안

[21년 3회]

01 다음은 AAA 서버에 대한 설명이다. ①~③에 들어갈 내용으로 적합한 것을 〈보기〉에서 고르시오.

AAA 서버는 네트워크 환경에서 사용자에 대한 안전하고 신뢰성 있는 (①), (②), (③)을(를) 체계적으로 제공하는 정보 보호 기술이다. 이는 신분을 확인하는 (①), 접근·허가를 결정하는 (②), 리소스 사용 정보를 수집·관리하는 (③)을(를) 통합한 보안소프트웨어로, 3A라고도 한다.

〈보기〉
ㄱ Architecture   ㄴ Authentication
ㄷ Access   ㄹ Avoidance
ㅁ Authorization   ㅂ Application
ㅅ Accouting

① _____

② _____

③ _____

해설 키워드 신분 확인 → 용어 인증(Authentication)
키워드 접근·허가 결정 → 용어 인가(Authorization)
키워드 사용 정보 수집·관리 → 용어 계정(Accounting)

[21년 3회 필기]

02 다음 설명의 ( ) 안에 공통적으로 들어갈 가장 적합한 용어를 쓰시오.

• ( )은(는) 적절한 권한을 가진 인가자만 특정 시스템이나 정보에 접근할 수 있도록 통제하는 것이다.
• 시스템 및 네트워크에 대한 ( )의 가장 기본적인 수단은 IP와 서비스 포트로 볼 수 있다.
• 네트워크 장비에서 수행하는 IP에 대한 ( )(으)로는 관리 인터페이스의 ( )와 ACL(Access Control List) 등이 있다.

해설 키워드 인가자만 접근(Access)할 수 있도록 통제(Control) → 용어 접근 제어

[21년 2회 필기]

03 서버에 열린 포트 정보를 스캐닝해서 보안 취약점을 찾는데 사용하는 도구는 무엇인지 쓰시오.

해설 키워드 열린 포트 정보 스캐닝 → 용어 Nmap

정답
04. ① ㄴ ② ㅁ ③ ㅅ   02. 접근 제어(Access Control)   03. Nmap(Network mapper)

02 보안 아키텍처

1 보안 아키텍처(Security Architecture)

보안 아키텍처란 정보 자산의 기밀성, 무결성, 가용성을 강화하기 위해 관리적, 물리적, 기술적 보안 영역의 구성 요소와 관계를 정의한 구조이다.

▼ 시스템 보안 설계 원칙

- 자원에 적용되는 보안 수준은 조직에 주는 가치에 비추어 적절해야 한다.
- 보안에 소요되는 비용은 충분히 합리적이어야 한다.
- 변화하는 보안의 필요와 요구사항을 수용할 수 있어야 한다.
- 보호의 레벨이 변경될 경우에도 기본 보안 아키텍처를 수정하지 않고 지원할 수 있어야 한다.
- 보안 서비스가 여러 가지 보호 레벨을 수용하고 미래에 확장이 필요하다는 것을 수용할 수 있도록 충분히 확장성이 있어야 한다.
- 조직으로 하여금 안전한 업무를 전자적으로 수행할 수 있도록 통합된 보안 서비스를 제공해야 한다.
- 모든 컴퓨터 플랫폼에 걸쳐 일관성 있는 프레임워크를 제공해야 한다.

(예) 보안 아키텍처

보안 목표	기밀성(Confidentiality)	무결성(Integrity)	가용성(Availability)

기술적 보안

클라이언트	HTTPS / : / SSL	프론트엔드	사용자 인증 ID/PW 공인인증서 네트워크 보안 침입 차단 시스템 웹 방화벽	응용 보안 DRM 증명서 위변조 방지	평문 / 암호화	백엔드	시스템 보안 서버 가상화 서버 보안 DB 암호화	PC 보안 키보드 보안 바이러스 백신

관리적 보안 (보안 정책) | 물리적 보안

보안 정책	보안 조직	보안 제도	자산 분류	건물 보안	사무실 보안	전산실 보안	출입통제구역
정보보호 관련 법령	SW 보안 HW 보안	정기 보안점검 보안 세미나	공개/대외비	CCTV 안전요원	카드 출입통제	지문인식 출입통제 출입 관리대장	담당자

2 보안 프레임워크(Security Framework, 보안 표준)

보안 프레임워크란 안전한 정보 시스템 환경을 유지하고 보안 수준을 향상시키기 위한 체계이다.

권쌤이 알려줌

보안 아키텍처는 보안 3요소와 시스템 보안 구현 환경의 관계를 정의한 밑그림입니다.
- 보안 3요소 : 기밀성, 무결성, 가용성
- 시스템 보안 구현 환경 : 관리적/물리적/기술적 보안 영역

권쌤이 알려줌

프론트엔드(Front-End)는 주로 사용자 인터페이스(UI; User Interface)를 구현하는 기술이고, 백엔드(Back-End)는 사용자가 보지 못하는 영역인 서버나 데이터베이스를 구현하는 기술입니다.

정보 보호 관리 체계(ISMS;
Information Security
Management System)
정보 통신 서비스 제공자가 정
보 통신망의 안정성 및 신뢰성
을 확보하여 정보 자산의 기밀
성, 무결성, 가용성을 실현하기
위한 관리적/기술적 수단과 절
차를 체계적으로 관리 및 운용
하는 체계

1. ISO/IEC 27001

정보 보호 관리 체계(ISMS)[※]에 대한 요구사항을 규정한 국제 표준이다.

- 정보 보호 분야에서 가장 권위 있는 국제 인증 표준이다.
- 기업의 위험 관리, 보안 정책 등에 대한 규격을 담고 있는 보안 프레임워크이다.

▼ ISO/IEC 27001 보안 통제 항목

표준		세부 내용
ISO/ IEC 27001	보안 정책	정보 보호 수행을 위한 경영 방침과 지원 사항
	정보 보안 조직	효과적인 보안 관리를 위한 조직 내의 책임과 역할
	자산 분류 및 통제	조직의 자산 보호를 위한 적절한 보호 프로세스
	인력 자원 보안	사람의 실수, 절도, 사기, 시설의 오용으로 인한 위험을 줄이기 위한 대응책
	물리적 및 환경적 보안	비인가된 접근 및 방해 요인 방지
	통신 및 운영 관리	네트워크 및 시스템 간의 안전한 정보 전송
	접근 제어	부적절한 접근에 대한 통제
	정보 시스템의 구축 개발 및 운영	정보시스템 내에 보안이 수립되어 있음을 보장하기 위한 대응 방안 확인
	정보 보안 사고의 관리	정보시스템과 관련된 보안 사고에 대한 대응책
	사업의 연속성	업무 활동에 대한 방해 요소를 완화시키고 중대한 실패 재해로부터 중요 업무를 보호하기 위한 프로세스
	준거성	범죄 및 민형사상의 법률, 법규, 규정 또는 계약 의무사항 및 보호 요구사항의 불일치를 회피하기 위한 대응책

2. ITU-T X.805

권쌤이 알려줌

ITU-T X.805 보안 아키텍처는
8개의 보안 차원, 3개의 보안 계
층, 3개의 보안 영역의 조합으로
보안 조치를 취합니다.

종단(End-to-End) 간 네트워크 서비스에 대한 보안 아키텍처로, 정보 보호 모델 개발을 위한 표준 규격이다.

- 보안 차원(Security Dimension), 보안 계층(Security Layer), 보안 영역(Security Plane)으로 구성된다.

기출 및 예상문제

01 시스템 보안 설계 원칙에 대한 설명으로 옳은 것을 모두 고르시오.

ㄱ 보안 아키텍처는 변화하는 보안의 필요와 요구사항을 수용할 수 있어야 한다.
ㄴ 모든 컴퓨터 플랫폼에 걸쳐 서로 다른 프레임워크를 제공해야 한다.
ㄷ 자원에 적용되는 보안 수준은 조직에 주는 가치에 비추어 적절해야 한다.

ㄹ 보안에 소요되는 비용은 그것이 주는 혜택에 비추어서 충분히 합리적이어야 한다.

해설 모든 컴퓨터 플랫폼에 걸쳐 일관성 있는 프레임워크를 제공해야 한다.

02 국제 표준화 기구에서 제정한 정보 보호 관리 체계 (ISMS)에 대한 요구사항을 규정한 국제 표준으로, 기업의 위험 관리, 보안 정책 등에 대한 규격을 담고 있는 것은 무엇인지 쓰시오.

> 해설 키워드 정보 보호 관리 체계에 대한 국제 표준 → 용어 ISO/IEC 27001

> 정답
> 01. ㉠, ㉢, ㉣ 02. ISO/IEC 27001

---

03 시스템 인증

1 시스템 인증(서버 인증)

시스템 인증(서버 인증)은 로그인 요청 등을 통해 통신상에서 보내는 사람의 디지털 정체성을 확인하는 과정을 의미한다.

1. 인증(Authentication)

참이라는 근거가 있는 무언가를 확인하거나 확증하는 행위를 의미한다.

- 어떤 대상을 인증하는 것은 이에 대한 출처를 확인하는 것이고, 사람을 인증하는 것은 사람들의 신분을 구성하는 것이다.

2. 인증 유형

인증 유형	설명
지식 기반 인증 (Something You Know, 알고 있는 것)	군대의 암구어처럼 머릿속에 기억하고 있는 정보를 이용해 인증 수행 예 패스워드, I-PIN※
소유 기반 인증 (Something You Have, 가지고 있는 것)	신분증이나 OTP※ 장치 등을 통해 인증 수행 예 출입카드
생체 기반 인증 (Something You Are, 스스로의 모습)	홍채와 같은 생체 정보를 통해 인증 수행 예 지문 인식, 홍채 인식
위치 기반 인증 (Somewhere You Are, 위치하는 곳)	현재 접속을 시도하는 위치의 적절성 확인 수행 예 콜백(Call Back), 위치, GPS(Global Positioning System, 위성 위치 확인 시스템) 이용
행위 기반 인증 (Something You Do, 행동하는 것)	사용자의 행동 정보를 이용해 인증 수행 예 서명

I-PIN(Internet Personal Identification Number, 인터넷 개인 식별 번호)
웹 사이트에 주민등록번호 대신 이용할 수 있는 사이버 신원 확인 번호로서, 인터넷상에서 주민등록번호가 유출되어 도용되는 부작용을 막기 위해 만든 서비스

OTP(One-Time Password, 일회용 패스워드)
로그인 할 때마다 그 세션에서만 사용할 수 있는 일회성 패스워드를 생성하는 보안 시스템
예 은행 보안 OTP
- 동일한 패스워드가 반복해서 재사용됨으로써 발생할 수 있는 패스워드 도난 문제를 예방하는 것이 목적이다.

권쌤이 알려줌

인증 유형 : 생소한 행위지
- 생(체 기반 인증)
- 소(유 기반 인증)
- 한
- 행(위 기반 인증)
- 위(치 기반 인증)
- 지(식 기반 인증)

01 다음은 인증 유형에 대한 설명이다. 설명과 가장 부합하는 용어를 〈보기〉에서 고르시오.

> ① 신분증이나 OTP 장치 등을 통해 인증을 수행한다.
> ② 군대의 암구어처럼 머릿속에 기억하고 있는 정보를 이용해 인증을 수행한다.

> 〈보기〉
> ㉠ 소유 기반 인증　　㉡ 행위 기반 인증
> ㉢ 위치 기반 인증　　㉣ 지식 기반 인증
> ㉤ 생체 기반 인증

① ....

② ....

해설 키워드 신분증, OTP → 용어 소유 기반 인증
키워드 기억 정보 → 용어 지식 기반 인증

02 웹 사이트에 주민등록번호 대신 이용할 수 있는 사이버 신원 확인 번호로서, 인터넷상에서 주민등록번호가 유출되어 도용되는 부작용을 막기 위해 만든 서비스는 무엇인지 쓰시오.

....

해설 키워드 사이버 신원 확인 번호(Number), 인터넷(Internet)상 → 용어 I-PIN

정답
01. ❶ ㉠ **❷** ㉣ **02.** I-PIN(Internet Personal Identification Number, 인터넷 개인 식별 번호)

권쌤이 알려줌

운영체제는 시스템을 감시하다가 비정상적이거나 기록할 만한 상황이 되면 로그를 남기게 됩니다. 이후 로그 정보를 확인하여 시스템에 어떤 문제가 발생했는지 확인할 수 있습니다.

syslogd(로그 데몬)
커널과 여러 프로그램은 각종 에러와 경고 메시지, 기타 일반적인 메시지들을 출력하는데, syslogd는 이런 메시지들을 파일로 기록하는 데몬이다.

전원 ON
↓
syslogd 데몬은 etc/syslog.conf 파일을 읽음
↓
지정된 파일에 로그 기록 /dev/console /var/log/secure /var/log/messages ⋮

04 로그 및 취약점 분석

1 로그 분석

로그 정보는 침해사고 발생 시 해킹의 흔적 및 공격 기법을 확인할 수 있는 중요 자료로, 정기적인 로그 분석※을 통해 시스템 침입 흔적과 취약점을 확인할 수 있다.

1. 리눅스(LINUX) 로그

시스템의 모든 로그를 var/log 디렉터리에서 기록하고 관리한다.

- 로그 파일을 관리하는 syslogd※ 데몬은 etc/syslog.conf 파일을 읽어 로그 관련 파일들의 위치를 파악한 후 로그 작업을 시작한다.
- syslog.conf 파일을 수정하여 로그 관련 파일들의 저장 위치와 파일명을 변경할 수 있다.

2. 리눅스의 주요 로그 파일

로그	파일명	데몬	내용
커널 로그	/dev/console	kernel	콘솔※ 화면 기록 로그
부팅 로그	/var/log/boot.log	boot	데몬 실행, 재시작 등에 관한 로그
크론※ 로그	/var/log/cron	crond	시스템의 정기적인 작업에 대한 로그

시스템 로그	/var/log/messages	syslogd	시스템 변경 등 시스템에 관한 전반적인 로그
보안 로그	/var/log/secure	xinetd	보안 인증 관련 로그
FTP 로그	/var/log/xferlog	ftpd	FTP 등의 접속 로그
메일 로그	/var/log/maillog	sendmail popper	메일 로그
전체 로그인 로그	/var/log/wtmp	kernel	시스템 전체 로그인 기록
현재 로그인 로그	/var/log/utmp	ftpd	현재 로그인 사용자 기록
네임 서버 로그	/var/log/named.log	named	네임 서버(DNS) 로그
웹 액세스 로그	/var/log/httpd/access_log	httpd	웹 서버 접근 로그
웹 에러 로그	/var/log/httpd/error_log	httpd	웹 서버 에러 로그

데몬(Daemon)
사용자 개입 없이 특정 상태가 되면 자동으로 실행되는 시스템 프로그램
• 리눅스 계열에서는 데몬이라고 하고, 윈도우즈 계열에서는 서비스라고 한다.

콘솔(Console)
오퍼레이터(컴퓨터 조작자)와 컴퓨터 사이에 대화할 수 있는 입·출력장치

크론(Cron, 작업 예약 스케줄러)
특정한 시간에 특정한 작업을 수행하게 해주는 스케줄링 역할

3. 윈도우 로그

윈도우 시스템에서는 이벤트 로그 형식으로 시스템의 로그를 관리한다.

• 윈도우 이벤트 뷰어를 이용하여 이벤트 로그를 확인할 수 있다.

• 윈도우 이벤트 뷰어는 [제어판] − [관리도구] − [이벤트 뷰어]를 선택하여 실행한다.

4. 윈도우 이벤트 뷰어 로그

로그	설명
응용 프로그램 로그	응용 프로그램의 이벤트 저장
보안 로그	네트워크, 자원 사용 등에 관련된 이벤트 저장
시스템 로그	시스템 부팅 시 드라이버 실패 등과 같이 Windows 시스템 구성 요소에 관한 이벤트 저장
설치(Setup) 로그	프로그램 설치와 관련된 이벤트 저장
전달된 이벤트 (Forwarded Events) 로그	원격 컴퓨터에서 전달된 이벤트 저장

2 취약점 분석

1. 취약점 분석 및 평가

취약점 분석 및 평가는 악성코드 유포, 해킹 등과 같은 사이버 위협으로부터 정보시스템의 취약점을 분석 및 평가한 후 개선하는 일련의 과정이다.

• 정보시스템의 안정적인 운영을 방해하는 사이버 위협에 대한 항목별 세부 점검 항목을 파악하여 취약점 분석을 수행한다.

• 취약점이 발견되면 위험 등급을 부여하고 개선 방향 수립한다.

• 취약점 분석 및 평가의 기본 항목은 상, 중, 하의 3단계로 중요도[※]를 분리한다.

중요도
• 상 : 필수 점검
• 중 : 선택 점검
• 하 : 선택 점검

합격자의 **맘기법**

취약점 분석 평가 수행 절차 :
계대분평
계획 → 대상 선정 → 분석 →
평가

2. 취약점 분석 및 평가 수행 절차

① 취약점 분석 및 평가 계획 수립
- 취약점 분석 및 평가를 위한 수행 주체, 수행 절차, 소요 예산, 산출물 등의 세부 계획을 수립한다.

② 취약점 분석 및 평가 대상 선정
- 정보 시스템의 자산을 식별하고, 유형별로 그룹화하여 취약점 분석 및 평가 대상 목록을 작성한다.
- 식별된 대상 목록의 각 자산에 대해 중요도를 산정한다.

③ 취약점 분석 수행
- 취약점 분석 및 평가를 위한 관리적, 물리적, 기술적 세부 점검 항목표를 작성한다.

④ 취약점 평가 수행
- 취약점 분석 세부 결과를 작성한다.
- 파악된 취약점 별로 위험 등급※을 상, 중, 하 3단계로 표시한다.

위험 등급
- 상 : 조기 개선
- 중 : 중기 개선
- 하 : 장기 개선

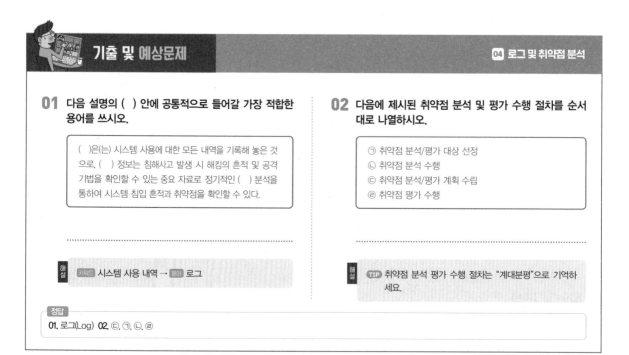

기출 및 예상문제　　　　　　　　　　　**04 로그 및 취약점 분석**

01 다음 설명의 ( ) 안에 공통적으로 들어갈 가장 적합한 용어를 쓰시오.

> ( )은(는) 시스템 사용에 대한 모든 내역을 기록해 놓은 것으로, ( ) 정보는 침해사고 발생 시 해킹의 흔적 및 공격 기법을 확인할 수 있는 중요 자료로 정기적인 ( ) 분석을 통하여 시스템 침입 흔적과 취약점을 확인할 수 있다.

해설　키워드 시스템 사용 내역 → 용어 로그

02 다음에 제시된 취약점 분석 및 평가 수행 절차를 순서대로 나열하시오.

> ㉠ 취약점 분석/평가 대상 선정
> ㉡ 취약점 분석 수행
> ㉢ 취약점 분석/평가 계획 수립
> ㉣ 취약점 평가 수행

해설　TIP 취약점 분석 평가 수행 절차는 "계대분평"으로 기억하세요.

정답
01. 로그(Log) **02.** ㉢, ㉠, ㉡, ㉣

05 보안 솔루션

1 보안 솔루션[※]

보안 솔루션은 접근 통제, 침입 차단 및 탐지, DDos 탐지 등을 수행하여 외부로부터 불법적인 침입을 막는 기술이나 시스템 또는 장비를 말한다.

- 종류 : 방화벽, IDS, DMZ, IPS, NAC, TMS, UTM, ESM, DLP 등

2 방화벽(Firewall)

방화벽은 해킹 등에 의해 외부로 정보 유출을 막기 위해 사용하는 보안 시스템이다.

- 내부 네트워크에서 외부 네트워크(인터넷)로 나가는 패킷[※]은 그대로 통과시키고, 외부 네트워크(인터넷)에서 내부 네트워크로 들어오는 패킷은 내용을 엄밀히 체크하여 인증된 패킷만 통과시키는 구조이다.

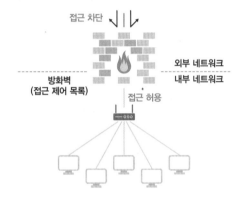

접근 차단

방화벽
(접근 제어 목록)

접근 허용

외부 네트워크
내부 네트워크

1. 특징

- 보안이 필요한 네트워크의 통로를 단일화하여 관리함으로써 외부의 불법 침입으로부터 내부 정보 자산을 보호하기 위해 사용한다.
- 역추적 기능이 있어서 외부의 침입자를 역추적 하여 흔적을 찾을 수 있다.
- 방화벽이 제공하는 기능에는 접근 제어, 인증, 감사 추적, 암호화 등이 있다.

2. 방식

방식	설명
애플리케이션 게이트웨이 방식	확실히 허가 받지 않은 것을 금지한다.
패킷 필터링 게이트웨이 방식	확실히 금지되지 않은 것을 허가한다.

3. 구축 형태

① 스크리닝 라우터(Screening Router) (= 단일 패킷 필터링)
- 일반 라우터에 패킷 필터링 규칙을 적용시킨다.
- 라우터는 단순한 필터링 기능만을 제공하므로 완벽한 방화벽 역할은 어렵다.

권쌤이 알려줌

인터넷 결제를 하거나 은행 로그인을 할 때 키보드 보안, 방화벽 등 보안 관련 소프트웨어를 실행합니다. 이처럼 보안 강화를 위한 기술이나 하드웨어 또는 소프트웨어를 보안 솔루션이라고 합니다.

솔루션(Solution, 해법, 해결책)
어떤 특정 상황, 문제에 대한 해결책으로, 소프트웨어 패키지나 응용 프로그램과 연계된 문제들을 처리해 주는 하드웨어나 소프트웨어

패킷(Packet)
정보를 일정 크기로 분할한 정보 전송의 단위
- 각각의 패킷에 송·수신 주소 및 부가 정보 등을 입력한 것이다.

권쌤이 알려줌

방화벽의 원래 의미는 건물에서 발생한 화재가 더 이상 번지는 것을 막는 벽을 의미합니다. 이러한 의미를 인터넷에서는 네트워크의 보안 사고나 문제가 더 이상 확대되는 것을 막고 격리하려는 것으로 이해할 수 있습니다.

내부 네트워크　　　　　　　스크리닝 라우터　　외부 네트워크

② 배스천 호스트(Bastion Host) (= 단일 홈 게이트웨이)

- 배스천 호스트는 내부 네트워크로의 접근 기록, 감사 추적을 위한 모니터링 기능 등을 가지고 있다.
- 외부 네트워크에서 내부 네트워크로 접근 시 배스천 호스트를 통과하여야만 한다.

내부 네트워크　　　　　　　배스천 호스트　　外부 네트워크
(단일 홈 게이트웨이)

③ 이중 홈 게이트웨이(Dual-Homed Gateway)

- 두 개의 네트워크 인터페이스를 가진 배스천 호스트를 의미한다.
- 하나의 네트워크 인터페이스는 외부 네트워크에 연결되며, 다른 하나의 네트워크는 보호하고자 하는 내부 네트워크에 연결된다.

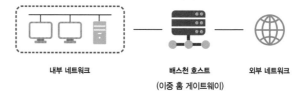

내부 네트워크　　　　　　　배스천 호스트　　외부 네트워크
(이중 홈 게이트웨이)

④ 스크린 호스트 게이트웨이(Screened Host Gateway)

- 스크리닝 라우터에서 1차로 필터링하고, 배스천 호스트에서 2차로 필터링하는 방식이다.

내부 네트워크　　　　　　배스천 호스트　　스크리닝 라우터　　외부 네트워크

⑤ 스크린 서브넷 게이트웨이(Screened Subnet Gateway)　[21년 2회 필기]

- 스크리닝 라우터에서 1차로 필터링하고 배스천 호스터에서 2차로 필터링한 후, 다시 스크리닝 라우터에서 3차로 필터링하는 방식이다.

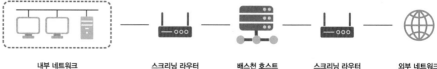

내부 네트워크　　　　스크리닝 라우터　　배스천 호스트　　스크리닝 라우터　　외부 네트워크

권쌤이 알려줌

배스천(Bastion)은 중세 성곽의 가장 중요한 수비 부분을 의미하며, 시스템 관리자는 정기적으로 감시 및 점검해야 합니다.

권쌤이 알려줌

이중 홈 게이트웨이는 단일 홈 게이트웨이 구조에서 네트워크 인터페이스(카드)를 하나 더 장착하여 효율적인 트래픽 관리가 가능합니다.

프록시 서버(Proxy Server)

프록시 서버는 사용자가 방문했던 내용을 담고 있는 캐시* 서버로서 방화벽의 기능까지 지원하는 서버이다.
• 클라이언트와 서버 사이에서 중개자 역할을 수행한다.
• 기업의 네트워크를 외부 네트워크로부터 분리시켜 주는 게이트웨이 서버, 기업의 네트워크를 외부의 침입으로부터 보호하는 방화벽 서버 등의 역할을 하거나 그 일부가 된다.
• 캐시를 이용하므로 불필요하게 외부와 연결을 하지 않아도 되고, 외부와의 트래픽을 줄여 네트워크 병목 현상도 방지할 수 있다.

캐시(Cache)
데이터나 값을 일시적으로 저장하는 임시 장소

3 IDS(Intrusion Detection System, 침입 탐지 시스템) [21년 3회 필기]

IDS는 정보 시스템의 보안을 위협하는 침입 행위가 발생할 경우 이를 탐지 및 적극 대응하기 위한 보안 시스템이다.

• 이상 탐지 기법(Anomaly Detection) : 비정상적인 행위나 자원의 사용을 탐지한다.
• 오용 탐지 기법(Misuse Detection) : 미리 입력해 둔 공격 패턴이 있는지 탐지한다.
• 침입 탐지 시스템 위치 : 패킷이 라우터로 들어오기 전, 라우터 뒤, 방화벽 뒤, 내부 네트워크, DMZ

권쌤이 알려줌

오용 탐지 기법은 Signature Base 또는 Knowledge Base라고도 합니다.

 침입 탐지 시스템 종류

설치 위치에 따라 호스트 기반 침입 탐지 시스템과 네트워크 기반 침입 탐지 시스템으로 분류할 수 있다.

1. 호스트 기반의 침입 탐지 시스템(HIDS; Host-Based Intrusion Detection System)
• 호스트 시스템으로부터 생성되고 수집된 자료를 분석하여 침입 여부를 판단한다.
• 사용자 계정, 시스템 호출, 시스템 로그, 시스템 설정, 파일의 무결성 등을 검사한다.
• 시스템 내부에서 관리자 권한 획득, 시스템 변조 등 내부 공격들을 탐지한다.
예 tripwire*

2. 네트워크 기반의 침입 탐지 시스템(NIDS; Network-Based Intrusion Detection System)
• 네트워크를 통해 전송되는 정보를 분석하여 침입 여부를 판단한다.
• 네트워크 패킷, 데이터 및 트래픽* 등을 검사한다.
• 시스템 내부로 들어가기 위한 원격 공격 등의 공격들을 탐지한다.
예 snort*

tripwire(트립와이어)
크래커가 침입하여 백도어를 만들어 놓거나 설정 파일을 변경했을 때 분석하는 도구

트래픽(Traffic)
데이터 전송량
• 트래픽이 많다는 것은 사용자 접속이 많아서 전송하는 데이터의 양이 많다는 것을 의미한다.
• 트래픽이 너무 많으면 서버에 과부하가 걸려서 기능에 문제가 생길 수 있다.

snort(스노트)
실시간 트래픽 분석과 IP 네트워크에서의 패킷 처리를 담당하는 오픈 소스 네트워크 침입 탐지 시스템

4 DMZ(Demilitarized Zone, 비무장지대)

DMZ는 외부 네트워크와 내부 네트워크 사이에 위치하며, 내·외부 공격으로부터 중요 데이터를 보호하거나 서버의 서비스 중단을 방지하기 위한 침입 차단 기능을 하는 보안 시스템이다.

FTP(File Transfer Protocol, 파일 전송 프로토콜)
인터넷에서 파일을 전송하는 서비스

- 외부 네트워크(인터넷)와 내부 네트워크 사이에 DMZ를 설치하여 침입을 차단해 공개 서버에 대한 부정적인 접속을 방지할 수 있다.
- 외부 네트워크에 서비스를 제공하는 서버를 위치시키기에 가장 적합한 장소이다.
- DMZ에 위치하는 시스템으로는 웹 서버, FTP※ 서버 등이 있다.
- 내부 네트워크에 포함되어 있으나, 외부에서 접근할 수 있는 구간을 지칭하는 개념이다.
- 정보 보안 강화를 위해 방화벽을 이용하여 내부 네트워크와 분리되도록 구성한다.

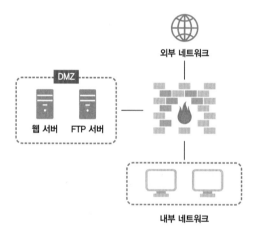

5 그 외 보안 솔루션

1. IPS(Intrusion Prevention System, 침입 방지 시스템)

방화벽, 침입 탐지 시스템과 같은 네트워크 기반의 차단 솔루션을 논리적으로 결합한 시스템

- 비정상적인 트래픽을 능동적으로 차단하고 격리하는 등의 방어 조치를 취하는 보안 솔루션이다.

권쌤이 알려줌

IPS는 방화벽(Firewall)과 침입 탐지 시스템(IDS)의 장점을 결합한 시스템입니다.

2. WIPS(Wireless Intrusion Prevention System, 무선 침입 방지 시스템)

무선 공유기 사용 현황을 실시간으로 관찰하여 허용하지 않은 접속을 막고, 보안 취약점을 야기할 수 있는 부적절한 접속을 방지하는 무선 랜(Wi-Fi) 침입 방지 시스템

3. 웹 방화벽(Web Firewall)

일반 방화벽이 탐지하지 못하는 SQL 삽입 공격, XSS 등의 웹 기반 공격을 방어해 주는 보안 솔루션

4. NAC(Network Access Control, 네트워크 접근 제어)

사전에 인가받지 않은 사용자나 보안 체계를 갖추지 않은 정보 기기의 네트워크 접속을 차단하는 솔루션

- 네트워크에 접속하는 내부 PC의 MAC 주소※를 IP 관리 시스템에 등록한 후, 일관된 보안 관리 기능을 제공하는 보안 솔루션이다.

> **MAC 주소(Media Access Control Address)**
> 통신을 위해 랜 카드 등에 부여된 물리적 주소
> - IP 주소 : 변경이 가능한 논리적 주소
> - 컴퓨터에서 물리적이라는 것은 변경이 불가한 형태(모니터, 키보드, 마우스 등)를 의미하고, 논리적은 소프트웨어처럼 변경이 가능한 형태(프로그램 등)를 의미한다.

5. TMS(Threat Management System, 위협 관리 시스템)

인터넷에서 바이러스, 해킹 등의 사이버 공격에 대한 침입 탐지와 트래픽 분석 등의 기술을 통해 로컬 네트워크의 위협 분석과 취약성 정보 등을 사전에 관리자에게 통보 및 실시간으로 관제하고 대응할 수 있는 시스템

- 외부 위협으로부터 내부 정보 자산을 보호하기 위해 위협을 조기에 감지하고 발생한 위협을 감소 또는 제거하는 것을 목표로 만든 보안 시스템이다.
- 보안 위협을 사전에 인지하고 조치함으로써 사후 복구에 따른 비용을 절감할 수 있다.

6. UTM(Unified Threat Management, 통합 위협 관리)

침입 차단 시스템, 가상 사설망 등 다양한 보안 솔루션 기능을 하나로 통합한 보안 솔루션

- 하나의 장비에 여러 가지 보안 기능을 탑재한 장비를 통칭한다.
- 다양한 보안 솔루션을 하나로 묶어 비용을 절감하고 관리의 복잡성을 최소화하며, 복합적인 위협 요소를 효율적으로 방어할 수 있다.

> **권쌤이 알려줌**
> UTM은 여러 가지 보안 기능을 탑재한 하나의 장비를 의미하고, ESM은 서로 다른 보안 시스템을 통합 및 관리하는 시스템을 의미합니다.

7. ESM(Enterprise Security Management, 기업 보안 관리)

방화벽, 침입 탐지 시스템, 가상 사설망 등의 보안 솔루션을 하나로 모은 통합 보안 관리 시스템

- 보안 관련 장비가 복잡화됨에 따라 이기종 보안 솔루션을 중앙에서 하나의 콘솔로 관리하는 보안 솔루션이다.
- 보안 솔루션 간 상호 연동을 통해 전체 정보 통신 시스템에 대한 보안 정책을 수립할 수 있다.
- 정보 보호 시스템들의 로그를 수집하여 분석 및 모니터링을 통해 전사적 차원의 정보시스템 보안성을 향상시키고 안전성을 높인다.

8. DLP(Data Loss Prevention, 데이터 유출 방지)

기업 내부자의 고의나 실수로 인한 외부로의 정보 유출을 방지하는 솔루션

9. 스팸 차단 솔루션(Anti-Spam Solution)

스팸 메일 차단 기능뿐 아니라 메일에 대한 바이러스 검사, 내부에서 외부로 전송되는 메일에 대한 본문 검색 기능을 통한 내부 유출방지 등의 확장 기능을 가지고 있는 보안 솔루션

- Anti-DDoS[※] : DDoS 차단 보안 솔루션

DDoS(Distributed Denial of Service attack, 분산 서비스 거부 공격)
감염된 대량의 숙주 컴퓨터를 이용해 특정 시스템을 마비시키는 사이버 공격 방법

10. 보안 USB(Security USB)

정보 유출 방지 등 보안 기능을 갖춘 USB 메모리

- 사용자 식별 및 인증, 지정 데이터 암·복호화, 저장된 자료의 임의 복제 방지, 분실 시 데이터 보호를 위한 삭제 등의 기능을 필수적으로 갖추어야 한다.

11. DRM(Digital Rights Management, 디지털 저작권 관리)

웹을 통해 유통되는 각종 디지털 콘텐츠의 안전 분배와 불법 복제 방지를 위한 저작권 보호 방식

- 일반적으로 DRM 시스템은 권한이 있는 사용자만 접근할 수 있도록 데이터를 암호화하거나 워터마킹[※] 등을 이용해 콘텐츠를 자유롭게 배포할 수 없도록 함으로써 지적 재산을 보호한다.
- 관련 법령이나 위반자 단속으로는 예방이 어렵기 때문에 사후 단속보다 사전에 문제점을 파악해 첫 단계에서 내용을 복제하지 못하도록 한 것이다.

워터마킹(Watermarking, Digital Watermarking)
디지털 이미지, 오디오, 비디오 등 디지털 형식으로 되어 있는 지적 재산의 저작권 보호를 위해 저작권자 또는 판매자의 정보를 인간의 의식 체계 또는 감지 능력으로는 검출할 수 없는 방식으로 콘텐츠에 숨겨 놓는 기술

12. VPN(Virtual Private Network, 가상 사설망) [20년 4회 필기]

인터넷망과 같은 공중망을 사설망처럼 이용해 회선 비용을 크게 절감할 수 있는 기업 통신 서비스

- 인터넷망을 전용선처럼 사용할 수 있도록 특수 통신 체계와 암호화 기법을 제공하는 서비스로, 기업 본사와 지사 또는 지사 간에 전용망을 설치한 것과 같은 효과를 거둘 수 있다.
- 전용선에 비해 20~80% 이상의 비용을 줄일 수 있다.

[21년 2회 필기]

01 침입차단 시스템(방화벽) 중 다음과 같은 형태의 구축 유형은 무엇인지 쓰시오.

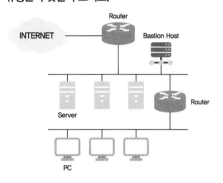

해설 스크린 서브넷 게이트웨이는 외부에서 들어오는 패킷을 라우터에서 1차로 필터링하고, 배스천 호스트에서 2차로 필터링한 후 다시 라우터에서 3차로 필터링하여 내부 네트워크로 들어가는 구축 유형이다.

[21년 3회 필기]

02 다음 설명의 ( ) 안에 들어갈 가장 적합한 용어를 쓰시오.

> IDS는 정보 시스템의 보안을 위협하는 침입 행위가 발생할 경우 이를 탐지 및 적극 대응하기 위한 보안 시스템이다. IDS의 탐지 기법에는 다음과 같이 두 가지가 있다.
> • ( ) : 비정상적인 행위나 자원의 사용을 탐지한다.
> • 오용 탐지 기법 : 미리 입력해 둔 공격 패턴이 있는지 탐지한다.

해설 키워드 비정상적인 행위 탐지 → 용어 이상 탐지 기법

[20년 4회 필기]

03 다음의 설명과 가장 부합하는 용어를 쓰시오.

> • 인터넷망과 같은 공중망을 사설망처럼 이용해 회선 비용을 크게 절감할 수 있는 기업통신 서비스이다.
> • 인터넷망을 전용선처럼 사용할 수 있도록 특수통신체계와 암호화 기법을 제공하는 서비스이다.

해설 키워드 공중망에 사설망(Private Network) 구축, 전용망 사용 효과 → 용어 VPN

04 기업 내부자의 고의나 실수로 인한 외부로의 정보 유출을 방지하는 솔루션은 무엇인지 쓰시오.

해설 키워드 기업 내부자, 정보 유출 방지 → 용어 DLP

05 다음의 설명과 가장 부합하는 용어를 쓰시오.

> • 침입 차단 시스템, 가상 사설망 등 다양한 보안 솔루션 기능을 하나로 통합한 보안 솔루션이다.
> • 다양한 보안 솔루션을 하나로 묶어 비용을 절감하고 관리의 복잡성을 최소화하며, 복합적인 위협 요소를 효율적으로 방어할 수 있는 보안 솔루션이다.

해설 키워드 통합 보안 솔루션 → 용어 UTM

정답
01. 스크린 서브넷 게이트웨이(Screened Subnet Gateway) **02.** 이상 탐지 기법(Anomaly Detection) **03.** VPN(Virtual Private Network, 가상 사설망)
04. DLP(Data Loss Prevention, 데이터 유출 방지) **05.** UTM(Unified Threat Management, 통합 위협 관리)

SECTION

03

IT 신기술 및 소프트웨어 개발 트렌드 정보

IT 프로젝트 정보시스템 구축 관리입니다. 시험에 꾸준히 출제되고 있으므로 키워드 중심으로 각 용어를 충분히 학습하세요. 만약 시험에 모르는 용어가 출제되더라도 포기하지 마세요. 문제를 읽어보고, 키워드 중심으로 분석해서 정답을 작성할 수 있도록 노력해야 합니다.

권쌤이 알려줌

이동 중에 보실 수 있는 암기 학습 프로그램 '퀴즐렛'을 사용해 보세요. 웹에서 효율적으로 학습하거나, 모바일 애플리케이션을 다운로드 받아 시간 틈틈이 편리하게 학습할 수 있습니다.
• 모바일 '퀴즐렛' 애플리케이션을 다운로드 받은 후 하단 메뉴에서 [검색] → [사용자] → [gisafirst1]을 검색하여 [기사퍼스트] 퀴즐렛에 접속할 수 있습니다.

권쌤이 알려줌

신기술 용어는 너무나도 많습니다. 따라서 한 번에 모두 암기하려 하지 말고, 퀴즐렛을 이용해 수시로 암기해 주세요. 그리고 시험 전에 키워드 중심으로 집중적으로 암기해야 합니다.

퀴 즐 렛 이용 방법

01 [기사퍼스트] 퀴즐렛으로 접속합니다.
• 오른쪽 QR 코드를 스캔하거나 https://quizlet.com/gisafirst1에 접속해 보세요.
• 필요에 따라 [로그인] 후 이용해 주시기 바랍니다.

▲ 퀴즐렛

02 [폴더] → [[비단길] 정보처리기사 실기]를 클릭합니다.

03 학습하고자 하는 [단어집]을 클릭한 후 비밀번호를 입력합니다.
• 비밀번호는 네이버 카페에서 확인할 수 있습니다.
• 네이버 카페 주소 : cafe.naver.com/gunsystem
　　　　　　　또는 오른쪽 QR 코드를 스캔해 주세요.

▲ 네이버 카페

04 기출 및 예상 용어를 편리하게 학습합니다.

01 네트워크 구축 관련 신기술 및 트렌드 정보

1 클라우드 컴퓨팅(Cloud Computing)

IT 자원을 구매하거나 소유할 필요 없이 필요한 만큼 사용료를 주고 쓰는 서비스

▼ 서비스 유형 [21년 1, 3회 필기]

서비스 유형	자원 종류
SaaS (Software as a Service, 서비스형 소프트웨어)	소프트웨어 ⑩ 네이버 클라우드
IaaS(Infrastructure as a Service, 서비스형 통합)	서버, 스토리지 등 ⑩ 넷플릭스
PaaS(Platform as a Service, 서비스형 플랫폼)	소프트웨어 개발에 필요한 플랫폼
BaaS (Blockchain as a Service, 서비스형 블록체인)	블록체인 개발 환경

▼ 배포 유형

배포 유형	설명
퍼블릭 클라우드 (Public Cloud)	클라우드 서비스를 필요로 하는 모든 사용자를 대상으로 하는 클라우드로, 비용을 지불하면 누구나 사용할 수 있다.
프라이빗 클라우드 (Private Cloud)	기업 및 기관 내부에 클라우드 서비스 환경을 구성한 클라우드로, 해당 기업 및 기관에 속하지 않은 사람은 이용할 수 없다.
하이브리드 클라우드 (Hybrid Cloud)	공유를 원하지 않는 데이터는 프라이빗 클라우드로, 나머지 서비스는 퍼블릭 클라우드로 이용하는 형태의 서비스이다.

2 인터클라우드 컴퓨팅(Inter-Cloud Computing)

둘 이상의 클라우드 서비스 제공자 간의 상호 연동을 가능케 하는 기술

• 복수의 클라우드 서비스 제공자 간의 클라우드 서비스 또는 자원을 연결하여 사용자의 요구에 따른 클라우드 서비스의 연동 및 컴퓨팅 자원의 동적 할당※을 가능하게 한다.

3 멀티 클라우드(Multi Cloud)

서로 다른 업체에서 2개 이상의 퍼블릭 클라우드를 이용해 하나의 서비스를 운영하는 것

4 모바일 컴퓨팅(Mobile Computing, 이동형 컴퓨팅)

무선 이동 통신과 PDA, 인터넷을 통해 컴퓨터와 통신 기술을 효과적으로 연계시켜 언제, 어디서나 이동하면서 정보 교환이나 수집, 검색, 정리, 저장하는 기술

• 휴대형 기기로 이동하면서 자유롭게 네트워크에 접속하여 업무를 처리할 수 있는 환경을 제공한다.

• 모바일 컴퓨팅의 진화는 휴대 기기와 네트워크 기술의 진화를 의미한다.

권쌤이 알려줌

최초 클라우드 서비스는 지메일(Gmail)이나 드롭박스(Dropbox)처럼 소프트웨어를 웹에서 쓸 수 있는 SaaS가 대부분이었습니다. 그러다가 서버와 스토리지, 네트워크 장비 등의 IT 인프라 장비를 빌려주는 IaaS, 개발 환경과 같은 플랫폼을 빌려주는 PaaS, 블록체인 개발 환경 BaaS로 늘어났습니다.

클라우드 컴퓨팅 배포 유형

동적 할당(Dynamic Allocation)
필요한 자원을 원하는 시점에 필요한 장치로 할당해 주는 방법으로, 자원을 필요한 시점에 할당하고 사용하지 않을 때는 회수하는 것을 되풀이하는 방법이다.

5 모바일 클라우드 컴퓨팅(Mobile Cloud Computing)

클라우드 컴퓨팅의 경제성과 모바일의 이동성이 결합된 것

- 클라우드 서비스 소비자와 파트너의 모바일 기기에 클라우드 서비스를 제공하고, 모바일 기기들로 클라우드 컴퓨팅 인프라를 구성하여 기기 간 정보와 자원을 공유한다.

6 IoT(Internet of Things, 사물 인터넷)

가전제품, 전자 기기뿐만 아니라 헬스케어, 원격 검침, 스마트홈, 스마트카 등 다양한 분야에서 사물을 네트워크로 연결해 정보를 공유하는 기술

🖼 스마트 냉장고

7 신 클라이언트(Thin Client)

각종 프로그램 및 데이터를 네트워크로 연결된 서버로부터 받아서 사용하는 PC 대체 컴퓨터

- 하드 디스크 없이 네트워크 접속 기능만 가진 윈도우 기반 단말기(WBT)를 서버에 연결시켜 사용하는 서버 기반 컴퓨팅 환경을 말한다.

8 VLAN(Virtual Local Area Network, 가상 랜) [21년 3회 필기]

물리적 배치와 상관없이 논리적으로 LAN을 구성할 수 있는 기술

- 접속된 장비들의 성능 향상 및 보안성 증대 효과가 있다.

블루투스(Bluetooth)
IEEE 802.15.1에서 표준화된 무선 통신 기기 간 근거리, 저전력 무선 통신 표준 기술

9 BLE(Bluetooth Low Energy, 저전력 블루투스)

약 10m 도달 반경을 가진 2.4GHz 주파수 대역에서 저전력, 저용량 데이터 송·수신이 가능한 저전력 블루투스[*] 기술

10 비컨(Beacon)

주변의 일정 반경 범위 내(최대 50m)에서 블루투스 4.0을 기반으로 사물의 정보를 주기적으로 전송하는 근거리 무선 통신 기술

- BLE 기술을 활용하여 단말의 위치를 파악하고 정보를 주고받는다.
- 이용자가 별도의 행동을 취하지 않더라도 자동으로 이용자의 위치를 파악해 관련 서비스를 제공하는 것이 특징이다.

🖼 오프라인 매장 내 특정 장소에 비컨을 설치하여 모바일 단말을 소지한 고객이 비컨 영역 내에 들어올 경우 해당 단말을 감지하여 정보를 전송한다.

11 RFID(Radio Frequency IDentification, 전자 태그)

극소형 칩에 상품 정보를 저장하고 안테나를 달아 무선으로 데이터를 송신하는 장치로써 일반적으로 유통 분야에서 물품 관리를 위해 사용된 바코드를 대체할 차세대 인식 기술

12 NFC(Near Field Communication, 근접 무선 통신)

10cm 이내의 가까운 거리에서 다양한 무선 데이터를 주고받는 통신 기술

예 스마트폰 교통카드, 도어록(잠금장치) 기능

- 전자 태그(RFID) 기술 중 하나로 13.56MHz의 주파수 대역을 사용하는 비접촉식 통신 기술이다.
- 통신거리가 짧아 상대적으로 보안이 우수하고 가격이 저렴하여 주목받고 있는 차세대 근거리 통신 기술이다.
- 블루투스 등의 기존의 근거리 통신 기술과 비슷하지만, 블루투스처럼 기기 간 설정을 하지 않아도 된다.

13 피코넷(Piconet) [20년 2회 필기]

여러 개의 독립된 통신 장치가 블루투스 기술이나 UWB[*] 통신 기술을 사용하여 통신망을 형성하는 무선 네트워크 기술

- 주로 수십 미터 이내의 좁은 공간에서 네트워크를 형성하고, 정지 또는 이동 중에 있는 장치를 모두 포함하는 특징을 가지고 있다.
- WLAN[*]과 달리 전송을 위한 기반 구조가 미리 설정되지 않고, 기기 간 상황에 따라 기기 간에 조정 프로토콜에 의하여 네트워크를 형성한다.

14 애드혹 네트워크(Ad-Hoc Network) [21년 2회]

노드들에 의해 자율적으로 구성되는 기반 구조가 없는 네트워크

- 노드들은 멀티 홉[*] 라우팅 기능에 의해 무선 인터페이스가 가지는 통신 거리 상의 제약을 극복할 수 있고 노드들의 이동이 자유롭기 때문에 네트워크 토폴로지가 동적으로 변화되는 특징이 있다.
- 응용 분야로는 긴급구조, 긴급회의, 전쟁터에서의 군사 네트워크 등이 있다.

15 SON(Self-Organizing Network, 자동 구성 네트워크)

주변 상황에 자동적으로 적응하여 스스로 망을 구성하는 네트워크

- 통신망 커버리지(범위) 및 전송 용량 확장의 경제성 문제를 해결하고, 망 운용과 망 관리의 경제적 효율성을 높이는 것을 목적으로 한다.

UWB(Ultra Wide Band, 초광대역 무선기술)
대역폭이 500MHz 이상이거나 중심 주파수의 20% 이상의 점유 대역폭 신호를 이용한 근거리 무선 통신 기술

WLAN(Wireless Local Area Network, 무선 랜)
일정 거리 이내에서 무선 랜 카드가 장착된 개인 단말기를 통해 초고속 인터넷을 이용할 수 있는 통신망
- 오늘날 대부분의 무선 랜 기술은 IEEE 802.11 표준에 기반하고 있으며, 와이파이(Wi-Fi)라는 마케팅 네임으로 잘 알려져 있다.

홉(Hop)
데이터가 목적지까지 전달되는 과정에서 거치는 네트워크의 수
예 어떤 목적지까지 홉이 3이라면, 그 목적지까지 가기 위해서는 세 개의 네트워크를 경유한다.

- 주변 환경의 변화에 민감한 전파의 특성을 보완하고, 보다 효율적이고 안정적인 기지국 운용을 위해 인공지능 기술을 통신장비에 접목한 기술이다.

16 NGN(Next Generation Network, 차세대 통신망)

ITU
국제전기통신연합의 약칭으로 국제 간 통신규격을 제정한다.

ITU*−T에서 개발하고 있는 유선망 기반의 차세대 통신망

- 유선 접속망뿐만 아니라 이동 사용자 지원까지를 목표로 하며, 이동 통신에서 제공하는 완전한 이동성(Full Mobility) 제공을 목표로 개발되고 있다.
- 인터넷 서비스용 IP 네트워크와 전화 서비스용 전화망을 IP 기술을 이용해 IP 통신망으로 통합하여 현행의 공중망을 대체하는 차세대 IP 네트워크이다.

17 NDN(Named Data Networking, 엔디엔)

콘텐츠 중심 네트워킹(CCN; Content Centric Networking)
인터넷에서 데이터 전송을 IP 주소의 위치(Where) 개념에서 벗어나 콘텐츠 이름의 무엇(What) 개념을 중심으로 사용자의 요청에 따라 빠른 정보 전달이 가능한 네트워크

인터넷에서 콘텐츠 자체의 정보와 라우터 기능만을 이용하여 목적지로 데이터를 전송하는 기술

- 인터넷 주소 필요 없이 콘텐츠 자체를 네트워킹의 주체로 사용하므로, 사용자가 원하는 콘텐츠를 가장 가까운 곳에서 가져올 수 있다.
- 서버와 IP 주소를 기반으로 하여 효율적인 콘텐츠 분해에 취약한 기존 인터넷 전달 망을 대체할 미래의 인터넷 아키텍처로 고려된다.
- NDN은 콘텐츠 중심 네트워킹(CCN)*과 동일한 개념이다.

18 지능형 초연결망

트래픽(Traffic)
데이터 전송량
- 트래픽이 많다는 것은 사용자의 접속이 많아서 전송하는 데이터의 양이 많다는 것을 의미한다.
- 트래픽이 너무 많으면 서버에 과부하가 걸려서 기능에 문제가 생길 수 있다.

네트워크 전체에 소프트웨어 정의 기술(SDx)을 적용하는 차세대 국가망

- 과학기술정보통신부 주관으로 추진 중인 지능형 초연결망 선도 사업은 4차 산업혁명 시대의 스마트 시티 등 새로운 변화를 수용하고 급격히 늘어나는 데이터 트래픽*을 효과적으로 수용하기 위해 2017~2020년에 계획된 사업이다.

19 스마트 그리드*(Smart Grid) [21년 1회 필기]

그리드(Grid)
지역적으로 분산된 슈퍼컴퓨터·서버·가정용 PC 등 각종 IT 자원을 초고속 네트워크로 연동하고 대용량 컴퓨팅 자원을 제공하여 빠른 시간 안에 대규모 연산이 가능한 기술

전기 및 정보통신 기술을 활용하여 전력망을 지능화, 고도화함으로써 고품질의 전력 서비스를 제공하고 에너지 이용 효율을 극대화하는 차세대 지능형 전력망

- 기존의 전력망에 정보 기술(IT)을 접목하여 전력 공급자와 소비자가 양방향으로 실시간 정보를 교환한다.
- 이를 활용하여 전력 공급자는 전력 사용 현황을 실시간으로 파악하여 공급량을 탄력적으로 조절할 수 있다. 전력 소비자는 전력 사용 현황을 실시간으로 파악함으로써 이에 맞게 요금이 비싼 시간대를 피하여 사용 시간과 사용량을 조절할 수 있으며, 태양광 발전이나 연료 전지, 전기 자동차의 전기 에너지 등 가정에서 생산되는 전기를 판매할 수도 있게 된다.

20 와이선(Wi-SUN)

스마트 그리드 서비스를 제공하기 위한 와이파이 기반의 저전력 장거리 통신 기술

- 사물 인터넷(IoT)의 서비스 범위가 확대되면서 블루투스나 와이파이 등 근거리 무선 통신을 벗어난 저전력 장거리 IoT 기술이 주목받고 있다.

21 네트워크 슬라이싱(Network Slicing)

하나의 물리적 코어 네트워크를 독립된 다수의 가상 네트워크로 분리한 뒤 고객 맞춤형 서비스를 제공하는 네트워크 기술

- 5G(IMT-2020[※]) 핵심 기술이며, 우리말로 '네트워크 쪼개기'라고 한다.
- 1인칭 미디어를 포함해 초고선명(UHD)의 동영상, 증강 현실(AR)·가상 현실(VR) 콘텐츠, 홀로그램, 자율주행 자동차, 로봇·드론 원격 조정 등 다양한 서비스가 제공된다.

22 메시 네트워크(Mesh Network) [20년 3회 필기]

기존 무선 랜의 한계 극복을 위해 등장한 다 대 다 디바이스 간 통신을 지원하는 네트워크 기술

- 대규모 디바이스의 네트워크 생성에 최적화되어 있다.
- 차세대 이동 통신, 홈 네트워킹, 공공 안전 등 특수 목적을 위한 새로운 방식의 네트워크 기술이다.
- 건물이나 사무실 단위부터 대규모 공원이나 리조트, 항만 등지에 무선망을 구축하는 것이 가능하다.
- 수십에서 수천 개의 디바이스가 서로 안정되고 안전하게 통신해야 하는 건물 자동화, 센서 네트워크 등 사물 인터넷(IoT) 솔루션에 적합하다.

23 포스퀘어(Foursquare)

포스퀘어(Foursquare)사의 위치 기반 소셜 네트워킹 서비스(SNS[※])

- 사용자가 방문한 장소를 체크-인(check-in)하여 그곳에 대한 평가나 추천하고 싶은 내용을 친구와 공유하고 보상을 얻는다.
- 포스퀘어는 땅따먹기와 비슷하며, 실제 미국 아이들의 땅따먹기 놀이에서 이름을 따왔다.

권쌤이 알려줌

와이선은 2017년 3월 전남 고창군이 도입하면서 주목을 받았습니다. 와이선이 지방자치단체의 주목을 끄는 이유는 통신사 제공 서비스가 아니라 지자체 자가망 구축 형태로 서비스되기 때문입니다.

IMT-2020
ITU에서 채택한 5세대 이동 통신의 공식 명칭
- 일반적으로 이동 통신 시장에서의 마케팅 용어로 3세대(3G), 4세대(4G), 5세대(5G)란 용어를 사용하지만, ITU에서는 3G, 4G 등 세대 구분 용어를 사용하지 않으며 IMT-2020, IMT-Advanced란 용어를 사용한다.

권쌤이 알려줌

메시 네트워크는 블루투스 기술 표준 개발을 위한 다국적 기업 연합체인 블루투스 SIG(Bluetooth SIG)가 2017년 7월 이를 지원한다고 밝히면서 주목을 받았습니다. 이동 통신사들이 구축해 놓은 무선 와이파이 존을 좀 더 넓은 범위로 확장한 것이라고 이해하면 쉽습니다.

SNS(Social Networking Service, 누리 소통망 서비스)
동일한 관심 또는 특성을 갖는 사람들이 연결될 수 있도록 온라인 기반의 개인 간 소셜 네트워크를 만들고 운영하는 데 초점을 맞춘 서비스
🔘 페이스북, 인스타그램 등

권쌤이 알려줌

NAT은 IPv4의 주소 부족 문제를 해결하기 위한 방법으로 고안되었습니다. 즉, 내부망에서는 사설 IP 주소를 사용하여 통신하고, 외부망과의 통신 시에는 NAT를 거쳐 공인 IP 주소로 자동 변환됩니다.

24 NAT(Network Address Translation, 네트워크 주소 변환) [20년 4회]

사내의 개별 IP 주소인 사설 IP와 정식 IP 주소인 공식 IP를 상호 변환하는 기능

예 공유기 사용 시 랜선을 꽂아 1개의 IP 주소를 부여받고 스마트폰, 노트북 등을 공유기에 연결하면 공유기 내의 NAT 기능으로 인해 사설 네트워크 주소를 부여받을 수 있다.

- IP 패킷의 TCP/UDP 포트 숫자와 소스 및 목적지의 IP 주소 등을 재기록하면서 라우터를 통해 네트워크 트래픽을 주고받는 기술이다.
- 목적
  - 인터넷의 공인 IP 주소를 절약하기 위해
  - 인터넷 및 공공 망과 연결되는 사용자들의 고유한 사설망을 침입자들로부터 보호하기 위해

25 지그비(Zigbee)

IEEE 802.15 표준을 기반으로 만들어진 것으로 저속, 저비용, 저전력 무선망을 위한 기술

WPAN(Wireless Personal Area Network)
10m 이내의 거리에서 무선 서비스를 제공하기 위한 무선 개인 통신망

- 양방향 무선 개인 영역 통신망(WPAN※) 기반의 홈 네트워크 및 무선 센서 망에서 사용되는 기술이다.
- 낮은 데이터율, 적은 배터리 소모, 네트워크의 안전성을 요구하는 애플리케이션에 주로 사용된다.

26 MQTT(Message Queuing Telemetry Transport) [21년 1, 3회 필기]

사물 통신, 사물 인터넷(IoT)과 같이 대역폭이 제한된 통신 환경에 최적화하여 개발된 푸시 기술※ 기반의 경량 메시지 전송 프로토콜

푸시 기술(Push Technology)
사용자의 요구 없이도 서버가 자동으로 데이터나 프로그램을 클라이언트로 전송하게 하는 기술

- IBM이 주도하여 개발하였다.
- 클라이언트/서버 방식이 아닌 브로커(Broker)라는 메시지 매개자를 통해 송신자가 특정 메시지를 발행하고 수신자가 메시지를 구독하는 발행-구독(Publisher-Subscriber) 방식이다.

27 클라우드 게임(Cloud Game)

권쌤이 알려줌

클라우드 게임은 5세대(5G) 이동통신 기술과 기가 인터넷(Giga Internet) 등 통신기술의 진화로 인해 새로운 서비스로 주목받고 있습니다.

중앙 클라우드 서버에 게임을 설치해 실행하고 스마트폰, TV, PC 등의 단말기에서 실시간 스트리밍 방식으로 재생하는 게임 서비스

28 USN(Ubiquitous[*] Sensor Network, U-센서 네트워크)

각종 센서에서 감지한 정보를 무선으로 수집할 수 있도록 구성한 네트워크
- WPAN, 애드혹 네트워크 등의 기술이 발전함에 따라 U-센서 네트워크 기술이 매우 활성화되고 있다.
- 센서의 종류로는 온도, 가속도, 위치 정보, 압력, 지문, 가스 등 다양하게 존재한다.

Ubiquitous(유비쿼터스)
시간과 장소에 구애받지 않고 언제나 네트워크에 접속할 수 있는 통신 환경

29 M2M(Machine-To-Machine, 기계 대 기계 관계)

우리 주변에 있는 모든 기기가 센서로 모은 단편 정보를 다른 기기와 통신하면서 인간이 윤택하고 편리하게 생활할 수 있도록 서로 반응해 주변 환경을 조절해주는 기술
- **예** 자율주행 자동차와 도로 신호 시스템
- 지금까지는 소비자들이 컴퓨터 등 여러 디바이스(장치)들을 직접 사용하는 사람 대 기계 관계가 대부분이었다.

30 Wm-Bus(Wireless Meter-bus, 무선 미터 버스)

전기 · 가스 · 수도 등의 원격 검침을 위한 스마트 미터링 또는 AMI[*]에 사용되는 무선 프로토콜
- 서브-기가 헤르츠(sub-GHz) 대역을 사용하며, 데이터 통신의 오버헤드가 매우 적고 배터리 수명을 최장 20년까지 지속시킨다.

AMI(Advanced Metering Infrastructure, 첨단 에너지 검침 인프라 시스템)
에너지 사용 정보를 측정/수집/저장/분석하고, 이를 활용하기 위한 총체적인 시스템

31 OTT(Over-The-Top, 오버더톱 서비스)

개방된 인터넷을 통해 방송 프로그램, 영화 등 미디어 콘텐츠를 제공하는 서비스
- **예** 넷플릭스, 웨이브

32 미디어 빅뱅(Media Bigbang)

정보 통신의 발달로 새로운 미디어가 등장하여 기존의 미디어 질서가 해체되는 미디어 환경 변화를 행성 대폭발을 의미하는 빅뱅에 비유한 표현
- **예** 컴퓨터와 방송이 결합한 스마트 TV

33 원 세그(One Seg)

일본과 브라질에서 사용 중인 디지털 TV 방송 기술의 일종
- 주로 모바일 기기를 대상으로 한다.

34 GPN(Global Production Network, 글로벌 생산 네트워크)

하나의 제품을 생산하기 위해 생산 공정이 여러 나라에 분산된 생산, 유통 및 소비, 운영 및 거래 등의 연계를 의미하는 개념

35 FIN(Fused Indoor localizatioN, 융합 실내 측위 기술)

모바일 네트워크 신호를 활용해 사용자의 위치를 파악하는 기술
- FIN 기술을 적용한 내비게이션은 GPS※ 신호가 닿지 않는 터널, 지하 차도에서도 위치 파악이 가능하다.

36 글로나스(Glonass)

소비에트 연방이 개발했고, 현재는 러시아 우주군이 운영하는 러시아의 전파 위성 항법 시스템
- 미국의 GPS, 유럽 연합의 갈릴레오※와 같은 것이다.

37 오픈스택(OpenStack)

IaaS 형태의 클라우드 컴퓨팅 오픈 소스 프로젝트이다.
- 클라우드 환경을 구축할 수 있는 오픈 소스 소프트웨어이다.
- 주로 리눅스 기반으로 운용과 개발이 이루어진다.

38 에지 컴퓨팅(Edge Computing)

중앙 클라우드 서버가 아니라 이용자의 단말기 주변이나 단말기 자체에서 데이터를 처리하는 기술
- 기존 클라우드 컴퓨팅에 비해 데이터 처리 시간이 짧고 보안성이 뛰어나다.
- 데이터양이 많고 실시간 처리가 필요한 자율 주행 자동차, 스마트 공장, 사물 인터넷(IoT) 등에서 대거 활용될 전망이다.

39 WBAN(Wireless Body Area Network, 무선 인체 통신망)

웨어러블(Wearable) 또는 몸에 심는(Implant) 형태의 센서나 기기를 무선으로 연결하는 개인 영역 네트워킹 기술
- 무선 센서나 기기로부터 수집한 정보를 휴대 전화 또는 간이형 기지국을 통하여 병원이나 기타 필요한 곳에 실시간으로 전송함으로써 U-헬스※ 등의 서비스에 응용할 수 있다.

40 오픈플로(OpenFlow)

네트워크 장비의 패킷 포워딩※ 기능과 제어 기능을 표준 인터페이스로 분리하여 네트워크 개방성을 제공하는 통신 프로토콜
- 소프트웨어 정의 네트워킹(SDN) 기술에 사용된다.

GPS(Global Positioning System, 위성 위치 확인 시스템)
- 지구상의 어느 곳에서나 시간 제약 없이 인공위성에서 발신하는 정보를 수신하여 정지 또는 이동하는 물체의 위치를 측정할 수 있는 위치 측정 시스템이다.
- 1970년대 초 미국 국방부가 지구상에 있는 물체의 위치를 측정하기 위해 만든 군사용 시스템이었다.

갈릴레오(Galileo)
미국의 GPS 독점에 대항해 EU와 ESA가 공동으로 추진하고 있는 세계 최초의 민간용 위성 항법 시스템(GPS)

권쌤이 알려줌

오픈스택은 2012년 창설된 비영리 단체에서 유지보수하고 있으며, AMD, 인텔, 캐노니컬, 수세 리눅스, 레드햇, 시스코 시스템즈, 델, HP, IBM, NEC, VM웨어, 야후 등 150개 이상의 회사가 이 프로젝트에 참가하고 있습니다.

U-헬스(Ubiquitous Health)
유·무선 네트워킹이 가능한 정보통신 기술을 활용하여 시간과 장소에 상관없이 언제 어디서나 이용 가능한 건강관리 및 의료 서비스

패킷 포워딩(Packet Forwarding)
다양한 네트워크들을 연결하는 스위칭이나 라우팅 장비에서 수행되는 동작으로, 들어온 패킷의 헤더 정보를 이용하여 최종 목적지 네트워크를 향해 패킷을 내보내 주는 일련의 단계

41 래드섹(RadSec)

네트워크 이용자의 인증을 위해 전송 제어 프로토콜(TCP)과 전송 계층 보안(TLS)을 통해 레이디어스(RADIUS) 데이터를 전송하기 위한 프로토콜

- RADIUS over TLS(Transport Layer Security)의 준말이다.
- RADIUS는 원격지 이용자의 접속 요구 시 이용자 아이디나 패스워드, IP 주소 등의 정보를 인증 서버에 보내어 인증, 권한 부여, 과금 등을 수행한다. 보안에 취약한 RADIUS의 문제점을 보완한 프로토콜이 래드섹이다.
- 신뢰성이 보장된 TCP 전송, TLS 암호화 통신 사용, 그리고 통신 주체 간 인증서 교환을 통한 상호 인증을 제공한다.

42 SET(Secure Electronic Transaction, 안전한 전자 거래)

비자와 마스터 카드사가 공동으로 개발한 신용/직불 카드 결제를 위한 보안 프로토콜

43 LBS(Location Based Services, 위치 기반 서비스)

이동성(Mobile) 기기를 통해 각종 교통 및 생활 정보를 실시간으로 받아 삶의 질을 향상시키는 서비스를 총칭하는 것

- 대표적인 사례로는 친구 찾기, 주행 중 길 안내 및 가까운 주유소 찾기, 미아 찾기 등이 있다.

44 펨토셀(Femtocell)

일반적인 이동 통신 서비스 반경보다 훨씬 작은 지역을 커버하는 초소형 기지국

- 가정이나 소규모 사무실에 설치해 이동 통신 서비스를 제공한다.

45 빔 포밍(Beam Forming)

5G 네트워크의 주요 기술 중 하나로, 대용량 안테나를 사용해 대역폭을 향상시켜 실제 필요한 장소에 집중적으로 빠르게 무선 신호를 전송하는 기술

- 안테나 여러 개를 일정한 간격으로 배열하고 각 안테나로 공급되는 신호의 진폭과 위상을 변화시켜 특정한 방향으로 안테나 빔을 만들어 그 방향으로 신호를 강하게 송·수신한다.

46 WIPI(Wireless Internet Platform for Interoperability, 위피)

한국형 무선 인터넷 플랫폼 표준 규격

- 이동 통신 업체들이 같은 플랫폼을 사용하도록 함으로써 국가적 낭비를 줄이자는 취지를 가진다.

권쌤이 알려줌

WIPI는 3세대 휴대 전화용 운영 체제입니다. 국제 무선 인터넷 표준화 기구가 위피의 국제표준 채택을 거절하고, 2009년 정부가 위피 의무 탑재 제도를 폐지하였습니다.

47 WAP(Wireless Application Protocol, 무선 응용 통신 규약)

무선 응용 통신 규약 포럼에서 제정한 무선망과 인터넷을 연동하기 위한 프로토콜
- WAP 방식은 전세계적으로 가장 많은 사용자를 확보하고 있으며, 공개된 표준이라는 점에서 다수의 애플리케이션이 개발되고 있다. 다만, 기존의 HTTP를 지원하지 않아 WAP 게이트웨이를 사용해야 하므로 비용이 많이 든다는 단점이 있다.

48 와이브로(WiBro; Wireless Broadband)

다양한 휴대 인터넷 단말을 이용하여 정지 및 이동 중에서도 언제, 어디서나 고속으로 무선 인터넷 접속이 가능한 서비스
- 이동하면서도 초고속 인터넷을 이용할 수 있는 무선 휴대 인터넷(Portable Internet)을 의미한다.
- 기존의 무선 인터넷인 CDMA[※]와 Wi-Fi의 장점만을 취하여 새롭게 만들어 낸 것이다.
- 삼성전자와 한국전자통신연구원이 개발하였다.

CDMA(Code Division Multiple Access, 코드 분할 다중 접속)
이동 통신에서 코드를 이용한 다중 접속 기술

49 미러 사이트(Mirror Site)

어떤 인기 있는 파일 서버 상에 있는 파일과 똑같은 파일을 축적하고 있는 파일 서버
- 네트워크 트래픽을 줄이기 위하여 파일 서버를 복사해 놓은 것이다.
- 유명한 사이트의 경우 전 세계에 몇 군데의 미러 사이트가 있으므로 사용자들은 가까운 곳 또는 국내에 있는 미러 사이트를 이용할 수 있다.

50 콘텐츠 전송 네트워크(CDN; Content Delivery Network)

동영상이나 게임 등 대용량 콘텐츠를 다수 이용자에게 빠르게 전송하도록 세계 각지에 분산형 서버를 구축하여 데이터를 저장하고, 최적화하여 콘텐츠 전송 속도와 품질을 높이는 네트워크 시스템
- 사용자가 데이터를 요청할 때 가까운 위치의 네트워크를 연결시켜 준다.

51 위성 인터넷(Satellite Internet)

지구 전역을 커버하도록 저궤도 위성을 띄워 인터넷 연결에 활용하는 기술
- 기지국 구축이 어려운 산간 · 오지 등 통신 음영 지역을 줄이고, 해양과 극지 등 광범위한 지역에 활용할 수 있다.

[21년 3회 필기]

01 국내 IT 서비스 경쟁력 강화를 목표로 개발되었으며 인프라 제어 및 관리 환경, 실행 환경, 개발 환경, 서비스 환경, 운영환경으로 구성되어 있는 개방형 클라우드 컴퓨팅 플랫폼은 무엇인지 쓰시오.

> 해설 | 키워드 IT 서비스 경쟁력 강화를 목표로 개발, 개방형 클라우드 컴퓨팅 플랫폼 → 용어 파스-타

[21년 1회 필기]

02 다음의 설명과 가장 부합하는 용어를 쓰시오.

> • 블록체인 개발 환경을 클라우드로 서비스 하는 개념
> • 블록체인 네트워크에 노드의 추가 및 제거가 용이
> • 블록체인의 기본 인프라를 추상화하여 블록체인 응용 프로그램을 만들 수 있는 클라우드 컴퓨팅 플랫폼

> 해설 | 키워드 블록체인(Blockchain) 개발 환경 → 용어 BaaS

[21년 3회 필기]

03 물리적 배치와 상관없이 논리적으로 LAN을 구성하여 Broadcast Domain을 구분할 수 있게 해주는 기술로 접속된 장비들의 성능 향상 및 보안성 증대 효과가 있는 것은 무엇인지 쓰시오.

> 해설 | 키워드 논리적으로 LAN 구성 → 용어 VLAN

[20년 2회 필기]

04 여러 개의 독립된 통신장치가 UWB(UltraWideBand) 기술 또는 블루투스 기술을 사용하여 통신망을 형성하는 무선 네트워크 기술은 무엇인지 쓰시오.

> 해설 | 키워드 독립된 통신 장치, 통신망 장치 → 용어 피코넷

[21년 2회]

05 다음의 설명과 가장 부합하는 용어를 쓰시오.

> 네트워크 장치를 필요로 하지 않고, 멀티 홉 라우팅 기능에 의해 무선 인터페이스가 가지는 통신 거리상의 제약을 극복하며, 노드들의 이동이 자유롭기 때문에 네트워크 토폴로지가 동적으로 변화되는 특징이 있다. 응용 분야로는 긴급구조, 긴급회의, 전쟁터에서의 군사 네트워크 등이 있다.

> 해설 | 키워드 멀티 홉 라우팅, 노드 이동 자유로움, 동적으로 변화 → 용어 애드혹 네트워크

[21년 1회 필기]

06 전기 및 정보통신기술을 활용하여 전력망을 지능화, 고도화함으로써 고품질의 전력서비스를 제공하고 에너지 이용효율을 극대화하는 전력망은 무엇인지 쓰시오.

> 해설 | 키워드 전력망(Grid)을 지능화(Smart), 고도화, 에너지 이용효율 극대화 → 용어 스마트 그리드

[20년 3회 필기]

07 기존 무선 랜의 한계 극복을 위해 등장하였으며, 대규모 디바이스의 네트워크 생성에 최적화되어 차세대 이동통신, 홈네트워킹, 공공 안전 등의 특수목적을 위한 새로운 방식의 네트워크 기술을 의미하는 것 무엇인지 쓰시오.

> 해설 | 키워드 대규모 디바이스의 네트워크(Network) 생성에 최적화 → 용어 메시 네트워크

08 [20년 4회]
컴퓨터 네트워킹에서 쓰이는 용어로, IP 패킷의 TCP/UDP 포트 숫자와 소스 및 목적지의 IP 주소 등을 재기록하면서 라우터를 통해 네트워크 트래픽을 주고받는 기술로써 네트워크 주소 변환이라고도 하는 것을 영문 약어로 쓰시오.

> **해설** [키워드] 컴퓨터 네트워킹(Network), IP 주소(Address), 재기록, 라우터, 네트워크 트래픽 → [용어] NAT(Network Address Translation, 네트워크 주소 변환)

09 [21년 1, 3회 필기]
다음의 설명과 가장 부합하는 용어를 쓰시오.

> • 사물통신, 사물인터넷과 같이 대역폭이 제한된 통신환경에 최적화하여 개발된 푸시기술 기반의 경량 메시지 전송 프로토콜
> • 메시지 매개자(Broker)를 통해 송신자가 특정 메시지를 발행하고 수신자가 메시지를 구독하는 방식
> • IBM이 주도하여 개발

> **해설** [키워드] 푸시기술 기반의 경량 메시지(Message) 전송(Transport) 프로토콜, 발행, 구독 → [용어] MQTT

정답
01. 파스-타(PaaS-TA) 02. BaaS(Blockchain as a Service, 서비스형 블록체인) 03. VLAN(Virtual Local Area Network, 가상 랜) 04. 피코넷(Piconet)
05. 애드혹 네트워크(Ad-Hoc Network) 06. 스마트 그리드(Smart Grid) 07. 메시 네트워크(Mesh Network) 08. NAT 09. MQTT(Message Queuing Telemetry Transport)

★★★

02 SW 구축 관련 신기술 및 트렌드 정보

1 VR(Virtual Reality, 가상 현실)

어떤 특정한 환경이나 상황을 컴퓨터로 만들어 그것을 사용하는 사람이 마치 실제 주변 상황 및 환경과 상호 작용을 하고 있는 것처럼 만들어 주는 인간과 컴퓨터 사이의 인터페이스

예 탱크/항공기의 조종법 훈련, 가구의 배치 설계, 수술 실습, 게임, 운전 연습

2 AR(Augmented Reality, 증강 현실)

컴퓨터 세상의 환경을 복제하는 것을 목적으로 하는 가상 현실의 유형

• 한 증강 현실 시스템은 사용자가 봤던 실제 장면과 추가적인 정보가 함께 적힌 장면을 생성하여 컴퓨터가 만들어낸 가상 장면을 복합한 합성된 시야를 만들어준다.
• 현실 환경과 가상 환경을 융합하는 복합형 가상 현실 시스템이다.

예 '포켓몬 고' 게임

3 MR(Mixed Reality, 혼합 현실)

현실을 기반으로 가상 정보를 부가하는 증강 현실(AR)과 가상 환경에 현실 정보를 부가하는 증강 가상(AV)*의 의미를 포함한 것

- 현실과 가상이 자연스럽게 연결된 스마트 환경을 제공하여 사용자는 풍부한 체험을 할 수 있다.

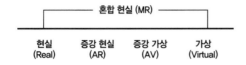

4 메타버스(Metaverse)

3차원 가상 세계

- 가공, 추상(Meta)과 현실 세계(Universe)의 합성어이다.
- 메타버스 세계는 그동안 가상현실(VR)이라는 말로 표현되었는데, 현재는 진보된 개념의 용어로서 메타버스라는 단어가 주로 사용된다.

🌐 가상 현실 사이트 '세컨드라이프'

5 AI(Artificial Intelligence, 인공지능)

컴퓨터에 의한 인간 지능 프로세스의 시뮬레이션*으로 컴퓨터가 인간의 지능 활동을 모방할 수 있도록 하는 것

- 미국 컴퓨터 과학자인 존 맥커시(John McCarthy)가 1956년에 제안했다.
- 인공지능에는 학습, 추론 및 자체 연결이 포함되며, 인공지능의 특별한 응용 프로그램에는 전문가 시스템*, 음성 인식 및 머신 비전*이 포함된다.
- 머신 러닝(Machine Learing, 기계 학습) : 인공지능의 한 분야로 컴퓨터가 학습하는 알고리즘과 기술을 개발하는 분야

6 텐서플로(TensorFlow)　[21년 3회 필기]

구글(Google)사에서 개발한 머신 러닝을 위한 오픈 소스 소프트웨어 라이브러리

- 2015년에 공개 소프트웨어로 전환되었다.

7 뉴럴링크(Neuralink)

테슬라 CEO 일론 머스크(Elon Musk)가 설립한 뇌 연구 스타트업으로 신경 레이스(Neural Lace)라고 부르는 기술을 개발하는 기업

- 의학 연구 분야로, 2017년 3월 뉴럴링크를 설립했다.

권쌤이 알려줌

VR은 100% 가상, AR은 현실과 가상 레이어를 결합한 것, MR은 VR의 몰입감과 AR의 현실감을 결합한 것으로 정리해 두세요.

증강 가상(AV; Augmented Virtuality)
카메라로 포착된 물건, 사람 등과 같은 현실 이미지를 가상 세계에 더해 가상 환경과 실시간으로 상호 작용할 수 있는 기술

시뮬레이션(Simulation)
모의 실험

전문가 시스템(Expert System)
전문가가 지닌 전문 지식과 경험, 노하우 등을 컴퓨터에 축적하여 전문가와 동일한 또는 그 이상의 문제 해결 능력을 가질 수 있도록 만들어진 시스템

머신 비전(Machine Vision)
기계에 인간이 가지고 있는 시각과 판단 기능을 부여한 것으로, 사람이 인지하고 판단하는 기능을 시스템이 대신 처리하는 기술

- 인간 뇌와 컴퓨터 결합이라는 새 도전 과제를 제시하면서 주목을 받았다.
- 생각을 업로드하고 다운로드할 수 있는 작은 전극을 뇌에 이식하는 것을 목표로 삼고 있다.
- 컴퓨터와 두뇌를 연결함으로써 인간이 더 높은 수준의 기능에 도달할 수 있게 하겠다는 것이다.

8 온톨로지(Ontology)

존재하는 사물과 사물 간의 관계 등 여러 개념을 컴퓨터가 처리할 수 있는 형태로 표현하는 것

- 어떤 일정 범위에서 사용되는 단어들의 개념, 특성, 연관 관계 등을 표현하여 단어에 대한 일반적 지식이 명시적으로 드러나고, 단어 간 관계 정의를 통해 문장의 의미를 파악할 수 있다.
- 인공지능(AI), 자연어 처리(NLP)[※], 시맨틱 웹(Semantic Web), 문헌 정보학 등 여러 분야에서 지식 처리, 공유, 재사용 등에 활용된다.

9 시맨틱 웹(Semantic Web, 의미론적 웹)

컴퓨터가 정보 자원의 뜻을 이해하고, 논리적 추론까지 할 수 있는 차세대 지능형 웹

- 사람이 읽고 해석하기 편리하게 설계된 현재의 웹 대신에 컴퓨터가 이해할 수 있는 형태의 새로운 언어로 표현해 기계들끼리 의사소통을 할 수 있는 지능형 웹이다.

10 디지털 트윈(Digital Twin) [20년 3회 필기]

물리적인 사물과 컴퓨터에 동일하게 표현되는 가상 모델

(예) 에너지, 항공, 헬스 케어, 자동차, 국방 등에 이용한다.

- 제너럴 일렉트릭(GE; General Electric)에서 만든 개념이다.
- 실제 물리적인 자산 대신 소프트웨어로 가상화한 자산의 디지털 트윈을 만들어 시뮬레이션 함으로써 현재 상태, 생산성, 동작 시나리오 등의 실제 자산의 특성에 대한 정확한 정보를 얻을 수 있다.

11 SDN(Software Defined Network, 소프트웨어 정의망)

소프트웨어 프로그래밍을 통해 네트워크 경로 설정과 제어 및 복잡한 운용 관리를 편리하게 처리할 수 있는 차세대 네트워킹 기술

- 클라우드 서비스, 스마트 TV, 빅 데이터, 사물 지능 통신 등 다른 특성을 가지는 다양한 인터넷 서비스가 증가함에 따라 다양한 서비스와 환경에 따라 동적

자연어 처리(NLP; Natural Language Processing)
컴퓨터를 이용해 사람의 자연어를 분석하고 처리하는 기술
• 인공지능의 주요 분야 중 하나이다.

권쌤이 알려줌
시맨틱 웹의 가장 강력한 지지자 가운데 한 사람은 월드 와이드 웹의 창시자이자 세계 웹 표준화 기구(W3C) 소장인 영국의 팀 버너스 리입니다.

권쌤이 알려줌
다양한 소프트웨어 정의 관련 기술을 하나로 통칭하여 부르는 용어는 SDE(Software-Defined Everything, SDx, 소프트웨어 정의 기술)입니다.
• SDN에서 시작되어, SDS, SDC, SDDC, SDP 등을 포함합니다.

으로 제어될 수 있는 유연한 구조를 충족하기 위하여 기존의 하드웨어 중심의
네트워크를 소프트웨어 기반으로 전환하는 것이다.

12 SDS(Software Defined Storage, 소프트웨어 정의 스토리지) [21년 3회 필기]

소프트웨어를 이용하여 전체 스토리지 자원을 관리하는 데이터 저장 장치 체계

- 일정 조직 내 여러 스토리지를 하나처럼 관리하고 운용하는 컴퓨터 이용 환경
  으로, 스토리지 자원을 효율적으로 나누어 쓰는 방법으로 이해할 수 있다.
- 가상화를 적용하여 필요한 공간만큼 나눠 사용할 수 있도록 한다.

13 SDDC(Software-Defined Data Center, 소프트웨어 정의 데이터 센터) [20년 4회 필기]

데이터 센터를 효율적으로 운영하고 편리하게 관리하기 위해 등장한 모든 컴퓨
팅 인프라를 가상화하여 서비스하는 데이터 센터

- 인력 개입 없이 소프트웨어 조작만으로 자동 제어 관리한다.
- 특정 하드웨어와 상관없이 독립적이다.
- 실제 물리적 환경과 동일하게 구성된다.
- 컴퓨팅, 네트워킹, 스토리지, 관리 등을 모두 소프트웨어로 정의해 데이터 센
  터를 구성하고 관리한다.

14 SDP(Software Defined Perimeter, 소프트웨어 정의 경계)

네트워크 장치, 단말 상태, 사용자 ID를 체크하여 권한이 있는 사용자 및 디바이
스에 대해서만 접근 권한을 부여하며 인증 받지 못한 단말기에 대해서는 그 어떠한
서비스 연결 정보도 얻지 못하게 접근을 제어하는 프레임워크

- DNS 정보나 IP 주소를 알 수 없는 블랙 클라우드(Black Cloud) 네트워크로
  동작되며, 해커들이 쉽게 보안을 뚫을 수 없도록 구성되어 있다.

15 SSO(Single Sign-On, 싱글 사인 온) [21년 3회 필기]

하나의 시스템에서 인증에 성공하면 다른 시스템에 대한 접근 권한도 얻는 시스템

- 단 한 번의 로그인만으로 기업의 각종 시스템이나 인터넷 서비스에 접속하게
  해주는 보안 응용 솔루션이다.

16 DSA(Digital Signature Algorithm, 전자 서명 알고리즘)

미국 국립 표준 기술 연구소(NIST)에서 전자 서명[※] 표준안으로 개발된 엘가말
암호 방식[※] 기반의 전자 서명 알고리즘

전자 서명(Digital Signature)
전자 문서의 변경 여부를 확인
할 수 있도록 작성자의 고유 정
보를 암호화하여 문서에 포함하
는 기술
- 데이터의 생성원과 무결성을
  검증할 수 있고, 제3자에 의한
  데이터 위조 등을 보호할 수
  있다.

엘가말 암호 방식(Elgamal
Encryption Scheme)
공개키 암호 방식의 하나로, 이
산 대수 문제에 대한 최초의 공
개키 암호
- 암호문의 길이가 평문 길이의
  2배로 길어지는 결점이 있다.

17 CC(Common Criteria, 공통 평가 기준)

ISO/IEC 15408이라고도 불리는 정보 보호 제품의 평가 기준을 규정한 국제 표준

- 각국들이 정보 보호 제품에 서로 다른 평가 기준을 가지고 평가를 시행하여 시간과 비용이 낭비되는 문제점을 없애기 위해 개발되었다.

18 DLT(Distributed Ledger Technology, 분산 원장 기술)

중앙 관리자나 중앙 데이터 저장소가 존재하지 않고 P2P* 망 내의 참여자들에게 모든 거래 목록이 분산 저장되어 거래가 발생할 때마다 지속적으로 갱신되는 디지털 원장

> 예 블록체인(금융 거래)

- 기존의 중앙 서버와 같이 집중화된 시스템을 유지 및 관리할 필요가 없고, 해킹 및 위변조의 위험도도 낮다.
- 효율성과 보안성이 우수하다.

P2P(Peer-To-Peer, 개인 간 통신)
PC 대 PC, 개인 대 개인처럼 서버의 도움 없이 일 대 일 통신을 하는 관계

19 블록체인(BlockChain) [20년 4회]

P2P 네트워크 분산 환경에서 온라인 금융 거래 정보를 블록으로 연결하여 중앙 관리 서버가 아닌 참여자(피어, Peer)들의 개인 디지털 장비에 분산 저장시켜 공동으로 관리하는 방식

> 예 가상 화폐인 비트코인(Bitcoin)*

- 거래 장부를 공개하고 분산해 관리한다는 의미에서 공공 거래장부나 분산 거래장부(Distributed Ledgers)로도 불린다.
- 온라인 거래 정보를 수정할 수 없도록 데이터를 블록(Block)으로 만들고, 암호 기술을 사용한 고리 모양의 체인(Chain)으로 연결하여 분산 컴퓨팅 기술로 저장/관리하는 방식이다.

비트코인(Bitcoin)
실제 생활에서 쓰이는 화폐가 아니라 온라인 거래상에서 쓰이는 가상화폐
- 2009년 1월 사토시 나카모토 라는 필명의 프로그래머가 개발하였다.

20 매시업(Mashup) [20년 3회 필기]

웹에서 제공하는 정보 및 서비스를 이용하여 새로운 소프트웨어나 서비스, 데이터베이스 등을 만드는 기술

- 서로 다른 웹 사이트의 콘텐츠를 조합하여 새로운 차원의 콘텐츠와 서비스를 창출한다.

21 RIA(Rich Internet Application)

데스크톱 환경처럼 응답 속도가 빠르고 사용하기 쉬운 기능과 특징을 제공하는 웹 제작 기술

(예) 어도비 플렉스(Adobe Flex), 자바에프엑스(JavaFX), 마이크로소프트 실버
라이트(Silverlight)

- 웹 브라우저의 한계를 극복하기 위해 기존 웹 애플리케이션보다 풍부하고 향
상된 그래픽 사용자 인터페이스(GUI*)를 제공하는 애플리케이션을 뜻한다.
- 설치 및 배포, 갱신 용이, 네트워크 트래픽 감소, 유지보수 및 재개발 비용 감
소, 서버 CPU 사용률 감소 등의 장점이 있다.

> GUI(Graphic User Interface,
> 그래픽 사용자 인터페이스)
> 사용자가 편리하게 사용할 수
> 있도록 아이콘과 같은 그래픽으
> 로 나타내어 마우스를 이용하는
> 인터페이스

22 PET(Privacy Enhancing Technology, 개인정보 강화 기술)

개인정보 침해 위험을 관리하기 위한 핵심 기술로, 암호화 · 익명화 등 개인정보
를 보호하는 기술에서 사용자가 직접 개인정보를 통제하기 위한 기술까지 다양한
사용자 프라이버시 보호 기술을 통칭한 것

23 딥 러닝(Deep Learning)

컴퓨터가 여러 데이터를 이용하여 마치 사람처럼 스스로 학습할 수 있게 하기 위
해 인공 신경망을 기반으로 하는 머신 러닝 기술

(예) 알파고 바둑

24 N2OS(Neutralized Network Operating System)

한국전자통신연구원(ETRI)이 개발한 네트워크 운영체제로, 네트워크 장비에 탑
재되어 하드웨어 자원을 관리하는 핵심 소프트웨어

- 인터넷 패킷을 해석해 장애 요소를 검출하고 최적 장비로 전달한다.
- 다양한 네트워킹 기술을 적용할 수 있는 개방형 구조 소프트웨어 프레임워크
이다.
- 모든 유형의 네트워크 장비를 지원하는 오픈 플랫폼을 지향한다.

25 PKI(Public Key Infrastructure, 공개키 기반 구조)

공개키 암호 시스템을 안전하게 사용하고 관리하기 위한 정보 보호 표준 방식

- PKI는 ITU-T의 X.509 방식과 비X.509 방식으로 구분되며, X.509 방식은
인증기관에서 발행하는 인증서를 기반으로 상호 인증을 제공하도록 하고 있으
며, 비X.509 방식은 국가별, 지역별로 실정에 맞게 보완 개발되고 있다.

26 QKD(Quantum Key Distribution, 양자 암호 키 분배)

안전한 통신을 위해 양자 역학적 특성을 이용하여 비밀키를 분배 및 관리하는 기술

27 PIA(Privacy Impact Assessment, 개인정보 영향평가 제도)

개인정보를 활용하는 새로운 정보 시스템의 도입 및 기존 정보 시스템의 중요한 변경 시, 시스템의 구축 및 운영이 기업의 고객은 물론 국민의 사생활에 미칠 영향에 대해 미리 조사/분석/평가하는 제도

- 개인정보 침해 위험성을 사전에 발견해 정보 시스템 구축 및 운영에서 시행착오를 예방하고, 효과적인 대응책을 수립하기 위하여 도입하는 제도로서, 개인정보 보호법에 따라 공공기관은 의무화되어 있다.

권쌤이 알려줌

IBM 기업 가치 연구소의 보고서(2011)는 DX가 '기업이 디지털과 물리적인 요소들을 통합하여 비즈니스 모델을 변화시키고 산업에 새로운 방향을 정립하는 전략'이라고 정의하고 있습니다.

28 DX(Digital Transformation, 디지털 전환)

디지털 기술을 사회 전반에 적용하여 전통적인 사회 구조를 혁신시키는 것

예 카카오 뱅크 : 온라인 업체의 금융업 진출

- 일반적으로 기업에서 사물 인터넷(IoT), 클라우드 컴퓨팅, 인공지능(AI), 빅데이터 솔루션 등 정보 통신 기술(ICT)을 플랫폼으로 구축 및 활용하여 기존 전통적인 운영 방식과 서비스 등을 혁신하는 것을 의미한다.

29 OGSA(Open Grid Service Architecture, 오픈 그리드 서비스 아키텍처)

애플리케이션 공유를 위한 웹 서비스 표준과 인프라 자원의 공유를 위한 그리드 기술이 결합된 개방형 표준

- 웹 서비스를 그리드 상에서 제공하기 위해 서비스 중심의 상업적인 응용에 초점이 맞춰진 구조이다.

30 GIS(Geographic information System, 지리 정보 시스템)

지도에 관한 속성 정보를 컴퓨터를 이용해서 해석하는 시스템

- 취급하는 정보는 인구 밀도나 토지 이용 등의 인위적 요소, 기상 조건이나 지질 등의 자연적 환경 요소 등 다양하다.
- 도시 계획, 토지 관리, 기업의 판매 전략 계획 등 여러 가지 용도에 활용된다.

31 에스크로(임치) 서비스(Escrow Service)

전자 상거래 등에서 구매자와 판매자 사이에 중개 서비스 회사가 개입해 상품 인도와 대금 지불을 대행해 주는 서비스

- 소비자의 피해를 최소화하기 위해 도입된 제도로, 대부분 오픈 마켓을 운영하는 업체들은 이 제도를 도입하여 운영하고 있다.

32 소프트웨어 에스크로(Software Escrow)

소프트웨어 개발자의 지식 재산권을 보호할 수 있고, 사용자는 저렴한 비용으로 소프트웨어를 안정적으로 사용하고 유지보수를 받을 수 있도록 하기 위해 프로그램과 기술 정보 등을 제3의 기관에 보관하는 것

33 베이퍼웨어(Vaporware, 증발품)

판매 계획 또는 배포 계획은 발표되었으나, 실제로 고객에게 판매되거나 배포되지 않고 있는 소프트웨어

- 박람회 홍보 책자에만 존재하는 상품이라는 의미에서 브로슈어웨어(Brochureware)라고 부르기도 한다.
- IT 산업이 한창 확대되고 있을 때, 개발조차 되지 않은 하드웨어나 소프트웨어를 마치 완성을 앞둔 것처럼 부풀리는 식의 마케팅 전략을 빗대어 언급한 용어로, 당장 구할 수 있는 경쟁 업체의 제품을 사지 못하도록 하는 것이다.

34 PRM(Partner Relationship Management, 파트너 관계 관리)

기업이 고객의 만족도와 매출을 높이려고 파트너들과 협업하는 솔루션

- 기업이 고객을 직접 관리하는 CRM※과는 달리, PRM은 파트너를 통해 간접적으로 고객을 관리한다.

35 원격 현장감(Telepresence)

공간적으로 떨어져 있는 장소 또는 가상의 장소를 신체적으로 경험하는 것

- ⓔ 우주 공간이나 깊은 바다 속과 같이 인간이 접근하기 어려운 위험한 장소에서 경험하거나 행동하는 기술
- 컴퓨터를 원격지와 연결하여 구성한 가상 현실 공간을 통해 신체적으로 가 있지 않은 다른 장소에 존재할 수 있게 하는 것이다.

36 딥페이크(Deepfake, 인물 합성 기술)

딥러닝(Depp Learning)과 페이크(Fake)의 합성어로, 인공지능을 기반으로 사진이나 영상에서 기존 인물을 다른 인물로 바꿔주는 합성 기술

37 워터마킹(Watermarking, Digital Watermarking)

디지털 이미지, 오디오, 비디오 등 디지털 형식으로 되어 있는 지적 재산의 저작권 보호를 위해 저작권자 또는 판매자의 정보를 인간의 의식 체계 또는 감지 능력으로는 검출할 수 없는 방식으로 콘텐츠에 숨겨 놓는 기술

권쌤이 알려줌

소프트웨어 에스크로의 목적은 소프트웨어 저작재산권자의 지식재산권을 보호하며, 저작재산권자의 폐업, 파산, 소프트웨어 개발 관련 정보 멸실 등의 사건이 발생할 경우 소프트웨어 사용 권한이 있는 사용자에게 보관된 자료를 제공하는 등 정당한 사용자의 권리를 보장하는 데 있습니다.

권쌤이 알려줌

베이퍼웨어는 눈앞에 채 나타나기도 전에 수증기처럼 없어져 버릴 수도 있는 제품이라는 뜻입니다.

CRM(Customer Relationship Management, 고객 관계 관리)
기업이 고객을 관리하기 위해 필요한 방법론이나 소프트웨어
- 고객 중심의 경영 기법을 의미한다.

38 핑거 프린팅(Finger Printing)

사람의 눈으로 인지할 수 없도록 콘텐츠에 사용자의 정보를 삽입하고 추출하는 기술

- 정보를 디지털 콘텐츠에 삽입하는 측면에서는 워터마킹과 동일하다고 볼 수 있으나, 핑거 프린팅은 저작권자 또는 판매자 정보가 아닌 콘텐츠를 구매한 사용자의 정보를 삽입함으로써 이후에 발생하게 될 콘텐츠 불법 배포자를 추적하는 데 사용하는 기술이다.

39 스테가노그래피(Steganography)

전달하려는 비밀 정보를 이미지 또는 음악 등의 파일에 인간이 감지할 수 없도록 숨겨서 전달하는 기술

40 디지털 포렌식(Digital Forensic)

컴퓨터 법의학이라 불리며, 전자 증거물을 사법기관에 제출하기 위해 휴대폰, PDA, PC, 서버 등에서 데이터를 수집 및 분석하는 디지털 수사 과정

- 대검찰청 등 주요 수사 기관마다 포렌식 센터가 개설되어 있다.

권쌤이 알려줌

안티 포렌식(Anti Forensic)은 자신에게 불리한 증거 자료를 사전에 차단하려는 활동이나 기술입니다.

41 PIMS(Personal Information Management System, 개인정보 관리 시스템)

현대인의 사회 생활과 개인 생활에서 발생하는 각종 정보를 효율적으로 관리해주는 종합 시스템

- 정부에서는 개인정보 보호를 위해 고객의 개인정보를 안전하게 관리하는 기업에 주는 PIMS 인증제를 도입 운영하기로 하였다.

42 ISMS(Information Security Management System, 정보 보호 관리 체계)

정보 자산의 비밀을 유지하고 결함이 없게 하며, 언제든 사용할 수 있게 한 보호 절차와 과정

- 기업의 정보 보호 수준을 끌어올리려는 것이다.
- 방송통신위원회는 정보통신 서비스를 시작하기 전에 보안 위험을 분석해 미리 조치하고, 사이버 공격에 대응할 최소 보호 조치 기준을 마련하였다.

43 O2O(Online to Offline)

온라인과 오프라인을 유기적으로 연결해 새로운 가치를 창출하는 서비스

예 배달의 민족, 카카오 택시, 우버

- 구체적으로 인터넷이나 스마트폰을 이용해 오프라인 매장으로 고객을 유치하는 것으로, 스마트폰의 등장과 모바일 기술의 발달에 힘입어 빠르게 확산되고 있다.

44 MSA(MicroService Architecture, 마이크로서비스 아키텍처)

대규모 소프트웨어 개발에 적용하기 위하여 단독 실행이 가능하고, 독립적으로 배치될 수 있는 작은 단위로 기능을 분해하여 서비스하는 아키텍처

- 마이크로서비스 아키텍처 사용으로 개발자들이 클라우드 망을 통해 공유하고 협업하여 자유롭게 소프트웨어를 개발할 수 있으며, 개발 및 유지보수에 드는 시간과 비용을 절감할 수 있다.
- 단일 서비스로 개발하는 기존 모놀리식 방식과는 반대되며, SOA※ 방식보다 더 세분화되어 있다.

 권쌤이 알려줌

MSA는 레고 블록을 조립하여 원하는 모양을 만드는 것으로 이해해 주세요.

SOA(Service Oriented Architecture, 서비스 지향 아키텍처)
기업의 정보 시스템을 공유와 재사용이 가능한 서비스 또는 컴포넌트 중심으로 구축하는 정보 기술 아키텍처

45 디봅스(DevOps)

개발(Development)과 운영(Operations)의 합성어로, 시스템 개발과 운영을 병행 및 협업하는 방식

- 개발 부문, 운영 부문, 품질 관리 부서 사이의 통합 · 커뮤니케이션 · 협업을 위한 일련의 방법 및 시스템이다.
- 알맞은 시기에 소프트웨어 제품이나 서비스 출시를 목표로 하는 조직의 속성상 개발과 운영은 상호 의존해야 한다는 의미를 지닌다.

 권쌤이 알려줌

디봅스는 소프트웨어 개발과 운영 관리 간의 협업과 통합을 담당하며, 빅 데이터 비즈니스가 각광을 받으면서 한 분야의 뛰어난 능력을 보유한 인력뿐만 아니라 통계, 프로그래밍, 개발, 오퍼레이션과 같이 융합적인 능력에 대한 요구가 증가하고 있습니다.

46 크라우드 소싱(Crowd Sourcing)

군중(Crowd)과 외부 용역(Outsourcing)의 합성어로, 인터넷을 통해 일반 대중이 기업 내부 인력을 대체하는 것

- 주로 소셜 네트워킹 기법을 이용하여 제품이나 지식의 생성과 서비스 과정에 대중을 참여시킴으로써 생산 단가를 낮추고, 부가 가치를 증대시키며 발생된 수익의 일부를 다시 대중에게 보상하는 새로운 경영 방법이다.

47 위키노믹스(Wikinomics)

참여형 인터넷 백과사전 위키피디아(Wikipedia)와 경제학(Economics)의 합성어로, IT를 기반으로 전 세계 모든 사람들의 협업을 중시하는 개방 · 참여형 경제 패러다임

48 ITS(Intelligent Transport System, 지능형 교통 시스템)

교통 · 전자 · 통신 · 제어 등 첨단 기술을 교통 · 차량 · 화물 등 교통 체계의 구성 요소에 적용하여 실시간 교통 정보를 수집 및 관리, 제공하는 시스템

⑩ 하이패스(Hipass)

- 교통 시설의 이용 효율을 극대화하고, 교통 이용 편의와 교통안전을 높이며, 에너지를 절감하게 한다.

49 크리슈머(Crisumer)

프로슈머*보다 발전된 개념으로 소비를 통해 욕구를 충족하는 수준을 넘어 제품의 기획이나 판촉 · 활동에도 진취적으로 참여하며 자신의 개성을 표현하는 창조적인 소비자

프로슈머(Prosumer)
생산자와 소비자를 합성한 말로 생산과 소비, 수요와 공급 주체의 역할이 융합되는 새로운 개념의 고객
- 소비자와 제조업자가 소비자 욕구에 맞는 물건을 함께 개발하는 것으로, 생산 소비자 또는 참여형 소비자라고도 한다.

50 인포러스트(Infolust)

누구보다 빠른 정보와 상품들을 선별해 가장 최근의 신규 토픽들을 대중화시키며 정보를 제공하는 역할

- 정보(Information)와 열광(Lust)의 합성어로 정보 열광자라고도 한다.

51 노모포비아(Nomophobia)

스마트폰 등 휴대 전화가 없을 때 초조해하거나 불안감을 느끼는 증상을 일컫는 말

52 웨버홀리즘(Webaholism)

일상생활에 지장을 느낄 정도로 지나치게 인터넷에 몰두하고, 인터넷에 접속하지 않으면 불안감을 느끼는 등의 인터넷 중독증 또는 의존증

53 튜링 시험(Turing Test)

컴퓨터가 지능이 있는지를 판별할 수 있는 시험

- 조사관이 블라인드 상태에서 컴퓨터와 글로 대화를 나눈 후, 대화 상대가 사람인지 컴퓨터인지 판단할 수 없게 되면 컴퓨터는 지능이 있는 것으로 튜링 시험에 합격 판정을 받는다.

54 테크핀(TechFin)

기술(Technology)과 금융(Finance)의 합성어로, 정보기술(IT)에 금융을 접목한 혁신을 의미하는 용어

(예) 네이버페이, 카카오페이, 삼성페이

- 이용자 데이터를 방대하고 다양한 상태에서 시작한다는 점, 빅데이터와 인공지능(AI) 등 데이터 분석 역량 및 자체 정보기술(IT) 인프라를 보유하고 있는 점이 기존 핀테크와의 차별화로 꼽힌다.

55 스마트 오더(Smart Order)

스마트폰 또는 기타 스마트 기기로 음식이나 음료를 주문하는 시스템

(예) 스타벅스 사이렌 오더

권쌤이 알려줌

테크핀과 반대로 금융에 얹어진 정보기술(IT)은 핀테크(Fintech)라 합니다. 주도하는 주체 및 근간이 정보기술(IT)이냐 금융이냐에 따라 구분합니다.
(예) 은행, 카드사 같은 금융 기관이 기존 금융 서비스에 IT를 도입한 것

권쌤이 알려줌

스마트 오더를 사용하면 소비자가 주문하기 위하여 긴 줄을 서거나 카운터까지 갈 필요가 없어, 고객 만족도를 높이고 대기 시간을 줄여 고객 회전율을 높일 수 있습니다.

기출 및 예상문제   02 SW 구축 관련 신기술 및 트렌드 정보

[21년 3회 필기]

01 구글의 구글 브레인 팀이 제작하여 공개한 기계 학습(Machine Learning)을 위한 오픈소스 소프트웨어 라이브러리는 무엇인지 쓰시오.

....

해설 키워드 구글, 기계 학습(Machine Learning) → 용어 텐서플로

[20년 3회 필기]

02 물리적인 사물과 컴퓨터에 동일하게 표현되는 가상 모델로 실제 물리적인 자산 대신 소프트웨어로 가상화함으로써 실제 자산의 특성에 대한 정확한 정보를 얻을 수 있고, 자산 최적화, 돌발사고 최소화, 생산성 증가 등 설계부터 제조, 서비스에 이르는 모든 과정의 효율성을 향상시킬 수 있는 모델은 무엇인지 쓰시오.

....

해설 키워드 물리적인 사물과 컴퓨터에 동일(Twin)하게 표현되는 가상 모델 → 용어 디지털 트윈

[21년 3회 필기]

03 다음에서 설명하는 IT 스토리지 기술은 무엇인지 쓰시오.

- 가상화를 적용하여 필요한 공간만큼 나눠 사용할 수 있도록 하며 서버 가상화와 유사함
- 컴퓨팅 소프트웨어로 규정하는 데이터 스토리지 체계이며, 일정 조직 내 여러 스토리지를 하나처럼 관리하고 운용하는 컴퓨터 이용 환경
- 스토리지 자원을 효율적으로 나누어 쓰는 방법으로 이해할 수 있음

....

해설 키워드 서버 가상화와 유사, 하나처럼 관리, 컴퓨팅 소프트웨어(Software), 데이터 스토리지(Storage) 체계 → 용어 SDS

---

04 **[20년 4회 필기]** 다음의 설명과 가장 부합하는 용어를 쓰시오.

> • 서비스형 IT를 달성하기 위해 모든 컴퓨팅 인프라를 가상화하여 서비스하는 데이터 센터이다.
> • 컴퓨팅, 네트워킹, 스토리지, 관리 등을 모두 소프트웨어로 정의한다.
> • 인력 개입 없이 소프트웨어 조작만으로 자동 제어 관리한다.
> • 데이터센터 내 모든 자원을 가상화하여 서비스한다.

해설 키워드 컴퓨팅 인프라를 가상화, 데이터 센터(Data Center), 모두 소프트웨어(Software)로 정의 → 용어 SDDC

05 **[21년 3회 필기]** 시스템이 몇 대가 되어도 하나의 시스템에서 인증에 성공하면 다른 시스템에 대한 접근권한도 얻는 시스템을 의미하는 용어는 무엇인지 쓰시오.

해설 키워드 하나의(Single) 시스템에서 인증 성공, 다른 시스템에 대한 접근권한 → 용어 SSO

06 **[20년 4회]** 다음의 설명과 가장 부합하는 용어를 쓰시오.

> P2P 네트워크를 이용하여 온라인 금융 거래 정보를 온라인 네트워크 참여자(peer)의 디지털 장비에 분산 저장하는 기술을 의미한다. 비트 코인(Bitcoin)이 이것의 가장 대표적인 예이며, 주식·부동산 거래 등 다양한 금융거래에 사용이 가능하고, 현관 키 등의 보안과 관련된 분야에도 활용될 수 있어 크게 주목받고 있다.

해설 키워드 P2P, 온라인 금융 거래 정보, 비트코인 → 용어 블록체인

07 **[20년 3회 필기]** 다음 ( ) 안에 들어갈 알맞은 기술은 무엇인지 쓰시오.

> ( )은(는) 웹에서 제공하는 정보 및 서비스를 이용하여 새로운 소프트웨어나 서비스, 데이터베이스 등을 만드는 기술이다.

해설 키워드 웹, 정보 및 서비스, 새로운 소프트웨어나 서비스, 데이터베이스 → 용어 매시업

정답
01. 텐서플로(TensorFlow) **02.** 디지털 트윈(Digital Twin) **03.** SDS(Software Defined Storage, 소프트웨어 정의 스토리지) **04.** SDDC(Software-Defined Data Center, 소프트웨어 정의 데이터 센터) **05.** SSO(Single Sign-On, 싱글 사인 온) **06.** 블록체인(Blockchain) **07.** 매시업(Mashup)

★★
03 HW 구축 관련 신기술 및 트렌드 정보

1 3D 프린팅(3D Printing, 3차원 인쇄)

디지털화된 디자인 데이터를 활용해 인쇄를 하듯 물체를 만들어 내는 방식

2 4D 프린팅(4D Printing, 4차원 인쇄)

미리 설계된 시간이나 임의 환경 조건이 충족되면 스스로 모양을 변경하거나 제조하여 새로운 형태로 바뀌는 제품을 3D 프린팅 하는 기술

예 물을 만나면 팽창되는 나무를 소재로 한 입체 프린터(3D printer)로 코끼리

모양의 평면 설계도를 출력한다. 그리고 출력된 설계도를 물에 넣으면 저절로 입체 코끼리 모양으로 바뀐다.

③ 엔 스크린(N screen) [21년 2회 필기]

하나의 콘텐츠를 PC · TV · 휴대폰 등 여러 단말기에 공유하여 끊김 없이 이용하는 체계

- 집 안에서 TV를 보다가 밖으로 나가더라도 휴대폰 등으로 보고 있던 콘텐츠를 이어서 그대로 볼 수 있다.

④ 컴패니언 스크린(Companion Screen)

TV 방송 시청에 동반되어 이용되는 보조 기기

- 🅰 시청자는 TV로 실시간 방송을 시청하면서 스마트폰으로는 웹 브라우저를 통해 방송 관련 정보, 방송에 나오는 가수의 영상(VOD), 음원(AOD) 등을 이용할 수 있다.
- 이종 단말기에서 동일한 콘텐츠를 자유롭게 이용할 수 있는 엔 스크린(N screen)의 한 종류이다.
- 스마트폰, 태블릿 PC, PC가 대표적인 기기이다. TV와 IP망으로 연결하여 TV로 시청하는 방송을 여러 기기와 공유하여 이용할 수 있다.

⑤ 패블릿(Phablet)

폰(Phone)과 태블릿(Tablet)의 합성어로, 5인치 이상의 대화면 스마트폰

- 🅰 갤럭시 노트

⑥ 멤리스터(Memristor)

메모리(Memory)와 레지스터(Resistor)의 합성어로, 전류의 방향과 크기 등 기존의 상태를 모두 기억하는 소자

- 전자 회로 구성 요소로 차세대 기억 소자, 회로 등에 응용될 수 있다.
- 멤리스터를 컴퓨터 시스템 메모리 등에 이용할 경우 에너지 소모와 부팅 시간을 획기적으로 줄일 수 있다.

⑦ RAID(Redundant Array of Inexpensive Disk, 복수 배열 독립 디스크)

디스크의 고장에 대비해 데이터의 안정성을 높인 컴퓨터의 저장 장치로서, 하나의 대형 저장 장치 대신 다수의 일반 하드를 배열로 구성하고, 데이터를 분할해서 분산 저장하거나 다중화한 저장 장치

- 여러 개의 하드 디스크에 일부 중복된 데이터를 나눠서 저장하는 기술이다.
- 값싼 디스크를 여러 개 묶어 대용량의 저장 공간을 만들고자 한다.
- 여러 개의 디스크를 하나로 묶어 하나의 논리적 디스크로 작동하게 하여 사용자에게 하나의 디스크처럼 보이게 한다.
- 디스크 어레이(Disk Array)라고도 한다.

8 M-DISC(Millennial DISC)

한 번의 기록만으로 자료를 영구 보관할 수 있는 광 저장장치

DVD(Digital Video Disk, Digital Versatile Disc)
보통 영화 한 편에 해당하는 영상과 음성을 담을 수 있는 지름 12cm 크기의 광 디스크

- 시간이 가도 변하지 않는 금속 활자처럼 빛, 열, 습기 등의 외부 요인에 영향을 받지 않는다.
- M-DISC는 미국의 밀레니어터(Millenniata)사에서 개발하였으며, 디지털 비디오 디스크(DVD※)와 블루레이 디스크※에 적용된다.

블루레이 디스크(Blue-ray Disk)
고선명(HD) 비디오를 위한 디지털 데이터를 저장할 수 있도록 만들어진 저장매체
•DVD보다 빠르고 용량이 크다.

9 C형 유에스비(USB Type-C, USB-C, Universal Serial Bus Type-C)

기기 간 데이터 전송을 위한 USB 케이블 단자의 위아래가 동일한 24핀의 USB

USB-IF(USB Implementers Forum, USB 임플리멘터스 포럼)
USB를 홍보하고 지원하기 위해 만든 비영리 조직

- USB 규격을 제정하는 USB-IF※에 의해 2014년 USB Type-C 규격(1.0 버전)이 발표되었다.
- 단자 위아래 구분 없이 어느 쪽으로든 연결할 수 있어 편리하다는 장점이 있다.

10 MEMS(멤스, Micro-Electro-Mechanical Systems, 초소형 정밀기계 기술)

실리콘이나 수정, 유리 등을 가공하여 초고밀도 집적 회로, 머리카락 절반 두께의 초소형 기어, 손톱 크기의 하드 디스크 등 초미세 기계 구조물을 만드는 기술

- 20세기의 대표적인 산업 기술인 반도체 기술에 버금가는 21세기 최대 유망 기술로, 초정밀 반도체 제조 기술이다.
- 이 기술로 만든 미세 기계는 마이크로미터※ 이하의 정밀도를 갖는다.

마이크로미터(Micrometer)
100만분의 1미터

11 트러스트존(TrustZone)

암(ARM)사에서 개발한 것으로, 프로세서(CPU) 안에 독립적인 보안 구역을 따로 두어 중요한 정보를 보호하는 하드웨어 기반의 보안 기술

- 이 기술은 하드웨어에서 직접 실행되며 하나의 CPU를 2개의 가상 공간, 즉 일반 구역(Normal World)과 보안 구역(Secure World)으로 분할하여 관리된다. 보안이 필요하지 않은 작업은 일반 구역에서 실행되고, 보안이 필요한 작업은 보안 구역에서 실행된다.

12 4K 해상도(4K Resolution)

약 4,000 픽셀들의 X축 해상도를 가지는 일련의 디지털 이미지를 가리키는 일반적인 용어
- 극장용 디지털 영화용의 표준이 된다.

13 폼 팩터(Form Factor)

제품 외형이나 크기, 물리적 배열을 의미하며, 일반적으로 모바일 기기 외형을 가리키는 용어
- 주로 컴퓨터 하드웨어(HW) 규격을 지칭 하는 용어로 쓰였지만 모바일 기기 발전과 더불어 휴대폰 외형을 가리키는 용어로 활용되고 있다.

14 옵테인 메모리(Optane Memory)

인텔과 마이크론의 합작으로 탄생한 RAM※과 플래시 메모리※의 중간 형태의 비휘발성 메모리

> RAM(Random Access Memory, 임의 접근 기억 장치)
> 데이터를 쓰고 읽을 수 있는 기억장치
> - 전원이 꺼지면 데이터가 지워진다.

> 플래시 메모리(Flash Memory)
> 전원이 끊겨도 기억된 데이터가 지워지지 않으면서 입력과 수정이 쉽도록 개발된 기억 장치
> - 주로 디지털 카메라나 USB 드라이브 등 휴대형 기기에서 대용량 정보를 저장하는 용도로 사용한다.

15 GPIB(General-Purpose Interface Bus, 범용 인터페이스 버스)

1970년 미국의 휴렛 패커드가 제안한 컴퓨터를 포함한 전자 장비의 입·출력을 제어하는 데 사용되는 범용의 병렬 인터페이스 버스
- 주로 컴퓨터와 측정 장비를 연결하여 정보를 교환하거나 제어하기 위한 외부 버스의 표준으로, IEEE 488이라고도 불린다.

16 키오스크(Kiosk)

고객의 편의를 위하여 공공장소에 설치된 컴퓨터 자동화 시스템
- 📵 금융 업무를 위한 현금 자동 입출금기(ATM) 단말기나 발권, 구매, 등록을 대행하는 단말기, 광고 및 정보를 제공하는 정보 검색용 단말기 등
- 다양한 장소에 설치되어 다양한 용도로 활용되고 있다.

17 커넥티드 카(스마트 카)

자동차와 IT 기술을 융합하여 인터넷 접속이 가능한 자동차
- 다른 차량이나 교통 및 통신 기반 시설과 무선으로 연결하여 위험 경고, 실시간 내비게이션, 원격 차량 제어 및 관리 서비스뿐만 아니라 전자 우편(E-mail), 멀티미디어 스트리밍, 누리 소통망 서비스(SNS)까지 제공한다.

18 마이크로 모빌리티(Micro Mobility)

무동력 또는 전기 기반의 다양한 크기와 형태를 가진 1~2인용 교통수단

권쌤이 알려줌

뉴로모픽 반도체는 인공지능(AI) 알고리즘 구현에 적합합니다.

권쌤이 알려줌

랜덤스토는 상품별로 정해진 공간에 배치하던 기존의 물류 시스템과 대비되는 개념입니다.

슈퍼 컴퓨터(Super Computer)
많은 양의 데이터를 초고속으로 처리할 수 있는 컴퓨터

권쌤이 알려줌

세컨드 디바이스는 스마트폰이 지원하지 않는 기능을 보완해 줍니다.

예 전기 스쿠터, 초소형 전기차
- 대도시화와 1인 가구 시대로 인해 미래 교통의 핵심이다.

19 뉴로모픽 반도체(Neuromorphic Chip)

인간 두뇌의 구조와 활동 방법을 모방한 지능형 반도체
- 인간의 사고 과정과 유사하게 정보를 처리한다.
- 반도체 하나에서 연산, 학습, 추론이 가능하다.

20 랜덤스토(Random Stow)

물류창고의 한정된 공간을 최대로 활용하는 시스템
- 커다란 수납장 같은 진열대를 일렬로 배열해 놓고 다양한 제품을 진열대 곳곳에 구역이나 종류 구분 없이 소량씩 배치한다.
- 각 상품 입·출고 시점을 예측한 데이터와 주문받은 상품을 보관 장소에서 꺼내는 인력 동선을 모두 고려한 시스템이 배치 공간을 정한다.

21 알레프(ALEPH)

기초과학연구원이 사용하는 국내 공공기관 세 번째 슈퍼 컴퓨터[※]

22 3D 바이오 프린팅(3D Bio Printing)

3D 프린터와 생명공학이 결합된 인쇄 기술
- 살아 있는 세포를 원하는 형상 또는 패턴으로 적층해서 조직이나 장기를 제작한다.

23 세컨드 디바이스(Second Device)

주로 사용하는 스마트폰 이외에 다른 스마트폰 또는 인공지능 스피커등 다양한 정보기술(IT) 기기를 통칭하는 용어
예 태블릿PC, 스마트 워치, 인공지능(AI) 스피커, 가상현실(VR) 헤드셋 등

24 V2X(Vehicle to Everything communication, 차량 · 사물 통신)

자동차와 도로 환경의 다양한 요소 간에 소통을 가능하게 하는 자율주행차 및 협력 · 지능형 교통 체계 핵심 기술
- 자동차와 모든 것을 연결하는 기술로, 유무선망으로 차량에 각종 정보를 제공한다.
- 전방 교통 상황이나 차량 접근을 알리고, 신호등이나 속도제한 구간 등 교통기반 시설과 소통하거나 주변 보행자 정보를 지원하는 데 활용한다.

[21년 2회 필기]

01 PC, TV, 휴대폰에서 원하는 콘텐츠를 끊김 없이 자유롭게 이용할 수 있는 서비스는 무엇인지 쓰시오.

> 해설 키워드 PC, TV, 휴대폰, 끊김 없이 → 용어 엔 스크린

[이전 기출]

02 이종 단말기에서 동일한 콘텐츠를 자유롭게 이용할 수 있는 엔 스크린(N screen)의 한 종류로 TV 방송 시청에 동반되어 이용되는 보조기기를 의미하는 용어는 무엇인지 쓰시오.

> 해설 키워드 엔 스크린, 보조기기 → 용어 컴패니언 스크린

[이전 기출]

03 소형 기계 구조물에 반도체, 기계, 광 등 초정밀 반도체 제조 기술을 융합하고 미세 가공하여 전자기계적 동작할 수 있도록 한 마이크로 단위의 작은 부품 및 시스템, 또는 이를 설계, 제작하고 응용하는 기술은 무엇인지 쓰시오.

> 해설 키워드 소형 기계(Mechanical) 구조물, 초정밀, 마이크로(Micro) 단위 → 용어 MEMS

[이전 기출]

04 다음의 설명과 가장 부합하는 용어를 쓰시오.

> • 암(ARM)사에서 개발한 프로세서 안에 보안 구역을 따로 두어 정보를 보호하는 하드웨어 기반의 보안 기술이다.
> • 하드웨어에서 직접 실행되며 일반 구역(normal world)과 보안 구역(secure world)으로 분할하여 관리한다.

> 해설 키워드 암(ARM)사, 일반 구역과 보안 구역 → 용어 트러스트존

정답
01. 엔 스크린(N screen) 02. 컴패니언 스크린(Companion Screen) 03. MEMS(Micro-Electro-Mechanical Systems, 초소형 정밀기계 기술)
04. 트러스트존(TrustZone)

★★
04 DB 구축 관련 신기술 및 트렌드 정보

1 빅 데이터(Big Data)

기존의 관리 방법이나 분석 체계로는 처리하기 어려운 막대한 양의 정형 또는 비정형 데이터 집합

- 📋 서울 지역 카드 결제 정보라는 빅 데이터를 이용해서 야간의 장소별 결제 정보를 분석하여 야간 버스 노선 개선에 활용할 수 있다.

- 빅 데이터가 주목받고 있는 이유는 기업이나 정부, 포털 등이 빅 데이터를 효

과적으로 분석함으로써 미래를 예측해 최적의 대응 방안을 찾고, 이를 수익으로 연결하여 새로운 가치를 창출할 수 있기 때문이다.

- 빅 데이터의 3가지 특징(3V) : 용량(Volume), 다양성(Variety), 속도(Velocity)

2 브로드 데이터(Broad Data)

거대한 자료라는 의미를 가진 빅 데이터와 달리 기업 마케팅에 효율적인 다양한 정보

⑩ SNS 활동, 위치 정보 등

- 이전에 사용하지 않았거나 몰랐던 새로운 데이터, 기존 데이터에 새로운 가치를 더하는 데이터를 의미한다.

3 하둡(Hadoop) [20년 4회] [20년 2회 필기]

일반 컴퓨터들을 연결하여 하나의 시스템처럼 작동하도록 묶어 다양한 대용량 데이터(Big Data)들을 분산 처리하는 자유 자바 소프트웨어 프레임워크

- 오픈 소스를 기반으로 한 분산 컴퓨팅 플랫폼이다.
- 2004년 미국 프로그래머 더그 컷팅이 방대한 데이터를 처리하기 위하여 구글의 맵리듀스(MapReduce) 등을 활용해 개발하였다.
- 여러 대의 컴퓨터를 마치 하나인 것처럼 묶어 대용량 데이터를 처리하는 기술로 비용 절감이 가능하다.

4 맵리듀스(MapReduce) [20년 4회 필기]

대용량 데이터를 분산 처리하기 위한 목적으로 개발된 프로그래밍 모델

- 구글(Google)에 의해 고안된 맵리듀스 기술은 대표적인 대용량 데이터 처리를 위한 병렬 처리 기법의 하나로 최근까지 많은 주목을 받고 있다.
- 임의의 순서로 정렬된 데이터를 분산 처리하고 이를 다시 합치는 과정을 거친다.

5 스쿱(Sqoop) [21년 2회 필기]

관계형 데이터베이스와 하둡 사이에서 데이터 이관을 지원하는 툴

6 타조(Tajo)

하둡 기반의 대용량 데이터 웨어하우스 시스템

하둡 분산 파일 시스템(HDFS; Hadoop Distributed File System)
여러 개의 서버에 설치되어 대용량 파일을 저장하고 처리하기 위해 개발된 파일 시스템

- 하둡(Hadoop)의 빅 데이터를 분석할 때 맵리듀스(MapReduce)를 사용하지 않고, 구조화된 질의어(SQL)를 사용하여 하둡 분산 파일 시스템*의 파일을 바로 읽어 내는 기술이다.

7 CEP(Complex Event Processing, 복잡 이벤트 처리)

실시간으로 발생하는 많은 사건들 중 의미가 있는 것만을 추출할 수 있도록 사건 발생 조건을 정의하는 데이터 처리 방법

- 실시간으로 내용량의 데이터 스트림[※]에 대한 요구에 대응하기 위하여 개발된 기술로 금융, 통신, 전력, 물류, 국방 등에서 활용된다.

데이터 스트림(Data Stream)
연속적으로 흘러 들어오는 데이터

8 데이터 다이어트(Data Diet)

데이터를 삭제하는 것이 아니라 압축하고, 겹친 정보는 중복을 배제하고, 새로운 기준에 따라 나누어 저장하는 작업

- 인터넷과 이동 통신 이용이 늘면서 각 기관 및 기업의 데이터베이스에 쌓인 방대한 정보를 효율적으로 관리하는 방안으로, 같은 단어가 포함된 데이터들을 한 곳에 모아 두되, 필요할 때 제대로 찾아내는 체계를 갖추는 것이 중요하다.
- 중복 데이터를 압축하고 제거해 주는 소프트웨어를 쓰면 저장량을 5분의 1로 줄일 수 있다.

9 디지털 아카이빙(Digital Archiving)

디지털 정보 자원을 장기적으로 보존하기 위한 작업

- 아날로그 콘텐츠는 디지털로 변환해 압축하여 저장하고, 디지털 콘텐츠도 체계적으로 분류하고 메타 데이터를 만들어 데이터베이스화 하는 작업이다.
- 디지털 아카이빙[※]은 늘어나는 정보 자원의 효율적인 관리와 이용을 위해 필요한 작업이다.

아카이빙(Archiving)
파일 보관

10 LOD(Linked Open Data, 개방형 링크드 데이터) [20년 2회]

연계 데이터(Linked Data)와 오픈 데이터(Open Data)가 결합된 단어로, 사용자가 정확하게 원하는 정보를 찾을 수 있도록 웹상의 모든 데이터와 데이터베이스를 공개하고 연결하는 것

- 출처가 서로 다르지만 인터넷 식별자[※]를 통해 데이터를 서로 연결함으로써 웹에 공개 · 연계 · 공유하는 기술이다.
- 데이터를 재사용할 수 있고, 데이터 중복을 줄일 수 있는 장점이 있다.

인터넷 식별자(URI; Uniform Resource Identifier)
인터넷에 존재하는 각종 정보들의 유일한 이름이나 위치를 표시하는 식별자

11 RTO(Recovery Time Objective, 목표 복구 시간) [20년 2회]

비상사태 또는 업무 중단 시점부터 업무가 복구되어 다시 정상 가동 될 때까지의 시간

12 RPO(Recovery Point Objective, 목표 복구 시점)

조직에서 발생한 여러 가지 재난 상황으로 인해 IT 시스템이 마비되었을 때, 각 업무에 필요한 데이터를 여러 백업 수단을 활용하여 복구할 수 있는 기준점

- 복구가 필요한 업무에 대하여 어느 시점까지 데이터가 필요한가에 따라 시점을 정한다.

13 정형 데이터(Structured Data)

미리 정해 놓은 형식과 구조에 따라 저장되도록 구성된 데이터

예 스프레드시트 데이터

- 사용자가 쉽게 이해하고 시스템에 쉽게 적용할 수 있도록 잘 알려진 포맷이나 명확한 데이터 구조 표현 방법을 사용해야 한다.
- 반정형 데이터[※], 비정형 데이터[※]와는 달리 정해진 형식과 저장 구조를 바탕으로 한다.

반정형 데이터(Semi-Structured Data)
데이터의 형식과 구조가 변경될 수 있는 데이터로 데이터의 구조 정보를 데이터와 함께 제공하는 파일 형식의 데이터

비정형 데이터(Unstructured Data)
정의된 구조가 없이 정형화되지 않은 데이터

14 다크 데이터(Dark Data)

정보를 수집한 후 저장만 하고 분석에 활용하고 있지 않은 다량의 데이터

15 데이터 과학(Data Science)

권쌤이 알려줌

데이터 과학은 빅데이터, 기계 학습 등과 같은 데이터 분석 기술의 산업적 가치가 증가하면서 데이터 분석을 포함하는 현대적인 용어로 의미가 확장되었습니다.

데이터를 수집/분석/처리하여 유의미한 정보를 추출하고 활용하는 과학적 방법론, 프로세스, 시스템 등을 포함하는 학제 간 연구 분야

- 정형, 비정형을 포함한 다양한 유형의 데이터를 분석하여 현상을 이해하는 체계적인 이론과 기술들을 통칭한다.
- 빅 데이터, 데이터 마이닝, 기계 학습 등의 기술이 데이터 과학 범주에 있다.

16 RPA(Robotic Process Automation, 로봇 프로세스 자동화)

권쌤이 알려줌

RPA는 최종 사용자의 관점에서 규칙 기반 비즈니스 프로세스로 설계되어 사람 대신 단순 반복 작업을 끊임없이 대량으로 수행합니다.

업무 과정에 발생되는 데이터를 정형화하고 논리적으로 자동 수행하는 기술

- 기업의 재무/회계/제조/구매/고객 관리 등에서 데이터 수집/입력/비교 등과 같이 반복되는 단순 업무를 자동화하여 빠르고 정밀하게 수행하여 경영 전반의 업무 시간을 단축하고 비용을 절감할 수 있다.

17 고객 여정 분석(Customer Journey Analytics)

양·질적 데이터를 결합해 시간의 흐름 및 고객 접점을 기반으로 고객 행동과 동기를 분석하여 미래의 행동을 예측하고 고객 상호작용을 최적화시키는 분석

예 소비자가 오프라인 매장을 재방문 하도록 유도하기 위해 온라인 행동 유형을

파악하고 그 경로를 최적화할 수 있는 것은 물론, 복잡한 모바일 결제와 같이 소비자를 가로막는 장애물을 쉽게 파악하고 제거할 수 있다.

18 마이데이터(MyData)

정보 주체를 중심으로 산재된 개인 데이터를 한 곳에 모아 개인이 직접 열람하고 저장하는 등 통합·관리하고, 이를 활용하는 일련의 과정

- 자신에 관한 정보가 언제 누구에게 어느 범위까지 알려지고 또 이용되도록 할 것인지를 개인이 스스로 결정할 수 있는 권리와 제3자에게 이를 관리할 수 있도록 허용하는 것을 기반으로 한다.
- 마이데이터 서비스는 일반적으로 개인, 개인데이터 보유자, 마이데이터 서비스 제공자, 제3자로 구성된다.

19 크롤링(Crawling)

웹 사이트, 하이퍼링크, 데이터, 정보 자원을 자동화된 방법으로 수집/분류/저장하는 것

- 여러 웹 페이지를 돌아다니며 어떤 데이터가 있는지 인덱스(Index)를 만들어 데이터베이스에 저장하는 역할을 한다.
- 크롤링을 위해 개발된 소프트웨어를 크롤러(Crawler)라 한다.

20 인포그래픽스(Infographics)

정보(Information)와 그래픽스(Graphis)의 합성어로, 복잡한 정보를 쉽고 빠르게 전달하기 위해 차트, 그래픽 등으로 축약해서 표현한 것

- 이용자들의 관심과 참여를 필요로 하는 설문 조사 결과, 제품 홍보, 교육 자료 등에 많이 사용된다.

21 BCP(Business Continuity Planning, 업무 연속성 계획)

재난 발생 시 비즈니스의 연속성을 유지하기 위한 계획

- 재해 및 재난으로 인해 정상적인 운용이 어려운 경우 데이터 백업과 같은 단순 복구뿐만 아니라 고객 서비스의 지속성 보장, 핵심 업무 기능을 지속하는 환경을 조성해 기업 가치를 극대화하는 것을 말한다.
- 기업이 운용하고 있는 시스템에 대한 평가 및 비즈니스 프로세스[※]를 파악하고, 재해 백업 시스템 운용 체계를 마련하여 재해로 인한 업무 손실을 최소화하는 컨설팅 기능을 포함한 개념으로, 일반적으로 '컨설팅-시스템 구축-시스템 관리'의 3단계로 이뤄진다.

비즈니스 프로세스(Business Process)
목적을 달성하기 위하여 특정한 서비스나 제품을 만드는 업무 활동들의 집합

01 [20년 4회] [20년 2회 필기]

다음의 설명과 가장 부합하는 용어를 쓰시오.

- 오픈소스를 기반으로 한 분산 컴퓨팅 플랫폼이다.
- 일반 PC급 컴퓨터들로 가상화된 대형 스토리지를 형성한다.
- 다양한 소스를 통해 생성된 빅 데이터를 효율적으로 저장하고 처리한다.

해설 키워드 오픈소스 기반, 분산 컴퓨팅 플랫폼, 빅 데이터 저장, 처리 → 용어 하둡

02 [20년 4회 필기]

다음의 설명과 가장 부합하는 용어를 쓰시오.

- 대용량 데이터를 분산 처리하기 위한 목적으로 개발된 프로그래밍 모델이다.
- Google에 의해 고안된 기술로써 대표적인 대용량 데이터 처리를 위한 병렬 처리 기법을 제공한다.
- 임의의 순서로 정렬된 데이터를 분산 처리하고 이를 다시 합치는 과정을 거친다.

해설 키워드 대용량 데이터 분산 처리, Google → 용어 맵리듀스

03 [21년 2회 필기]

하둡(Hadoop)과 관계형 데이터베이스 간에 데이터를 전송할 수 있도록 설계된 도구는 무엇인지 쓰시오.

해설 키워드 하둡(Hadoop)과 관계형 데이터베이스 간 → 용어 스쿱

04 [20년 2회]

연계 데이터(Linked data)와 오픈 데이터(Open data)가 결합된 단어로, 웹에서 누구나 사용할 수 있도록 무료로 공개되는 연계 데이터를 의미하는 용어를 영문으로 쓰시오.

해설 키워드 연계 데이터(Linked data) + 오픈 데이터(Open data) → 용어 LOD

05 [20년 2회]

다음의 설명과 가장 부합하는 용어를 쓰시오.

A씨는 한국아이티 보안관제실에서 근무한다. 정보시스템 운영 중 서버가 다운되거나 자연 재해나 시스템 장애 등의 이유로 대고객 서비스가 불가능한 경우가 종종 발생하는 것으로, 이와 같은 상황에서의 "비상사태 또는 업무중단 시점부터 업무가 복구되어 다시 정상 가동될 때까지의 시간"을 의미한다.

해설 키워드 중단 시점, 복구(Recovery), 정상가동 시간(Time)→ 용어 RTO

정답
01. 하둡(Hadoop) 02. 맵리듀스(MapReduce) 03. 스쿱(Sqoop)
04. LOD(Linked Open Data) 05. RTO(Recovery Time Objective, 목표 복구 시간)

★★★

05 보안 구축 관련 신기술 및 트렌드 정보

1 DoS(Denial Of Service, 서비스 거부 공격)

정당한 사용자가 적절한 대기 시간 내에 정보 시스템의 데이터나 자원을 사용하는 것을 방해하는 공격 방법

- 주로 시스템에 과도한 부하를 일으켜 정보 시스템의 사용을 방해한다.

▼ DoS 공격 유형

유형	설명
자원 고갈 공격형	Ping of Death, SYN Flooding, UDP Flooding[※], Smurfing
취약점 공격형	Land Attack, TearDrop
분산 서비스 거부	DDos

2 죽음의 핑[※](Ping of Death)

인터넷 프로토콜 허용 범위인 65,536바이트 이상의 큰 패킷을 고의로 전송하여 발생하는 서비스 거부 공격 방법

3 SYN 플러딩(SYN Flooding)

대량의 SYN 패킷을 이용해서 타겟 서버의 서비스를 더 이상 사용할 수 없도록 만드는 공격 방법

- 서버는 클라이언트가 ACK[※] 패킷을 보내올 때까지 SYN Received 상태로 일정 시간을 기다려야 한다. 서버에 ACK 패킷을 보내야 연결이 되는데, 보내지 않으면 대기 상태가 지속되는 TCP 3-Way Handshaking[※] 문제점을 이용한다.
- SYN 플러딩의 무력화 방법은 수신지의 SYN 수신 대기 시간을 줄인다.

4 스머핑(Smurfing, Ping Flood, Ping 홍수) [21년 3회 필기] [20년 2회 필기]

IP, ICMP의 특성을 악용하여 고성능 컴퓨터를 이용해 초당 엄청난 양의 접속 신호를 한 사이트에 집중적으로 보냄으로써 상대 컴퓨터의 서버를 접속 불능 상태로 만들어 버리는 공격 방법

- 말 그대로 홍수처럼 ICMP 패킷을 상대 컴퓨터 시스템에 퍼붓는 방식이다.
- 공격자는 송신 주소를 공격 대상지의 IP 주소로 위장하고 해당 네트워크 라우터의 브로드캐스트 주소를 수신지로 하여 패킷을 전송하면, 라우터의 브로드캐스트 주소로 수신된 패킷은 해당 네트워크 내의 모든 컴퓨터로 전송한다.
- 스머핑의 무력화 방법은 각 네트워크 라우터에서 IP 브로드캐스트 주소를 사용할 수 없게 미리 설정한다.

UPD Flooding
UDP 패킷을 대량으로 발생시켜 네트워크의 과부하를 유발시키는 공격 방법

핑(Ping, Packet Internet Groper)
서버 정상 여부를 확인하기 위한 것으로, IP 네트워크를 통해 호스트가 서버에 도달할 수 있는지의 여부를 테스트하는 데 쓰이는 컴퓨터 네트워크 도구
⑩ 정상 서버지만 해킹 방지를 위해 핑 메시지가 전송되지 않도록 방화벽에서 차단한다.

ACK(ACKnowledge)
긍정 응답

Handshaking(악수, 주고받기)
데이터를 전송할 때, 두 장치 간에 동기를 맞추기 위하여 일련의 신호를 주고받는 것

5 LAND 공격(Local Area Network Denial Attack) [20년 1회]

'나쁜 상태에 빠지게 하다.'의 의미로, 공격자가 패킷의 출발지 주소(Address)나 포트(Port)※를 임의로 변경하여 출발지와 목적지 주소 또는 포트를 동일하게 하여 무한 응답을 발생시키는 공격 방법

- 수신되는 패킷 중 출발지 주소 또는 포트와 목적지 주소 또는 포트가 동일한 패킷들을 차단함으로써 이 공격을 피할 수 있다.

6 TearDrop 공격

패킷 제어 로직을 악용하여 시스템의 자원을 고갈시키는 공격으로, 데이터의 송·수신 과정에서 패킷의 크기가 커서 여러 개로 분할되어 전송될 때 분할 순서를 알 수 있도록 Fragment Offset※ 값을 함께 전송하는데, 이 값을 변경시켜 수신 측에서 패킷 재조립 시 과부하가 발생하는 공격 방법

7 DDoS(Distributed Denial of Service Attack, 분산 서비스 거부 공격) [20년 3회 필기]

감염된 대량의 숙주 컴퓨터를 이용해 특정 시스템을 마비시키는 사이버 공격 방법

- 공격자는 다양한 방법으로 일반 컴퓨터를 감염시켜 공격 대상의 시스템에 다량의 패킷이 무차별로 보내지도록 조정하며, 이로 인해 공격 대상 시스템은 성능이 저하되거나 마비된다.
- 일반적으로 트로이 목마에 감염되어 손상된 여러 개의 시스템이 서비스 거부 공격을 일으키는 단일 시스템을 대상으로 사용되는 공격이다.
- DDoS 공격 종류 : Trinoo※, TFN(Tribe Flood Network)※, Stacheldraht※, DRDoS※

 DDoS 관련 용어

구분	설명
좀비 PC (Zombie PC)	해커의 원격 조정에 의해 스팸을 발송하거나, DoS 또는 DDoS 공격을 수행하도록 설정된 컴퓨터 또는 서버
트로이 목마 (Trojan Horse)	악성 코드 중 마치 유용한 프로그램인 것처럼 위장하여 사용자들로 하여금 거부감 없이 설치를 유도하는 프로그램
봇넷 (BOTNET)	좀비 PC들로 구성된 네트워크 • 봇(Bot) : 주로 채팅 룸과 파일 공유를 통해 PC를 감염시키는 프로그램
C&C 서버 (Command & Control Sever)	좀비 PC를 조정하는 서버

포트(Port)
컴퓨터 간 상호 통신을 위해 프로토콜에서 이용하는 가상의 연결단

Fragment Offset
패킷 분할 시 분할 조각을 어떤 곳에 붙여야 하는지 위치를 나타내는 필드

트리누(Trinoo)
해킹당한 컴퓨터가 다시 제3의 전산망을 공격하도록 한 분산 공격형 프로그램
• UDP 플러딩으로 타겟 시스템을 공격한다.

TFN(Tribal Flood Network, 트리벌 플러드 네트워크)
UDP 플러딩, TCP SYN 플러딩, 스머핑 등 다양한 방법으로 타겟 시스템 공격이 가능한 트리누의 발전된 형태

슈타첼드라트(Stacheldraht)
공격자와 마스터 간의 암호화 통신을 보장하므로 네트워크 패킷의 분석이 어려운 DDoS 공격 방법

DRDoS 공격(Distributed Reflection DoS, 분산 반사 서비스 거부 공격)
통신 프로토콜 구조의 취약성을 이용해 정상적인 서비스를 운영하고 있는 시스템을 DDoS 공격의 에이전트로 활용하는 방법
• DDoS보다 더 발전한 새로운 DDoS 공격 기법이다.

8 피싱(Phishing)

개인정보(Private Data)와 낚시(Fishing)의 합성어로, 낚시하듯이 개인정보를 몰래 빼내는 것

- 금융기관 등의 웹 사이트에서 보낸 이메일로 위장하여 링크를 유도한다.

9 스피어 피싱(Spear Phishing)

조직 내에 신뢰할 만한 발신인으로 위장해 ID 및 패스워드 정보를 요구하는 것

10 사회 공학적 해킹(Social Engineering Hacking)

시스템이 아닌 사람의 취약점을 공략하여 원하는 정보를 얻는 공격 기법

- 보안 정보 접근 권한이 있는 담당자와 신뢰를 쌓고 전화나 이메일을 통해 그들의 약점과 도움을 이용한다.
- 사람들의 심리와 행동 양식을 교묘하게 이용해 원하는 정보를 얻는다.

11 파밍(Pharming)

공식적으로 운영하고 있는 도메인 자체를 탈취하여 사용자는 방문한 사이트를 진짜 사이트로 착각하게 하여 아이디와 패스워드 등의 개인정보를 노출하게 하는 수법

- 피싱(Phishing)에서 진화한 해킹 기법이다.

12 큐싱(Qshing)

QR 코드와 피싱(Phishing)의 합성어로, QR 코드를 통해 악성 링크로 접속을 유도하거나 직접 악성코드를 심는 방법

13 스미싱(SMishing)

SMS와 피싱(Phishing)의 합성어로, 문자 메시지를 이용하여 피싱하는 방법

- 휴대폰 사용자에게 웹 사이트 링크를 포함한 문자 메시지를 보내고, 휴대폰 사용자에가 웹 사이트에 접속하면 트로이 목마를 주입해 인터넷 사용이 가능한 휴대폰을 통제할 수 있게 된다.

14 트랩도어(Trap Door) = 백도어(Back Door)

시스템 보안이 제거된 비밀 통로로, 서비스 기술자나 유지보수 프로그램 작성자의 접근 편의를 위해 시스템 설계자가 고의로 만들어 놓은 시스템의 보안 구멍

백도어 탐지 방법 　[20년 2회 필기]

- 동작 중인 프로세스와 열린 포트 확인
- SetUID(권한) 파일 검사
- 백도어 탐지 도구 사용
- 무결성 검사
- 로그 분석

15 루트킷(Rootkit)

시스템 침입 후 침입 사실을 숨긴 채 차후의 침입을 위한 백도어, 트로이 목마 설치, 그리고 원격 접근, 내부 사용 흔적 삭제, 관리자 권한 획득 등 주로 불법적인 해킹에 사용되는 기능들을 제공하는 프로그램들의 모음

- 유닉스 최상위 관리자 계정인 루트(Root) 권한을 사칭한다고 하여 루트킷 (Rootkit)이라고 한다.

권쌤이 알려줌

루트킷이 설치되면 자신이 뚫고 들어온 모든 경로를 바꾸어 놓고, 명령어들을 은폐해 놓기 때문에 해커가 시스템을 원격에서 해킹하고 있어도 루트킷이 설치되어 있는 사실조차 감지하기 어렵습니다.

16 트립와이어(Tripwire) 　[21년 1회 필기] [20년 2회 필기]

크래커가 침입하여 백도어를 만들어 놓거나 설정 파일을 변경했을 때 분석하는 도구

- 시스템의 특정한 파일의 변화를 모니터링하고 알림해 주는 보안 및 무결성 도구이다.
- 데이터 무결성*을 검사하여 내·외부의 공격으로부터 지켜내는 프로그램이다.

데이터 무결성(Data Integrity)
데이터베이스 내 정확하고 유효한 데이터만 유지시키는 것

17 랜섬웨어(Ransomware) 　[21년 3회 필기] [20년 2회 필기]

인터넷 사용자의 컴퓨터에 잠입해 내부 문서나 스프레드시트, 그림 파일 등을 암호화해 열지 못하도록 만든 후 돈을 보내주면 해독용 열쇠 프로그램을 전송해 준다며 금품을 요구하는 악성 프로그램

- Ransom(몸값)과 Ware(제품)의 합성어로, 컴퓨터 사용자의 문서를 인질로 잡고 돈을 요구한다고 해서 붙여진 명칭이다.

18 웜 바이러스(Worm Virus)

스스로를 복제하는 악성 소프트웨어 컴퓨터 프로그램

- 보통 Worm이라고 하며, 컴퓨터에 근거지를 둔 지렁이와 같은 기생충이란 의미의 부정 프로그램이다.
- 컴퓨터 바이러스와 달리 다른 프로그램을 감염시키지 않고, 자기 자신을 복제하면서 통신망 등을 통해서 널리 퍼진다.

19 스턱스넷(Stuxnet)

독일 지멘스사의 원격 감시 제어 시스템(SCADA)의 제어 소프트웨어에 침투하여 시스템을 마비시키는 바이러스

권쌤이 알려줌

스턱스넷은 원자력 발전소와 송·배전망, 화학 공장, 송유·가스관과 같은 산업 기반 시설에 사용되는 제어 시스템에 침투하여 오동작을 유도하는 명령 코드를 입력해서 시스템을 마비하게 하는 악성 코드입니다.

20 님다(Nimda)

윈도(Windows) 계열의 서버를 사용하는 PC를 공격 대상으로 하고, 파일을 통해 서버를 감염시키는 공격 방법

- 2001년 9월에 발생한 컴퓨터 바이러스이며, 미국, 유럽, 라틴아메리카에서 동시에 발생하였고 단 22분 만에 인터넷에 가장 넓게 확산된 악성 바이러스로 막대한 경제적 손실을 발생시켰다.

21 제로 데이 공격(Zero Day Attack)

시스템의 보안 취약점이 발견된 상태에서 이를 보완할 수 있는 보안 패치가 발표되기 전에 해당 취약점을 이용해 이뤄지는 해킹이나 악성코드 공격 방법

- 공격의 신속성을 나타내는 의미로 제로 데이(Zero-day)라는 말이 붙었다.

22 세션 하이재킹(Session Hijacking, 세션 가로채기) [21년 1회]

다른 사람의 세션* 상태를 훔치거나 도용하여 액세스하는 해킹 기법

- 아이디와 패스워드를 사용하는 인증 절차를 건너뛰어 서버와 사용자가 주고받는 모든 내용을 그대로 도청하거나 서버의 권한을 확보할 수도 있다.

세션(Session)
클라이언트와 서버의 논리적인 연결

 세션 하이재킹 탐지 방법 [21년 1회 필기]

- 비동기화 상태 탐지
- ACK STORM* 탐지
- 패킷의 유실 및 재전송 증가 탐지
- 예상치 못한 접속의 리셋 탐지

ACK STORM
공격자와 서버가 동기화를 이룰 때, 클라이언트는 정상적인 패킷을 보내게 된다. 서버는 이미 공격자와 동기화가 이뤄진 상태이기 때문에 클라이언트 패킷은 정상적이지 않은 시퀀스 번호라고 인식하여 시퀀스 번호를 맞추기 위해 ACK 패킷에 서버가 가지고 있는 공격자의 시퀀스 번호를 담아서 클라이언트에게 보낸다. 클라이언트는 서버로부터 수신된 시퀀스 번호가 자신의 시퀀스 번호와 다르므로 다시 ACK 패킷에 시퀀스 넘버를 넣어서 보낸다. ACK STORM은 이러한 과정이 무한히 반복되는 것이다.

23 APT(Advanced Persistent Threat, 지능형 지속 공격)

다양한 IT 기술과 방식들을 이용해 특정 기업이나 조직 네트워크에 침투해 활동 거점을 마련한 뒤, 때를 기다리면서 보안을 무력화시키고 정보를 수집한 다음 외부로 빼돌리는 형태의 공격 방법

- 방어하기 위해서는 기업 내 모든 파일에 대한 가시성을 확보하고, 실시간으로 파일을 행위 분석해야 한다.

APT 공격 방법

- 내부자에게 악성코드가 포함된 이메일을 오랫동안 꾸준히 발송해 한 번이라도 클릭되길 기다리는 형태
- 스턱스넷(Stuxnet)과 같이 악성코드가 담긴 이동식 디스크(USB) 등으로 전파하는 형태
- 악성코드에 감염된 P2P 사이트에 접속하면 악성코드에 감염되는 형태

24 무작위 대입 공격(Brute Force Attack, 브루트 포스 공격)

조합 가능한 모든 경우의 수를 전부 대입해보는 공격 방법

- 사용자의 ID나 비밀번호를 찾아내기 위해 반복 대입하는 공격의 형태로 사용되고 있다.

25 키로거※ 공격(Key Logger Attack) [20년 2회 필기]

컴퓨터 사용자의 키보드 움직임을 탐지해 ID나 패스워드, 계좌 번호, 카드 번호 등과 같은 개인의 중요한 정보를 몰래 빼 가는 해킹 공격 방법

> **키로거(Key Logger)**
> 컴퓨터 사용자의 키보드 움직임을 탐지해 중요한 정보를 몰래 빼내는 악성 프로그램

26 이블 트윈 공격(Evil Twin Attack) [21년 1회 필기]

소셜 네트워크에서 악의적인 사용자가 지인 또는 특정 유명인으로 가장하여 활동하는 공격 방법

- 로그온한 사람들을 속이고 개인정보를 훔치기 위해 합법적인 네트워크인 것처럼 가장한 무선 네트워크로, 피싱 사기의 무선 버전이다.
- 공격자는 합법적인 제공자처럼 행세하여 무선 사용자들을 가지고 논다.

27 논리 폭탄(Logic Bomb)

특정 조건이 만족되면 트리거※에 의해 특정 형태의 공격을 하는 코드로, 일반 프로그램에 오류를 발생시키는 프로그램 루틴을 무단으로 삽입하여 부정한 행위를 하는 것

> **트리거(Trigger)**
> 미리 정해 놓은 조건을 만족하거나 어떤 동작이 수행되면 자동적으로 수행되는 프로그램

예) 12월 5일에 모든 파일을 지워버리는 논리 폭탄

28 사이버 협박(Cyber-bullying, 사이버 불링)

인터넷에서 특정인을 집단적으로 따돌리거나 욕설/모욕/위협/소문/사진 등으로 집요하게 괴롭히는 행위

29 스니핑(Sniffing) [20년 4회]

네트워크의 중간에서 남의 패킷 정보를 도청하는 해킹 유형의 하나

- 수동적 공격에 해당한다.
- 도청할 수 있도록 설치되는 도구를 스니퍼(Sniffer)라고 한다.

30 스누핑(Snooping)

네트워크상에서 남의 정보를 염탐하여 불법으로 가로채는 행위

31 스푸핑(Spoofing) [21년 3회]

승인받은 사용자인 것처럼 시스템에 접근하거나 네트워크상에서 허가된 주소로 가장하여 접근 제어를 우회하는 공격 행위

> **예** IP 스푸핑 : IP 속임, ARP[※] 스푸핑 : MAC 주소[※] 속임

32 그레이웨어(Grayware)

정상 소프트웨어와 바이러스 소프트웨어의 중간에 해당하는 일종의 악성 소프트웨어

- 애드웨어, 스파이웨어, 트랙웨어, 기타 악성 코드나 악성 공유웨어 등을 말한다.

 대표적인 그레이웨어

종류	설명
애드웨어 (Adware)	프리웨어(Freeware)[※] 또는 셰어웨어(Shareware)[※] 등에서 광고 보는 것을 전제로 사용이 허용되는 프로그램
스파이웨어 (Spyware)	사용자의 동의없이 또는 사용자를 속여 설치되어 마케팅용 정보를 수집하거나 중요한 개인정보를 빼가는 악의적 프로그램
트랙웨어 (Trackware)	시스템 작업을 추적하고 시스템 정보를 수집하거나 사용자 습관을 추적하여 이 정보를 다른 조직에 전달하는 프로그램

33 스택가드(StackGuard) [21년 2회 필기] [20년 2회 필기]

메모리상에서 프로그램의 복귀 주소와 변수 사이에 특정 값을 저장해 두었다가 그 값이 변경되었을 경우 오버플로[※] 상태로 가정하여 프로그램 실행을 중단하는 기술

34 모드 체크(Mode Check)

입력할 수 있는 문자가 제한된 경우 입력 문자를 확인하여 이상 유무를 검색하는 것

권쌤이 알려줌

스누핑은 네트워크상에 떠도는 중요 정보를 염탐하고 획득하는 행위로, 스니핑도 유사한 의미를 가지나 스니핑은 주로 몰래 엿듣는 의미가 강합니다.

ARP(Address Resolution Protocol, 주소 결정 프로토콜) IP 주소를 MAC 주소로 변환해 주는 프로토콜

MAC 주소(Media Access Control Address) 통신을 위해 랜 카드 등에 부여된 물리적 주소

권쌤이 알려줌

그레이웨어는 제작사 입장에서 사용자에게 유용한 소프트웨어라고 주장하기도 하지만, 사용자 입장에서는 악성이면서 유용한 소프트웨어일 수 있습니다.

프리웨어(Freeware) 저작자(개발자)에 의해 무상으로 배포되는 프로그램

셰어웨어(Shareware, 쉐어웨어) 시험 사용 기간 후에 사용료를 지불하는 조건으로 저작자(개발자)가 무상으로 배포하는 프로그램

오버플로(Overflow) '넘쳐흐르다'라는 의미로, 데이터 표현 범위를 초과하는 것 또는 메모리 공간을 초과하여 사용하는 것 등을 의미한다.

35 리커버리 통제(Recovery Control, 복구 통제)

데이터 백업과 같이 부적절한 사건·상황으로 인해 발생할 피해를 막거나, 장애를 해결하고 정상적인 운영 상태로 회복하는 것

36 PEM(Privacy Enhanced Mail, 프라이버시 향상 전자 우편)

전자 우편의 내용을 암호화하여 전송하고 특정한 키가 있어야만 내용을 볼 수 있도록 하는 인터넷 전자 우편(E-Mail)의 표준

37 시스로그(Syslog)

다양한 프로그램들이 생성하는 메시지들을 저장하고, 이 메시지들을 이용해서 다양한 분석 등이 가능하도록 하는 로그※ 메시지들의 집합

로그(Log)
시스템 사용에 관련된 전체의 기록
•입·출력 내용, 프로그램 사용 내용, 자료 변경 내용, 시작 시간, 종료 시간 등의 기록

38 SRM(Security Reference Monitor, 보안 참조 모니터)

사용자가 특정 객체에 접근할 권한이 있는지, 해당 객체에 특정 행위를 할 수 있는지를 검사하는 기능 또는 장치

- 접속 확인과 보안 정책 및 사용자 인증을 위한 감사를 시행하며, 사용자가 파일이나 디렉터리에 접근하면 사용자의 계정을 검사해서 접근 허용 여부를 결정한다. 필요에 따라 결과를 감사 메시지로 생성한다.

39 SOS(Security Operating Service, 보안 운영 서비스)

고객의 IT 자원 및 보안 시스템에 대한 종합적 보안 관리를 원격으로 제공하는 서비스

- 보안 솔루션 관리, 보안 네트워크 장비 관리, 서버 관리, 침해 예방 및 대응, 백업 및 복구, 보안 로그 분석, 보안 솔루션 임대 및 관제 등을 서비스한다.

40 OWASP(The Open Web Application Security Project) [21년 3회 필기]

주로 웹을 통한 정보 유출, 악성파일 및 스크립트, 보안 취약점을 연구하는 오픈 소스 웹 애플리케이션 보안 프로젝트

- 10대 웹 애플리케이션의 취약점을 발표했다.

41 킬 스위치(Kill Switch)

정보 기기를 분실하였을 때, 해당 기기를 원격으로 조작해 개인 데이터를 삭제하고 사용을 막는 일종의 자폭 기능

42 ASLR(Address Space Layout Randomization, 주소 공간 레이아웃 무작위화)

메모리상의 공격을 어렵게 하기 위해 스택이나 힙, 라이브러리 등의 주소를 프로세스 주소 공간에 무작위로 배치함으로써 실행할 때마다 데이터 주소를 바뀌게 하는 기법

43 스쿨버스(School Bus)

트로이 목마의 일종으로, 프로그램 자체는 네트워크 관리 툴로서 아무런 해를 입히지 않지만 악용하게 되면 상대방 컴퓨터 자료를 빼오거나 손상시킬 수 있는 프로그램

44 드로퍼(Dropper)

컴퓨터를 쓰는 사람이 알지 못하는 순간에 바이러스나 트로이 목마 프로그램을 사용자 컴퓨터에 설치하는 악성 프로그램

- 자기 자신을 복제하는 바이러스는 없지만, 실행할 때 바이러스를 불러와 전파할 수 있는 악성 실행 파일이다.
- 내부 데이터로부터 새로운 파일을 생성하여 공격을 수행한다.
- 한 번 감염되면 악성 코드 수십 개를 생성하는 멀티 드로퍼(Multi Dropper)로 악화되고 있어 주의해야 한다.

45 스캐빈징(Scavenging)

보안에 민감한 정보를 얻기 위해 허가 받지 않은 상태에서 자료를 뒤지는 행위

- 메모리나 디스크 내용을 조사하는 것부터 버린 문서를 줍는 것까지 모두 포함된다.
- 무심코 버리는 중요 자료에 대한 보안 취약점으로 발생한다.

46 매크로 바이러스(MV; Macro Virus)

마이크로소프트 오피스와 같은 응용 프로그램의 매크로 기능을 악용한 바이러스

- 매크로 바이러스의 한 종류인 'wazz'는 모든 word 문서 파일에 감염되어, 문서 내의 단어가 서로 엇갈린다든지 'wazzu'라는 단어가 제멋대로 삽입되는 등의 피해를 주게 된다.

47 오토런 바이러스(Autorun Virus)

USB 메모리 같은 이동 저장 장치에 복사되어 옮겨 다니며 전파되는 바이러스

권쌤이 알려줌

공격자가 들키지 않도록 목표 근처까지 몰고 간 후 차량 안에서 해킹을 시도하여 '드라이빙'이란 표현이 붙었습니다.

48 워 드라이빙(War Driving)

건물 주변이나 외부 공원 등을 자동차로 배회하면서 무선 랜(Wi-Fi)에 무단으로 접속하는 행위

49 블루스나핑(Bluesnarfing)

휴대폰 보안 취약성을 이용해 블루투스 기기에 저장된 데이터에 접근할 수 있는 것

- 사용자가 알지 못하게 전화번호 목록이나 일정표를 읽고 변형시키고 복사하는 등의 해킹을 말한다.
- 특별한 장치 없이도 해킹이 가능하며 아무런 침투 흔적도 남지 않는다.

50 블루재킹(Bluejacking)

블루투스 지원 장치들에게 스팸처럼 자발적인 메시지를 익명으로 퍼트리는 것

- 다른 데이터의 이동이나 변조를 가하는 것이 아니며, 메시지에는 주로 해커 메시지가 들어 있다.

51 블루프린팅(Blueprinting)

공격이 가능한 블루투스 장치들을 검색하고 모델을 확인하는 공격

52 블루킵(Bluekeep)

원격 데스크톱 서비스를 이용해 정상적인 인증 없이 원격에서 임의의 코드를 실행할 수 있는 취약점

53 KRACK(Key Reinstallation AttaCKs, 키 재설치 공격)

정상적으로 설치된 키를 재설치 함으로서 정보를 읽는 공격 방법

- 와이파이를 통해 전송되는 모든 정보를 우회하여 읽을 수 있는 와이파이 보안 표준 WPA2*의 결함이다.

WPA2(Wi-Fi Protected Access, WPA, 와이파이 보호 접속)
와이파이 인증 프로그램으로, 보안 프로토콜 네트워크 장비가 준수하고 있음을 나타내는 보안 프로토콜

54 하트블리드(Heartbleed)

인터넷에서 각종 정보를 암호화하는 데 쓰이는 OpenSSL*에서 발견된 결함

OpenSSL
네트워크를 통한 데이터 통신에 쓰이는 프로토콜인 전송 계층 보안(TLS)와 소켓 계층 보안(SSL)의 오픈 소스 구현판으로, OpenSSL 라이브러리를 사용하면 암호화된 소켓 통신, 데이터의 암호화 및 복호화, 데이터 무결성 검사 등의 기능을 구현할 수 있다.

55 타이포스쿼팅(Typosquatting)

네티즌들이 사이트에 접속할 때 주소를 잘못 입력하거나 철자를 빠뜨리는 실수를 이용하기 위해 이와 유사한 유명 도메인을 미리 등록하는 일

- URL 하이재킹(URL Hijacking)이라고도 한다.

56 웹 쉘(Web Shell)

업로드 취약점을 통해 악성 코드가 웹 서버로 전송되고, 웹 서버에서 명령을 실행하여 관리자 권한을 획득해 행하는 공격

57 사전 공격(Dictionary Attack)

패스워드 공격 방법의 하나로, 사전에 있는 단어를 순차적으로 입력하여 암호를 알아내거나 해독하는 공격

- 사전은 생일, 전화번호 등 사용자의 암호가 될 가능성이 있는 값들로 구성되어 있어, 높은 확률로 암호를 알아낼 수 있다.

58 레인보우 테이블(Rainbow Table)

해시 함수를 사용하여 변환 가능한 모든 해시 값을 저장시켜 놓은 표

- 해시 함수를 이용하여 저장된 비밀번호로부터 원래 비밀번호를 추출해 내는데 사용한다.

59 스위치 재밍(Switch Jamming)

위조된 MAC 주소를 지속적으로 네트워크로 흘려보내 스위치 저장 기능을 혼란시켜 더미 허브※처럼 작동토록 하는 공격 방법

- 스위치를 직접 공격하며, MAC 테이블을 위한 공간에 버퍼 오버플로 공격을 실시하는 것과 같다.

더미 허브(Dummy Hub)
단순히 네트워크나 네트워크 장비들과의 연결과 신호 증폭 기능만을 가진 허브
- 포트 수만큼 연결하며 노드가 증가될수록 네트워크의 속도가 저하되는 단점이 있다.

60 살라미(Salami)

금융 기관 컴퓨터에 불법으로 접속하여 불특정 다수의 계좌에서 돈을 조금씩 자신의 계좌에 넣토록 하는 불법 프로그램 기술

- 이탈리아에서 생산되는 소시지인 살라미를 얇게 썰어낸다는 의미로 사용된다.

61 은닉 스캔 공격(Stealth Scan Attack)

해킹 대상 사이트의 시스템 취약점 정보 등을 수집(스캔) 시 침입 탐지 시스템이나 시스템 관리자에게 발견되지 않도록 하는 기술

- 포트 스캔 기법 중 서버에 로그가 남지 않는 스캔 기법이다.

62 워터링 홀(Watering Hole)

표적으로 삼은 특정 집단이 주로 방문하는 웹 사이트를 감염시키고 피해 대상이 그 웹사이트를 방문할 때까지 기다리는 공격

- 감염된 웹 사이트의 방문자는 모두 악성 코드에 감염되어, 전염성이 높아지는 것이 특징이다.

63 풋프린팅(Footprinting)

공격자가 해킹 시도 대상의 보안 취약점, 도메인 이름, IP 주소, 침입 탐지 시스템 설치 여부 등의 관련 정보를 수집하는 사전 작업

64 다크웹(Dark Web)

일반적인 검색 엔진에서는 검색되지 않지만 특정한 환경의 웹 브라우저에서만 접속되어 검색되는 사이트
- 익명성이 보장되므로 사이버 범죄가 발생하기도 한다.

65 크라임웨어(Crimeware, 범죄 프로그램)

온라인상에서 불법 활동을 조장하기 위해 만들어진 컴퓨터 프로그램
- 공격용 툴킷이라고 불리며, 보통 취약점을 이용하도록 미리 프로그램된 악성 코드 등으로 구성되어 있어 원하는 형태로 공격을 감행하거나 공격을 자동화할 수 있다.
- 인터넷에서 곧바로 사용할 수 있으며 키로거를 은밀히 설치해 불법적으로 정보를 수집해 가는 경우도 있다.

66 허니팟(HoneyPot)

해커를 잡기 위해 유인하는 시스템
- '해커를 향한 달콤한 유혹'이라는 뜻에서 꿀단지라고 한다.
- 해커가 위장 서버에 잠입하면 해커의 모든 행적, 공격 방법 등을 분석한다.

67 가짜 바이러스(Virus Hoax, 혹스)

컴퓨터 바이러스에 관하여 공신력 있는 기관을 사칭하거나 복잡한 기술 용어를 사용하여 사용자를 속이는 허위 정보
- 예 유명 보안 기업을 사칭해 '치료불능 바이러스가 돌고 있으니 친구에게 알려라.'라는 내용을 퍼뜨린다.
- 전자 우편, 인터넷 메신저, 문자 메시지 등을 이용하여 거짓 정보 또는 유언비어, 괴담 등을 마치 사실인 것처럼 꾸며 사용자를 속인다.

68 조크 바이러스(Joke Virus)

악의적인 목적 없이 사용자의 심리적인 동요나 불안을 조장하는 가짜 바이러스
- 모니터 화면을 거꾸로 보여주거나, CD-ROM 드라이브가 저절로 열리거나, 하드 디스크 드라이브가 포맷하는 화면이 보이는 등의 형태에 따라 여러 모습을 보인다.

69 뱅쿤(Bankun)

스마트폰에 설치된 정상 은행 앱을 삭제한 뒤 악성 은행 앱 설치를 유도하는 모바일 악성코드

70 체스트(Chest)

스마트폰 사용자의 소액결제 및 개인정보 탈취 등을 유발하는 모바일 악성코드

기출 및 예상문제

[20년 2회 필기]

01 IP 또는 ICMP의 특성을 악용하여 특정 사이트에 집중적으로 데이터를 보내 네트워크 또는 시스템의 상태를 불능으로 만드는 공격 방법은 무엇인지 쓰시오.

> **해설** 키워드 IP, ICMP 특성 악용 → 용어 스머핑

[21년 3회 필기]

02 특정 사이트에 매우 많은 ICMP Echo를 보내면, 이에 대한 응답(Respond)을 하기 위해 시스템 자원을 모두 사용해버려 시스템이 정상적으로 동작하지 못하도록 하는 공격 방법은 무엇인지 쓰시오.

> **해설** 키워드 ICMP Echo → 용어 Ping 홍수

[20년 1회]

03 다음의 설명과 가장 부합하는 용어를 쓰시오.

> 공격자가 패킷의 출발지 주소(Address)나 포트(Port)를 임의로 변경하여 출발지와 목적지 주소 또는 포트를 동일하게 함으로써, 공격 대상 컴퓨터의 실행 속도를 느리게 하거나 동작을 마비시켜 서비스 거부 상태에 빠지도록 하는 공격 방법이다. 수신되는 패킷 중 출발지 주소 또는 포트와 목적지 주소 또는 포트가 동일한 패킷들을 차단함으로써 이 공격을 피할 수 있다.

> **해설** 키워드 출발지와 목적지 주소를 동일하게 → 용어 LAND 공격

[20년 3회 필기]

04 DDoS 공격과 연관이 있는 공격 방법을 모두 고르시오.

> ㉠ Secure shell ㉢ Tribe Flood Network
> ㉡ Nimda ㉣ Deadlock

> **해설** DDoS 공격 종류 : Trinoo, TFN(Tribe Flood Network), Stacheldraht, DRDoS
> • Secure shell(SSH) : 보안 등급이 낮은 네트워크상에서 보안 등급이 높은 원격 접속 개시나 데이터 전송을 실현하는 프로토콜
> • 교착상태(Dead Lock) : 둘 이상의 프로세스들이 자원을 점유한 상태에서 서로 다른 프로세스가 점유하고 있는 자원을 요구하며 무한정 기다리는 현상

[20년 2회 필기]

05 백도어 탐지 방법으로 틀린 것을 모두 고르시오.

> ㉠ 무결성 검사 ㉢ 닫힌 포트 확인
> ㉡ 로그 분석 ㉣ SetUID 파일 검사

> **해설** 동작 중인 프로세스와 열린 포트를 확인한다.

[21년 1회 필기] [20년 2회 필기]

06 크래커가 침입하여 백도어를 만들어 놓거나, 설정 파일을 변경했을 때 분석하는 도구는 무엇인지 쓰시오.

> **해설** **키워드** 백도어, 변경 분석 도구 → **용어** 트립와이어

[20년 2회 필기]

07 다음 설명의 정보보안 침해 공격 관련 용어는 무엇인지 쓰시오.

> 인터넷 사용자의 컴퓨터에 침입해 내부 문서 파일 등을 암호화해 사용자가 열지 못하게 하는 공격으로, 암호 해독용 프로그램의 전달을 조건으로 사용자에게 돈을 요구하기도 한다.

> **해설** **키워드** 암호화, 해독용 프로그램의 전달, 사용자에게 돈 요구 → **용어** 랜섬웨어

[21년 3회 필기]

08 다음의 설명과 가장 부합하는 용어를 쓰시오.

> 개인과 기업, 국가적으로 큰 위협이 되고 있는 주요 사이버 범죄 중 하나로 Snake, Darkside 등 시스템을 잠그거나 데이터를 암호화해 사용할 수 없도록 하고 이를 인질로 금전을 요구하는 데 사용되는 악성 프로그램

> **해설** **키워드** 암호화, 금전 요구 → **용어** 랜섬웨어

[21년 1회]

09 다음 ( ) 안에 공통적으로 들어갈 가장 적합한 용어를 쓰시오.

> • ( )은(는) '세션을 가로채다'라는 의미로, 정당한 사용자의 세션 상태를 훔치거나 도용하여 액세스하는 보안 공격 기법이다.
> • TCP ( )은(는) 클라이언트/서버 간 TCP 세션으로 통신 중일 때 RST 패킷을 보내어 일시적으로 희생자의 세션을 끊고 공격자에게 서버와의 연결을 재설정하는 보안 공격이다.

> **해설** **키워드** 세션(Session)을 가로채다(Hijacking) → **용어** 세션 하이재킹

[21년 1회 필기]

10 세션 하이재킹을 탐지하는 방법으로 옳은 것을 모두 고르시오.

> ㉠ FTP SYN SEGMENT 탐지
> ㉡ 비동기화 상태 탐지
> ㉢ ACK STORM 탐지
> ㉣ 패킷의 유실 및 재전송 증가 탐지

> **해설** 세션 하이재킹 탐지 방법 : 비동기화 상태 탐지, ACK STORM 탐지, 패킷의 유실 및 재전송 증가 탐지, 예상치 못한 접속의 리셋 탐지

[20년 2회 필기]

11 컴퓨터 사용자의 키보드 움직임을 탐지해 ID, 패스워드 등 개인의 중요한 정보를 몰래 빼가는 해킹 공격은 무엇인지 쓰시오.

> **해설** **키워드** 키(Key)보드 움직임 탐지 → **용어** 키로거 공격

[21년 1회 필기]

12 피싱(Phishing)의 무선 버전으로, 소셜 네트워크에서 악의적인 사용자가 지인 또는 특정 유명인으로 가장하여 활동하는 공격기법은 무엇인지 쓰시오.

해설 키워드 지인 또는 특정 유명인으로 가장 → 용어 이블 트윈 공격

[20년 4회]

13 스니핑(Sniffing)에 대해 간략히 서술하시오.

해설 키워드 도청 → 용어 스니핑

[21년 3회]

14 다음 ( ) 안에 공통적으로 들어갈 가장 적합한 용어를 쓰시오.

( ) Spoofing은 ( ) 메시지를 이용하여 상대방의 데이터 패킷을 중간에서 가로채는 공격 기법으로, 자신의 MAC 주소를 다른 컴퓨터의 MAC 주소인 것처럼 속이는 공격 기법이다.

해설 키워드 MAC 주소 속임 → 용어 ARP 스푸핑

[21년 2회 필기] [20년 2회 필기]

15 메모리상에서 프로그램의 복귀 주소와 변수 사이에 특정 값을 저장해 두었다가 그 값이 변경되었을 경우 오버플로우 상태로 가정하여 프로그램 실행을 중단하는 기술은 무엇인지 쓰시오.

해설 키워드 값이 변경되었을 경우, 오버플로우, 실행 중단 → 용어 스택가드

[21년 3회 필기]

16 다음의 설명과 가장 부합하는 용어를 쓰시오.

오픈소스 웹 애플리케이션 보안 프로젝트로서 주로 웹을 통한 정보 유출, 악성 파일 및 스크립트, 보안 취약점 등을 연구하는 곳

해설 키워드 보안 프로젝트(Security Project), 정보 유출, 악성 파일 및 스크립트, 보안 취약점 등 연구 → 용어 OWASP

정답

01. 스머핑(Smurfing, Ping 홍수, Ping Flood) 02. Ping 홍수(Ping Flood, 스머핑, Smurfing) 03. LAND 공격(Local Area Network Denial Attack) 04. ⓒ

05. ⓒ 06. 트립와이어(Tripwire) 07. 랜섬웨어(Ransomware) 08. 랜섬웨어(Ransomware) 09. 세션 하이재킹(Session Hijacking, 세션 가로채기)

10. ⓒ, ⓒ, ⓔ 11. 키로거 공격(Key Logger Attack) 12. 이블 트윈 공격(Evil Twin Attack) 13. 네트워크의 중간에서 남의 패킷 정보를 도청하는 해킹 유형의 하나

14. ARP(Address Resolution Protocol, 주소 결정 프로토콜) 15. 스택가드(StackGuard) 16. OWASP(The Open Web Application Security Project)

01 메시지의 송 · 수신이나 교환 후, 또는 통신이나 처리가 실행된 후에 그 사실을 증명함으로써 사실 부인을 방지하는 보안 기술은 무엇인지 쓰시오.

02 다음이 설명하는 Secure SDLC 방법론을 쓰시오.

> 마이크로소프트에서 보안수준이 높은 안전한 소프트웨어를 개발하기 위해 자체 수립한 개발 방법론이며, 방법론이 적용되기 전 버전보다 50% 이상 취약점이 감소하였다. 이는 교육부터 대응까지 총 7단계로 나뉜다.

03 다음은 암호 알고리즘에 대한 설명이다. ①, ②에 들어갈 가장 적합한 용어를 쓰시오.

> • (①) 암호화 기법은 동일한 키로 데이터를 암호화하고 복호화한다. (①) 암호화 기법은 대칭 암호 기법 또는 단일키 암호화 기법이라고도 한다. 이는 블록 암호화 방식과 스트림 암호화 방식으로 분류된다.
> • (②) 암호화 기법은 데이터를 암호화할 때 사용하는 (②)은(는) 데이터베이스 사용자에게 공개하고, 복호화할 때의 비밀 키(Secret Key)는 관리자가 비밀리에 관리한다. (②) 암호화 기법은 비대칭 암호 기법이라고도 한다.

①

②

04 데이터 무결성, 인증, 부인 방지 등에서 응용되는 중요한 함수 중 하나로, 임의의 길이의 문자열을 고정된 길이의 이진 문자열로 매핑하는 함수는 무엇인지 쓰시오.

05 다음 설명에 가장 부합하는 암호화 알고리즘을 쓰시오.

> • (①) : 1999년 한국인터넷진흥원(KISA)에서 개발한 블록 암호화 알고리즘으로, 블록 크기는 128비트이며, 키 길이에 따라 128, 256비트로 분류된다.
> • (②) : 2004년 국가정보원과 산학연협회가 개발한 국가 표준 블록 암호화 알고리즘으로, 블록 크기는 128비트이며, 키 길이에 따라 128, 192, 256비트로 분류된다.

①

②

06 FTP 프로토콜 구조의 허점을 이용한 공격으로 전송 목적지 주소를 임의로 지정해 임의의 목적지로 메시지나 자료를 전송할 수 있는 공격을 일컫는 용어는 무엇인지 쓰시오.

07 코드 오류와 관련한 보안 약점 중 아래 코드와 가장 관련 있는 보안 약점은 무엇인지 〈보기〉에서 고르시오.

```
〈안전하지 않은 코드〉
public void Information (String name) {
    Request.Write(name);
}
```

```
〈안전한 코드〉
public void Information (String name) {
    if (name != null) {
        Request.Write(name);
    }
}
```

> 〈보기〉
> ㉠ 사용자 중요정보 평문 저장 및 전송
> ㉡ 취약한 암호화 알고리즘 사용
> ㉢ 널 포인터 역참조
> ㉣ 오류 상황 대응 부재

08 다음은 보안 취약점 점검 도구에 대한 설명이다. 설명과 가장 부합하는 용어를 쓰시오.

> ① 네트워크를 점검하는 프로그램으로, IP 주소, 사용자 이름, MAC 주소 등을 보여주는 공유 폴더 스캐너이다.
> ② 윈도우 시스템에서 틀리기 쉬운 보안 관련 설정을 확인하는 도구이다.

① ....

② ....

09 정보 시스템의 보안을 위협하는 침입 행위가 발생할 경우 이를 탐지, 적극 대응하기 위한 시스템으로, 비정상적인 사용, 오용, 남용 등을 실시간으로 탐지하는 시스템은 무엇인지 쓰시오.

....

10 다음의 설명과 가장 부합하는 용어를 쓰시오.

> • 사용자가 필요로 하는 소프트웨어를 인터넷상에서 이용하는 클라우드 서비스
> • 소프트웨어 유통 방식의 근본적인 변화를 설명하는 개념
> • 공급 업체가 하나의 플랫폼을 이용해 다수의 고객에게 소프트웨어 서비스를 제공하고, 사용자는 이용한 만큼 돈을 지불하는 방식

....

11 약 10m 도달 반경을 가진 2.4GHz 주파수 대역 기반의 저전력 저용량 데이터 송수신이 가능한 블루투스 기술은 무엇인지 쓰시오.

....

12 가상현실의 한 분야로 실제 환경에 가상 사물이나 정보를 합성하여 원래의 환경에 존재하는 사물처럼 보이도록 하는 컴퓨터 그래픽 기법이다. 스마트폰, 태블릿 PC 또는 안경 형태 등의 기기를 통해 보이는 이미지에 부가 정보를 실시간으로 덧붙여 향상된 현실을 보여주는 기술은 무엇인지 쓰시오.

....

13 컴퓨터가 사람을 대신하여 정보를 읽고 이해하고 가공하여 새로운 정보를 만들어 낼 수 있도록 이해하기 쉬운 의미를 가진 차세대 지능형 웹을 의미하는 용어는 무엇인지 쓰시오.

....

14 네트워크를 컴퓨터처럼 모델링하여 여러 사용자가 각각의 소프트웨어 프로그램들의 네트워킹을 가상화하여 제어하고 관리하는 네트워크는 무엇인지 쓰시오.

....

15 다음의 설명과 가장 부합하는 용어를 쓰시오.

> 정보 보호 제품의 평가 기준을 규정한 국제 표준(ISO/IEC 15408)이며, 정보 보호 제품에 서로 다른 평가 기준을 가지고 평가를 시행하여 시간과 비용 낭비 등이 초래되는 문제점을 없애기 위해 개발되었다. 정보화 순기능 역할을 보장하기 위해 정보 보호 기술 기준으로 정보화 제품의 정보 보호 기능과 이에 대한 사용 환경 등급을 규정한다.

....

16 다음의 설명과 가장 부합하는 용어를 쓰시오.

> • 중앙 관리자나 중앙 데이터 저장소가 없으며, 데이터 관리의 신뢰성을 높이기 위해 분산 네트워크 내의 모든 참여자(Peer)가 거래 정보를 합의 알고리즘에 따라 서로 복제하여 공유한다.
> • 분산 네트워크 참여자가 암호화 기술을 사용하여 거래 정보를 검증하고 합의한 원장(Ledger)을 공동으로 분산/관리하는 기술이다.
> • 대표적인 예로 블록체인(Blockchain)이 있다.

....

17 다음 설명의 ( ) 안에 들어갈 가장 적합한 용어를 쓰시오.

> ( ) 바이러스는 '컴퓨터에 근거지를 둔 지렁이와 같은 기생충'이란 의미를 가진다. 이는 컴퓨터 바이러스와 달리 다른 프로그램을 감염시키지 않고 자기 자신을 복제하면서 통신망 등을 통해서 널리 퍼진다.

18 조합 가능한 모든 경우의 수를 다' 대입해보는 공격으로, 사용자의 ID나 비밀번호를 찾아내기 위해 반복 대입하는 형태의 공격 방법은 무엇인지 쓰시오.

챕터
기출예상문제 정답 및 해설

Chapter 09. 소프트웨어 개발 보안 구축

01 정답 **부인 방지(Non-repudiation)**
해설 키워드 실행된 사실을 증명, 사실 부인을 방지 → 용어 부인 방지

02 정답 **MS-SDL(Microsoft-Secure Development Lifecycle)**
해설 키워드 마이크로소프트(Microsoft) 보안(Secure)수준이 높은 소프트웨어 개발(Devlopment) → 용어 MS-SDL

03 정답 ① **개인키** ② **공개키**
해설 키워드 동일한 키, 대칭 암호 기법 → 용어 개인키
키워드 키 하나만 공개, 비대칭 암호 법 → 용어 공개키

04 정답 **해시(Hash)**
해설 키워드 임의 문자열을 이진 문자열로 매핑 → 용어 해시

05 정답 ① **SEED** ② **ARIA(아리아)**
해설 키워드 한국인터넷진흥원(KISA) 개발 → 용어 SEED
키워드 국가정보원, 산학연협회 → 용어 ARIA

06 정답 **FTP 바운스 공격(FTP Bounce Attack)**
해설 키워드 FTP 프로토콜 구조의 허점 → 용어 FTP 바운스 공격

07 정답 ⓒ
해설 널(Null)로 설정된 변수의 주소 값을 참조했을 때 에러가 발생할 수 있으므로, 사용할 변수가 널(Null)인지 아닌지를 확인한 후 사용한다.

08 정답 ① **NBTScan** ② **MBSA**
해설 키워드 네트워크 점검 프로그램 → 용어 NBTScan
키워드 윈도우 시스템, 보안 관련 설정 → 용어 MBSA

09 정답 **IDS(Intrusion Detection System, 침입 탐지 시스템)**
해설 키워드 침입 행위, 실시간 탐지 → 용어 IDS

10 정답 **SaaS(Software as a Service, 서비스형 소프트웨어)**
해설 키워드 소프트웨어(Software), 클라우드 서비스(Service) → 용어 SaaS

11 정답 **BLE(Bluetooth Low Energy, 저전력 블루투스)**
해설 키워드 저전력(Low Energe), 블루수스(Bluetooth) → 용어 BLE

12 정답 **AR(Augmented Reality, 증강 현실)**
해설 키워드 실제 환경에 가상 사물이나 정보를 합성 → 용어 AR

13 정답 **시맨틱 웹(Semantic Web)**
해설 키워드 이해하기 쉬운 의미를 가진, 지능형 웹(Web) → 용어 시맨틱 웹

14 정답 **SDN(Software Defined Networking, 소프트웨어 정의 네트워킹)**
해설 키워드 소프트웨어(Software) 프로그램들로 네트워킹(Networking)을 가상화 → 용어 SDN

15 정답 **CC(Common Criteria, 공통 평가 기준)**
해설 키워드 정보 보호 제품의 평가 기준 → 용어 CC

16 정답 **DLT(Distributed Ledger Technology, 분산 원장 기술)**
해설 키워드 분산(Distributed) 네트워크 참여자, 원장(Ledger)을 공동으로 분산/관리하는 기술(Technology), 블록 체인 → 용어 DLT

17 정답 **웜(Worm)**
해설 키워드 지렁이(Worm), 자기 자신 복제 → 용어 웜

18 정답 **무작위 대입 공격(Brute Force Attack, 브루트 포스 공격)**
해설 키워드 모든 경우의 수를 다 대입 → 용어 무작위 대입 공격

NOTE

10 챕터

프로그래밍 언어 활용

- [프로그래밍 언어 활용] 챕터는 프로그래밍의 기본 문법에 대해 학습합니다. 계산기 프로그램을 구현하기 위해서는 숫자를 입력받고, 결과를 화면에 출력해야 합니다. 프로그래밍 언어별 기본 문법은 조금씩 다르지만, 키보드로 입력을 받거나 화면에 출력하는 것과 같은 주요 기능은 동일합니다.
- C언어, JAVA언어, Python언어의 기본 문법과 주요 기능, 그리고 프로그래밍 언어의 특징에 대해 학습합니다.

01섹션. C언어

01. 데이터 타입, 변수 ★★
02. 연산자 ★★
03. 입/출력 함수 ★
04. 제어문 ★★★
05. 배열과 문자열 ★★
06. 구조체 ★★
07. 포인터 ★★★
08. 함수 ★★

02섹션. JAVA

01. 클래스, 객체 ★★★
02. 입/출력 함수 ★★
03. 배열과 문자열 ★★★
04. 상속, 오버라이딩, 오버로딩, 추상 클래스
    ★★★

03섹션. Python

01. 입/출력 함수 ★
02. 숫자형, 문자열, 리스트, 튜플, 딕셔너리, 집합 ★★
03. if문, for문 ★★★
04. 함수, 클래스, 객체 ★★

04섹션. 프로그래밍 언어 활용

01. 변수의 구분 ★
02. 프로그래밍 언어 ★★
03. 라이브러리 ★★
04. 예외 처리 ★

▶ C언어, JAVA언어, Python언어 비교

	C	JAVA	Python
데이터 타입	참 : 1 거짓 : 0	참 : true 거짓 : false	참 : True 거짓 : False
입/출력함수	출력 함수 : printf() 입력 함수 : scanf()	출력 함수 : System.out.print() 입력 함수 : Scanner 클래스	출력 함수 : print() 입력 함수 : input()
if문	if ~ else if ~ else	if ~ else if ~ else	if ~ elif ~ else
for문	예 for(i=0; i⟨10; i++)	예 for(i=0; i⟨10; i++)	예 for i in range(10)
개선된 for문	–	예 for(int i : a)	예 for i in a
배열	int score[3]	int score[] = new int[3]	score = []
문자열	char[ ] 또는 포인터	String 클래스	큰 따옴표(" ") 또는 작은 따옴표(' ') 사용
문자열 길이 반환 함수	strlen()	length()	len()
함수	예 int add(int x, int y)	예 int add(int x, int y)	예 def add(x, y)
클래스	–	예 class Gisafirst	예 class Gisafirst
객체	–	예 Gisafrist gf = new Gisafirst()	예 gf = Gisafirst()

SECTION 01

C언어

다양한 프로그래밍 언어의 뿌리는 C언어라고 할 수 있습니다. 프로그래밍 코드를 이해하기 위해서는 C언어의 기초 문법을 충분히 학습하여 코드의 흐름을 이해할 수 있어야 합니다. C언어에서 학습하는 기초 문법은 JAVA언어, Python언어에도 적용되는 개념이므로 꼭 기억해 두세요.

권쌤이 알려줌

C언어는 절차적 프로그래밍 언어로 한 줄씩 차례대로 실행됩니다. C언어의 기본 구조만 확인하고, 각 문법은 더 자세히 학습하게 되니 걱정하지 마세요.

권쌤이 알려줌

프로그래밍 언어에서 ;(세미콜론)은 문장의 끝을 의미하는 마침표입니다. ;(세미콜론) 작성 위치에 ;(세미콜론)이 생략되면 에러가 발생합니다.

#include
외부 파일을 현재 파일에 포함시키기 위해 사용하는 선행처리 지시자

선행처리(PreProcessor) 지시자
사전 준비적인 계산을 행하는 프로그램
• 기호 : #

stdio.h
표준 입출력(STanDard Input Output) 헤더 파일

헤더 파일(.h)
자주 사용되는 변수나 함수를 외부에서 편리하게 사용하기 위해 만들어진 파일

권쌤이 알려줌

%d는 sum을 10진수(decimal) 정수로 표시하라는 의미입니다.

★★
01 데이터 타입, 변수

1 C언어 기본 구조

코드   1부터 10까지 덧셈

```
1    #include <stdio.h>
2    main()
3    {
4        int number;
5        int sum;
6        number = 1;
7        sum = 0;
8        while (number <= 10)
9        {
10            sum = sum + number;
11            number++;
12        }
13        printf("1+2+....+10=%d", sum);
14   }
```

출력 결과

```
1+2+....+10=55
```

해설

1	#include <stdio.h> 데이터 입·출력을 위해 stdio.h 파일을 현재 파일에 포함한다. stdio.h 파일을 포함하면 출력 함수(printf())를 사용할 수 있다.
2	main() {...} 프로그램 실행 시 main() 함수를 가장 먼저 호출하여 실행한다.
4~7	int number; int sum; number = 1; sum = 0; 변수 선언 및 초기화한다.
8~12	while (number <= 10) {...} 조건(number <= 10)을 검사한 후 조건에 만족하면 9~12번 라인을 반복 실행하고, 조건에 만족하지 않으면 9~12번을 실행하지 않고 13번을 실행한다.
13	printf("1+2+....+10=%d", sum); 화면에 출력한다.

2 데이터 타입(Data Type, 자료형)

데이터 타입은 변수(Variable)에 저장될 데이터 형식을 나타낸다.

- 정수형, 실수형, 문자형 등 어떤 형식의 값을 변수에 저장할지 미리 데이터 타입을 지정하여 변수[※]와 함께 선언한다.

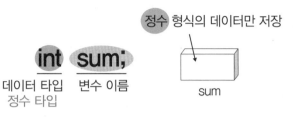

정수 형식의 데이터만 저장

데이터 타입   변수 이름
정수 타입

sum

1. C/C++의 데이터 타입 [20년 3회 필기]

종류(C/C++)	데이터 타입	크기
정수형	short	2 Byte
	int	4 Byte
	long	4 Byte
	long long	8 Byte
부호 없는 정수형	unsigned short	2 Byte
	unsigned int	4 Byte
	unsigned long	4 Byte
실수형	float	4 Byte
	double	8 Byte
	long double	8 Byte
문자형	char	1 Byte
부호 없는 문자형	unsigned char	1 Byte

2. JAVA의 데이터 타입 [20년 4회 필기]

종류(Java)	데이터 타입	크기
정수형	byte	1 Byte
	short	2 Byte
	int	4 Byte
	long	8 Byte
실수형	float	4 Byte
	double	8 Byte
문자형	char	1 Byte
논리형	boolean	1 Byte

3. Python의 데이터 타입

종류(Python)	데이터 타입	크기
정수형	int	제한 없음
실수형	float	8 Byte
	complex	16 Byte
문자형	str	제한 없음

권쌤이 알려줌

데이터 타입에는 정수형, 실수형, 문자형 등이 있습니다. 하나의 데이터를 담는 상자에는 같은 형식의 데이터만 저장할 수 있습니다. 이후 계속하여 언급되므로 자주 사용되는 데이터 타입을 기억해 두세요.

변수(Variable)
프로그램에 필요한 값을 저장하기 위한 공간
- 변할 수 있는 값

권쌤이 알려줌

영문 한 글자는 1Byte이고, 한글 한 글자는 2Byte입니다.

권쌤이 알려줌

Byte는 8bit로 256가지 데이터를 표현할 수 있습니다.
- bit는 정보의 최소 단위로 2가지 데이터(0, 1)를 표현합니다.
- 자료의 단위 : bit → Byte → KB → MB → GB → TB

권쌤이 알려줌

int의 크기는 아래와 같이 운영체제 따라 다릅니다.
- 32비트 운영체제
  : 32bit(4byte)
- 64비트 운영체제
  : 64bit(8Byte)

권쌤이 알려줌

boolean은 true 또는 false 값을 가지는 데이터 타입입니다.
- true : 참, false : 거짓

권쌤이 알려줌

complex는 실수와 허수의 합으로 이루어진 수인 복소수를 의미합니다.

권쌤이 알려줌

C언어에서 불(Boolean) 데이터 타입을 사용하기 위해서는 true, false가 정의된 〈stdbool.h〉 헤더 파일을 먼저 포함해야 합니다.
• JAVA언어, Python언어에서는 기본적으로 제공합니다.

권쌤이 알려줌

변수는 데이터를 담는 상자입니다. 상자 안의 데이터는 변할 수 있으며, 데이터 타입에 따라 정수형 변수, 실수형 변수 등으로 구분합니다.

권쌤이 알려줌

소스 코드에 코드의 설명을 적을 수 있는데, 이런 것을 주석(Comment)이라고 합니다. C언어와 JAVA언어에서 주석은 // 기호를 사용합니다.

권쌤이 알려줌

프로그래밍 언어의 '=' 연산자는 우변의 값을 좌변에 대입하는 대입 연산자입니다.

권쌤이 알려줌

밑줄 문자(_)는 언더스코어(Underscore), 언더라인(Underline), 언더바(Underbar)라고도 합니다.

 불(Boolean, 불린) [21년 3회] [20년 4회 필기]

불(Boolean) 데이터 타입은 프로그래밍 언어마다 출력 결과가 조금씩 다르다.

언어	코드	출력 결과
C	printf("%d", true);	1
	printf("%d", !true);	0
	printf("%d", 5>3);	1
JAVA	System.out.println(true);	true
	System.out.println(!true);	false
	System.out.println(5>3);	true
Python	print(True)	True
	print(not True)	False
	print(5>3)	True

3 변수(Variable) [21년 1회 필기]

변수는 프로그램에 필요한 값을 저장하기 위한 공간으로, 데이터 형식에 맞는 값을 변수에 저장해야 한다.

예 int a = 3; (O) | int a = ' 정보 '; (X)

// int는 정수형을 의미하므로 변수 a에는 정수 값만 저장할 수 있다.

▼ 변수 선언

형식

데이터타입 변수명; 또는 데이터타입 변수명 = 초기값;
• 데이터타입 : 변수에 저장될 자료형
• 변수명 : 변수 이름을 임의로 지정
• 초기값 : 변수에 저장할 값 지정(생략 가능)
예 int count; // 정수형 변수 count 선언
예 float b = 5.3; // 실수형 변수 b 선언 및 초기화

 변수 명명법(Casing) [20년 3회]

변수 명명법은 변수 이름의 일관성을 유지하고 코드의 가독성을 높이기 위한 규칙으로써, 코드의 이해와 유지보수를 쉽게 할 수 있다.
• 어떤 방법이 가장 좋은 것인지를 따지는 것이 아니라, 프로젝트 상황에 가장 적합한 명명법을 팀에서 결정하여 모든 개발자가 규칙을 따라 코드를 작성하도록 한다.

명명법	설명	예
카멜 케이싱 (Camel Casing)	• 소문자로 시작 • 단어 사이의 단락을 대문자로 표기	String camelCasing; int size;
파스칼 케이싱 (Pascal Casing)	• 대문자로 시작 • 단어 사이의 단락을 대문자로 표기	String PascalCasing; int Size;

스네이크 케이싱 (Snake Casing)	• 소문자로 시작 • 단어 사이의 단락을 _(언더스코어)로 표기	String snake_casing; int size;
헝가리안 표기법 (Hungarian Notation)	• 이름 앞에 데이터 타입을 명시 • 데이터 타입은 정해진 약어로 표시	String strHungarian- Casing; int nSize;
GNU Naming Convention	• 모든 문자 소문자 • 단어 사이 단락을 _(언더스코어)로 표기	String gnu_naming_ convention int size;
상수 표기법	• 모든 문자 대문자 • 단어 사이의 단락을 _(언더스코어)로 표기	String MACRO_CAS- ING; int SIZE;

상수(Constant)
프로그램이 시작되어 값이 한 번 저장되면, 프로그램이 종료될 때까지 변경되지 않는 값
• 상수를 의미하는 예약어
 – C언어 : const
 – JAVA언어 : final
예 const char c = 'A';
 c = 'B'; (X)
 // c는 상수이므로 저장된 값을 변경할 수 없다.

권쌤이 알려줌

대부분의 명명법에서 상수를 표기하는 방법은 거의 동일합니다.

기출 및 예상문제

01 데이터 타입, 변수

[20년 3회 필기]

01 C언어에서 정수 자료형으로 옳은 것을 모두 고르시오.

㉠ int	㉡ float
㉢ char	㉣ double

해설 ㉡, ㉣은 실수형, ㉢은 문자형이다.

[20년 4회 필기]

02 Java 프로그래밍 언어의 정수 데이터 타입 중 'long'의 크기는 얼마인지 쓰시오. (단, 단위는 Byte이다.)

해설 정수형 : byte(1 Byte), short(2 Byte), int(4 Byte), long(8 Byte)

[21년 1회 필기]

03 다음 설명의 ( ) 안에 공통적으로 들어갈 가장 적합한 용어를 쓰시오.

• ( )은(는) 프로그래밍 언어에서 어떤 값을 주기억장치에 기억하기 위해서 사용하는 공간이다.
• ( )은(는) 프로그램 작성에서 값을 나타내는 문자나 문자들의 집합이며, 프로그램 수행 중에는 주소에 대응한다.
• ( )의 자료형에 따라 저장할 수 있는 값의 종류와 범위가 달라진다.

해설 키워드 값, 기억하기 위해 사용하는 공간 → 용어 변수

[20년 3회]

04 헝가리안 표기법(Hungarian Notation)에 대해 간략히 서술하시오.

해설 키워드 이름 앞에 데이터 타입 명시 → 용어 헝가리안 표기법

정답
01. ㉠ 02. 8byte 03. 변수(Variable) 04. 컴퓨터 프로그래밍에서 변수나 함수의 이름 앞에 데이터 타입을 명시하는 코딩 규칙

권쌤이 알려줌

프로그래밍 언어에서 연산자는 자주 사용됩니다. 각 연산자별 사용 방법과 출력 결과를 기억해 두세요. 프로그래밍 언어는 문법 오류 발생 시 프로그램 실행이 불가능합니다.

권쌤이 알려줌

증감 연산자에서 전치/후치의 예는 아래와 같습니다.
- int x = 10, y;
  y = ++x;
  // x=11, y=11
- int x = 10, y;
  y = x++;
  // x=11, y=10

AND

입력값이 모두 True(1)이면 True(1) 반환

입력1	입력2	출력
0	0	0
0	1	0
1	0	0
1	1	1

OR

입력값 중 하나라도 True(1)이면 True(1) 반환

입력1	입력2	출력
0	0	0
0	1	1
1	0	1
1	1	1

NOT

입력값의 부정을 반환
• 입력값이 0인 경우 True(1), 입력값이 0이 아닌 경우 False(0) 반환

입력	출력
0	1
1	0

권쌤이 알려줌

프로그래밍 언어에서 '같다'는 ==, '같지 않다'는 !=입니다. '='는 대입 연산자입니다. 헷갈리지 마세요!

02 연산자

1 연산자의 종류

1. 증가/감소 연산자

기호	사용법	의미
++	++A	(전치) A를 1 증가시킨 후 사용
	A++	(후치) A를 사용 후 1 증가
--	--A	(전치) A를 1 감소시킨 후 사용
	A--	(후치) A를 사용 후 1 감소

2. 산술 연산자 [21년 1회 필기]

기호	의미	예
+	덧셈	10 + 5 = 15
−	뺄셈	4 − 2 = 2
*	곱셈	6 * 3 = 18
/	나눗셈	8 / 2 = 4
%	나머지	5 % 2 = 1

3. 논리 연산자 [21년 3회 필기]

2개의 논리 값을 연산하여 True(1), False(0) 결과를 반환한다.

기호	사용법	의미
&&	A && B	A와 B를 AND* 연산한다.
||	A || B	A와 B를 OR* 연산한다.
!	!A	A를 NOT* 연산한다.

4. 관계 연산자

기호	사용법	의미
>	A > B	A가 B보다 크다.
>=	A >= B	A가 B보다 크거나 같다.
<	A < B	A가 B보다 작다.
<=	A <= B	A가 B보다 작거나 같다.
==	A == B	A와 B는 같다.
!=	A != B	A와 B는 같지 않다.

5. 대입 연산자(할당 연산자)

대입 연산자에는 산술/관계/논리/비트 연산자 모두 사용할 수 있다.

기호	사용법	의미
+=	A += B	A = A + B
−=	A −= B	A = A − B
*=	A *= B	A = A * B
/=	A /= B	A = A / B

6. 비트 연산자 [21년 2회 필기] [20년 2회 필기]

비트별(0 또는 1)로 연산한다.

기호	사용법	설명
& (비트곱, and)	피연산자1 & 피연산자2	피연산자1과 피연산자2를 각각 2진수로 표현한 후, 각 비트 단위로 AND 시킨다.
| (비트합, or)	피연산자1 | 피연산자2	피연산자1과 피연산자2를 각각 2진수로 표현한 후, 각 비트 단위로 OR 시킨다.
^ (배타적 논리합, xor※)	피연산자1 ^ 피연산자2	피연산자1과 피연산자2를 각각 2진수로 표현한 후, 각 비트 단위로 XOR 시킨다.
~ (비트 부정, not)	~피연산자	피연산자를 2진수로 표현한 후, 피연산자의 각 비트 를 반전시킨다. 즉 1의 보수를 구한다.
《 (왼쪽 시프트)	피연산자1 《 피연산자2	피연산자1을 2진수로 표현한 후, 피연산자2만큼 왼쪽 으로 이동시킨 값이다.
》 (오른쪽 시프트)	피연산자1 》 피연산자2	피연산자1을 2진수로 표현한 후, 피연산자2만큼 오른 쪽으로 이동시킨 값이다.

7. 조건 연산자(삼항 연산자) [20년 3회 필기]

조건에 따라 다른 수식을 실행한다.

> **형식**
>
> 조건 ? 수식1 : 수식2;
> • [조건]이 참(True)이면 [수식1]을 실행하고, 거짓(False)이면 [수식2]를 실행한다.
> ⓜ 3 = 2 ? a : b ; // 조건(3 = 2)이 거짓이므로 b를 실행한다.

8. cast 연산자(형 변환 연산자)

데이터 타입을 변경한다.

9. sizeof 연산자

자료형의 크기를 Byte 단위로 반환한다.

2 연산자의 우선순위 [21년 3회] [21년 2, 3회 필기]

우선순위	연산자		설명	결합법칙
1	++ -- ! ~ (자료형) sizeof	단항	증감 연산자, 논리NOT, 비트 NOT, 형 변환, 자료형의 크기	←
2	* / %	산술	곱셈, 나눗셈, 나머지	→
3	+ -		덧셈, 뺄셈	
4	《 》	시프트	왼쪽 시프트, 오른쪽 시프트	
5	〈 〈= 〉 〉=	관계	작다, 작거나 같다, 크다, 크거나 같다	
6	== !=		같다, 다르다	
7	& ^ |	비트	비트AND, 비트XOR, 비트OR	
8	&& ||	논리	논리AND, 논리OR	
9	? :	조건(삼항)	조건 ? 수식1 : 수식2	
10	= += -= *= /= 등	대입(할당)	A = B, A += B	←
11	,	쉼표	i=1, j=2	→

XOR
입력값 중 하나만 True(1)이면
True(1)을 반환

입력1	입력2	출력
0	0	0
0	1	1
1	0	1
1	1	0

권쌤이 알려줌

패딩 비트(Padding Bit)는 시프트 후 생기는 빈자리에 채우는 비트로, 예외적인 경우를 제외하고 패딩 비트는 0입니다.
ⓜ int a=3;
  a 《 1;
  // 3을 2진수로 변환 후 왼쪽으로 1bit 시프트
  00000011 → 0000011<u>0</u>
          패딩 비트

권쌤이 알려줌

형 변환 연산자의 예는 아래와 같습니다.
ⓜ a = (int)2.2;
  // 실수 값인 2.2는 정수로 변환되어 2가 변수 a에 저장됩니다.

권쌤이 알려줌

sizeof 연산자의 예는 아래와 같습니다.
ⓜ int a = 1;
  sizeof(a);
  // 변수 a는 정수형이므로, 4를 반환합니다.
  (int의 크기 : 4Byte)

권쌤이 알려줌

동일한 우선순위를 가진 연산자는 결합 법칙에 따라 순서대로 계산됩니다.

[21년 1회 필기] [20년 2회 필기]

01 다음 〈보기〉에서 C언어의 산술 연산자와 비트 논리 연산자를 구분하시오.

〈보기〉
| ㉠ % | ㉡ * | ㉢ / | ㉣ = |
| ㉤ ^ | ㉥ ? | ㉦ & | ㉧ ~ |

① 산술 연산자 ....

② 비트 논리 연산자 ....

> **해설** 산술 연산자는 사칙 연산을 다루는 연산자이고, 비트 논리 연산자는 0과 1의 각 자리에 대한 연산을 수행하여, 0 또는 1의 결과 값을 가지는 연산자를 의미한다.

[21년 3회 필기]

02 다음 C언어로 구현된 프로그램을 분석하여 그 실행 결과를 쓰시오.

```
#include <stdio.h>
int main(void) {
    int a = 3, b = 4, c = 2;
    int r1, r2, r3;

    r1 = b <= 4 || c == 2;
    r2 = (a > 0) && (b < 5);
    r3 = !c;
    printf("%d", r1+r2+r3);
    return 0;
}
```

> **해설** 논리 연산자 : 2개의 논리 값을 연산하여 True(1), False(0) 결과 반환
> • && : 모두 T이면 T (AND 연산)
> • || : 하나라도 T이면 T (OR 연산)
> • ! : 값이 0인 경우 1, 0이 아닌 경우 0 (NOT 연산)
>
> ```
> r1 = b <= 4 || c == 2; // T || T = T(1)
> r2 = (a > 0) && (b < 5); // T && T = T(1)
> r3 = !c; // F(0)
>
> printf("%d", r1+r2+r3); // 1+1+0 = 2 출력
> return 0; // 프로그램 종료(생략 가능)
> ```

> **TIP** printf()는 화면에 출력하는 함수입니다. 이후 자세히 학습합니다.

[21년 2회 필기]

03 다음 C언어로 구현된 프로그램을 분석하여 그 실행 결과를 쓰시오.

```
#include <stdio.h>
int main(int argc, char *argv[]) {
    int a = 4;
    int b = 7;
    int c = a | b;
    printf("%d", c);
    return 0;
}
```

> **해설** |(비트합, or) : 두 비트 중 어느 하나라도 1이면 1, 그렇지 않으면 0이다.
> • 4 | 7 = 0100 | 0111 = 0111 = 7

[21년 3회 필기] [21년 2회 필기]

04 C언어에서 연산자 우선순위가 높은 것에서 낮은 것으로 올바르게 나열하시오.

㉠ ( )	㉡ ==	㉢ <
㉣ <<	㉤ ||	㉥ /
㉦ --	㉧ =	㉨ &

> **해설** 연산자 우선순위(높 → 낮) : ( ) → -- → / → << → < → == → & → || → =

05 다음 C언어로 구현된 프로그램을 분석하여 그 실행 결과를 쓰시오.

```c
#include <stdio.h>
int main() {
    short a;
    float b;
    double c;
    printf("%d ", sizeof(a));
    printf("%d ", sizeof(b));
    printf("%d", sizeof(c));
}
```

> **해설** sizeof 연산자 : 데이터 타입 크기를 Byte 단위로 반환한다.

06 C언어로 구현된 다음 프로그램의 실행 결과에 의해 변수 a와 b에 저장된 값을 구하시오. (단, "<<"는 왼쪽 시프트(Lsh), ">>"는 오른쪽 시프트(Rsh)를 의미한다.)

```c
int a = 16, b = 64;
a = a >> 2;
b = b << 2;
```

① a ....

② b ....

> **해설**
> • a >> 2 // 16(00010000$_{(2)}$)을 오른쪽으로 2bit 시프트 →
> 00000100$_{(2)}$ = 4
> • b << 2 // 64(1000000$_{(2)}$)을 왼쪽으로 2bit 시프트 →
> 100000000$_{(2)}$ = 256

> **정답**
> 01. ❶ ㉠, ㉤, ㉢ ❷ ⑩, ㉮, ⑯ 02. 2 03. 7 04. ㉠, ㉯, ㉽, ㉣, ㉢, ㉤, ㉾, ⑩, ⑯ 05. 248 06. ❶ 4 ❷ 256

---

03 입/출력 함수

1 출력 함수 printf()

화면(모니터)에 출력한다.

> **형식**
>
> printf(서식 문자열, 변수);
> • 서식 문자열 : 변수의 데이터 타입에 맞는 서식 문자열을 입력
> • 변수 : 서식 문자열의 순서에 맞게 출력할 변수를 입력
> ㉐ printf("%d %d", sum, result);
> // 정수형 변수 sum과 result의 값을 10진수 정수로 출력한다.

2 입력 함수 scanf()

키보드로 데이터를 입력받는다.

> **형식**
>
> scanf(서식 문자열, 변수의 주소);
> • 서식 문자열 : 변수의 데이터 타입에 맞는 서식 문자열
> • 변수의 주소 : 데이터를 입력받아 저장할 변수를 입력
> – 단, 변수의 주소로 입력받아야 하므로 변수에 주소 연산자 &를 붙인다.
> ㉐ scanf("%d %d", &x, &y);
> // 10진수 정수형 데이터를 입력받아 정수형 변수 x와 y에 저장한다.

권쌤이 알려줌

프로그래밍 코드의 실행 결과를 출력하기 위한 출력 함수와 키보드로 데이터를 입력 받아 프로그래밍 코드에 이용하는 입력 함수에 대해 학습합니다. 사용 방법을 충분히 학습하세요.

권쌤이 알려줌

변수가 메모리(기억 공간)에 저장된 위치를 변수의 주소라고 합니다. 변수의 주소 개념은 이후 자세히 학습합니다.

3 서식 문자열

서식 문자	의미	설명
%o	octal	8진수 정수
%d	decimal	10진수 정수
%x	hexadecimal	16진수 정수
%c	character	문자
%s	string	문자열

 제어 문자

제어 문자는 인쇄할 수 없거나 키보드로 표현할 수 없는 특별한 문자를 가리키며, 역슬래시(\, 한글 키보드에서는 ₩)와 한 개의 문자를 결합하여 작성한다.

• 서식 문자열에 제어 문자를 넣어 출력물의 위치를 조정할 수 있다.

제어 문자	의미	기능
\n	new line	커서를 다음 줄로 바꿈(개행)
\r	carriage return	커서를 그 줄의 맨 앞으로 이동
\f	form feed	한 페이지를 넘김
\b	backspace	커서를 그 줄의 한 문자만큼 앞으로 이동
\t	tab	커서를 그 줄의 tab만큼 이동

예 printf("1+2+....+10=%d", sum);
  - 출력 결과 : `1+2+....+10=55`

예 printf("\n 1+2+....+10=%d \n", sum);
  - 출력 결과 :
  `1+2+....+10=55`

권쌤이 알려줌

7bit는 2^7개의 정보를 표현할 수 있으므로, ASCII코드는 총 128개 문자만 표현할 수 있습니다.

권쌤이 알려줌

ASCII 코드의 단점을 보완하여 각 나라별 언어를 모두 표현하기 위해 나온 코드 체계가 Unicode(유니코드)입니다. 유니코드는 16bit 부호 체계이므로 최대 65,536자까지 표현할 수 있습니다.

ASCII 코드와 문자 연산 [21년 2회 필기]

1. ASCII 코드(American Standard Code for Information Interchange Code)
ASCII Code(아스키 코드)는 미국표준협회에서 표준화한 정보교환용 7bit 부호 체계이다.

• C언어에서 문자를 설계할 때 미국 표준 문자인 ASCII 코드로 표현할 수 있게 했다.
• 96개의 대·소 영문자, 숫자, 특수 문자와 32개의 제어 문자를 포함하여 128개의 문자만 표현할 수 있으므로, 여러 언어(한국어 등)들을 섞어 쓸 수 없는 문제점이 있다.
  예 A는 ASCII 코드표에서 65이고, Z는 ASCII 코드표에서 90이다.
  예 a는 ASCII 코드표에서 97이고, z는 ASCII 코드표에서 122이다.

10진수	16진수	문자	10진수	16진수	문자	10진수	16진수	문자	10진수	16진수	문자
0	0x00	NUL	32	0×20	Space	64	0x40	@	96	0x60	'
1	0x01	SOH	33	0×21	!	65	0x41	A	97	0x61	a
2	0x02	STX	34	0×22	"	66	0x42	B	98	0x62	b
3	0x03	ETX	35	0×23	#	67	0x43	C	99	0x63	c
4	0x04	EOT	36	0×24	$	68	0x44	D	100	0x64	d
5	0x05	ENQ	37	0×25	%	69	0x45	E	101	0x65	e
6	0x06	ACK	38	0×26	&	70	0x46	F	102	0x66	f
7	0x07	BEL	39	0×27	'	71	0x47	G	103	0x67	g
8	0x08	BS	40	0×28	(	72	0x48	H	104	0x68	h
9	0x09	HT	41	0×29	)	73	0x49	I	105	0x69	i
10	0x0A	LF	42	0×2A	*	74	0x4A	J	106	0x6A	j
11	0x0B	VT	43	0×2B	+	75	0x4B	K	107	0x6B	k
⋮	⋮	⋮	⋮	⋮	⋮	⋮	⋮	⋮	⋮	⋮	⋮

2. 문자 연산

C언어에서 문자형(char)은 ASCII 코드 규칙에 의해 정수로 저장된다.

• 문자형은 정수처럼 덧셈, 뺄셈 등을 할 수 있다.

코드	ASCII 코드와 문자 연산

```
1  #include <stdio.h>
2  int main() {
3      char c1 = 'a';
4      char c2 = 'A';
5      printf("%d\n", c1 + c2);
6      printf("%c\n", c1+1);
7      printf("%c", c2+5);
8  }
```

출력 결과	162 b F

해설	

3~4   char c1 = 'a'; char c2 = 'A';
　　　변수 선언 및 초기화
5　　printf("%d \n", c1 + c2);
　　　화면에 c1과 c2를 덧셈한 값을 10진수 정수로 출력 및 개행
　　　- ASCII 코드표에서 'a'는 10진수로 97이다.
　　　- ASCII 코드표에서 'A'는 10진수로 65이다.
　　　- 문자형은 ASCII 코드 규칙에 의해 10진수 정수로 저장되므로 연산이 가능하다.
6　　printf("%c \n", c1+1);
　　　화면에 c1에서 1을 덧셈한 값을 문자로 출력 및 개행
　　　- 연산 값을 ASCII 코드 규칙에 맞게 변환 후 문자형 서식 문자를 사용하여 출력한다.
7　　printf("%c", c2+5);
　　　화면에 c2에서 5를 덧셈한 값을 문자로 출력

[21년 2회 필기]

01 다음 C언어로 구현된 프로그램을 분석하여 그 실행 결과를 쓰시오.

```
#include <stdio.h>
int main(int argc, char *argv[]) {
    char a;
    a = 'A' + 1;
    printf("%d", a);
    return 0;
}
```

해설
코드해설

```
char a; // 문자형 변수 a 선언
a = 'A' + 1; // a에 'A' + 1 값 저장(a = 'B')
printf("%d", a); // a 값을 10진수 정수로 출력
                 → 아스키코드에서 B는 66
return 0; // 프로그램 종료
```

TIP C언어의 문자형(char) 변수는 아스키코드를 사용합니다. 아스키 코드에서 대문자 A는 65, 소문자 a는 97을 기억해 두세요.
예 A = 65, B = 66, C = 67, …, a = 97, b = 98, …

02 다음은 〈출력〉과 같이 300을 10진수, 8진수, 16진수의 결과를 나타내는 프로그램을 C언어로 구현한 것이다. 프로그램을 분석하여 ①~③에 들어갈 가장 적합한 답을 쓰시오.

```
#include <stdio.h>
int main() {
    int number = 300;
    printf("300을 10진수로 나타내면 ( ① ),
           8진수로 나타내면 ( ② ),
           16진수로 나타내면 ( ③ )이다."
           , number, number, number);
}
```

〈출력〉

300을 10진수로 나타내면 300, 8진수로 나타내면 454,
16진수로 나타내면 12c이다.

① _____

② _____

③ _____

해설
• %d : 10진수 정수 출력
• %o : 8진수 정수 출력
• %x : 16진수 정수 출력

정답
01. 66 **02.** ❶ %d ❷ %o ❸ %x

★★★
04 제어문

1 제어문

권쌤이 알려줌

프로그래밍 코드의 흐름을 제어하는 문을 제어문이라고 합니다. 같은 코드를 반복하거나 조건에 따라 분기하는 등으로 실행 순서에 영향을 줍니다.

제어문은 프로그래밍 언어에서 조건에 따라 실행해야 할 문장을 제어하거나 실행 순서를 변경시키기 위해 사용한다.

• 일반적으로 프로그램은 위에서 아래로 순차적으로 실행하는데, 제어문을 사용하면 조건에 따라 문장을 선택적으로 실행하거나 반복하여 실행하는 등 실행 순서를 제어할 수 있다.

▼ 제어문의 종류

구분	명령문
선택적 실행문	if, if~else, 다중 if, switch~case
반복적 실행문	while, do~while, for
그 외	break, continue, goto

권쌤이 알려줌

C언어의 제어문 if, if~else, 다중 if, switch~case, while, do~while, for, break, continue 는 JAVA언어에서도 같은 문법으로 사용합니다.
· JAVA언어는 goto문이 없습니다.

2 단순 if문 [20년 3회 필기]

형식 1

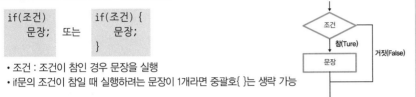

```
if(조건)          if(조건) {
    문장;   또는       문장;
                   }
```

- 조건 : 조건이 참인 경우 문장을 실행
- if문의 조건이 참일 때 실행하려는 문장이 1개라면 중괄호{ }는 생략 가능

예제 1   절댓값 구하기

```
1   #include <stdio.h>
2   int main() {
3       int a = -1;
4       if(a < 0)
5           a = -a;
6       printf("%d", a);
7   }
```

출력
결과   **1**

해설 1

```
3   int a = -1;
        변수 선언 및 초기화
4   if(a < 0)
        a가 0보다 작은 경우, 즉 if문의 조건이 참인 경우 5번 실행
5   a = -a;
        변수 a에 -a 값 저장
6   printf("%d", a);
        a 값 출력
```

형식 2

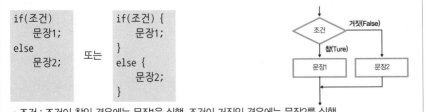

```
if(조건)           if(조건) {
    문장1;             문장1;
else       또는    }
    문장2;         else {
                       문장2;
                   }
```

- 조건 : 조건이 참인 경우에는 문장1을 실행, 조건이 거짓인 경우에는 문장2를 실행
- 조건이 참인 경우와 거짓인 경우에 실행하는 문장이 다름

권쌤이 알려줌

제어문의 중괄호{ }는 처리 문장이 1개일 때 생략 가능합니다. 하지만 처리 문장이 여러 개인 경우에는 중괄호{ }로 처리 문장을 묶어서 작성해야 합니다.

예제 2	60점 이상 합격 출력

```
1      #include <stdio.h>
2      int main() {
3          int score = 65;
4          if(score > 60) {
5              printf("합격\n");
6              printf("축하합니다.");
7          }
8          else {
9              printf("불합격");
10         }
11     }
```

출력 결과	합격 축하합니다.

해설 2

```
3      int score = 65;
           변수 선언 및 초기화
4      if(score > 60)
           score가 60보다 큰 경우, 즉 if문의 조건이 참인 경우 5~6번 실행
5      printf("합격\n");
           " 합격 " 출력 후 개행
6      printf("축하합니다.");
           " 축하합니다. " 출력
8      else
           score가 60보다 크지 않은 경우, 즉 if문의 조건이 거짓인 경우 9번 실행
9      printf("불합격");
           " 불합격 " 출력
```

3 다중 if문

형식

```
if(조건1)
    문장1;
else if(조건2)
    문장2;
else if(조건3)
    문장3;
else
    문장4;
```

또는

```
if(조건1) {
    문장1;
}
else if(조건2) {
    문장2;
}
else if(조건3) {
    문장3;
}
else {
    문장4;
}
```

• 조건에 따라 문장을 실행
• 모든 조건에 만족하지 않으면 else의 문장4를 실행

점수에 따라 A학점~F학점 출력

```
1    #include <stdio.h>
2    int main() {
3        int j = 75;
4        if(j >= 90)
5            printf("A학점");
6        else if(j >= 80)
7            printf("B학점");
8        else if(j >= 70)
9            printf("C학점");
10       else if(j >= 60)
11           printf("D학점");
12       else
13           printf("F학점");
14   }
```

출력결과	C학점

해설

3	int j = 75; 　변수 선언 및 초기화
4~5	if(j >= 90) printf("A학점"); 　j가 90보다 크거나 같은 경우 " A학점 " 출력
6~7	if(j >= 80) printf("B학점"); 　j가 80보다 크거나 같은 경우 " B학점 " 출력
8~9	if(j >= 70) printf("C학점"); 　j가 70보다 크거나 같은 경우 " C학점 " 출력
10~11	if(j >= 60) printf("D학점"); 　j가 60보다 크거나 같은 경우 " D학점 " 출력
12~13	else printf("F학점"); 　만족하는 조건이 없을 경우, 즉 j가 60보다 크지 않은 경우 " F학점 " 출력

4 switch~case문 [20년 1회]

형식

```
switch (조건) {
    case 조건값1:
        문장1;
        break;
    case 조건값2:
        문장2;
        break;
    case 조건값3:
        문장3;
        break;
    default:
        문장4;
        break;
}
```

- 다중 if문 간략화
- 조건값에는 한 개의 상수만 지정할 수 있으며 int, char, enum[※]형의 상수값만 가능
- break : switch~case문 종료 문법
- 만약 break문을 생략하면 일치하는 실행문부터 switch~case문이 종료될 때까지 모든 문장 실행
- default는 가장 마지막에 실행되므로 default의 break는 생략 가능

enum(열거형)
변수를 나열해서 사용하는 데이터 형식
◉ enum week { SUN, MON, TUE, WED, THU, FRI, SAT };

예제	점수에 따라 A학점 ~ F학점 출력

```
1    #include <stdio.h>
2    int main() {
3        int j = 75;
4        switch(j / 10)
5        {
6            case 10:
7            case 9:
8                printf("A학점");
9                break;
10           case 8:
11               printf("B학점");
12               break;
13           case 7:
14               printf("C학점");
15               break;
16           case 6:
17               printf("D학점");
18               break;
19           default:
20               printf("F학점");
21       }
22   }
```

출력 결과	C학점

권쌤이 알려줌

75 / 10 = 7.50이지만, int형은 10 진수 정수로 저장되므로 소수점 아래는 버림하여 j = 7이 됩니다.

해설	

3	`int j = 75;` 변수 선언 및 초기화
4	`switch(j / 10)` 조건의 결과 값과 일치하는 case 문장 실행
6	`case 10:` 조건의 결과 값이 10인 경우 아무것도 실행하지 않고, break문이 없으므로 다음 문장을 계속하여 실행
7	`case 9:` 조건의 결과 값이 9인 경우 8~9번 실행
8	`printf("A학점");` " A학점 " 출력
9	`break;` switch~case문 종료
10	`case 8:` 조건의 결과 값이 8인 경우 11~12번 실행
11	`printf("B학점");` " B학점 " 출력
12	`break;` swtich~case문 종료
13	`case 7:` 조건의 결과 값이 7인 경우 14~15번 실행
14	`printf("C학점");` " C학점 " 출력

15	break;
	swtich~case문 종료
16	case 6:
	조건의 결과 값이 6인 경우 17~18번 실행
17	printf("D학점");
	" D학점 " 출력
18	break;
	swtich~case문 종료
19	default:
	만족하는 조건의 결과 값이 없을 경우, 즉 j가 59 이하인 경우 20번 실행
20	printf("F학점");
	" F학점 " 출력

5 while문 [20년 3회]

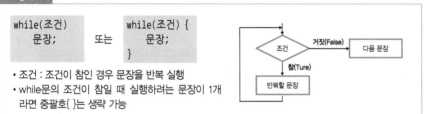

형식

```
while(조건)          while(조건) {
    문장;       또는      문장;
                        }
```

• 조건 : 조건이 참인 경우 문장을 반복 실행
• while문의 조건이 참일 때 실행하려는 문장이 1개라면 중괄호{ }는 생략 가능

(순서도) 조건 → 거짓(False) → 다음 문장 / 참(Ture) → 반복할 문장

권쌤이 알려줌

코드는 문제가 없는지 결과는 맞는지를 묻는 문제가 출제되므로 코드와 결과 검증이 필요합니다.

• 컴퓨터가 있으면 실행해서 검증할 수 있으나, 시험장에서는 컴퓨터를 이용할 수 없으므로 손으로 직접 디버깅표를 만들어 변수 값이 어떻게 변하는지, 최종 결과 값은 어떻게 되는지 추적해 보세요.
• 디버깅표의 결과(55)와 우리가 계산한 1부터 10까지 합계(55)가 맞다면 코드는 정확하다고 예상할 수 있습니다.
• 디버깅표는 시험에 출제되지 않습니다. 스스로 검증하는 과정이고, 디버깅표는 개인이 편한 방식으로 작성하세요.

예제 1부터 10까지 합계 구하기

```
1  #include <stdio.h>
2  int main()
3  {
4      int number;
5      int sum;
6      number = 1;
7      sum = 0;
8      while(number <= 10)
9      {
10         sum = sum + number;
11         number++;
12     }
13     printf("%d", sum);
14  }
```

출력 결과 55

디버깅표

number	sum
1	1
2	3
3	6
4	10
5	15
6	21
7	28
8	36
9	45
10	55
11	while문 종료

해설

4~5	int number; int sum;
	변수 선언
6~7	number = 1; sum = 0;
	변수에 값 저장
8	while(number <= 10)
	number가 10보다 작거나 같은 동안 10~11번 라인 반복
10	sum = sum + number;
	변수 sum에 sum + number 값 저장

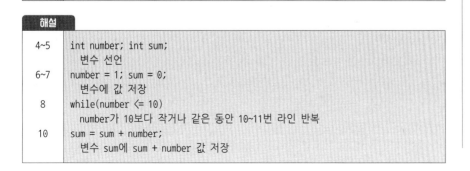

11	number++;
	number 값 1 증가
13	printf("%d", sum);
	sum 값 출력

6 do~while문 [21년 2회 필기]

형식

```
do {
    문장;
} while(조건)
```

- 조건 : 조건이 참인 경우 문장을 반복 실행
- 조건을 먼저 판단하는 while문과는 달리, 문장을 우선 한 번 실행한 후 조건을 판단

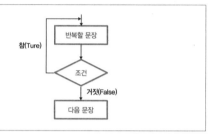

참(Ture) / 반복할 문장 / 조건 / 거짓(False) / 다음 문장

예제 1부터 10까지 합계 구하기

```
1    #include <stdio.h>
2    int main()
3    {
4        int number;
5        int sum;
6        number = 1;
7        sum = 0;
8        do {
9            sum = sum + number;
10           number++;
11       } while(number <= 10);
12       printf("%d", sum);
13   }
```

출력 결과 55

해설

4~5	int number; int sum;
	변수 선언
6~7	number = 1; sum = 0;
	변수에 값 저장
8	do
	do~while문 시작. 우선 9~10번 한 번 실행
9	sum = sum + number;
	변수 sum에 sum + number 값 저장
10	number++;
	number 값 1 증가
11	while(number <= 10);
	number가 10보다 작거나 같은 동안 9~10번 라인 반복
12	printf("%d", sum);
	sum 값 출력

디버깅표

number	sum
1	1
2	3
3	6
4	10
5	15
6	21
7	28
8	36
9	45
10	55
11	while문 종료

7 for문 [21년 1회] [20년 3회 필기]

형식

```
for(초기값; 조건; 증감값)          for(초기값; 조건; 증감값) {
    문장;              또는           문장;
                                    }
```

- 초기값 : for문 실행 시 가장 먼저 한 번만 실행되는 값
- 조건 : 조건이 참이면 문장을 반복 실행
- 증감값 : 문장 실행 후 증감식을 실행
- for문의 조건이 참일 때 실행하려는 문장이 1개라면 중괄호{}는 생략 가능
- for문 실행 순서 : 초기값 → 조건 → 문장 → 증감값

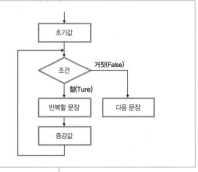

예제　　0부터 2까지 출력

```
1   #include <stdio.h>
2   int main()
3   {
4       int i;
5       for(i = 0; i < 3; i++)
6           printf("%d\n", i);
7   }
```

출력
결과
```
0
1
2
```

해설

5~6
```
for(i = 0; i < 3; i++) printf("%d\n", i);
```
```
    for(①i = 0; ②i < 3; ④i++)
        ③printf("%d\n", i);
```
① 변수 i를 0으로 초기화
② i가 3보다 작은 경우 ③번 실행
③ i 값 출력 및 개행
④ i 값 1 증가
⑤ ②~④ 반복. 만약 i가 3보다 작지 않은 경우 for문 종료

8 무한 반복(무한 루프) [21년 1회 필기] [20년 4회 필기]

무한 반복은 조건이 항상 참인 경우 반복문이 계속 실행되어 프로그램이 종료되지 않는 것을 말한다.

형식 1

```
while(true)          또는      while(1)
```
- while문의 조건식이 true 또는 1인 경우 무한 반복

형식 2

```
for(;;)
```
- for문의 초기값, 조건, 증감값을 생략하면 무한 반복

권쌤이 알려줌

for문의 증감식의 ++i, i++는 모두 for문을 실행한 후 i를 1씩 증가하는 의미입니다. 수행 속도에만 차이가 있을 뿐 수행 결과는 동일합니다.

디버깅표

i	i < 3	출력
0	T	0
1	T	1
2	T	2
3	F	for문 종료

권쌤이 알려줌

단, C언어에서 true를 사용하기 위해서는 true, false가 정의된 〈stdbool.h〉 헤더 파일을 먼저 포함해야 합니다.

권쌤이 알려줌

- JAVA언어에서도 for(; ;)를 사용하여 무한 반복을 구현할 수 있습니다.
- C언어에서 무한 반복의 경우 while(1), while(true)를 모두 사용할 수 있습니다. 하지만 JAVA언어에서 while(1)은 사용할 수 없으며, 무한 루프를 구현하기 위해서는 while(true)를 사용해야 합니다.
- JAVA : while(1) (X)
　　　 while(true) (O)

1. break문

for문, while문, do~while문, switch~case문의 제어를 벗어나기 위해 사용하는 명령문이다.

- 가장 가까운 곳에 있는 하나의 루프(loop)만 벗어난다.

2. continue문

for문, while문, do~while문에서 다음 반복을 실행하기 위해 사용하는 명령문이다.

- continue문을 실행하게 되면 continue문의 다음 문장을 실행하지 않고, 바로 그 루프(loop)의 선두로 되돌아가서 실행한다.
- continue문을 실행하게 되면 for문에서는 증감식을 실행하고, while문이나 do~while문에서는 조건식을 검사하게 된다.

예제	1부터 10까지 홀수 합계

```
1    #include <stdio.h>
2    int main() {
3        int i = 0, odd = 0;
4        while(1) {
5            i++;
6            if(i > 10)
7                break;
8            if(i % 2 == 0)
9                continue;
10           odd += i;
11       }
12       printf("%d", odd);
13   }
```

출력 결과	25

해설	
3	int i = 0, odd = 0; 변수 선언 및 초기화
4	while(1) 무한 루프 실행. 5~10번 라인 반복 실행
5	i++; i 값 1 증가
6	if(i > 10) i가 10보다 큰 경우 7번 실행
7	break; while문 종료. 가장 가까운 루프문을 종료한다.
8	if(i % 2 == 0) i를 2로 나눈 나머지 값이 0인 경우, 즉 i가 짝수인 경우 9번 실행
9	continue; while문 내 continue문의 이후 문장은 실행하지 않고, 루프의 선두로 되돌아가서 실행 - 11번을 실행하지 않고 5번을 실행한다.
10	odd += i; 변수 odd에 odd + i 값 저장
12	printf("%d", odd); while문이 종료되면 odd 값 출력

디버깅표

number	odd
1	1
2	
3	4
4	
5	9
6	
7	16
8	
9	25
10	
11	break문 종료

9 goto문

goto문은 지정된 레이블(Label)로 무조건 분기하는 명령문이다.

- 현재 실행 위치에서 원하는 다른 문장으로 건너뛰어 실행한다.
- 프로그램 이해와 유지보수가 어려워 거의 사용하지 않는다.

형식

goto 레이블명; 레이블명: 　문장;	• 레이블(Label) : 실행하고자 하는 일부 문장들의 집합 　– 레이블명은 임의로 지정한다. • 들여쓰기로 지정 레이블로 분기 시 실행되는 문장을 구분

예제　　0부터 4까지 합계 구하기

```
1    #include <stdio.h>
2    int main()
3    {
4        int n = 0, sum = 0;
5        begin:
6            sum += n;
7            n++;
8        if(n == 5)
9            printf("%d", sum);
10       else
11           goto begin;
12   }
```

**출력
결과**　10

해설

4　　int n = 0, sum = 0;
　　　변수 선언 및 초기화
5　　begin:
　　　레이블 begin 선언. 레이블 begin으로 분기될 경우 6~7번 실행
6　　sum += n;
　　　변수 sum에 sum + n 값 저장
7　　n++;
　　　n 값 1 증가
8　　if(n == 5)
　　　n이 5인 경우 9번 실행
9　　printf("%d", sum);
　　　sum 값 출력
10　else
　　　n이 5가 아닌 경우 11번 실행
11　goto begin;
　　　레이블 begin으로 무조건 분기
　　　– 5번을 실행한다.

디버깅표

n	sum
0	0
1	1
2	3
3	6
4	10
5	9번 라인 실행 후 프로그램 종료

권쌤이 알려줌

11번 라인을 실행하면 레이블명
이 begin인 5번 라인으로 건너
뛰어 실행합니다.

[20년 3회 필기]

01 다음 자바 프로그램 조건문에 대해 삼항 조건 연산자를 사용한 코드이다. ( ) 안에 들어갈 가장 적합한 코드를 쓰시오.

```
int i = 7, j = 9;
int k;
if (i > j)
    k = i - j;
else
    k = i + j;
```

```
〈삼항 조건 연산자〉
int i = 7, j = 9;
int k;
k = (      );
```

<해설>
삼항(조건) 연산자 형식 : 조건 ? 수식1 : 수식2
→ [조건]이 참이면 [수식1] 실행, 거짓이면 [수식2] 실행
</해설>

[20년 1회]

02 다음 C언어로 구현된 프로그램을 분석하여 그 실행 결과를 쓰시오.

```
#include <stdio.h>
int main() {
    int i = 3;
    int k = 1;
    switch(i) {
        case 0:
        case 1:
        case 2:
        case 3: k = 0;
        case 4: k += 3;
        case 5: k -= 10;
        default: k--;
    }
    printf("%d", k);
}
```

<해설>
break문을 생략할 경우 일치하는 실행문부터 switch문이 종료될 때까지 모든 문장을 실행한다.
• case 3의 k = 0부터 default의 k--까지 처리
→ 0 + 3 - 10 - 1 = -8
</해설>

[20년 3회]

03 다음 C언어로 구현된 프로그램을 분석하여 그 실행 결과를 쓰시오.

```
#include <stdio.h>
int main() {
    int i, c = 0;
    while(i < 10) {
        i++;
        c *= i;
    }
    printf("%d", c);
}
```

<해설>
코드해설

```
int i, c = 0; // 변수 선언 및 초기화
while(i < 10) { // i가 10보다 작은 동안 while문 실행
    i++; // i 값 1 증가
    c *= i; // c에 c * i 값 저장
}
printf("%d", c); // c 값 출력
```

디버깅표

i	c
0	0
1	0×1 = 0
2	0×2 = 0
:	:
9	0×9 = 0
10	0×10 = 0
</해설>

[20년 3회]

04 다음 JAVA언어로 구현된 프로그램을 분석하여 그 실행 결과를 쓰시오.

```
public class Gisafirst {
    public static void main(String[] args) {
        int i = 0;
        int sum = 0;
        while(i < 10) {
            i++;
            if(i % 2 == 1)
                continue;
            sum += i;
        }
        System.out.print(sum);
    }
}
```

```
        } while (cnt < 0);
        if (cnt == 1)
            cnt++;
        else
            cnt = cnt + 3;
        System.out.printf("%d", cnt);
    }
}
```

해설 **1부터 10까지 짝수 합계**

```
while(i < 10) { // i가 10보다 작은 동안 while문 실행
    i++; // i 값 1 증가
    if(i % 2 == 1)
    // i를 2로 나눈 나머지 값이 1인 경우
        continue; // 이후 문장은 실행하지 않고,
                     while문의 선두로 되돌아가서 실행
    sum += i; // sum에 sum + i 값 저장
}
System.out.print(sum); // sum 값 출력
```

디버깅표

i	i % 2	sum
0		0
1	1 % 2 = 1	
2	2 % 2 = 0	2
:	:	:
8	8 % 2 = 0	20
9	9 % 2 = 1	
10	10 % 2 = 0	30

TIP JAVA는 이후 자세히 학습합니다. System.out.print문은 C언어의 printf문과 같은 출력 함수입니다. 지금은 제어문 위주로 학습해 두세요.

해설 **코드해설**

```
① int cnt = 0; // 변수 선언 및 초기화
② do {
③     cnt++; // cnt 값 1 증가 → cnt = 1
④ } while (cnt < 0);
    // cnt가 0보다 작은 동안 do~while문 실행
⑤ if (cnt == 1) // cnt가 1인 경우
⑥     cnt++; // cnt 값 1 증가 → cnt = 2
    else // cnt가 1이 아닌 경우
        cnt = cnt + 3; // cnt에 cnt + 3 값 저장
⑦ System.out.printf("%d", cnt); // cnt 값 출력 → 2
```

[20년 3회 필기]

06 다음 C언어로 구현된 프로그램을 분석하여 그 실행 결과를 쓰시오.

```
main(void) {
    int i;
    int sum = 0;
    for(i = 1; i <= 10; i = i+2)
        sum = sum + i;
    printf("%d", sum);
}
```

해설 **1부터 10까지 홀수 합계**

```
for(i=1; i<=10; i=i+2)
// i는 1부터 10보다 작거나 같을 때까지 2씩 증가하며
  for문 실행
    sum = sum + i; // sum에 sum + i 값 저장
printf("%d", sum); // sum 값 출력
```

[21년 2회 필기]

05 다음 JAVA언어로 구현된 프로그램을 분석하여 그 실행 결과를 쓰시오.

```
public class array1 {
    public static void main(String[] args) {
        int cnt = 0;
        do {
            cnt++;
```

해설 디버깅표

i	sum
	0
1	1
3	4
5	9
7	16
9	25
11	for문 종료

[21년 1회]

07 다음 JAVA언어로 구현된 프로그램을 분석하여 그 실행 결과를 쓰시오.

```java
public class Gisafirst {
    public static void main(String[] args) {
        int j, i;
        for(j = 0, i = 0; i <= 5; i++) {
            j += i;
            System.out.print(i);
            if(i == 5) {
                System.out.print("=");
                System.out.print(j);
            } else {
                System.out.print("+");
            }
        }
    }
}
```

해설 코드해설

```
for(j = 0, i = 0; i <= 5; i++) {
// i는 0부터 5보다 작거나 같을 때까지 for문 실행
    j += i; // j에 j + i 값 저장
    System.out.print(i); // i 값 출력
    if(i == 5) { // i가 5인 경우
        System.out.print("="); // "=" 출력
        System.out.print(j); // j 값 출력
    } else { // i가 5가 아닌 경우
        System.out.print("+"); // "+" 출력
    }
}
```

디버깅표

i	j	출력
0	0	0+
1	1	0+1+
2	3	0+1+2+
3	6	0+1+2+3+
4	10	0+1+2+3+4+
5	15	0+1+2+3+4+5=15
6		for문 종료

[20년 4회 필기]

08 다음 JAVA언어로 구현된 프로그램을 분석하여 그 실행 결과를 쓰시오.

```java
int x = 1, y = 6;
while (y != 6) {
    x++;
}
System.out.println("x=" + x + ", y=" + y);
```

해설 while (y != 6) : y가 6이 아닌 경우 x++ 실행
• y가 6이므로 x++를 실행하지 않고, System.out.println(출력함수)을 실행한다.

09 다음 C언어로 구현된 프로그램을 분석하여 그 실행 결과를 쓰시오.

```c
#include <stdio.h>
void main(void) {
    int a = 3, b = 10;
    if(b > 5)
        printf("%x", a + b);
    else
        printf("%x", b - a);
}
```

해설 코드해설

```
if(b > 5) // b가 5보다 큰 경우
    printf("%x", a + b);
    // a + b 값을 16진수 정수로 변환하여 출력
else // b가 5보다 크지 않은 경우
    printf("%x", b - a);
    // b - a 값을 16진수 정수로 변환하여 출력
```

TIP 10진수 10을 16진수로 변환할 경우 A임을 기억해 두세요.

예

10진수	10	11	12	13	14	15
16진수	A	B	C	D	E	F

정답
01. (i > j)?(i - j)(i + j) 02. -8 03. 0 04. 30 05. 2 06. 25 07. 0+1+2+3+4+5=15 08. x=1, y=6 09. D

★★

05 배열과 문자열

1 배열(Array)

배열은 한 가지 데이터 타입(Data type, 자료형)을 연속적으로 나열한 것이다.

1. 배열의 선언 [20년 2회 필기]

형식 1

데이터타입 배열명[배열의크기];
배열명[인덱스] = 값;

- 데이터타입 : 배열에 저장될 자료형
- 배열명 : 배열 이름을 임의로 지정

- 배열의크기 : 배열에 저장될 최대 요소 개수
- 인덱스 : 배열에서 특정 위치
  − 배열 인덱스는 항상 0부터 시작한다.
- 값 : 배열에 저장할 값
- 예 int score[3];
  score[0] = 90;
  score[1] = 100;
  score[2] = 85;

인덱스	0	1	2
값	90	100	85

배열 score

권쌤이 알려줌

일반 변수는 주택이고, 배열은 아파트라고 생각하세요. 0층부터 동일한 형식으로 쌓아 올린 형태이므로 일반적으로 인덱스는 0부터 시작합니다. 따라서 인덱스 범위는 '0 ~ 배열의 크기-1'입니다.

형식 2

데이터타입 배열명[배열의크기] = {값1, 값2, ...};

- 데이터타입 : 배열에 저장될 자료형
- 배열명 : 배열 이름을 임의로 지정
- 배열의크기 : 배열에 저장될 최대 요소 개수(생략 가능)
- 값 : 배열에 저장할 값
- 예 int score[3] = {90, 100, 85};
- 예 int score[] = {90, 100, 85};

인덱스	0	1	2
값	90	100	85

배열 score

권쌤이 알려줌

- 배열을 선언할 때 배열의 크기를 생략하는 경우 반드시 초기 값을 지정해야 합니다. 초기 값을 지정한 개수에 따라 주소 공간을 할당받기 때문입니다.
  예 char c[]; (X)
  char c[] = {'A', 'B', 'C'}; (O)
- 초기 값이 배열의 크기보다 적으면, 나머지 값은 모두 0으로 초기화됩니다.
  예 int score[4] = {80, 90};

0	1	2	3
80	90	0	0

2. 배열의 사용 [20년 1회]

형식

배열명[인덱스];

- 배열명 : 배열 이름
- 인덱스 : 원하는 값이 저장된 배열의 위치

예제 **1차원 배열 출력**

```
1    #include <stdio.h>
2    int main() {
3        int array[3] = {19, 21, 18};
4        for(int i = 0; i < 3; i++) {
5            printf("%d\n", array[i]);
6        }
7    }
```

출력 결과	19 21 18

디버깅표

i	array[i]
0	array[0]=19
1	array[1]=21
2	array[2]=18

해설

3	```int array[3] = {19, 21, 18};``` 크기가 3인 배열 array 선언 및 초기화

	0	1	2
	19	21	18

4	```for(int i = 0; i < 3; i++)``` i는 0부터 3보다 작을 때까지 1씩 증가하며 5번 라인 반복
5	```printf("%d\n", array[i]);``` 배열 array의 i번째 값 출력 및 개행

3. 2차원 배열

행과 열로 조합한 배열이다.

권쌤이 알려줌

2차원 배열은 테이블(Table, 표)
형식과 동일합니다.

형식 1

데이터타입 배열명[행개수][열개수];
배열명[행][열] = 값;

• 데이터타입 : 배열에 저장될 자료형
• 배열명 : 배열 이름을 임의로 지정
• 행개수, 열개수 : 배열의 행 크기와 열 크기
• 행, 열 : 배열에서 특정 위치
• 값 : 배열에 저장할 값
예 ```char ch[2][2];```
  ```ch[0][0] = 'a';```
  ```ch[0][1] = 'b';```
  ```ch[1][0] = 'c';```
  ```ch[1][1] = 'd';```

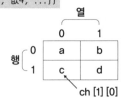

형식 2

데이터타입 배열명[행개수][열개수] = {{값1, 값2,...}, {값3, 값4, ...}}

• 데이터타입 : 배열에 저장될 자료형
• 배열명 : 배열 이름을 임의로 지정
• 행개수, 열개수 : 배열의 행 크기와 열 크기
• 값 : 배열에 저장할 값
예 ```char ch[2][2] = {{'a', 'b'}, {'c', 'd'}};```

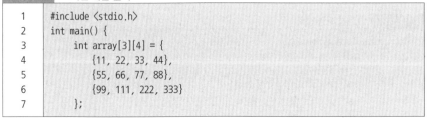

예제   2차원 배열 출력

```
1  #include <stdio.h>
2  int main() {
3      int array[3][4] = {
4          {11, 22, 33, 44},
5          {55, 66, 77, 88},
6          {99, 111, 222, 333}
7      };
```

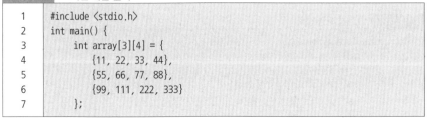

8
9
10
11
12
13
14
15
	`    for(int i = 0; i < 3; i++) {`
	`        for(int j = 0; j < 4; j++) {`
	`            printf("%d ", array[i][j]);`
	`        }`
	`        printf("\n");`
	`    }`
	`}`

출력
결과
	`11 22 33 44`
	`55 66 77 88`
	`99 111 222 333`

해설

3~7	`int array[3][4] = {{11, 22, 33, 44}, {55, 66, 77, 88}, {99, 111, 222, 333}};` 3행 4열 배열 array 선언 및 초기화

	0	1	2	3
0	11	22	33	44
1	55	66	77	88
2	99	111	222	333

9	`for(int i = 0; i < 3; i++)` i는 0부터 3보다 작을 때까지 1씩 증가하며 10~13번 라인 반복
10	`for(int j = 0; j < 4; j++)` j는 0부터 4보다 작을 때까지 1씩 증가하며 11번 라인 반복
11	`printf("%d ", array[i][j]);` 배열 array의 i 행 j 열 값 출력
13	`printf("\n");` 개행 - 안쪽 for문이 종료되면, 즉 각 행의 모든 값을 출력했으면 개행한다.

디버깅표

i	j	array[i][j]
0	0	array[0][0]=11
	1	array[0][1]=22
	2	array[0][2]=33
	3	array[0][3]=44
	개행	
1	0	array[1][0]=55
	1	array[1][1]=66
	2	array[1][2]=77
	3	array[1][3]=88
	개행	
2	0	array[2][0]=99
	1	array[2][1]=111
	2	array[2][2]=222
	3	array[2][3]=333
	개행	

2 문자열

- C언어에서는 문자 자료형인 char은 있지만, 문자열은 저장할 수 없다.
- 문자열을 저장하기 위해 문자(char) 배열 또는 포인터를 사용한다.
- 배열에 문자열을 저장하면 문자열의 끝을 알리는 널 문자(\0)가 문자열 끝에 자동으로 저장된다.

예 `char string = "gisa first";` (X)

예 `char string[10] = {'g','i','s','a',' ','f','i','r','s','t'};` (O)
`// 배열 내에 공백 ' ' 도 저장할 수 있다.`

예 `char string[] = "gisa first";` (O) `// 문자열은 큰따옴표 " " 로 묶는다.`
`    printf("%s", string);` `// 문자열 출력을 위한 서식 문자는 %s이다.`
→ [출력 결과] `gisa first`

`    printf("%c", string[7]);` `// 문자열 배열에 저장된 문자 출력을 위한 서식`
문자는 %c이다. → [출력 결과] `r`

인덱스	0	1	2	3	4	5	6	7	8	9	10
값	g	i	s	a		f	i	r	s	t	\0

배열 string

권쌤이 알려줌

포인터(Pointer)는 이후 자세히 학습합니다. 포인터는 C언어에서 문자열을 저장하는 방식 중 하나라는 것만 기억하세요.

권쌤이 알려줌

C언어에서 문자 배열에 대입 연산자를 사용하면 에러가 발생합니다.
예 `char string[10];`
`    string = "gisa";` (X)

권쌤이 알려줌

문자열 관련 함수 strcpy 함수와 strcat 함수를 사용하기 위해서는 〈string.h〉 헤더 파일을 반드시 포함해야 합니다.

권쌤이 알려줌

strcpy 함수와 strcat 함수는 대상 문자열을 반환합니다.

학습 플러스 문자열 관련 함수

1. 문자열 복사 – strcpy()

문자열 배열 선언 이후 문자열을 저장하면 에러가 발생하므로, 이미 선언한 문자열 배열에 문자열을 저장하기 위해서는 strcpy 함수를 사용한다.

형식

strcpy(대상문자열, 원본문자열)

- 대상문자열 : 덮어쓰여질 문자열
- 원본문자열 : 덮어쓸 문자열

예
```
char string[10];
strcpy(string, "gisa");
// string = gisa
```

2. 문자열 덧붙이기 – strcat() [21년 3회 필기]

두 문자열을 덧붙이기 위해서 strcat 함수를 사용한다.

형식

strcat(대상문자열, 원본문자열)

- 대상문자열 : 덧붙여질 문자열
- 원본문자열 : 덧붙일 문자열

예
```
char ch[] = "gisafirst";
char a[] = "best";
strcat(ch, a);
// ch = gisafirstbest, a = best
```

기출 및 예상문제

05 배열과 문자열

[20년 2회 필기]

01 C언어에서 배열 b[5]의 값은 얼마인지 구하시오.

```
static int b[9] = {1, 2, 3};
```

해설 초기화 값이 배열의 크기보다 적으면 나머지 값은 모두 0으로 초기화된다.

- 배열 b

b[0]	b[1]	b[2]	b[3]	b[4]	b[5]	b[6]	b[7]	b[8]
1	2	3	0	0	0	0	0	0

[20년 1회]

02 다음 C언어로 구현된 프로그램을 분석하여 그 실행 결과를 쓰시오.

```
#include <stdio.h>
#define SIZE 5
int main(void) {
    int arr[SIZE] = {75, 100, 95, 50, 85};
    int i, j, temp;
    for(i = 1; i < SIZE; i++) {
        for(j = 0; j < SIZE-i; j++) {
            if(arr[j] > arr[j+1]) {
                temp = arr[j];
                arr[j] = arr[j+1];
                arr[j+1] = temp;
            }
        }
    }
    for(i = 0; i < SIZE; i++) {
        printf("%d ", arr[i]);
    }
}
```

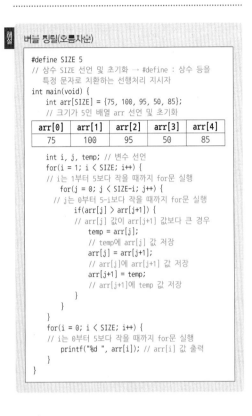

해설 버블 정렬(오름차순)

```
#define SIZE 5
// 상수 SIZE 선언 및 초기화 → #define : 상수 등을
   특정 문자로 치환하는 선행처리 지시자
int main(void) {
    int arr[SIZE] = {75, 100, 95, 50, 85};
    // 크기가 5인 배열 arr 선언 및 초기화
```

arr[0]	arr[1]	arr[2]	arr[3]	arr[4]
75	100	95	50	85

```
    int i, j, temp; // 변수 선언
    for(i = 1; i < SIZE; i++) {
    // i는 1부터 5보다 작을 때까지 for문 실행
        for(j = 0; j < SIZE-i; j++) {
        // j는 0부터 5-i보다 작을 때까지 for문 실행
            if(arr[j] > arr[j+1]) {
            // arr[j] 값이 arr[j+1] 값보다 큰 경우
                temp = arr[j];
                // temp에 arr[j] 값 저장
                arr[j] = arr[j+1];
                // arr[j]에 arr[j+1] 값 저장
                arr[j+1] = temp;
                // arr[j+1]에 temp 값 저장
            }
        }
    }
    for(i = 0; i < SIZE; i++) {
    // i는 0부터 5보다 작을 때까지 for문 실행
        printf("%d ", arr[i]); // arr[i] 값 출력
    }
}
```

[21년 3회 필기]

03 다음 C언어로 구현된 프로그램을 분석하여 그 실행 결과를 쓰시오.

```
#include <stdio.h>
#include <string.h>
int main(void) {
        char str[50] = "nation";
        char *p2 = "alter";
        strcat(str, p2);
        printf("%s", str);
    return 0;
}
```

해설 코드해설

```
char str[50] = "nation";
// 크기가 50인 문자형 배열 str 선언 및 초기화
char *p2 = "alter";
// 문자형 포인터 변수 p2 선언 및 초기화
strcat(str, p2); // str = nationalter, p2 = alter
printf("%s", str); // str 값 출력
```

TIP *p2에서 '*'은 포인터를 의미합니다. C언어에서 문자열을 저장하기 위해 문자 배열 또는 포인터를 사용합니다.

정답

01. 0 **02.** 50 75 85 95 100 **03.** nationalter

★★
06 구조체

1 구조체(Struct) [20년 4회 필기]

구조체는 관련 정보를 하나의 의미로 묶어 데이터를 체계적으로 관리하기 위한 것이다.

• 배열은 같은 데이터 타입의 묶음이면, 구조체는 서로 다른 데이터 타입의 묶음이다.

권쌤이 알려줌

이름과 주소는 문자형이고, 나이는 정수형입니다. 구조체는 이렇게 서로 다른 데이터 타입을 묶어 처리할 수 있습니다.

1. 구조체의 선언

형식

```
struct 구조체명{
    구조체멤버
};
```

- 구조체명 : 구조체 이름을 임의로 지정
- 구조체멤버 : 구조체에 저장할 변수

```
예 struct PERSON {
        char name[50];
        int age;
        char address[100];
    };
```

이름

나이	주소

[변수]

↓

PERSON

이름
나이
주소

[구조체]

2. 구조체의 사용

권쌤이 알려줌

이미 선언한 문자열 배열 char name[50]에 문자열 "기사퍼스트"를 저장하기 위해서는 strcpy 함수를 사용해야 합니다.

형식 1

```
struct 구조체명 구조체변수;
```

- 구조체명 : 구조체 이름
- 구조체변수 : 구조체 멤버에 접근하기 위한 변수

```
예 struct PERSON p1;
    strcpy(p1.name, "기사퍼스트");
    p1.age = 10;
    strcpy(p1.address, "대한민국");
```

p1

p1.name	"기사퍼스트"
p1.age	10
p1.address	"대한민국"

권쌤이 알려줌

문자열과 정수를 구분하기 위해 문자열은 큰따옴표("")로 표현했습니다.

형식 2

```
struct 구조체명 구조체변수 = {값};
```

- 구조체명 : 구조체 이름
- 구조체변수 : 구조체 멤버에 접근하기 위한 변수
- 값 : 구조체에 저장할 값

```
예 struct PERSON p1 = {"기사퍼스트", 10, "대한민국"};
```

p1

p1.name	"기사퍼스트"
p1.age	10
p1.address	"대한민국"

예제   구조체 출력

```
1    #include <stdio.h>
2    #include <string.h>
3
4    struct PERSON {
5        char name[50];
6        int age;
7    };
8
9    int main() {
10       struct PERSON p1 = {"류현진", 30};
11
12       struct PERSON p2;
13       strcpy(p2.name, "김연아");
14       p2.age = 20;
15
```

16	`    struct PERSON p3[2] = {`
17	`        {"박지성", 30},`
18	`        {"페이커", 20}`
19	`    };`
20	
21	`    printf("이름: %s 나이: %d\n", p1.name, p1.age);`
22	`    printf("이름: %s 나이: %d\n", p2.name, p2.age);`
23	`    printf("이름: %s 나이: %d", p3[0].name, p3[0].age);`
24	`}`

출력 결과	이름: 류현진 나이: 30 이름: 김연아 나이: 20 이름: 박지성 나이: 30

해설

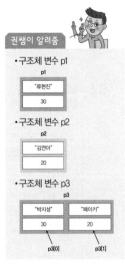

4~7	`struct PERSON {...}` 구조체 PERSON 정의
10	`struct PERSON p1 = {"류현진", 30};` 구조체 변수 p1 선언 및 초기화
12	`struct PERSON p2;` 구조체 변수 p2 선언
13	`strcpy(p2.name, "김연아");` 구조체 변수 p2의 문자열 배열 name에 "김연아" 저장
14	`p2.age = 20;` 구조체 변수 p2의 정수형 변수 age에 20 저장
16~19	`struct PERSON p3[2] = {{"박지성", 30}, {"페이커", 20}};` 구조체 배열 p3 선언 및 초기화
21	`printf("이름: %s 나이: %d\n", p1.name, p1.age);` 구조체 변수 p1의 name 값과 age 값 출력 및 개행
22	`printf("이름: %s 나이: %d\n", p2.name, p2.age);` 구조체 변수 p2의 name 값과 age 값 출력 및 개행
23	`printf("이름: %s 나이: %d", p3[0].name, p3[0].age);` 구조체 배열 p3의 첫 번째 요소의 name 값과 age 값 출력 - 배열의 첫 번째 요소의 인덱스는 0이다.

형식 3

```
struct 구조체명{
    구조체멤버
} 구조체변수 = {값};
```

- 구조체명 : 구조체 이름
- 구조체멤버 : 구조체에 저장할 변수
- 구조체변수 : 구조체 멤버에 접근하기 위한 변수
- 값 : 구조체에 저장할 값

예
```
struct PERSON {
    char name[50];
    int age;
    char address[100];
} p4 = {"류현진", 30, "대전"};
```

예
```
struct PERSON {
    char name[50];
    int age;
    char address[100];
} p5[] = {"류현진", 30, "대전", "김연아", 20, "서울"} ;
```

[20년 4회 필기]

01 C언어에서 구조체를 사용하여 데이터를 처리할 때 사용하는 것을 영문으로 쓰시오.

> 해설
> 구조체(struct)는 데이터를 체계적으로 관리하기 위한 문법으로, 관련 정보를 하나의 의미로 묶을 때 사용한다.

02 다음 C언어로 구현된 프로그램을 분석하여 그 실행 결과를 쓰시오.

```c
#include <stdio.h>
#include <string.h>

struct School {
    int num;
    char major[20];
    char subject[20];
} S1 = {100, "컴퓨터공학", "프로그래밍"};

int main() {
    printf(S1.subject);
}
```

> 해설
> **코드해설**
>
> ```c
> struct School { // 구조체 School 정의
>     int num;
>     char major[20];
>     char subject[20];
> } S1 = {100, "컴퓨터공학", "프로그래밍"};
> // 구조체 변수 S1 선언 및 초기화
> ```
>
> | | S1 |
> |---|---|
> | num | 100 |
> | major | "컴퓨터공학" |
> | subject | "프로그래밍" |
>
> ```c
> int main() {
>     printf(S1.subject);
>     // 구조체 변수 S1의 subject 값 출력
> }
> ```

> 정답
> **01.** struct **02.** 프로그래밍

★★★

07 포인터

1 포인터(Pointer) [20년 4회] [21년 3회 필기]

1. 포인터

> **권쌤이 알려줌**
>
> 변수는 데이터를 저장하는 저장 공간이죠. 포인터는 변수 저장 공간의 주소 값을 가리키고 있습니다. 개념 이해가 다소 어려우니, 프로그래밍 언어 기본 문법을 충분히 학습한 후에 한 번 더 학습하세요.

포인터는 변수의 주소이다.

- 프로그램에서 변수를 선언하면 변수는 메모리(기억 장소)에 저장된다.
- 포인터를 사용하여 변수가 할당된 메모리 주소를 알아내거나, 메모리 주소에 접근하여 해당 메모리 주소에 저장된 값을 사용할 수 있다.

2. 포인터 변수

어떤 데이터가 차지하는 메모리의 주소를 저장하기 위한 변수이다.

형식

데이터타입 *포인터변수명

예 int *a; // 메모리의 주소를 저장하기 위한 포인터 변수 a 선언

권쌤이 알려줌

변수명 앞에 *(간접 참조 연산자)를 입력해서 포인터 변수를 선언하면 됩니다.
· int*a; 처럼 데이터 타입 다음에 입력해도 됩니다.

3. 주소 연산자(&)

변수의 메모리 주소를 반환하는 연산자이다.

예제   포인터와 주소 연산자(&)

```
1  #include <stdio.h>
2  int main() {
3      char ch = 'g';
4      char *p;
5      p = &ch;
6  }
```

해설

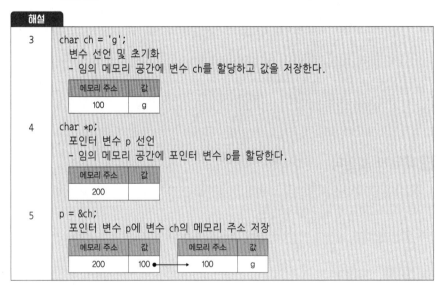

3   char ch = 'g';
     변수 선언 및 초기화
     - 임의 메모리 공간에 변수 ch를 할당하고 값을 저장한다.

메모리 주소	값
100	g

4   char *p;
     포인터 변수 p 선언
     - 임의 메모리 공간에 포인터 변수 p를 할당한다.

메모리 주소	값
200	

5   p = &ch;
     포인터 변수 p에 변수 ch의 메모리 주소 저장

메모리 주소	값		메모리 주소	값
200	100 ●	→	100	g

권쌤이 알려줌

포인터에서 설명된 메모리 주소는 이해를 돕기 위한 임의 주소이며 실제 프로그램에 저장되는 메모리 주소는 다를 수 있습니다.

권쌤이 알려줌

&ch는 변수 ch의 주소를 의미합니다.

4. 간접 참조 연산자(*)

변수가 가리키는 메모리 주소의 값을 반환하는 연산자이다.

예제   포인터와 간접 참조 연산자(*)

```
1  #include <stdio.h>
2  int main() {
3      int a = 10;
4      int *p;
5      p = &a;
6      *p = *p + 10;
7  }
```

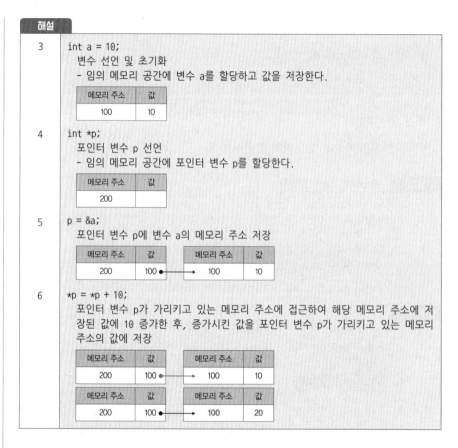

해설

3	`int a = 10;` 변수 선언 및 초기화 - 임의 메모리 공간에 변수 a를 할당하고 값을 저장한다.

메모리 주소	값
100	10

4 `int *p;`
포인터 변수 p 선언
- 임의 메모리 공간에 포인터 변수 p를 할당한다.

메모리 주소	값
200	

5 `p = &a;`
포인터 변수 p에 변수 a의 메모리 주소 저장

메모리 주소	값		메모리 주소	값
200	100 ● →		100	10

6 `*p = *p + 10;`
포인터 변수 p가 가리키고 있는 메모리 주소에 접근하여 해당 메모리 주소에 저장된 값에 10 증가한 후, 증가시킨 값을 포인터 변수 p가 가리키고 있는 메모리 주소의 값에 저장

메모리 주소	값		메모리 주소	값
200	100 ● →		100	10

메모리 주소	값		메모리 주소	값
200	100 ● →		100	20

2 배열과 포인터 [21년 2, 3회] [21년 2회 필기]

C언어에서 배열은 메모리의 연속적인 공간을 차지하고 있으므로, 포인터 연산자를 이용해서 배열에 접근할 수 있다.

• 배열 변수는 배열의 첫 번째 값의 주소를 의미한다.

예제 1　배열과 포인터

```
1   #include <stdio.h>
2   int main() {
3       int a[5] = {1, 2, 3, 4, 5};
4       int *p;
5       p = a;
6       for(int i = 0; i < 5; i++) {
7           printf("%d", *(p+i));
8       }
9   }
```

출력
결과

`12345`

3   int a[5] = {1, 2, 3, 4, 5};
     크기가 5인 배열 a 선언 및 초기화

	메모리 주소	값
a[0]	100	1
a[1]	101	2
a[2]	102	3
a[3]	103	4
a[4]	104	5

4   int *p;
     포인터 변수 p 선언

메모리 주소	값
200	

5   p = a;
     포인터 변수 p에 배열 a의 시작 주소 저장
     - 배열 a의 시작 주소는 배열 a의 첫 번째 값의 주소와 동일하다.

메모리 주소	값		메모리 주소	값
200	100 ● →		100	1
			101	2
			102	3
			103	4
			104	5

권쌤이 알려줌

배열 변수는 &(주소 연산자)를 입력하지 않습니다.

6   for(int i = 0; i < 5; i++)
     i는 0부터 5보다 작을 때까지 1씩 증가하며 7번 라인 반복

7   printf("%d", *(p+i));
     (포인터 변수 p가 가리키고 있는 메모리 주소+i)의 메모리 주소에 접근하여 해당
     메모리 주소에 저장된 값 출력

*(a+i)	메모리 주소	값	a[i]
*(a+0)	100	1	a[0]
*(a+1)	101	2	a[1]
*(a+2)	102	3	a2]
*(a+3)	103	4	a[3]
*(a+4)	104	5	a[4]

권쌤이 알려줌

7번 라인을 printf("%d", p[i]);
와 같이 작성하여도 동일한 출력 결과가 나옵니다.

예제 2   **포인터 배열**

```
1  #include <stdio.h>
2  int main()
3  {
4      int *arr[2];
5      int x = 3, y = 7;
6      arr[0] = &x;
7      arr[1] = &y;
8      printf("%d, %d", *arr[0], **arr);
9  }
```

출력 결과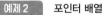

해설 2

4	`int *arr[2];` 크기가 2인 포인터 배열 arr 선언 - 포인터 배열 : 메모리 주소를 저장하는 배열
5	`int x = 3, y = 7;` 변수 선언 및 초기화
6	`arr[0] = &x;` 포인터 배열 arr[0]에 변수 x의 메모리 주소 저장
7	`arr[1] = &y;` 포인터 배열 arr[1]에 변수 y의 메모리 주소 저장
8	`printf("%d, %d", *arr[0], **arr);` *arr[0] : 포인터 배열 arr[0]이 가리키고 있는 메모리 주소에 접근하여 해당 메모리 주소에 저장된 값 출력 **arr : 배열 변수 arr에 저장된 값이 주소가 되고(*arr), 그 주소가 가리키고 있는 메모리 주소에 접근하여 해당 메모리 주소에 저장된 값(**arr) 출력 - *arr은 arr[0]과 같다.

	메모리 주소	값		메모리 주소	값
arr[0]	100	200	→	200	3
arr[1]	101	300	→	300	7

권쌤이 알려줌

배열 변수 arr에는 arr[0]의 메모리 주소가 저장되어 있습니다.

	메모리 주소
arr → arr[0]	100

권쌤이 알려줌

	메모리 주소	값
string →	100	g
string+2 →	101	i
	102	s
	103	a
	104	
	105	f
	106	i
	107	r
	108	s
	109	t
	110	\0

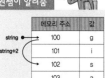

학습 플러스 문자열 포인터

C언어에서 문자열을 저장하기 위해 포인터를 사용한다.
- 문자열 포인터는 문자열의 시작 주소를 가리키고 있다.
- 문자열 포인터는 배열처럼 사용할 수 있다.

```
char *string = "gisa first"; // 문자열 포인터 string 선언 및 초기화
printf("%s\n", string); // 문자열 포인터 string의 시작 주소부터 문자열의 끝까지 출력
printf("%s\n", string+2); // 문자열 포인터 string의 (시작 주소+2)부터 문자열의 끝까지
                              출력
printf("%c\n", *string); // 문자열 포인터 string의 시작 주소에 접근하여, 해당 메모리 주
                              소에 저장된 값 출력
printf("%c", string[5]); // 문자열 포인터 string의 6번째 값 출력
```

[출력 결과]

```
gisa first
sa first
g
f
```

3 구조체와 포인터 [21년 1, 3회]

C언어에서 구조체는 배열과 마찬가지로 메모리의 연속적인 공간을 차지하고 있으므로, 포인터 연산자를 이용해서 구조체에 접근할 수 있다.

- 구조체 변수는 구조체의 첫 번째 값의 주소를 의미한다.

구조체와 포인터

```c
#include <stdio.h>
int main() {
    struct INFO {
        int id;
        int pw;
    };

    struct INFO info[] = {21042901, 123456, 21042902, 111112, 21043001, 000012};

    struct INFO *p;

    p = info;
    printf("%d\n", p->id);
    p++;
    printf("%d", p->pw);
}
```

출력 결과
21042901
111112

해설

3~6	struct INFO {...}; 구조체 INFO 정의
8	struct INFO info[] = {...}; 구조체 배열 info 선언 및 초기화
10	struct INFO *p; 구조체 포인터 변수 p 선언 - 포인터 변수 p의 데이터 타입이 struct INFO이다.
12	p = info; 구조체 포인터 변수 p에 구조체 배열 info의 시작 주소 저장 - 구조체 포인터 변수 p는 해당 메모리 주소를 가리키고 있다. - 구조체 배열 info의 시작 주소는 구조체 배열 info의 첫 번째 값의 주소와 동일하다.
13	printf("%d\n", p->id); 구조체 포인터 변수 p가 가리키는 메모리 주소에 접근하여 id 값 출력 및 개행 - 화살표 연산자(->) : 구조체 포인터 변수가 구조체 멤버에 접근할 때 사용하는 연산자
14	p++; 구조체 포인터 변수 p는 가리키고 있던 구조체 배열의 다음 번째의 구조체 배열 주소로 이동 - 구조체 포인터 변수는 구조체 묶음 단위로 포인터를 이동시킨다.
15	printf("%d", p->pw); 구조체 포인터 변수 p가 가리키는 메모리 주소에 접근하여 pw 값 출력

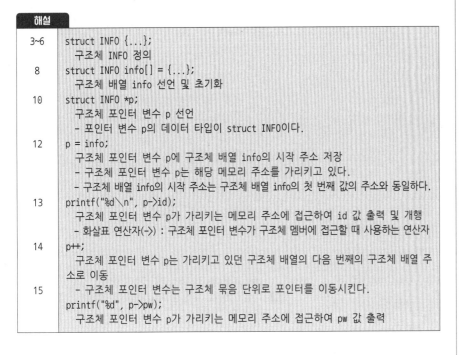

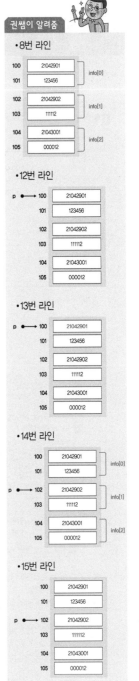

- 8번 라인

- 12번 라인

- 13번 라인

- 14번 라인

- 15번 라인

[20년 4회]

01 다음 C언어로 구현된 프로그램을 분석하여 그 실행 결과를 쓰시오.

```
#include <stdio.h>
int main() {
    char *p = "KOREA";
    printf("%s\n", p);
    printf("%s\n", p+3);
    printf("%c\n", *p);
    printf("%c\n", *(p+3));
    printf("%c ", *p+2);
}
```

코드해설

```
① char *p = "KOREA";
② printf("%s\n", p);
③ printf("%s\n", p+3);
④ printf("%c\n", *p);
⑤ printf("%c\n", *(p+3));
⑥ printf("%c ", *p+2);
```

① 문자열 포인터 p 선언 및 초기화

	메모리 주소	값
p →	100	K
	101	O
	102	R
	103	E
	104	A

② 문자열 포인터 p의 시작 주소부터 문자열 끝까지 출력 및 개행
③ 문자열 포인터 p의 (시작 주소+3)부터 문자열 끝까지 출력 및 개행
④ 문자열 포인터 p의 시작 주소에 접근하여 해당 메모리 주소에 저장된 값 출력 및 개행
⑤ (문자열 포인터 p의 시작 주소+3)의 메모리 주소에 저장된 값 출력 및 개행
⑥ 문자열 포인터 p의 시작 주소에 저장된 값에 2를 덧셈한 값 출력

TIP C언어에서 문자는 아스키코드 규칙에 의해 정수로 저장되므로 덧셈, 뺄셈 등의 연산이 가능합니다.
⑩ A = 65, K = 75, M = 77

[21년 3회 필기]

02 다음 C언어로 구현된 프로그램을 분석하여 그 실행 결과를 쓰시오.

```
#include <stdio.h>
int main(void) {
    int n = 4;
    int* pt = NULL;
    pt = &n;

    printf("%d", &n + *pt - *&pt + n);
    return 0;
}
```

코드해설

```
int n = 4; // 변수 선언 및 초기화
int* pt = NULL; // 포인터 변수 pt 선언 및 초기화
pt = &n;
// 포인터 변수 pt에 변수 n의 메모리 주소 저장
```

메모리 주소	값	메모리 주소	값
150	300 ● →	300	4

```
printf("%d", &n + *pt - *&pt + n);
// 300 + 4 - 300 + 4 = 8 출력
return 0; // 프로그램 종료
```

TIP NULL이 들어있는 포인터를 널 포인터(Null Pointer)라고 하며, 아무것도 가리키지 않는 상태를 의미합니다.
TIP *&pt는 pt와 동일합니다.

[21년 2회 필기]

03 다음 C언어로 구현된 프로그램을 분석하여 그 실행 결과를 쓰시오.

```
#include <stdio.h>
int main(int argc, char *argv[]) {
    int a[2][2] = {{11, 22}, {44, 55}};
    int i, sum = 0;
    int* p;
    p = a[0];
    for (i = 1; i < 4; i++)
    sum += *(p + i);
    printf("%d", sum);
    return 0;
}
```

코드해설

```
int a[2][2] = {{11, 22}, {44, 55}};
// 2행 2열 배열 a 선언 및 초기화
```

100	101	← 메모리 주소
11	22	
44	55	
102	103	← 메모리 주소

```
int i, sum = 0; // 변수 선언 및 초기화
int* p; // 포인터 변수 p 선언
p = a[0]; // 포인터 변수 p에 배열 a[0]의 주소 저장
           (a[0]은 a[0][0]을 의미)
for (i = 1; i < 4; i++)
// i는 1부터 4보다 작을 때까지 for문 실행
sum += *(p + i); // sum에 sum + *(p + i) 값 저장
printf("%d", sum); // sum 값 출력
return 0; // 프로그램 종료
```

디버깅표

i	p	p + i	sum
1	100	101	22
2	100	102	22+44 = 66
3	100	103	22+44+55 = 121

TIP for문이 중괄호{ }로 묶여있지 않을 때는 바로 아래 한 문장만 실행합니다. 즉, i는 1부터 4보다 작을 때까지 sum += *(p + i);를 실행합니다.

[21년 2회]

04 다음 C언어로 구현된 프로그램을 분석하여 그 실행 결과를 쓰시오.

```
#include <stdio.h>
int main() {
    int arr[3];
    int x = 0;
    *(arr + 0) = 1;
    arr[1] = *(arr + 0) + 2;
    arr[2] = *arr + 3;
    for (int i = 0; i < 3; i++) {
        x = x + arr[i];
    }
    printf("%d", x);
}
```

코드해설

```
int arr[3]; // 크기가 3인 배열 arr 선언
int x = 0; // 변수 선언 및 초기화
*(arr + 0) = 1;
```

```
// 배열 첫 번째 주소(100)의 데이터값에 1 저장
arr[1] = *(arr + 0) + 2;
// arr[1]에 배열 첫 번째 주소(100)의 데이터값(1)
   과 2를 더한 값 대입 → arr[1] = 3
arr[2] = *arr + 3;
// arr[2]에 배열 첫 번째 주소(100)의 데이터값(1)
   과 3을 더한 값 대입 → arr[2] = 4
for (int i = 0; i < 3; i++) {
// i는 0부터 3보다 작을 때까지 for문 실행
    x = x + arr[i]; // x에 x + arr[i] 값 저장
}
printf("%d", x); // x 값 출력(1 + 3 + 4 = 8)
```

TIP (arr + 0) = (배열 첫 번째 주소 + 0) = 배열 첫 번째 주소, *(arr + 0) = 배열 첫 번째 주소의 데이터값 = *arr 과 같이 정리해 두세요.

[21년 3회]

05 다음 C언어로 구현된 프로그램을 분석하여 그 실행 결과를 쓰시오.

```
#include <stdio.h>
int main() {
    int *array[3];
    int a = 12, b = 24, c = 36;
    array[0] = &a;
    array[1] = &b;
    array[2] = &c;

    printf("%d", *array[1] + **array + 1);
}
```

코드해설

```
int *array[3]; // 크기가 3인 포인터 배열 array 선언
int a = 12, b = 24, c = 36; // 변수 선언 및 초기화
array[0] = &a;
// 포인터 배열 array[0]에 변수 a의 메모리 주소 저장
array[1] = &b;
// 포인터 배열 array[1]에 변수 b의 메모리 주소 저장
array[2] = &c;
// 포인터 배열 array[2]에 변수 c의 메모리 주소 저장
printf("%d", *array[1] + **array + 1); // 24+12+1
// *array[1] : 포인터 배열 array[1]이 가리키고 있는
메모리 주소에 접근하여 해당 메모리 주소에 저장된 값
// **array : 배열 변수 array에 저장된 값이 주소가 되고
(*array), 그 주소가 가리키고 있는 메모리 주소에 접근하
여 해당 메모리 주소에 저장된 값(**array)
```

	메모리 주소	값		메모리 주소	값
array[0]	100	200	→	200	12
array[1]	101	201	→	201	24
array[2]	102	202	→	202	36

[21년 1회]

06 다음 C언어로 구현된 프로그램을 분석하여 그 실행 결과를 쓰시오.

```c
#include <stdio.h>
int main() {
    struct insa{
        char name[10];
        int age;
    } a[] = {"Kim", 28, "Lee", 38, "Park",
41, "Choi", 30};
    struct insa *p;
    p = a;
    p++;
    printf("%s\n", p->name);
    printf("%d", p->age);
    return 0;
}
```

해설 코드해설

```
① struct insa{
    char name[10];
    int age;
}② a[] = {"Kim", 28, "Lee", 38, "Park", 41, "Choi",
30};
③ struct insa *p;
④ p = a;
⑤ p++;
⑥ printf("%s\n", p->name);
⑦ printf("%d", p->age);
```

① 구조체 insa 정의
② 구조체 배열 a 선언 및 초기화

	a[0]	a[1]	a[2]	a[3]
name	"Kim"	"Lee"	"Park"	"Choi"
age	28	38	41	30

③ 구조체 포인터 변수 p 선언
④ 구조체 포인터 변수 p에 구조체 배열 a의 시작 주소 저장

	p↓			
	a[0]	a[1]	a[2]	a[3]
name	"Kim"	"Lee"	"Park"	"Choi"
age	28	38	41	30

⑤ 구조체 포인터 변수 p는 가리키고 있던 구조체 배열의 다음 번째(두 번째)의 구조체 배열로 이동

		p↓		
	a[0]	a[1]	a[2]	a[3]
name	"Kim"	"Lee"	"Park"	"Choi"
age	28	38	41	30

		p↓		
	a[0]	a[1]	a[2]	a[3]
name	"Kim"	"Lee"	"Park"	"Choi"
age	28	38	41	30

⑥ 구조체 포인터 변수 p가 가리키는 메모리 주소의 name 값 출력 및 개행

		p↓		
	a[0]	a[1]	a[2]	a[3]
name	"Kim"	"Lee"	"Park"	"Choi"
age	28	38	41	30

⑦ 구조체 포인터 변수 p가 가리키는 메모리 주소의 age 값 출력

		p↓		
	a[0]	a[1]	a[2]	a[3]
name	"Kim"	"Lee"	"Park"	"Choi"
age	28	38	41	30

[21년 3회]

07 다음 C 프로그램의 결과 값을 쓰시오.

```c
#include <stdio.h>
struct src {
    char name[12];
    int os, db, hab, hhab;
};
int main() {
    struct src st[3] = {{"가", 95, 88}, {"나", 84, 91}, {"다", 86, 75}};
    struct src* p;

    p = &st[0];

    (p+1)->hab = (p+1)->os + (p+2)->db;
    (p+1)->hhab = (p+1)->hab + p->os + p->db;

    printf("%d", (p+1)->hab + (p+1)->hhab);
}
```

해설 구조체 배열 st

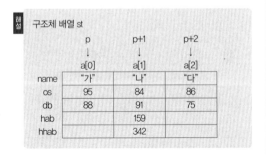

	p↓	p+1↓	p+2↓
	a[0]	a[1]	a[2]
name	"가"	"나"	"다"
os	95	84	86
db	88	91	75
hab		159	
hhab		342	

```
(p+1)->hab = (p+1)->os + (p+2)->db;
// 84 + 75 = 159
(p+1)->hhab = (p+1)->hab + p->os + p->db;
// 159 + 95 + 88 = 342
(p+1)->hab + (p+1)->hhab
// 159 + 342 = 501
```

정답

01. KOREA
EA
K
E
M

02. 8 **03.** 121 **04.** 8 **05.** 37 **06.** LEE **07.** 501
38

★★
08 함수

1 함수(Function)

함수는 특정한 목적의 작업을 수행하기 위한 프로그램 코드의 집합이다.

- 특정 기능을 위해 코드들을 묶어 하나의 명령어처럼 사용할 수 있다.
- 코드의 반복을 줄일 수 있다.
- 여러 개의 함수로 나누어 작성하면 전체적인 코드의 가독성이 좋아진다.

▼ 함수의 종류

종류	설명
표준 함수	기능과 사용법이 표준으로 정의되어 있으며, 라이브러리※에 포함되어 사용자가 불러서 사용할 수 있는 함수이다. ⓓ printf(), scanf()
사용자 정의 함수	사용자가 임의로 만들어 정의할 수 있는 함수이다.

2 사용자 정의 함수 [21년 2회] [20년 3회]

형식

```
반환형 함수명(매개변수)
{
    수행할 동작
    return;
}
```

- 반환형(리턴형) : 함수가 반환하는 값의 데이터 타입(반환 값이 없을 경우 : void)
- 함수명 : 함수 이름을 임의로 지정
- 매개변수(Parameter, 파라미터) : 함수가 전달받는 값을 저장하는 변수
  - 함수 내에서 쓰일 데이터 타입과 변수명을 함께 작성한다.
  - 매개변수는 없을 수도 있고, 여러 개가 있을 수도 있다.
  - 호출하는 곳에서 보내준 값의 순서와 데이터 타입이 일치해야 한다.
- return※ : 반환 값(반환 값이 없을 경우 생략 가능)

예제	실행순서	계산기 프로그램
1		`#include <stdio.h>`
2		
3	④	`int add(int x, int y) {`
4	⑤	`    int z = x + y;`

권쌤이 알려줌

계산기 프로그램을 구현하려고 사칙연산을 하나의 묶음에 모두 작성했습니다. 덧셈 → 뺄셈 → 곱셈 → 나눗셈 순으로요. 만약 나눗셈을 실행한다면 덧셈 → 뺄셈 → 곱셈 코드를 거쳐야 하므로, 수행 시간이 증가하게 됩니다. 하지만 덧셈, 뺄셈, 곱셈, 나눗셈을 각각 하나의 함수로 구현한다면, 불필요한 코드를 실행할 필요가 없게 됩니다. 이처럼 원하는 기능을 함수로 작성한다면, 효율적이고 가독성이 좋은 프로그램 코드를 작성할 수 있습니다.

라이브러리(Library)
자주 사용하는 함수를 미리 작성하여 저장시켜둔 것

return문
함수의 결과를 호출한 곳으로 돌려주기 위해서 사용하는 문법

권쌤이 알려줌

2개의 값을 받아 더한 결과를 반환하는 덧셈 함수에서 덧셈 함수가 작동하려면 값1과 값2를 받아야 합니다. 이렇게 전달받은 값은 매개변수에 저장되고, 덧셈 함수 수행 후 더한 결과 값은 덧셈 함수를 호출한 곳에 되돌려 줘야 합니다. 그 반환 값은 return 값이 됩니다.

권쌤이 알려줌

프로그램은 항상 메인 함수 (main( ))부터 실행합니다.

5	⑥	return z;
6		}
7		
8	⑨	int sub(int x, int y) {
9	⑩	if(x > y)
10	⑪	return x - y;
11		else
12		return y - x;
13		}
14		
15	①	int main() {
16	②	int result1, result2;
17	③┊⑦	result1 = add(4, 10);
18	⑧┊⑫	result2 = sub(8, 2);
19		
20	⑬	printf("%d, %d", result1, result2);
21	⑭	return 0;
22		}

| 출력 결과 | 14, 6 |

해설

3	int add(int x, int y) 함수 add 선언(반환형 : 정수형, 매개변수 : x, y)
4	int z = x + y; 변수 z에 x + y 값 저장
5	return z; z 값 반환
8	int sub(int x, inty) 함수 sub 선언(반환형 : 정수형, 매개변수 : x, y)
9	if(x > y) x가 y보다 큰 경우 10번 실행
10	return x - y; x - y 값 반환
11	else x가 y보다 크지 않은 경우 12번 실행
12	return y - x; y - x 값 반환
15	main() 메인 함수 선언 - 프로그램 실행 시 main() 함수를 가장 먼저 호출하여 실행한다.
16	int result1, result2; 변수 선언
17	result1 = add(4, 10); 함수 add를 호출(전달인자 : 4, 10)한 후, 함수의 반환 값을 변수 result1에 저장

```
result1 = add(4, 10);

int add(int x, int y) {
        int z = x + y;
        return z;
}
```

| 18 | result2 = sub(8, 2); |

함수 sub을 호출(전달인자 : 8, 2)한 후, 함수의 반환 값을 변수 result2에 저장

```
result2 = add(8, 2);
int sub(int x, int y) {
        if(x > y)
                return x - y;
        else
                return y - x;
}
```

20   printf("%d, %d", result1, result2);
    result1 값과 result2 값 출력
21   return 0;※
    프로그램 종료

return 0;
main()에서 return 0은 프로그램의 정상적인 종료를 의미하며, 생략이 가능하다.

기출 및 예상문제

08 함수

[20년 3회]

01 다음 C 프로그램의 결과 값을 쓰시오.

```c
#include <stdio.h>
int r1() {
    return 4;
}
int r10() {
    return (30+r1());
}
int r100() {
    return (200+r10());
}
int main() {
    printf("%d", r100());
    return 0;
}
```

해설 return문

```
⑦   int r1() {
⑧       return 4;
}
⑤   int r10() {
⑥|⑨   return (30+r1());
}
③   int r100() {
④|⑩   return (200+r10());
}
①   int main() {
②|⑪   printf("%d", r100());
⑫       return 0;
}
```

① 메인 함수 실행
②|⑪ 함수 r100을 호출한 후 함수의 반환 값 출력
③ 함수 r100 실행
④|⑩ 함수 r10을 호출한 후, 함수의 반환 값에 200을 덧셈하여 함수를 호출한 곳(main)으로 반환 → 234
⑤ 함수 r10 실행
⑥|⑨ 함수 r1을 호출한 후, 함수의 반환 값에 30을 덧셈하여 함수를 호출한 곳(r100)으로 반환 → 34
⑦ 함수 r1 실행
⑧ 함수를 호출한 곳(r10)으로 4 반환
⑫ 프로그램 종료

02 다음 C 프로그램의 결과 값을 쓰시오.

```c
#include <stdio.h>
int sq(int num, int ran);
int main() {
    int res;
    res = sq(2, 10);
    printf("%d", res);
    return 0;
}
int sq(int num, int ran) {
    int res = 1;
    for (int i = 0; i < ran; i++) {
        res = res * num;
    }
    return res;
}
```

해설

2제곱 반복

```c
int main() {
    int res; // 변수 선언
    res = sq(2, 10); // res에 sq(2, 10) 값 저장
    printf("%d", res); // res 값 출력
    return 0; // 프로그램 종료
}
int sq(int num, int ran) {
    int res = 1; // 변수 선언 및 초기화
    for (int i = 0; i < ran; i++) {
    // i는 0부터 10보다 작을 때까지 for문 실행
        res = res * num;
        // res에 res * 2 값 저장
    }
    return res; // res 값 반환
}
```

디버깅표

i	num	ran	res
	2	10	1
0			1 * 2 = 2
1			2 * 2 = 4
2			4 * 2 = 8
:	:	:	:
8			256 * 2 = 512
9			512 * 2 = 1024
10	for문 종료		

정답

01. 234 02. 1024

SECTION

02

JAVA

JAVA언어는 객체 지향 언어로 프로그래밍 언어를 명령어의 집합으로 보는 시각에서 벗어나 여러 개의 독립된 단위인 객체들의 모임으로 파악하고자 합니다. 그리고 C언어의 기본 구조의 개념을 바탕으로 JAVA언어와 어떻게 다른지 주의 깊게 학습하세요.

★★★
01 클래스, 객체

1 객체 지향(Object-Oriented)

객체 지향은 현실 세계에 존재하는 실체(Entity, 개체) 및 개념들을 객체(Object)라는 독립된 단위로 구성하고, 이 객체들이 메시지를 통해 상호작용함으로써 전체 시스템이 운영되는 개념이다.

2 클래스(Class)

클래스는 사물의 특성을 소프트웨어적으로 추상화하여 모델링한 것으로, 객체를 만들 수 있는 틀(Template)이다.

- 하나 이상의 유사한 객체들을 묶음으로써 공통된 특성을 표현한 데이터를 추상화하여 모델링한 것이다.
- 공통된 속성과 메소드를 갖는 객체의 집합으로, 객체의 일반적인 타입을 의미한다.

권쌤이 알려줌

클래스는 개념적인 의미이고, 객체는 구체적인 의미입니다. 예를 들어, 은행 업무를 클래스로 작성한다면, 속성으로는 계좌번호와 잔액 등이 있을 수 있으며, 메소드로는 입금하기와 출금하기 등이 있습니다.

권쌤이 알려줌

접근 제한자는 이후 자세히 학습합니다.

형식 1

접근제한자 class 클래스명
- 접근제한자 : 내 · 외부로부터 클래스 멤버에 대한 접근 범위 설정
- 클래스명 : 클래스 이름을 임의로 지정

예제   Car 클래스

```
1   package Gisafirst;
2
3   public class Car {
4       int Wheel;
5       int Engine;
6
7       public void Drive() {
8           ...
9       }
10  }
```

속성(Attribute)
객체의 정보(상태)
•데이터, 변수, 자료 구조, 필드

메소드(Method)
객체의 동작(기능)
•연산자, 동작, 오퍼레이션, 함수, 프로시저

권쌤이 알려줌

클래스의 속성과 메소드를 한꺼번에 클래스 멤버(Class Member)라고도 부릅니다.

권쌤이 알려줌

JAVA언어에서 객체를 생성하기 위해 new를 사용합니다.

해설

3	public class Car 　클래스 Car 생성
4~5	int Wheel; int Engine; 　속성※ 선언
7~9	public void Drive() { ⋯ } 　메소드※ 선언

3 객체(Object) [20년 2회]

객체는 현실 세계에 존재하는 실체로, 클래스를 실제 사용할 수 있도록 만든 것이다.

• 클래스에 속한 각각의 객체를 인스턴스(Instance)라고 한다.

형식 1

클래스명 객체변수명 = new 클래스명();

• 클래스명 : 객체를 생성할 클래스명
• 객체변수명 : 객체 변수 이름을 임의로 지정

예제 Human 클래스

```
1    package Gisafirst;
2
3    public class Human {
4        public static void main(String[] args) {
5            Car Bus = new Car();
6            Car Taxi = new Car();
7
8            Bus.Wheel = 4;
9            Bus.Drive();
10       }
11   }
```

해설

3	public class Human 　클래스 Human 생성
4	public static void main(String[] args) 　메인 함수 선언 　- 프로그램 실행 시 main() 함수를 가장 먼저 호출하여 실행한다.
5	Car Bus = new Car(); 　클래스 Car의 객체 Bus 생성 → 인스턴스(Instance) 생성
6	Car Taxi = new Car(); 　클래스 Car의 객체 Taxi 생성 → 인스턴스(Instance) 생성
8~9	Bus.Wheel = 4; Bus.Drive(); 　객체 Bus의 속성 및 메소드 사용

static 메소드(정적 메소드) [21년 2, 3회]

JAVA언어에서 static 메소드는 객체 생성 없이 호출할 수 있는 메소드를 말한다.
- 클래스 내의 메소드를 선언할 때 static 예약어[※]를 붙인다.
- '클래스명.메소드명'으로 메소드를 호출할 수 있다.

예제	static 메소드

```
1    public class Car {
2        static public void Drive() {
3            ...
4        }
5    }
6    public class Human {
7        public static void main(String[] args) {
8            Car.Drive();
9        }
10   }
```

해설	

```
2~4   static public void Drive() { ... }
        static 메소드 선언
        - 클래스 Car의 메소드 Drive는 객체 생성 없이 호출할 수 있다.
8     Car.Drive();
        클래스 Car의 메소드 Drive 호출
```

권쌤이 알려줌

다른 클래스에서 여러 번 호출되는 메소드를 static 메소드로 구현하여, 불필요한 객체 생성을 피할 수 있습니다.
⑩ 계산기 클래스에서 덧셈 메소드가 자주 호출된다면, 덧셈 메소드만 static 메소드로 구현합니다.

예약어(Reserved Word)
어느 정해진 의미를 가지고, 그 이외의 의미로 사용해서는 안 되는 언어
⑩ char, double, for, while 등

4 생성자(Constructor) [20년 3회]

생성자는 객체 생성 시 초기화 작업을 위한 함수이다.
- 객체가 처음 생성될 때 반드시 호출되고, 제일 먼저 실행된다.
- 반드시 클래스명과 동일하게 정의해야 하며, 반환 값이 없다.

형식

```
public 클래스명(매개변수) {
    수행할 동작
}
```

- 클래스명 : 생성자를 포함하는 클래스명
- 매개변수(Parameter, 파라미터) : 생성자가 전달받는 값을 저장하는 변수
  - 함수 내에서 쓰일 데이터 타입과 변수명을 함께 작성한다.
  - 매개변수는 없을 수도 있고, 여러 개가 있을 수도 있다.

예제	실행순서	생성자

```
1            package Gisafirst;
2
3            public class Car {
4                int Wheel;
```

02섹션___JAVA **149**

```
5                           int Engine;
6
7      ③┊⑦              public Car(int a, int b) {
8      ④┊⑧                  Wheel = a;
9      ⑤┊⑨                  Engine = b;
10                         }
11
12      ⑪                public void Drive() {
13      ⑫                     ...
14                         }
15                     }
16
17                 public class Human {
18      ①                public static void main(String[] args) {
19      ②                    Car Bus = new Car(4, 1);
20      ⑥                    Car Taxi = new Car(4, 2);
21
22      ⑩                    Bus.Drive();
23                         }
24                     }
```

해설

3	public class Car
	클래스 Car 생성
4~5	int Wheel; int Engine;
	속성 선언
7	public Car(int a, int b)
	클래스 Car의 생성자 선언(매개변수 : a, b)
8	Wheel = a;
	클래스 Car의 변수 Wheel에 매개변수로 전달받은 값 a 저장
9	Engine = b;
	클래스 Car의 변수 Engine에 매개변수로 전달받은 값 b 저장
12~14	public void Drive() { ... }
	메소드 Drive 선언
17	public class Human
	클래스 Human 생성
18	public static void main(String[] args)
	메인 함수 선언
	- 프로그램 실행 시 main() 함수를 가장 먼저 호출하여 실행한다.
19	Car Bus = new Car(4, 1);
	클래스 Car의 객체 Bus 생성 → 인스턴스(Instance) 생성
	- 객체 생성 시 클래스 Car의 생성자 호출(전달 인자 : 4, 1)
20	Car Taxi = new Car(4, 2);
	클래스 Car의 객체 Taxi 생성 → 인스턴스(Instance) 생성
	- 객체 생성 시 클래스 Car의 생성자 호출(전달 인자 : 4, 2)
22	Bus.Drive()
	클래스 Car의 객체 Bus의 메소드 Dirve 호출

권쌤이 알려줌

• 19~20번 라인

Car 클래스의 인스턴스

Bus 객체
Wheel = 4
Engine = 1

Taxi 객체
Wheel = 4
Engine = 2

5 접근 제한자(접근 제어자) [20년 2, 4회 필기]

접근 제한자는 내·외부로부터 클래스 멤버에 대한 접근 범위를 설정하여 주는 것이다.

- 클래스 멤버들은 객체 자신들만의 속성과 메소드이므로, 접근을 제한할 필요가 있다.

1. public

모든 접근을 허용한다.

- 패키지※와 클래스가 같지 않아도 모든 접근이 가능하다.

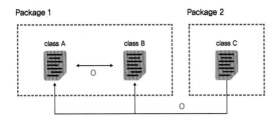

2. protected

동일 패키지 내의 클래스와 다른 패키지의 상속※ 관계에 있는 클래스에서도 접근이 가능하다.

- 다른 패키지이거나 상속 관계가 없는 다른 클래스 차단한다.

① 클래스 C가 상속 관계가 아닐 경우

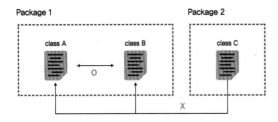

② 클래스 C가 상속 관계일 경우

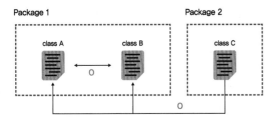

3. default

아무런 접근 제한자를 명시하지 않으면 default 값이 되며, 동일 패키지에서만 접근이 가능하다.

권쌤이 알려줌

클래스는 다른 클래스 또는 패키지의 접근을 제한할 수 있습니다. 클래스 자기 자신의 속성과 메소드를 외부로부터 감추거나, 모든 접근을 허용할 수 있습니다.

패키지(Package)
비슷한 성격의 자바 클래스들을 모아 넣은 자바의 디렉터리
⑩ Gisafirst 패키지 안에 Car 클래스와 Human 클래스가 있다.

상속(Inheritance)
상위 클래스의 메소드와 변수들을 하위 클래스가 물려받아 사용 가능하게 해주는 것

권쌤이 알려줌

클래스 A와 클래스 B를 클래스 C가 상속받는 관계일 때, 클래스 C는 클래스 A와 클래스 B에 접근 가능합니다.

권쌤이 알려줌

클래스에는 public, default만 사용할 수 있으며, 변수와 메소드에는 모든 접근 제한자를 사용할 수 있습니다.
- 클래스 : public, default
- 변수, 메소드 : public, protected, default, private

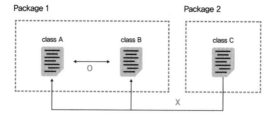

4. private

자신을 포함한 클래스에서만 접근이 가능하다.

• 외부에 있는 클래스의 접근을 차단한다.

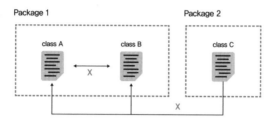

	public	protected	default	private	
자신을 포함한 클래스	O	O	O	O	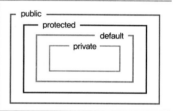
동일 패키지	O	O	O	X	
상속받은 클래스	O	O	X	X	
모든 영역	O	X	X	X	

![기출 및 예상문제] **01 클래스, 객체**

[20년 2회]

01 JAVA 언어로 구현된 코드와 〈출력〉을 분석하여 ( ) 안에 들어갈 가장 적합한 답을 쓰시오.

```
class Parent {
    public void print() {
        System.out.println("Parent");
    }
}
class Child extends Parent {
    public void print() {
        System.out.println("Child");
    }
}
```

```
public class Gisafirst {
    public static void main(String[] args) {
        Parent pa = (        ) Child();
        pa.print();
    }
}
```

〈출력〉

```
Child
```

해설 객체(Object)는 현실 세계에 존재하는 실체로, 클래스를 실제 사용할 수 있도록 만든 것이다.
  • 형식 : 클래스명 변수명 = new 클래스명();
  TIP "Parent pa = new Child();"에서 클래스 Child의 객체 pa 를 생성하는 이유는 오버라이딩을 하기 위해 하위 클래스(Child)로 객체 변수를 생성하고 데이터 타입은 상위 클래스(Parent)로 지정합니다. 이는 이후 자세히 학습합니다.

[21년 2회]

02 JAVA언어로 구현된 코드와 〈출력〉을 분석하여 ( ) 안에 들어갈 가장 적합한 JAVA언어 코드를 쓰시오.

```java
public class Gisafirst {
    public static void main(String[] args) {
        System.out.print(Gisafirst.test(1));
    }
    (      ) String test(int num) {
        return (num >= 0) ? "positive" :
"negative";
    }
}
```

〈출력〉

```
positive
```

〈보기〉
ⓐ static   ⓑ new   ⓒ auto
ⓓ public   ⓔ private   ⓕ package

해설 static 메소드는 객체 생성 없이 호출할 수 있는 메소드이다.

[21년 3회]

03 다음 JAVA 프로그램이 실행되었을 때의 결과를 쓰시오.

```java
class Singleton {
    private static Singleton instance = null;
    private int count = 0;

    static public Singleton getInstance() {
        if(instance == null) {
```

```java
            instance = new Singleton();
            return instance;
        }
    }
    return instance;
}
    public void count() {
        count++;
    }
    public int getCount() {
        return count;
    }
}
public class Gisafirst {
    public static void main(String[] args) {
        Singleton sg1 = Singleton.getInstance();
        sg1.count();

        Singleton sg2 = Singleton.getInstance();
        sg2.count();

        Singleton sg3 = Singleton.getInstance();
        sg3.count();

        System.out.print(sg1.getCount());
    }
}
```

해설 싱글톤 패턴은 오직 하나의 객체만을 가지도록 하며, 객체가 사용될 때 똑같은 객체를 여러 개 만드는 것이 아닌 기존에 생성했던 동일한 객체를 사용한다.
  • 싱글톤 패턴을 생성할 때는 기본적으로 private를 사용하여 외부에 있는 클래스의 접근을 차단한다.

```java
class Singleton { // 클래스 Singleton 생성
    private static Singleton instance = null;
    // 싱글톤 객체를 static 변수로 선언 및 초기화
      → 유일한 인스턴스를 저장하기 위함
    private int count = 0; // 변수 선언 및 초기화

    static public Singleton getInstance() {
    // 메소드 getInstance 선언
        if(instance == null) {
        // instance가 null인 경우
            instance = new Singleton();
            // 클래스 Singleton의 객체 instance 생성
            return instance; // instance 반환
        }
        return instance; // instance 반환
    }
④|⑧|⑫ public void count() { // 메소드 count 선언
⑤|⑨|⑬ count++; // count 값 1 증가(0 → 1 → 2 → 3)
    }
```

```
⑮    public int getCount() { // 메소드 getCount 선언
⑯        return count; // count 값 반환
      }
    }
    public class Gisafirst {
①   public static void main(String[] args) {
        // 메인 함수 선언
②        Singleton sg1 = Singleton.getInstance();
          // 클래스 Singleton의 메소드 getInstance의
            객체 sg1 생성
③        sg1.count(); // 객체 sg1의 메소드 count 호출

⑥        Singleton sg2 = Singleton.getInstance();
          // 클래스 Singleton의 메소드 getInstance의
            객체 sg2 생성
⑦        sg2.count(); // 객체 sg2의 메소드 count 호출

⑩        Singleton sg3 = Singleton.getInstance();
          // 클래스 Singleton의 메소드 getInstance의
            객체 sg3 생성
⑪        sg3.count(); // 객체 sg3의 메소드 count 호출

⑭|⑰      System.out.print(sg1.getCount());
          // 객체 sg1의 메소드 getCount 호출 및 출력
        }
      }
```

TIP 메소드 getInstance가 최초로 호출되면 클래스 Singleton의 객체 instance가 new에 의해 생성됩니다. instance는 static 변수이므로, 처음 생성 이후 항상 동일한 instance를 반환합니다.

[20년 3회]

04 C++에서 생성자(Constructor)에 대해 간략히 서술하시오.

....

해설 **키워드** 객체 생성시 자동으로 호출, 제일 먼저 실행, 함수 → **용어** 생성자
TIP C++과 JAVA에서 생성자의 기능은 동일합니다.

[20년 2, 4회 필기]

05 다음은 JAVA언어에서 접근 제한자에 대한 설명이다. ①~④에 들어갈 가장 적합한 접근 제한자를 쓰시오.

구분	설명
①	동일한 패키지에서만 접근이 가능하다.
②	패키지와 클래스가 같지 않아도 모든 접근이 가능하다.
③	자신을 포함한 클래스에서만 접근이 가능하다.
④	동일 패키지 내의 클래스와 다른 패키지의 상속 관계에 있는 클래스에서도 접근이 가능하다.

① ....

② ....

③ ....

④ ....

해설
키워드 동일한 패키지 → **용어** default
키워드 모든 접근 → **용어** public
키워드 자신을 포함한 클래스 → **용어** private
키워드 동일한 패키지, 상속 관계 클래스 → **용어** protected

정답
01. new **02.** static **03.** 3 **04.** 객체 생성 시 초기화 작업을 위한 함수로서, 객체를 생성할 때 자동으로 호출되고 제일 먼저 실행된다.
05. ❶ default ❷ public ❸ private ❹ protected

★★

02 입/출력 함수

1 출력 함수 System.out.print() [20년 4회 필기]

화면(모니터)에 출력한다.

형식 1

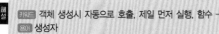

```
System.out.print(출력값);
```
• 출력값 : 숫자, 문자 등의 값이나 변수, 식 입력

합격자의 암기법

JAVA언어의 출력 함수
• **키워드** 기본 출력 → **용어** print
• **키워드** 출력 후 줄(line) 나눔 → **용어** println
• **키워드** 형식(format)에 맞게 출력 → **용어** printf

```
예 int a = 55;
   System.out.print(a); // 변수 a 값을 출력한다.
   System.out.print(a);
      - 출력 결과 : 5555
```

형식 2

```
System.out.println(출력값);
```

• 출력값 : 숫자, 문자 등의 값이나 변수, 식 입력

```
예 int a = 55;
   System.out.println(a); // 변수 a 값을 출력한 후 개행한다.
   System.out.print(a);
      - 출력 결과 : 55
                  55
```

형식 3

```
System.out.printf(서식 문자열, 변수);
```

• 서식 문자열 : 변수의 데이터 타입에 맞는 서식 문자열 입력
• 변수 : 서식 문자열의 순서에 맞게 출력할 변수 입력

```
예 System.out.printf("%d", a); // 변수 a 값을 10진수 정수로 출력한다.
```

 + 연산자 [21년 1, 2회 필기]

JAVA언어의 출력 함수에서 문자열과 변수의 값을 함께 출력할 경우 + 연산자를 사용한다.
• 만약 괄호() 내 + 연산자가 사용되면 덧셈 연산을 의미한다.

```
예 int a = 123;
   System.out.print("a=" + a);
   // 큰따옴표("") 안의 문자열은 그대로 출력하고 변수 a의 값을 출력한다.
      - 출력 결과 : a=123
예 int a = 123;
   System.out.print("결과는 " + a + (a + 1) + " 입니다.")
   // 큰따옴표("") 안의 문자열은 그대로 출력하며, 변수 a의 값을 출력한다.
      그리고 괄호() 내의 덧셈 연산을 실행한 값을 출력한다.
      - 출력 결과 : 결과는 123124 입니다.
```

2 입력 함수 Scanner 클래스 [21년 3회 필기]

키보드로 데이터를 입력받는다.

형식

```
Scanner 객체변수명 = new Scanner(System.in);
```

• 객체변수명 : 데이터를 입력받아 저장할 객체 변수 입력

```
예 Scanner a = new Scanner(System.in); // 키보드로 데이터를 입력받기 위한 클래스
                                            Scanner의 객체 a를 생성한다.
```

> **권쌤이 알려줌**
>
> 서식 문자는 C언어, JAVA언어, Python언어 구분 없이 사용합니다.

권쌤이 알려줌

import는 C언어의 #include와 같은 개념으로, 해당 파일에 프로그램에 내장된 함수(라이브러리)를 포함한다는 의미입니다.
• 라이브러리(Library) : 자주 사용하는 함수를 미리 작성하여 저장시켜둔 것

권쌤이 알려줌

Scanner 관련 함수 중 nextInt() 는 키보드로 입력 받는 정수 값을 반환하는 함수입니다. 그 외 관련 함수는 아래와 같습니다.
• nextInt() : 키보드로 입력받은 정수 값 반환
• next(), nextLine() : 키보드로 입력받은 문자열 값 반환
• nextDouble() : 키보드로 입력받은 실수 값 반환
• nextFloat(), nextLong(), nextShort(), nextByte(), nextBoolean() 모두 사용 가능

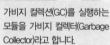
권쌤이 알려줌

가비지 컬렉션(GC)를 실행하는 모듈을 가비지 컬렉터(Garbage Collector)라고 합니다.

예제	Scanner 클래스

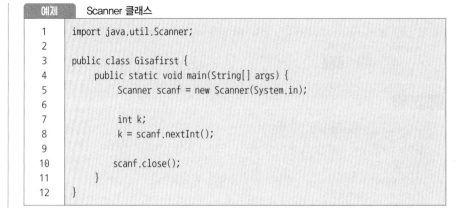

```
1    import java.util.Scanner;
2
3    public class Gisafirst {
4        public static void main(String[] args) {
5            Scanner scanf = new Scanner(System.in);
6
7            int k;
8            k = scanf.nextInt();
9
10           scanf.close();
11       }
12   }
```

해설

```
1    import java.util.Scanner;
     Scanner 클래스를 사용하기 위해 Scanner 라이브러리를 현재 클래스에 반드시 포함
3    public class Gisafirst
     클래스 Gisafirst 생성
4    public static void main(String[] args)
     메인 함수 선언
5    Scanner scanf = new Scanner(System.in);
     키보드로 데이터를 입력받기 위한 클래스 Scanner의 객체 scanf 생성
7    int k;
     변수 k 선언
8    k = scanf.nextInt();
     변수 k에 키보드로 입력받은 값 저장
     - nextInt()는 키보드로 정수 값을 입력받아 저장한다.
10   scanf.close();
     객체 변수 scanf를 메모리에서 해제
     - 객체를 생성하면 메모리의 일부분을 객체가 차지하게 된다. 객체 사용이 끝나면, 메모리에서 할당을 해제하여 다른 곳에 사용할 수 있도록 하는 것을 권장한다.
     - JAVA언어에서는 더 이상 사용되지 않는 객체를 자동으로 메모리에서 제거하도록 하는 가비지 컬렉션(GC; Garbage Collection)이라는 개념을 사용한다.
```

기출 및 예상문제

02 입/출력 함수

[20년 4회 필기]

01 다음 중 Java에서 사용되는 출력 함수를 모두 고르시오.

ⓐ System.out.print()　　　　ⓑ System.out.println()
ⓒ System.out.printing()　　　ⓓ System.out.printf()

해설
• System.out.print(), System.out.printf() : 출력
• System.out.println() : 출력 및 개행

[21년 1회 필기]

02 다음 JAVA 언어로 구현된 프로그램을 분석하여 그 실행 결과를 쓰시오.

```
…생략…
System.out.println( " 5 + 2 =  " + 3 + 4);
System.out.println( " 5 + 2 =  " + (3 + 4));
…생략…
```

> **해설** JAVA언어의 출력 함수에서 문자열과 변수의 값을 함께 출력할 경우 + 연산자를 사용한다.
> • 괄호 X : 문자열 이어 붙이기 ⑩ 3 + 4 → 34
> • 괄호 O : 덧셈 ⑩ (3 + 4) → 7

[21년 2회 필기]

03 다음 JAVA 언어로 구현된 프로그램을 분석하여 그 실행 결과를 쓰시오.

```
public class Operator {
    public static void main(String[] args) {
        int x = 5, y = 0, z = 0;
        y = x++;
        z = --x;
        System.out.print(x + ", " + y + ", " + z);
    }
}
```

> **해설**
> • y = x++; // x를 사용 후 1 증가 → y = 5, x = 6
> • z = --x; // x를 1 감소시킨 후 사용 → x = 5, z = 5

[21년 3회 필기]

04 JAVA에서 힙(Heap)에 남아있으나 변수가 가지고 있던 참조 값을 잃거나 변수 자체가 없어짐으로써 더 이상 사용되지 않는 객체를 제거해주는 역할을 하는 모듈은 무엇인지 쓰시오.

> **해설** 키워드 사용되지 않는 객체 제거 → 용어 가비지 컬렉터
> **TIP** 힙(Heap)은 메모리의 영역 중 하나로, 객체가 저장되는 곳입니다.

[21년 3회]

05 다음 JAVA 프로그램이 실행되었을 때의 결과를 쓰시오.

```
public class Gisafirst {
    public static void main(String[] args) {
        int w = 3, x = 4, y = 3, z = 5;

        if((w == 2 | w == y) & !(y > z) & (1
== x ^ y != z)) {
            w = x + y;

            if(7 == x ^ y != w) {
                System.out.println(w);
            } else {
                System.out.println(x);
            }
        } else {
            w = y + z;

            if(7 == y ^ z != w) {
                System.out.println(w);
            } else {
                System.out.println(z);
            }
        }
    }
}
```

> **해설** 코드해설
> ```
> int w = 3, x = 4, y = 3, z = 5;
> // 변수 선언 및 초기화
> if((w == 2 | w == y) & !(y > z) & (1 == x ^ y != z)) {
> // (F | T) & !(F) & (F ^ T) = T & T & T = T
>     w = x + y; // w에 x + y 값 저장 → 7
>
>     if(7 == x ^ y != w) { // (F ^ T) = T
>         System.out.println(w); // w 값 출력
>     }
> ```
> **TIP** • &(비트곱, and) : 모두 T이면 T
> • ^(배타적 논리합, xor) : 하나만 T이면 T
> **TIP** if~else문은 if문의 값이 참(T)일 경우 if문만 실행하며, if문의 값이 거짓(F)일 경우 else문을 실행합니다.

정답

01. ㉠, ㉢, ㉣ **02.** 5 + 2 = 34 **03.** 5, 5, 5 **04.** 가비지 컬렉터(Garbage Collector) **05.** 7
5 + 2 = 7

03 배열과 문자열

1 배열

JAVA언어에서 배열은 new 연산자를 사용하여 선언 및 초기화한다.

권쌤이 알려줌

JAVA언어는 객체 지향 프로그래밍 언어이므로 배열과 문자열 사용 시 객체의 개념을 적용합니다.

1. 1차원 배열 [20년 1, 4회] [21년 3회 필기]

형식 1

데이터타입 배열명[] = new 데이터타입[배열의크기]; 또는
배열명[인덱스] = 값;

데이터타입[] 배열명 = new 데이터타입[배열의크기];
배열명[인덱스] = 값;

- 데이터타입 : 배열에 저장될 자료형
- 배열명 : 배열 이름을 임의로 지정
- 배열크기 : 배열에 저장될 최대 요소 개수
- 인덱스 : 배열에서 특정 위치
  – 배열 인덱스는 항상 0부터 시작한다.
- 값 : 배열에 저장할 값

예 int score[] = new int[3];
score[0] = 90;
score[1] = 100;
score[2] = 85;

인덱스	0	1	2
값	90	100	85

배열 score

권쌤이 알려줌

JAVA언어에서 배열의 크기를 지정할 경우 자동으로 값이 0으로 초기화 됩니다.

형식 2

데이터타입 배열명[] = {값1, 값2, ...}; 또는

데이터타입[] 배열명 = {값1, 값2, ...};

- 데이터타입 : 배열에 저장될 자료형
- 배열명 : 배열 이름을 임의로 지정
- 값 : 배열에 저장할 값

예 int score[] = {90, 100, 85};

인덱스	0	1	2
값	90	100	85

배열 score

권쌤이 알려줌

배열의 선언과 초기화를 동시에 할 경우 배열의 크기는 입력하지 않습니다.

2. 2차원 배열 [21년 1회] [20년 4회]

행과 열로 조합한 배열이다.

형식 1

데이터타입 배열명[][] = new 데이터타입[행개수][열개수]; 또는
배열명[행][열] = 값;

데이터타입[][] 배열명 = new 데이터타입[행개수][열개수];
배열명[행][열] = 값;

- 데이터타입 : 배열에 저장될 자료형
- 배열명 : 배열 이름을 임의로 지정
- 행개수, 열개수 : 배열의 행 크기와 열 크기
- 행, 열 : 배열에서 특정 위치
- 값 : 배열에 저장할 값

예 char ch[][] = new char[2][2];
ch[0][0] = 'a';
ch[0][1] = 'b';
ch[1][0] = 'c';
ch[1][1] = 'd';

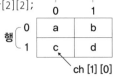

권쌤이 알려줌

C언어에서는 하나의 행이 가지는 요소 개수가 같지만, JAVA 언어에서는 하나의 행이 가지는 요소 개수가 다를 수 있습니다.
- C언어 : int a[3][3] = {{1}, {2,3}, {4,5,6}};

1	0	0
2	3	0
4	5	6

배열 a

// 초기 값이 배열의 크기보다 적으므로 나머지 값은 0으로 초기화됩니다.
- JAVA언어 : int[][] a = {{1}, {2,3}, {4,5,6}};

1		
2	3	
4	5	6

배열 a

// 초기 값이 없는 공간은 메모리에 할당되지 않습니다.

데이터타입 배열명[][] = {{값1, 값2, …}, {값3, 값4, …}};

또는

데이터타입[][] 배열명 = {{값1, 값2, …}, {값3, 값4, …}};

- 데이터타입 : 배열에 저장될 자료형
- 배열명 : 배열 이름을 임의로 지정
- 값 : 배열에 저장할 값

예 char ch[][] = {{'a', 'b'}, {'c', 'd'}};

	열 0	열 1
행 0	a	b
행 1	c	d

ch [1] [0]

개선된 for문

개선된 for문을 사용하면 배열의 요소를 쉽게 사용할 수 있다.

형식

```
for(데이터타입 변수명:배열명) {
    문장;
}
```

- 데이터타입 : 배열의 자료형
- 변수명 : 배열의 요소를 저장할 변수명
- 배열명 : 사용할 배열명
- for문 실행 순서

```
for(①변수:②배열) {
    ③문장;
}
```

②배열의 요소를 순서대로 ①변수에 저장하며 ③문장을 실행한다.

예제 배열 출력

```
1  public class Gisafirst {
2      public static void main(String[] args) {
3       int[] a = {11, 22, 33};
4
5          for(int i : a) {
6              System.out.println(i);
7          }
8      }
9  }
```

출력 결과
```
11
22
33
```

해설

3	int[] a = {11, 22, 33}; 배열 a 선언 및 초기화	인덱스 0 1 2 / 값 11 22 33 / 배열 a

디버깅표

i	출력
a[0] = 11	11
a[1] = 22	22
a[2] = 33	33

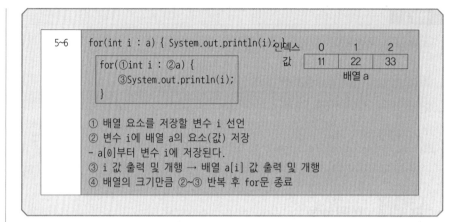

| 5~6 | `for(int i : a) { System.out.println(i);` | 인덱스 | 0 | 1 | 2 |
| | | 값 | 11 | 22 | 33 |

```
for(①int i : ②a) {
    ③System.out.println(i);
}
```
배열 a

① 배열 요소를 저장할 변수 i 선언
② 변수 i에 배열 a의 요소(값) 저장
- a[0]부터 변수 i에 저장된다.
③ i 값 출력 및 개행 → 배열 a[i] 값 출력 및 개행
④ 배열의 크기만큼 ②~③ 반복 후 for문 종료

2 문자열

JAVA언어에서 문자열은 String 클래스로 지원하므로 String 클래스를 이용하여 문자열을 저장할 수 있다.

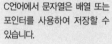
권쌤이 알려줌

C언어에서 문자열은 배열 또는 포인터를 사용하여 저장할 수 있습니다.

권쌤이 알려줌

JAVA언어에서 문자열은 String 클래스를 사용합니다. String은 데이터 타입처럼 사용할 수 있습니다.

형식

```
String 변수명;                      또는    String 변수명 = "문자열";
변수명 = "문자열";
```
• 변수명 : 문자열을 저장할 변수명을 임의로 지정
• 문자열 : 반드시 큰따옴표(" ")를 사용하여 문자열 표현
예 String str = "gisafirst"; // String은 문자열 클래스이고, str은 클래스 String의 객체 변수이다.

 length() 함수

String 클래스의 length() 함수는 문자열 길이를 반환한다. 배열 변수에도 사용할 수 있으며, 배열 변수와 함께 사용할 경우 배열 길이(크기)를 반환한다.
예 String str = "gisafirst";
int n = str.length(); // 문자열 str의 길이를 정수형 변수 n에 저장한다.
System.out.printf("%d", n);
- 출력 결과 : 9

[21년 3회 필기]

01 다음 JAVA 언어로 구현된 프로그램을 분석하여 그 실행 결과를 쓰시오.

```java
public class ovr {
    public static void main(String[] args) {
        int arr[];
        int i = 0;
        arr = new int[10];
        arr[0] = 0;
        arr[1] = 1;
        while(i < 8) {
            arr[i+2] = arr[i+1] + arr[i];
            i++;
        }
        System.out.println(arr[9]);
    }
}
```

코드해설

```
int arr[]; // 배열 arr 선언
int i = 0; // 변수 선언 및 초기화
arr = new int[10]; // 배열 arr의 크기를 10으로 지정
arr[0] = 0; // arr[0]에 0 저장
arr[1] = 1; // arr[1]에 1 저장
while(i < 8) { // i가 8보다 작은 동안 while문 실행
    arr[i+2] = arr[i+1] + arr[i];
    // arr[i+2]에 arr[i+1] + arr[i] 값 저장
    i++; // i 값 1 증가
}
System.out.println(arr[9]); // arr[9] 값 출력 및 개행
```

디버깅표

i	arr[i+2] = arr[i+1]+arr[i]
0	arr[2] = 1+0 = 1
1	arr[3] = 1+1 = 2
2	arr[4] = 2+1 = 3
3	arr[5] = 3+2 = 5
4	arr[6] = 5+3 = 8
5	arr[7] = 8+5 = 13
6	arr[8] = 13+8 = 21
7	arr[9] = 21+13 = 34

[20년 1회]

02 다음 JAVA 언어로 구현된 프로그램을 분석하여 그 실행 결과를 쓰시오.

```java
public class Gisafirst {
    static int nSize = 4;
    public static void main(String[] args) {
        int[] arr = new int[nSize];
        makeArray(arr);
        for(int i = 0; i < nSize; i++) {
            System.out.print(arr[i] + " ");
        }
    }
    public static void makeArray(int[] arr) {
        for(int i = 0; i < nSize; i++) {
            arr[i] = i;
        }
    }
}
```

코드해설

```
static int nSize = 4; // 전역 변수 선언 및 초기화
public static void main(String[] args) {
    int[] arr = new int[nSize];
    // 크기가 4인 배열 arr 선언
    makeArray(arr);
    // 메소드 makeArray 호출(전달인자 : arr)
    for(int i = 0; i < nSize; i++) {
    // i는 0부터 4보다 작을 때까지 for문 실행
        System.out.print(arr[i] + " ");
        // arr[i] 값 출력 및 한 칸 띄움
    }
}
public static void makeArray(int[] arr) {
// 메소드 makeArray 선언(매개변수 : arr)
    for(int i = 0; i < nSize; i++) {
    // i는 0부터 4보다 작을 때까지 for문 실행
        arr[i] = i; // arr[i]에 i 값 저장
    }
```

a[0]	a[1]	a[2]	a[3]
0	1	2	3

```
}
```

TIP 위에서 사용된 static은 전역 변수로, 소스 코드 전체에서 사용 가능한 변수를 의미합니다. 전역 변수는 이후 자세히 학습합니다.

[20년 4회]

03 다음 Java언어로 구현된 프로그램에서 〈코드〉와 〈출력〉을 분석하여 ①, ②에 들어갈 가장 적합한 답을 쓰시오.

```
public class Gisafirst {
    public static void main(String[] args) {
        int a[] = new int[8];
        int i = 0, n = 10;
        while((    ①    )) {
            a[i++] = (    ②    );
            n /= 2;
        }
        for(i = 7; i >= 0; i--)
            System.out.printf("%d", a[i]);
    }
}
```

〈출력〉

```
00001010
```

① ....

② ....

해설 **2진수 변환**

```
int a[] = new int[8]; // 크기가 8인 배열 a 선언
int i = 0, n = 10; // 변수 선언 및 초기화
while(n > 0) { // n이 0보다 큰 동안 while문 실행
    a[i++] = n % 2;
    // a[i]에 n % 2 값 저장 후 i 값 1 증가
    n /= 2; // n에 n / 2 값 저장
}
for(i = 7; i >= 0; i--)
// i는 7부터 0보다 크거나 같을 때까지 1씩 감소하며
    for문 실행(배열 역순 출력)
    System.out.printf("%d", a[i]); // a[i] 값 출력
```

디버깅표

i	n	n > 0	a[i++]	배열 a
0	10	T	a[0]=10%2=0	00000000
1	5	T	a[1]=5%2=1	01000000
2	2	T	a[2]=2%2=0	01000000
3	1	T	a[3]=1%2=1	01010000
4	0	F		while문 종료

TIP n은 정수형이므로 2.5는 소수점 아래 절삭되어 2가 저장됩니다.

[20년 4회]

04 다음 Java언어로 구현된 프로그램에서 〈코드〉와 〈출력〉을 분석하여 ①, ②에 들어갈 가장 적합한 답을 쓰시오.

```
public class Gisafirst {
    public static void main(String[] args) {
        int[][] array = new int [(①)][(②)];
        for(int i = 0; i < 3; i++) {
            for(int j = 0; j < 5; j++) {
                array[i][j] = 3 * j + i + 1;
                System.out.print(array[i][j]
+ "  ");
            }
            System.out.println();
        }
    }
}
```

〈출력〉

```
1 4 7 10 13
2 5 8 11 14
3 6 9 12 15
```

① ....

② ....

해설 **이차원 배열**

```
①  int[][] array = new int[3][5];
②  for(int i = 0; i < 3; i++) {
③      for(int j = 0; j < 5; j++) {
④          array[i][j] = 3 * j + i + 1;
⑤          System.out.print(array[i][j] + "  ");
⑥      }
⑦      System.out.println();
```

① 3행 5열 배열 array 생성
②~⑥ 3행 5열 배열에 요소 저장 후 출력
⑦ 개행
• 안쪽 for문이 종료되면, 즉 각 행의 모든 값을 출력했으면 개행한다.

1	4	7	10	13
2	5	8	11	14
3	6	9	12	15

[21년 1회]

05 다음 JAVA 언어로 구현된 프로그램을 분석하여 그 실행 결과를 쓰시오.

```java
public class Gisafirst{
    public static void main(String []args){
        int a[][] = {{45, 50, 75}, {89}};
        System.out.println(a[0].length);
        System.out.println(a[1].length);
        System.out.println(a[0][0]);
        System.out.println(a[0][1]);
        System.out.println(a[1][0]);
    }
}
```

해설

코드해설

```
int a[][] = {{45, 50, 75}, {89}};
// 이차원 배열 a 선언 및 초기화
```

a[0]	45	50	75
a[1]	89		

```
System.out.println(a[0].length);
// a[0]의 길이 출력 및 개행 → 3
System.out.println(a[1].length);
// a[1]의 길이 출력 및 개행 → 1
System.out.println(a[0][0]);
// 배열 a의 0행 0열 요소 출력 및 개행 → 45
System.out.println(a[0][1]);
// 배열 a의 0행 1열 요소 출력 및 개행 → 50
System.out.println(a[1][0]);
// 배열 a의 1행 0열 요소 출력 및 개행 → 89
```

정답

01. 34 02. 0123 03. ❶ n 〉 0 ❷ n % 2 04. ❶ 3 ❷ 5

05. 3
    1
    45
    50
    89

권쌤이 알려줌

상속은 코드의 중복을 최소화하기 위해 상위 클래스의 속성과 메소드를 하위 클래스가 상속받는 것입니다. 개념 이해가 다소 어려우니, 프로그래밍 기본 문법을 충분히 이해하고 학습하세요.

상위 클래스
슈퍼 클래스, 부모 클래스

하위 클래스
서브 클래스, 자식 클래스

★★★
04 상속, 오버라이딩, 오버로딩, 추상 클래스

1 상속(Inheritance) [20년 2회]

상속은 상위(부모) 클래스*의 멤버들을 하위(자식) 클래스*가 물려받아 사용하는 것이다.

• 하위 클래스는 상위 클래스의 속성과 메소드를 정의하지 않고 바로 사용할 수 있다.

형식

class 하위클래스 extends 상위클래스

• 하위클래스 : 상위 클래스의 속성과 메소드를 물려받는 클래스
• 상위클래스 : 하위 클래스에게 속성과 메소드를 물려주는 클래스

예제 | 상속

```
1   class SuperObject {
2       String name;
3   }
4
5   class SubObject extends SuperObject {
6       String subject;
7   }
8
9   public class Gisafirst {
10      public static void main(String[] args) {
11          SubObject a = new SubObject();
12          a.name = "gisafirst";
13          a.subject = "정보처리기사";
14          System.out.print(a.name + a.subject);
15      }
16  }
```

출력 결과

gisafirst정보처리기사

해설

1~3	class SuperObject { String name; } 　클래스 SuperObejct 생성 및 멤버 선언
5~7	class SubObject extends SuperObject { String subject; } 　클래스 SuperObject를 상속받는 클래스 SubObject 생성 및 멤버 선언
9	public class Gisafirst 　클래스 Gisafirst 생성
10	public static void main(String[] args) 　메인 함수 선언
11	SubObject a = new SubObject(); 　클래스 SubObject의 객체 a 생성
12	a.name = "gisafirst"; 　클래스 SuperObject로부터 상속받은 속성 사용
13	a.subject = "정보처리기사"; 　클래스 SubObject의 속성 사용
14	System.out.print(a.name + a.subject); 　a.name 값과 a.subject 값 출력

2 오버라이딩(Overriding) [21년 2회] [20년 4회]

오버라이딩은 하위(자식) 클래스에서 상위(부모) 클래스의 메소드를 재정의하는 과정이다.

- 상위 클래스의 메소드와 동일한 메소드를 하위 클래스에 재정의하고, 해당 메소드가 수행하는 기능을 다르게 한다.
- 하위 클래스의 오버라이딩 메소드는 상위 클래스 메소드보다 우선순위가 높다.

예제	실행순서	오버라이딩
1		`class SuperObject {`
2		`    public void paint() {`
3		`        draw();`
4		`    }`
5	⑥	`    public void draw() {`
6	⑦	`        draw();`
7	⑩	`        System.out.println("Super Object");`
8		`    }`
9		`}`
10		
11		`class SubObject extends SuperObject {`
12	④	`    public void paint() {`
13	⑤	`        super.draw();`
14		`    }`
15	⑧	`    public void draw() {`
16	⑨	`        System.out.println("Sub Object");`
17		`    }`
18		`}`
19		
20		`public class Gisafirst {`
21	①	`    public static void main(String[] args) {`
22	②	`        SuperObject a = new SubObject();`
23	③	`        a.paint();`
24		`    }`
25		`}`
출력 결과		`Sub Object` `Super Object`

실행 순서 ⑦번은 하위 클래스의 오버라이딩 메소드입니다. 오버라이딩 메소드는 상위 클래스 메소드보다 우선순위가 높으므로, 클래스 SubObject의 메소드 draw를 실행합니다.

권쌤이 알려줌

실행 순서 ③번은 하위 클래스의 오버라이딩 메소드입니다. 오버라이딩 메소드는 상위 클래스 메소드보다 우선순위가 높으므로, 클래스 SubObject의 메소드 paint를 실행합니다.

해설

1	`class SuperObject` 클래스 SuperObject 생성
2	`public void paint()` 메소드 paint 선언
3	`draw();` 메소드 draw 호출
5	`public void draw()` 메소드 draw 선언
6	`draw();` 메소드 draw 호출
7	`System.out.println("Super Object");`

11		"Super Object" 출력 및 개행
		class SubObject extends SuperObject
		클래스 SuperObject를 상속받는 클래스 SubObject 생성
12		public void paint()
		메소드 paint 선언
13		super*.draw();
		상위 클래스의 메소드 draw 호출 → 클래스 SuperObject의 메소드 draw 호출
15		public void draw()
		메소드 draw 선언
16		System.out.println("Sub Object");
		"Sub Object" 출력 및 개행
20		public class Gisafirst
		클래스 Gisafirst 생성
21		public static void main(String[] args)
		메인 함수 선언
22		SuperObject a = new SubObject();
		클래스 SubObject의 객체 a 생성
		- 오버라이딩하기 위해 하위 클래스로 객체 변수를 생성하고 데이터 타입은 상위 클래스로 지정한다.
23		a.paint();
		객체 a의 메소드 paint 호출 → 클래스 SubObject의 메소드 paint 호출
		- 하위 클래스의 오버라이딩 메소드는 상위 클래스 메소드보다 우선순위가 높다.

super
상위 클래스를 호출하는 예약어

3 오버로딩(Overloading)

오버로딩은 하나의 클래스 내에서 같은 이름으로 여러 개의 메소드를 정의하는 과정이다.

- 같은 이름의 메소드를 여러 개 정의하고, 매개변수의 데이터 타입과 개수를 다르게 하여 다양한 유형의 호출에 응답한다.

예제	실행순서	오버로딩
1		class A {
2	④	public void show() {
3	⑤	System.out.println("null");
4		}
5	⑦	public void show(int a) {
6	⑧	System.out.println(a);
7		}
8	⑩	public void show(int a, int b) {
9	⑪	System.out.println(a + "," + b);
10		}
11		}
12		
13		public class Gisafirst {
14	①	public static void main(String [] args) {
15	②	A a = new A();
16	③	a.show();
17	⑥	a.show(10);
18	⑨	a.show(10,20);
19		}
20		}

| 출력 결과 | ```
null
10
10,20
``` |
| --- | --- |

해설

1	class A 　클래스 A 생성
2	public void show() 　메소드 show 선언(매개변수 : 없음)
3	System.out.println("null"); 　"null" 출력 및 개행
5	public void show(int a) 　메소드 show 선언(매개변수 : a)
6	System.out.println(a); 　a 값 출력 및 개행
8	public void show(int a, int b) 　메소드 show 선언(매개변수 : a, b)
9	System.out.println(a + "," + b); 　a 값, b 값 출력 및 개행
13	public class Gisafirst 　클래스 Gisafirst 생성
14	public static void main(String [] args) 　메인 함수 선언
15	A a = new A(); 　클래스 A의 객체 a 생성
16	a.show(); 　객체 a의 메소드 show 호출(전달인자 : 없음) 　- 클래스 A에서 매개변수가 없는 메소드 show가 호출된다.
17	a.show(10); 　객체 a의 메소드 show 호출(전달인자 : 10) 　- 클래스 A에서 매개변수가 정수형이고 1개인 메소드 show가 호출된다.
18	a.show(10,20); 　객체 a의 메소드 show 호출(전달인자 : 10, 20) 　- 클래스 A에서 매개변수가 정수형이고 2개인 메소드 show가 호출된다.

 오버라이딩과 오버로딩 비교

권쌤이 알려줌

오버라이딩은 상위 클래스의 속성과 메소드를 상속받아 하위 클래스에서 재정의하는 것이고, 오버로딩은 같은 클래스내 매개변수가 다르고, 메소드명은 동일한 메소드를 여러 개 만드는 것입니다.

	오버라이딩(Overriding)	오버로딩(Overloading)
적용 범위	상속 관계	같은 클래스 내
반환형	같다.	같거나 다르다.
메소드명	같다.	같다.
매개변수	같다.	다르다.
```

권쌤이 알려줌

추상 클래스의 추상은 여러 가지 사물이나 개념에 공통되는 특성이나 속성 따위를 추출하여 파악하는 것을 의미합니다. 즉, 추상 클래스란 클래스 간의 공통점을 찾아낸 공통의 부모 클래스입니다.

4 추상 클래스(Abstract Class) [20년 3회]

추상 클래스는 클래스들의 공통되는 속성과 메소드를 정의한 구체적이지 않은 클래스이다.

- 상위 클래스(추상 클래스)에는 메소드의 형태만 정의해 놓고, 그 메소드의 실제 동작 방법은 이 메소드를 상속받은 하위 클래스(실체 클래스)의 책임으로 위임한다.
- 추상 클래스는 실체성이 없고 구체적이지 않으므로 추상 클래스의 객체는 생성할 수 없다.
- 추상 클래스와 실체 클래스는 상속 관계를 가진다.

형식

abstract class 클래스명

- 클래스명 : 추상 클래스 이름을 임의로 지정

예제	실행순서	추상 클래스
1		`public abstract class Coffee {  abstract void drink();  }`
2		
3	④	`class Americano extends Coffee {`
4	⑤	`    void drink() { System.out.println("아메리카노"); }`
5		`}`
6		
7		`class Latte extends Coffee {`
8		`    void drink() { System.out.println("라떼"); }`
9		`}`
10		
11		`public class Gisafirst {`
12	①	`    public static void main(String[] args) {`
13	②	`    Americano a = new Americano();`
14	③	`    a.drink();`
15		`    }`
16		`}`
출력 결과		아메리카노

해설

1	`public abstract class Coffee {  abstract void drink();  }` 추상 클래스 Coffee 생성 및 추상 메소드 drink 선언
3	`class Americano extends Coffee` 추상 클래스 Coffee를 상속받는 클래스 Americano 생성
4	`void drink() { System.out.println("아메리카노"); }` 메소드 drink 선언 - 추상 클래스 Coffee의 추상 메소드 drink의 동작 방법을 구체화한다.
7	`class Latte extends Coffee` 추상 클래스 Coffee를 상속받는 클래스 Latte 생성
8	`void drink() { System.out.println("라떼"); }` 메소드 drink 선언 - 추상 클래스 Coffee의 추상 메소드 drink의 동작 방법을 구체화한다.

권쌤이 알려줌

추상 클래스 Coffee의 메소드 drink의 동작 방법을 클래스 Americano와 클래스 Latte에서 구체화합니다.

- 즉 추상 클래스는 공통되는 속성과 메소드의 형태만 정의합니다.

11	public class Gisafirst 　클래스 Gisafirst 생성
12	public static void main(String [] args) 　메인 함수 선언
13	Americano a = new Americano(); 　클래스 Americano의 객체 a 생성
14	a.drink(); 　객체 a의 메소드 drink 호출 → 클래스 Americano의 메소드 drink 호출

기출 및 예상문제

04 상속, 오버라이딩, 오버로딩, 추상 클래스

[20년 2회]

01 다음 Java언어로 구현된 프로그램을 분석하여 실행 결과를 쓰시오.

```java
class A {
    int a;
    public A(int n) {
        a = n;
    }
    public void print() {
        System.out.println("a=" + a);
    }
}
class B extends A {
    public B(int n) {
        super(n);
        super.print();
    }
}
public class Gisafirst {
    public static void main(String[] args) {
        B obj = new B(10);
    }
}
```

해설 코드해설

```java
class A {
    int a;
⑤  public A(int n) {
⑥      a = n;
    }
⑧  public void print() {
⑨      System.out.println("a=" + a);
    }
}
class B extends A {
③  public B(int n) {
④      super(n);
⑦      super.print();
    }
}
public class Gisafirst {
①  public static void main(String[] args) {
②      B obj = new B(10);
    }
}
```

① 메인 함수 실행
② 클래스 B의 객체 obj 생성
– 객체 생성 시 클래스 B의 생성자 호출(전달인자 : 10)
③ 객체 생성 시 호출되는 생성자 함수 실행
④|⑤ 클래스 B의 상위 클래스인 A의 생성자 실행
⑥ a에 10 저장
⑦|⑧ 클래스 B의 상위 클래스인 A의 메소드 print 실행
⑨ "a=10" 출력

[20년 4회]

02 다음 Java언어로 구현된 프로그램을 분석하여 실행 결과를 쓰시오.

```
class Parent {
    int compute(int num) {
        if(num <= 1)
            return num;
        return compute(num-1) + compute(num-2);
    }
}
class Child extends Parent {
    int compute(int num) {
        if(num <= 1)
            return num;
        return compute(num-1) + compute(num-3);
    }
}
public class Gisafirst {
    public static void main(String[] args) {
        Parent obj = new Child();
        System.out.print(obj.compute(4));
    }
}
```

해설

오버라이딩, 재귀 함수

```
class Child extends Parent {
④   int compute(int num) {
⑤       if(num <= 1)
            return num;
⑥       return compute(num-1) + compute(num-3);
    }
}
public class Gisafirst {
①   public static void main(String[] args) {
②       Parent obj = new Child();
③       System.out.print(obj.compute(4));
    }
```

① 메인 함수 실행
② 클래스 Child의 객체 obj 생성
- 오버라이딩하기 위해 하위 클래스로 객체 변수를 생성하고 데이터 타입은 상위 클래스로 지정한다.
③ 객체 obj의 메소드 compute 호출(전달 인자 : 4)
→ 클래스 Child의 메소드 compute 호출
④ 메소드 compute 실행(num : 4)
⑤ if(4 <= 1) → FALSE
⑥ return compute(3) + compute(1)
→ 메소드 compute 호출(재귀 함수)
⑦ ④~⑥번 반복

TIP 재귀 함수는 자기 자신을 다시 호출하는 함수를 의미합니다.

재귀 함수

num	num <= 1	return
4	F	compute(3)+compute(1)
3	F	compute(2)+compute(0)
2	F	compute(1)+compute(-1)
0	T	0
1	T	1
-1	T	-1

compute(3) + compute(1)
                         1
compute(2) + compute(0)
                         0
compute(1) + compute(-1)
    1   -1

∴ 1 + (-1) + 0 + 1 = 1

[21년 2회]

03 다음 Java언어로 구현된 프로그램을 분석하여 그 실행 결과를 쓰시오.

```
public class over1 {
    public static void main(String[] args) {
        over1 a1 = new over1();
        over2 a2 = new over2();
        System.out.println(a1.result(3, 2) +
a2.result(3, 2));
    }
    int result(int x, int y) {
        return x + y;
    }
}
class over2 extends over1 {
    int result(int x, int y) {
        return x - y + super.result(x, y);
    }
}
```

해설

상속, 오버라이딩
• super : 상위 클래스를 호출하는 예약어

```
public class over1 {
    public static void main(String[] args) {
①       over1 a1 = new over1();
②       over2 a2 = new over2();
③|⑪   System.out.println(a1.result(3, 2)+a2.
result(3, 2));
```

```
            }
④|⑧  int result(int x, int y) {
⑤|⑨    return x + y;
        }
   }
class over2 extends over1 {
⑥    int result(int x, int y) {
⑦|⑩    return x - y + super.result(x, y);
        }
   }
```

①,② 객체 변수 생성
③|⑪ a1.result(3, 2)와 a2.result(3, 2)를 더한 결과 출력
    → 5 + 6 = 11
④,⑤ a1.result(3, 2)의 실행값인 3 + 2 = 5 반환
⑥,⑦ x - y 연산 및 상위 클래스의 result() 수행
⑧,⑨ 3 + 2 = 5 반환
⑩ a2.result(3, 2)의 실행값인 3 - 2 + 5 = 6 반환

[20년 3회]

04 다음 JAVA 프로그램의 실행 결과를 쓰시오.

```
abstract class Vehicle {
    String name;
    abstract public String getName(String val);
    public String getName() {
        return "Vehicle name:" + name;
    }
}
class Car extends Vehicle {
    String name;
    public Car(String val) {
        name = super.name = val;
    }
    public String getName(String val) {
        return "Car name:" + val;
    }
    public String getName(byte val[]) {
        return "Car name:" + val;
    }
}
public class Gisafirst {
    public static void main(String args[]) {
        Vehicle obj = new Car("Spark");
        System.out.print(obj.getName());
    }
}
```

해설 코드해설

```
abstract class Vehicle {
    String name;
    abstract public String getName(String val);
⑥   public String getName() {
⑦       return "Vehicle name:" + name;
    }
}
class Car extends Vehicle {
    String name;
③   public Car(String val) {
④       name = super.name = val;
    }
    public String getName(String val) {
        return "Car name:" + val;
    }
    public String getName(byte val[]) {
        return "Car name:" + val;
    }
}
public class Gisafirst {
①   public static void main(String args[]) {
②       Vehicle obj = new Car("Spark");
⑤|⑧     System.out.print(obj.getName());
    }
}
```

① 메인 함수 실행
② 클래스 Car의 객체 obj 생성
 - 객체 생성 시 클래스 Car의 생성자 호출(전달인자 : Spark)
③ 객체 생성 시 호출되는 생성자 함수 실행(val : Spark)
④

name		name		val
Spark	← 대입	Spark	← 대입	Spark
Car 클래스		Vehicle 클래스		

⑤|⑧ 객체 obj의 메소드 getName 호출 및 함수의 반환 값
출력
⑥ 매개변수가 없는 메소드 getName 실행(오버로딩)
⑦ Vehicle name:Spark 반환

정답
01. a=10 02. 1 03. 11 04. Vehicle name:Spark

SECTION

03

Python

Python언어는 변수 선언 시 데이터 타입을 명시하지 않아도 되고, 코드에서 마침표와 같은 세미콜론(;)을 필수로 작성하지 않아도 되는 등 C언어와 JAVA언어보다 구조가 간편하여 접근성이 좋은 프로그래밍 언어입니다. 문법에서 차이가 크므로 C, JAVA, Python의 문법 구조를 구분하여 기억해 두세요.

권쌤이 알려줌

Python언어는 배우기 쉽고, 플랫폼에 독립적인 언어입니다. 그리고 인터프리터식, 객체 지향적, 동적 타이핑 언어입니다.

인터프리터(Interpreter)
고급 언어로 작성된 코드를 한 라인씩 해석하여 실행시키는 프로그램

자료형 검사
프로그램이 자료형의 제약 조건을 지키는지 검증하는 것
- 자료형 검사는 컴파일 타임(정적 검사, 정적 타이핑) 또는 런 타임(동적 검사, 동적 타이핑)에 실행된다.
- 컴파일 타임 : 프로그래밍 언어를 기계어로 번역할 때
- 런 타임 : 번역된 기계어를 실행할 때

디버깅표

i	a	b
0		
1	1	1
2		
3	4	2
4		
5	9	3
6		
7	16	4
8		
9	25	5

01 입/출력 함수

1 Python언어 기본 구조

예제 1부터 10까지 홀수 합계와 홀수 개수

```
1    a = 0
2    b = 0
3
4    for i in range(10):
5        if(i % 2):
6            a=a+i
7            b=b+1
8
9    print(a, b)
```

출력 결과
`25 5`

해설

1~9
- 프로그램을 실행하면 먼저 실행되는 main 함수가 없다.
- 문장 끝에 세미콜론(;)을 입력할 필요가 없다.
  - 여러 문장을 한 줄에 입력할 경우에는 세미콜론을 입력한다.
  - 예 a = 10; print(a)

1~2
a=0 b=0
변수 선언 및 초기화
- 변수의 데이터 타입에 대한 선언이 없다.
- 변수의 데이터 타입은 실행 시 변수에 저장된 값에 따라 자동으로 데이터 타입이 지정된다.
- 동적 타이핑(Dynamic Typing) : 실행 시간에 자료형 검사*를 한다.

4~7
for문
for 등 코드 블록을 포함하는 명령문 작성 시 코드 블록은 콜론(:)과 여백으로 구분한다.
- 같은 수준의 코드들은 반드시 동일한 여백(들여쓰기)을 가져야 한다.
- 여백은 일반적으로 탭(tab)으로 입력한다.

9
print(a, b)
화면에 출력한다.

2 출력 함수 print()

화면(모니터)에 출력한다.

형식 1

```
print(출력값, sep = 분리문자, end = 종료문자)
```
- 출력값 : 숫자, 문자 등의 값이나 변수, 식 입력
- sep : 여러 값을 출력할 때 값과 값 사이를 구분하기 위한 문자
  - 생략할 경우 : 공백 한 칸
- end : 맨 마지막에 표시할 문자
  - 생략할 경우 : 개행
- print('Gisa')
  print('first')
  - 출력 결과 : `Gisa`
            `first`
- print('Gisa', 'first')
  - 출력 결과 : `Gisa first`
- print('Gisa', 'first', sep='-')
  - 출력 결과 : `Gisa-first`
- print('Gisa', end=' ')
  print('first', end='!')
  - 출력 결과 : `Gisa first!`

형식 2

```
print(서식 문자열 % 변수)
```
- 서식 문자열 : 변수의 데이터 타입에 맞는 서식 문자열 입력
- 변수 : 서식 문자열의 순서에 맞게 출력할 변수 입력
- a = 55
  print('%3d' % a) # 3자리 정수를 10진수로 출력한다.
  print('%d' % a)
  print('a = %d' % a)
  - 출력 결과 : `55`
            `55`
            `a = 55`

, 연산자

Python언어의 출력 함수에서 문자열과 변수의 값을 함께 출력할 경우 ,(콤마) 연산자를 사용한다.
- a = 55
  print("a =" , a)
  # 큰따옴표("") 안의 문자열은 그대로 출력하고 변수 a의 값을 출력한다.
  - 출력 결과 : `a = 55`

권쌤이 알려줌

Python언어의 출력 함수는 옵션을 지정하지 않으면 반드시 개행됩니다. 그리고 C언어와 JAVA언어와는 문법이 조금 다릅니다. 서로 다른 문법을 기억해 두세요.

권쌤이 알려줌

출력값이 여러 개일 경우의 문법은 아래와 같습니다. 단 출력값이 한 개일 경우 괄호는 생략 가능합니다.
- print((출력값1, 출력값2, …), sep = 분리문자, end = 종료문자)

권쌤이 알려줌

서식 문자는 C언어, JAVA언어, Python언어 구분 없이 사용합니다.

권쌤이 알려줌

Python언어에서 주석은 # 기호를 사용합니다.
- 주석(Comment) : 코드의 설명

권쌤이 알려줌

Python언어의 논리 연산자는 기호가 아닌 and, or, not을 사용합니다.
- a and b (O), a or b (O), not a(O)
- a && b (X), a || b (X), !a (X)

권쌤이 알려줌

input()으로 받는 값은 문자열로 인식하므로 숫자로 사용하기 위해서는 형 변환(데이터 타입 변환)을 해야 합니다.
• 형식 : 형변환데이터타입(값 또는 변수명)
예 a = int(input())
키보드로 입력받은 문자열(str)을 정수형(int)으로 변환하여 변수 a에 저장

3 입력 함수 input()

키보드로 데이터를 입력받는다.

형식 1

```
변수명 = input(출력문자)
```

• 변수명 : 데이터를 입력받아 저장할 변수 입력
• 출력문자 : 데이터를 입력받기 전 화면에 출력할 문자 입력
예 a = input('숫자를 입력하세요. ')
  ① '화면에 숫자를 입력하세요.'라고 표시된 후 그 뒤에 커서가 있다.
  `숫자를 입력하세요.`
  ② 값을 입력하고 엔터를 누르면 변수 a에 문자열로 저장된다.
  `숫자를 입력하세요. 5`

형식 2

```
변수명1, 변수명2, ... = input(출력문자).split(분리문자)
```

• 변수명 : 데이터를 입력받아 저장할 변수 입력
• 출력문자 : 데이터를 입력받기 전 화면에 출력할 문자 입력
• 분리문자 : 여러 값을 입력할 때 값과 값 사이를 구분하기 위한 문자
  – 분리문자를 기준으로 값을 구분하여 변수에 저장한다.
예 a, b = input().split('-') # Gisa-first를 입력하면 Gisa는 변수 a, first는 변수 b에 저장한다.
  print(a)
  print(b)
- 출력 결과 : `Gisa`
            `first`

기출 및 예상문제

01 입/출력 함수

[21년 3회]

01 다음 Python언어로 구현된 프로그램을 분석하여 그 실행 결과를 쓰시오.

```
x, y = 100, 200
print(x==y)
```

해설 Python은 연산의 결과가 거짓일 경우 False를 반환한다.
TIP 프로그래밍 언어는 대·소문자를 구분하는 점을 유의해 주세요.

02 다음 Python언어로 구현된 프로그램을 분석하여 'happy/day'를 입력했을 때, 그 실행 결과를 쓰시오

```
a, b = input().split('/')
print(a)
print(b)
```

해설 split()은 분리 문자로 happy는 변수 a, day는 변수 b에 저장된다.
TIP 출력 함수에 end 옵션을 지정하지 않으면 개행됩니다.

정답
01. False 02. happy
            day

02 숫자형, 문자열, 리스트, 튜플, 딕셔너리, 집합

1 숫자형(Number)

숫자형은 숫자 형태로 이루어진 자료형이다.

(예) 정수형(Integer) : 123, −178, 0

(예) 실수형(Floating-point) : 2.1, −3.14

사친연산	설명	예
+	덧셈	1 + 2 = 3
−	뺄셈	2 − 3 = −1
*	곱셈	2 * 4 = 8
**	제곱	2 ** 4 = 2^4 = 16
/	나눗셈 후 실수형 몫	4 / 2 = 2.0
//	나눗셈 후 정수형 몫	4 // 2 = 2
%	나눗셈 후 나머지	30 % 2 = 0

2 문자열(String)

문자열은 문자, 단어 등으로 구성된 문자들의 집합으로, 큰따옴표(" ") 또는 작은따옴표(' ') 모두 사용할 수 있다.

(예) "gisafist", "a", "1234", 'gisa'

1. 문자열 더하기, 곱하기

+ 연산자와 * 연산자를 사용하여 문자열을 연결한다.

(예)
```
a = "gisa"; b = "first"
print(a+b)
 - 출력 결과 : gisafirst
```

(예)
```
a = "gisa"
print(a*2)
 - 출력 결과 : gisagisa
```

2. 문자열 길이 구하기

len() 함수를 사용하여 문자열 길이를 반환한다.

형식

```
len(변수명)
```
• 변수명 : 문자열 변수 이름
(예)
```
a = "gisa"
print(len(a))
 - 출력 결과 : 4
```

3. 문자열 인덱싱

문자열에서 특정 위치의 값을 반환한다.

권쌤이 알려줌

일반적으로 인덱스는 0부터 시작합니다.

형식

변수명[인덱스]

- 변수명 : 문자열 변수 이름
- 인덱스 : 문자열에서 특정 위치
- 예 a = "gisa first"
  print(a[3])
  - 출력 결과 : `a`
- 예 a = "gisa first"
  print(a[-2])
  - 출력 결과 : `s`

인덱스(음수)	-10	-9	-8	-7	-6	-5	-4	-3	-2	-1
인덱스(양수)	0	1	2	3	4	5	6	7	8	9
값	g	i	s	a		f	i	r	s	t

4. 문자열 슬라이싱 [20년 3, 4회 필기]

지정한 시작 위치에서 지정한 끝 위치까지의 문자열을 반환한다.

형식 1

변수명[시작인덱스:끝인덱스]

- 변수명 : 문자열 변수 이름
- 시작인덱스 : 문자열의 시작 위치
  - 생략할 경우 : 처음 인덱스부터
- 끝인덱스 : 문자열의 끝 위치
  - 끝인덱스-1 위치까지 반환된다.
  - 생략할 경우 : 마지막 인덱스까지
- 예 a = "gisa first"
  print(a[1:3])
  - 출력 결과 : `is`
- 예 a = "gisa first"
  print(a[0:-1])
  - 출력 결과 : `gisa firs`

인덱스(음수)	-10	-9	-8	-7	-6	-5	-4	-3	-2	-1
인덱스(양수)	0	1	2	3	4	5	6	7	8	9
값	g	i	s	a		f	i	r	s	t

형식 2

변수명[시작인덱스:끝인덱스:증가값]

- 변수명 : 문자열 변수 이름
- 시작인덱스 : 문자열의 시작 위치
- 끝인덱스 : 문자열의 끝 위치
  - 끝인덱스-1 위치까지 반환된다.
- 증가값 : 인덱스의 증가폭
- 예 a = "gisa first"
  print(a[::2])
  print(a[::3])
  - 출력 결과 : `gs is`
    `gait`

[증가값 = 2]

0	1	2	3	4	5	6	7	8	9
g	i	s	a		f	i	r	s	t

[증가값 = 3]

0	1	2	3	4	5	6	7	8	9
g	i	s	a		f	i	r	s	t

권쌤이 알려줌

대괄호[ ]를 사용한 자료형 리스트는 순서가 있고, 중복이 가능한 자료형입니다.
- 리스트는 다양한 자료형(정수, 실수, 문자열)을 함께 저장할 수 있다는 점에서 배열과 다릅니다.

3 리스트(List)

리스트는 여러 개의 자료를 하나의 변수로 관리하는 자료형으로, 대괄호[ ]를 사용하여 선언한다.

- 리스트도 문자열과 마찬가지로 더하기, 곱하기, len() 함수, 인덱싱, 슬라이싱
  이 가능하다.

권쌤이 알려줌

값이 0개인 리스트를 선언할 수
도 있습니다.

```
l = []
print(l)
```
- 출력 결과 : ▮

형식

리스트명 = [값1, 값2, ...] 　　또는　　 리스트명 = list([값1, 값2, ...])

- 리스트명 : 리스트 이름을 임의로 지정
- 값 : 리스트에 저장할 값
- 예 l = ['ab', 1, 23, 456]
  print(l)
  - 출력 결과 : ['ab', 1, 23, 456]

인덱스(음수)	-4	-3	-2	-1
인덱스(양수)	0	1	2	3
값	'ab'	1	23	456

권쌤이 알려줌

2차원 리스트에서 l[0]은 0행의
모든 요소를 리스트 형태로 출
력합니다.

학습 + 플러스 **2차원 리스트** [20년 4회]

2차원 리스트는 행과 열로 조합한 리스트이다.

형식 1

리스트명 = [[값1, 값2, ...], [값3, 값4, ...]]

- 리스트명 : 리스트 이름을 임의로 지정
- 값 : 리스트에 저장할 값
- 예 l = [[1, 2], ['a', 'b']]
  print(l)
  - 출력 결과 : [[1, 2], ['a', 'b']]

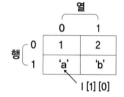

형식 2

리스트명a = [값1, 값2, ...]
리스트명b = [값1, 값2, ...]
리스트명c = [리스트명a, 리스트명b]

- 리스트명a, b : 1차원 리스트
- 리스트명c : 2차원 리스트
- 값 : 리스트에 저장할 값
- 예 l1 = [3, 4, 'a']
  l2 = ['c', 'd', 5, 6]
  l3 = [l1, l2]
  print(l3)
  - 출력 결과 : [[3, 4, 'a'], ['c', 'd', 5, 6]]

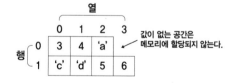

4 튜플(Tuple)

튜플은 여러 개의 자료를 하나의 변수로 관리하는 자료형으로, 소괄호( )를 사용
하여 선언한다.

- 리스트와 달리 한 번 저장된 값은 변경할 수 없다.
- 튜플도 문자열과 마찬가지로 더하기, 곱하기, len() 함수, 인덱싱, 슬라이싱
  이 가능하다.

권쌤이 알려줌

소괄호( )를 사용한 자료형 튜플
은 순서가 있고, 중복이 가능한
자료형입니다. 리스트와 가장 큰
차이점은 튜플 내 요소를 삭제
하거나 변경할 수 없습니다.

형식

튜플명 = (값1, 값2, ...) 또는 튜플명 = 값1, 값2, ... 또는

튜플명 = tuple((값1, 값2, ...)) 또는 튜플명 = tuple([값1, 값2, ...])

- 튜플명 : 튜플 이름을 임의로 지정
- 값 : 리스트에 저장할 값

예 t = ('abc', 123, 'f')
　　print(t)
　 - 출력 결과 : ('abc', 123, 'f')

인덱스(음수)	-3	-2	-1
인덱스(양수)	0	1	2
값	'abc'	123	'f'

예 t = 'abc', 123, 'f'
　　print(t)
　 - 출력 결과 : ('abc', 123, 'f')

예 t = (1,) # 단 하나의 데이터만 가질 때는 데이터 뒤에 콤마(,)를 반드시 붙여야 한다.
　　　　　 붙이지 않으면 t = (1)에서 t의 데이터 타입은 tuple이 아닌 int로 지정된다.
　　print(t)
　 - 출력 결과 : (1,)

5 딕셔너리(Dictionary)

딕셔너리는 키(Key)와 값(Value)을 한 쌍(Key:Value)으로 저장할 수 있는 자료형으로, 중괄호{Key:Value}를 사용하여 선언한다.

- 키(Key) : 변하지 않는 고유한 값만을 사용해야 한다.
- 값(Value) : 변하는 값, 변하지 않는 값을 모두 사용할 수 있다.

형식

딕셔너리명 = {키1:값1, 키2:값2, …} 또는 딕셔너리명 = dict({키1:값1, 키2:값2, …})

- 딕셔너리명 : 딕셔너리 이름을 임의로 지정
- 키 : 딕셔너리에 저장할 키
- 값 : 딕셔너리에 저장할 값

예 d1 = {'김연아':'010-1111-2222', '손흥민':'010-3333-4444'}

예 d2 = {'a':[1,2,3], 'b':(4,5,6)}

학습 플러스 딕셔너리 사용

딕셔너리는 인덱스가 아닌 키(Key)를 사용하여 값(Value)을 반환한다.

형식

딕셔너리명[키]

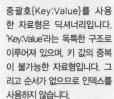

권쌤이 알려줌

중괄호{Key:Value}를 사용한 자료형은 딕셔너리입니다. 'Key:Value'라는 독특한 구조로 이루어져 있으며, 키 값의 중복이 불가능한 자료형입니다. 그리고 순서가 없으므로 인덱스를 사용하지 않습니다.

권쌤이 알려줌

딕셔너리(Dictionary)는 사전처럼 키워드(키, Key)를 찾아 내용(값, Value)을 확인할 수 있는 구조입니다.

권쌤이 알려줌

키(Key)는 변하지 않는 고유한 값이므로 중복을 허용하지 않습니다.
예 d = {1:'a', 1:'b', 1:'c'}
　　print(d)
　 - 출력 결과 : {1:'c'}
　 - 마지막 한 개만 출력됩니다.

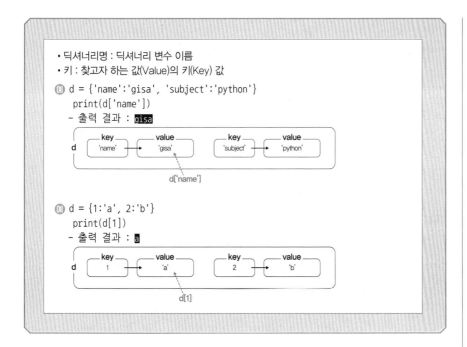

- 딕셔너리명 : 딕셔너리 변수 이름
- 키 : 찾고자 하는 값(Value)의 키(Key) 값

예 d = {'name':'gisa', 'subject':'python'}
    print(d['name'])
    - 출력 결과 : gisa

예 d = {1:'a', 2:'b'}
    print(d[1])
    - 출력 결과 : a

6 집합(Set)

집합은 순서가 없고 중복을 허용하지 않는 자료형으로, 중괄호{ }를 사용하여 선언한다.

형식 1

집합명 = {값1, 값2, …}   또는   집합명 = set({값1, 값2, …})   또는

집합명 = set([값1, 값2, …])

- 집합명 : 집합 이름을 임의로 지정
- 값 : 집합에 저장할 값

예 s = {'g', 'i', 's', 'a'}
    print(s) # 집합은 순서가 없으므로 여러 결과가 출력된다.
    - 출력 결과1 : {'g', 'i', 's', 'a'}
    - 출력 결과2 : {'i', 's', 'a', 'g'}

형식 2

집합명 = set(문자열)

- 집합명 : 집합 이름을 임의로 지정
- 문자열 : 집합에 저장할 문자열

예 s = set("hello")
    print(s) # 집합은 중복을 허용하지 않는다.
    - 출력 결과 : {'o', 'e', 'l', 'h'}

권쌤이 알려줌

중괄호{ }를 사용한 자료형 집합은 순서가 없고, 중복이 불가능한 자료형입니다. 순서가 없으므로 인덱스를 사용하지 않습니다.

1. 집합 추가 – add(), update()

집합에 한 개의 값을 추가할 때는 add() 함수를, 여러 개의 값을 추가할 때는 update() 함수를 사용한다.

형식 1

```
add(값)
```

• 값 : 추가할 값

예 s = {1, 2, 3, 4}
　s.add(5)
　print(s)
　- 출력 결과 : {1, 2, 3, 4, 5}

형식 2

```
update([값1, 값2, ...])
```

• 값 : 추가할 값

예 s = {1, 2, 3, 4}
　s.update([3,4,5,6])
　print(s)
　- 출력 결과 : {1, 2, 3, 4, 5, 6}

2. 집합 삭제 – remove()

집합에서 값을 찾아서 삭제할 때는 remove() 함수를 사용한다.

형식

```
remove(값)
```

• 값 : 삭제할 값

예 s = {1, 2, 3, 4}
　s.remove(3)
　print(s)
　- 출력 결과 : {1, 2, 4}

기출 및 예상문제

02 숫자형, 문자열, 리스트, 튜플, 딕셔너리, 집합

[20년 3회 필기]

01 다음은 사용자로부터 입력받은 문자열에서 처음과 끝의 3글자를 추출한 후 합쳐서 출력하는 파이썬 코드이다. "Hello World"를 입력하였을 때의 실행 결과를 쓰시오.

```
string = input()
m = string[0:3] + string[-3:]
print(m)
```

```
입력 값 : Hello World
```

해설 문자열 string

-11	-10	-9	-8	-7	-6	-5	-4	-3	-2	-1
0	1	2	3	4	5	6	7	8	9	10
H	e	l	l	o		W	o	r	l	d

• string[n:m] : 문자열 string[n]부터 string[m-1]까지 슬라이싱 한다.

• string[0:3] : Hel, string[-3:] : rld

[20년 4회 필기]

02 다음 Python으로 구현된 프로그램을 분석하여 그 실행 결과를 쓰시오.

```
>>> a = [0, 10, 20, 30, 40, 50, 60, 70, 80, 90]
>>> a[:7:2]
```

해설 리스트 a

0	1	2	3	4	5	6	7	8	9
0	10	20	30	40	50	60	70	80	90

• a[:7:2] : 리스트의 a[0]부터 인덱스를 2씩 증가시키면서 a[6]까지 출력

[20년 2회]

03 다음 Python으로 구현된 프로그램을 분석하여 그 실행 결과를 쓰시오.

```
asia= {'한국', '중국', '일본'}
asia.add('베트남')
```

```
asia.add('중국')
asia.remove('일본')
asia.update(['홍콩', '한국', '태국'])
print(asia)
```

해설

집합 – 순서 없음, 중복 X

```
asia.add('베트남') # {'중국', '한국', '베트남', '일본'}
asia.add('중국')  # {'중국', '한국', '베트남', '일본'}
asia.remove('일본') # {'중국', '한국', '베트남'}
asia.update(['홍콩', '한국', '태국'])
# {'베트남', '중국', '한국', '홍콩', '태국'}
```

TIP 집합은 순서가 없으므로 여러 결과가 출력됩니다. 순서 상관없이, 집합 요소만 중복 없이 포함되어 있으면 정답입니다.

정답

01. Helrld **02.** [0, 20, 40, 60] **03.** {'홍콩', '한국', '베트남', '중국', '태국'}, {'중국', '베트남', '홍콩', '태국', '한국'} 등 순서 상관없음

★★★

03 if문, for문

1 if문

형식

```
if 조건1:
    문장1
elif 조건2:
    문장2
elif 조건3:
    문장3
else:
    문장4
```

• 조건에 따라 문장 실행
• 모든 조건에 만족하지 않으면 else의 문장4를 실행

권쌤이 알려줌

Python언어의 제어문에는 switch~case문과 do~while문이 없습니다.

예제　　점수에 따라 A학점~F학점 출력

1	`j = 75`
2	`if j >= 90:`
3	`    print('A학점')`
4	`elif j >= 80:`
5	`    print('B학점')`
6	`elif j >= 70:`
7	`    print('C학점')`
8	`elif j >= 60:`
9	`    print('D학점')`
10	`else:`
11	`    print('F학점')`

출력 결과	C학점

해설	
1	`j = 75;` 변수 선언 및 초기화
2~3	`if j >= 90: print('A학점')` j가 90보다 크거나 같은 경우 "A학점" 출력
4~5	`elif j >= 80: print('B학점')` j가 80보다 크거나 같은 경우 "B학점" 출력
6~7	`elif j >= 70: print('C학점')` j가 70보다 크거나 같은 경우 "C학점" 출력
8~9	`elif j >= 60: print('D학점')` j가 60보다 크거나 같은 경우 "D학점" 출력
10~11	`else: print('F학점')` 만족하는 조건이 없는 경우 "F학점" 출력

권쌤이 알려줌

Python언어에서 무한 반복의 경우 while(1), while(True)를 모두 사용할 수 있습니다.

권쌤이 알려줌

range : 연속된 숫자를 생성하는 것(반복문 등에서 사용)
- range(최종값) : 0~최종값-1까지 숫자 생성
- range(초기값, 최종값) : 초기값~최종값-1 까지 숫자 생성
- range(초기값, 최종값, 증가값) : 초기값~최종값-1 까지 증가하면서 숫자 생성

2 for문 [21년 2회] [20년 4회]

형식 1

```
for 변수명 in range(초기값, 최종값, 증감값):
    문장
```

- 변수명 : 변수 이름을 임의로 지정
- 초기값 : 변수에 처음으로 저장할 초기값
  - 생략할 경우 : 0
- 최종값 : 변수에 마지막으로 저장할 최종값
  - 최종값-1까지 저장된다.
- 증감값 : 문장 실행 후 증감 값 실행
  - 생략할 경우 : 1

예제 1 0부터 3까지 합계 출력

```
1  sum = 0
2  for i in range(4):
3      sum += i
4  print(sum)
```

출력 결과 6

디버깅표

i	sum
0	0
1	1
2	3
3	6

해설 1

1	`sum = 0` 변수 선언 및 초기화
2	`for i in range(4):` i는 0부터 3까지 1씩 증가하며 3번 라인 반복
3	`sum += i` sum에 sum + i 값 저장
4	`print(sum)` sum 값 출력

예제 2 1부터 3까지 홀수 합계 출력

```
1  sum = 0
2  for i in range(1, 4, 2):
3      sum += i
4  print(sum)
```

출력 결과 4

해설 2

```
1    sum = 0
       변수 선언 및 초기화
2    for i in range(1, 4, 2):
       i는 1부터 3까지 2씩 증가하며 3번 라인 반복
3    sum += i
       sum에 sum + i 값 저장
4    print(sum)
       sum 값 출력
```

형식 2

```
for 변수명 in 리스트명:
    문장
```

- 변수명 : 리스트의 요소를 저장할 변수 이름
- 리스트명 : 사용할 리스트 이름
  - 튜플, 문자열도 가능하다.
- for문 실행 순서

```
for(①변수:②리스트) {
    ③문장;
}
```

②리스트의 요소를 순서대로 ①변수에 저장하며 ③문장을 실행한다.

예제　**리스트 요소의 합계 출력**

```
1    a = [19, 25, 6, 51]
2    sum = 0
3    for i in a:
4        sum += i
5    print(sum)
```

출력 결과　`101`

해설

```
1    a = [19, 25, 6, 51]
       리스트 선언 및 초기화
2    sum = 0
       변수 선언 및 초기화
3~4  for i in a: sum += i
```

```
        for(①i : ②a):
            ③sum += i
```

```
        ① 리스트 요소를 저장할 변수 i 선언
        ② 변수 i에 리스트 a의 요소(값)를 저장
           - a[0]부터 변수 i에 저장된다.
        ③ sum에 sum + i 값 저장
        ④ 배열의 크기만큼 ②~③ 반복 후 for문 종료
5    print(sum)
       sum 값 출력
```

디버깅표

i	sum
a[0] = 19	19
a[1] = 25	44
a[2] = 6	50
a[3] = 51	101

[20년 4회]

01 다음 Python으로 구현된 프로그램을 분석하여 그 실행 결과를 쓰시오.

```
lol = [[1, 2, 3], [4, 5], [6, 7, 8, 9]]
print(lol[0])
print(lol[2][1])
for sub in lol:
    for item in sub:
        print(item, end=" ")
    print()
```

해설

코드해설

```
print(lol[0])
# 전체 리스트(lol)의 1행 출력
print(lol[2][1])
# 전체 리스트(lol)의 3행 2열 출력
① for sub in lol:
    # 전체 리스트(lol)의 부분 리스트(sub) 반복
② for item in sub:
    # 부분 리스트(sub)의 요소(item) 반복
    print(item, end=" ")
        # 리스트 내 정수(요소) 출력 및 한 칸 띄움
    print() # 개행
```

① sub → 부분 리스트

1	2	3	
4	5		
6	7	8	9

② item → 정수(요소)

```
1  2  3
4  5
6  7  8  9
```

[21년 2회]

02 다음 Python으로 구현된 프로그램을 분석하여 그 실행 결과를 쓰시오.

```
num = 100
res = 0
for i in range(1, 3):
    res = num >> i
    res = res + 1
print(res)
```

해설

코드해설

```
for i in range(1, 3): # i는 1부터 2까지 for문 실행
    res = num >> i
    # res에 num을 2진수로 표현한 후,
      i만큼 오른쪽으로 이동시킨 값 저장
    res = res + 1 # res 값 1 증가
```

디버깅표

i	num	num >> i	res + 1
1	$100 = 01100100_{(2)}$	$00110010_{(2)} = 50$	51
2	$100 = 01100100_{(2)}$	$00011001_{(2)} = 25$	26

[21년 1회 필기]

03 다음은 파이썬으로 만들어진 반복문 코드이다. A, B, C 출력이 반복되는 실행 결과를 분석하여 ( ) 안에 들어 갈 가장 적합한 코드를 쓰시오.

```
>> while(True):
    print('A')
    print('B')
    print('C')
    (       )
    print('D')
```

```
〈실행 결과〉
A
B
C
A
B
C
⋮
```

해설 continue문을 실행하게 되면 continue 이후 문장은 실행하지 않고, 루프(loop)의 선두로 되돌아가서 실행한다. 즉, A, B, C 만 출력된다. 그리고 while(True)는 무한 루프로 break문을 실행해야 종료되지만, 코드에 break문이 없으므로 A, B, C 출력이 반복된다.

04 다음은 〈출력〉과 같이 구구단 5단을 출력하는 프로그램을 Python언어로 구현한 것이다. 프로그램을 분석하여 ①, ②에 가장 적합한 답을 쓰시오.

```
i, result = 1, 0
( ① )(i < 10):
    result = 5 * i
    print("5 * %d = %d" % (i, ( ② )))
    i += 1
```

```
5 * 1 = 5
5 * 2 = 10
5 * 3 = 15
5 * 4 = 20
5 * 5 = 25
5 * 6 = 30
5 * 7 = 35
5 * 8 = 40
5 * 9 = 45
```

① ....

② ....

해설 코드해설

```
i, result = 1, 0 # 변수 선언 및 초기화
while(i < 10):
# i가 10보다 작은 동안 경우 while문 실행
    result = 5 * i # result에 5 * i 값 저장
    print("5 * %d = %d" % (i, result))
    # " 5 * i = result "의 각 값 출력
    i += 1 # i 값 1 증가
```

05 다음 Python으로 구현된 프로그램을 분석하여 그 실행 결과를 쓰시오.

```
string = "happy"
list_string = list(string)
for i in range(len(string) -1, -1, -1):
    print(list_string[i], end="")
```

해설 문자열 역순 출력

```
string = "happy" # 문자열 선언 및 초기화
list_string = list(string) # 문자열을 리스트로 변환
for i in range(len(string)-1, -1, -1):
    # i는 4부터 0까지 for문 실행
    print(list_string[i], end="")
    # 리스트 list_string 값 반환
```

• list() : 문자열을 리스트로 변환하는 함수
• len() : 문자열 길이 반환 함수
TIP 증감값이 음수인 경우 최종값+1까지 숫자를 생성합니다.

06 다음 Python으로 구현된 프로그램을 분석하여 그 실행 결과를 쓰시오.

```
array = [31, 5, 8, 4, 1]
temp= 0
for i in array:
    if(i % 2 == 0):
        temp += i
    else:
        continue
print(temp)
```

해설 리스트에서 짝수의 합 구하기

```
array = [31, 5, 8, 4, 1] # 리스트 선언 및 초기화
temp = 0 # 변수 선언 및 초기화
for i in array: # 리스트 array의 요소를 i에 저장
    if(i % 2 == 0):
    # i % 2 값이 0인
        temp += i # temp에 temp + i 값 저장
    else: # i % 2 값이 0이 아닌
        continue
        # continue 이후 문장은 실행하지 않고 for문의
          선두로 되돌아가서 실행
print(temp) # temp 값 출력
```

디버깅표

i	i % 2	temp
array[0] = 31	1	
array[1] = 5	1	
array[2] = 8	0	8
array[3] = 4	0	12
array[4] = 1	1	

정답

01. [1, 2, 3]   02. 26   03. continue   04. ❶ while ❷ result
7
1 2 3   05. yppah   06. 12
4 5
6 7 8 9

권쌤이 알려줌

Python언어의 함수는 선언 방법만 다를 뿐 C언어와 JAVA언어의 함수와 동일한 기능을 합니다.
•define : 정의

권쌤이 알려줌

Python언어에서 같은 수준의 코드들은 반드시 동일한 여백(들여쓰기)을 가져야 합니다.

★★
04 함수, 클래스, 객체

1 함수(Function) [21년 2, 3회 필기]

형식

```
def 함수명(매개변수):
    수행할 동작
    return
```

• 함수명 : 함수 이름을 임의로 지정
• 매개변수(Parameter, 파라미터) : 함수가 전달받는 값을 저장하는 변수
  – 함수 내에서 쓰일 변수명을 작성한다.
  – 매개변수는 없을 수도 있고 여러 개가 있을 수도 있다.
• return : 반환 값
  – 반환 값이 없는 경우 생략 가능하다.

예제	실행순서	계산기 프로그램
1	②	`def add(x, y):`
2	③	`    z = x + y`
3	④	`    return z`
4		
5	⑦	`def sub(x, y):`
6	⑧	`    if(x > y):`
7	⑨	`        return x - y`
8		`    else:`
9		`        return y - x`
10		
11	①|⑤	`result1 = add(4, 10)`
12	⑥|⑩	`result2 = sub(8, 2)`
13	⑪	`print(result1, result2)`
출력 결과		`14 6`

해설

1	`def add(x, y):` 함수 add 선언(매개변수 : x, y)
2	`z = x + y` 변수 z에 x + y 값 저장
3	`return z` z 값 반환
5	`def sub(x, y):` 함수 sub 선언(매개변수 : x, y)
6	`if(x > y):` x가 y보다 큰 경우 7번 실행
7	`return x - y` x - y 값 반환
8	`else:` x가 y보다 크지 않은 경우 9번 실행
9	`return y - x` y - x 값 반환

```
11   result1 = add(4, 10)
        함수 add를 호출(전달인자 : 4, 10)한 후, 함수의 반환 값을 변수 result1에 저장
12   result2 = sub(8, 2)
        함수 sub을 호출(전달인자 : 8, 2)한 후, 함수의 반환 값을 변수 result2에 저장
13   print(result1, result2)
        result1 값과 result2 값 출력
```

2 클래스(Class) [21년 1회] [21년 2회 필기]

권쌤이 알려줌

Python언어의 클래스, 객체, 생성자, 상속은 선언 방법만 다를 뿐 JAVA언어의 클래스, 객체, 상속, 생성자와 동일한 기능을 합니다.

형식

```
class 클래스명:
```

• 클래스명 : 클래스 이름을 임의로 지정

예제 Car 클래스

```
1    class Car:
2        Wheel = 0
3        Engine = 0
4
5        def Drive(self):
6            ...
```

해설

```
1    class Car:
        클래스 Car 생성
2~3  Wheel = 0 Engine = 0
        속성 선언
5    def Drive(self*):
        메소드 Drive 선언
```

self
객체 자기 자신을 참조하는 매개변수
• Python에서 클래스 내 생성된 모든 메소드는 첫 번째 매개변수로 self 매개변수를 가지고 있다.
• 함수 호출 시 객체가 자동으로 전달되므로, self는 생략 가능하다.

3 객체(Object)

형식

```
변수명 = 클래스명();
```

• 변수명 : 변수 이름을 임의로 지정
• 클래스 : 객체를 생성할 클래스명

권쌤이 알려줌

들여쓰기에 따라 8번 라인부터 실행되며 이후 1~6번 라인이 차례대로 실행됩니다.

예제 Human 클래스

```
1    class Human:
2        Bus = Car()
3        Taxi = Car()
4
5        Bus.Wheel = 4
6        Bus.Drive()
7
8    human = Human()
```

해설

1	class Human:
	클래스 Human 생성
2	Bus = Car()
	클래스 Car의 객체 Bus 생성
3	Taxi = Car()
	클래스 Car의 객체 Taxi 생성
5~6	Bus.Wheel = 4 Bus.Drive()
	객체 Bus의 속성 및 메소드 사용
8	human = Human()
	클래스 Human의 객체 human 생성

4 생성자(Constructor)

형식

```
class 클래스명:
    def __init__(self, 매개변수):
        수행할 동작
```

- 클래스명 : 생성자를 포함하는 클래스명
- 매개변수(Parameter, 파라미터) : 생성자가 전달받는 값을 저장하는 변수
  - 함수 내에서 쓰일 데이터 타입과 변수명을 함께 작성한다.
  - 매개변수는 없을 수도 있고 여러 개가 있을 수도 있다.

예제	실행순서	생성자
1	④¦⑨	class Car:
2	⑤¦⑩	def __init__(self, a, b):
3	⑥¦⑪	self.Wheel = a;
4	⑦¦⑫	self.Engine = b;
5		
6	⑭¦⑰	def Drive(self):
7	⑮¦⑱	print(self.Wheel, self.Engine)
8		
9	②	class Human:
10	③	Bus = Car(4, 1)
11	⑧	Taxi = Car(4, 2)
12		
13	⑬	Bus.Drive()
14	⑯	Taxi.Drive()
15		
16	①	human = Human()

출력 결과	4 1 4 2

해설

1	class Car:
	클래스 Car 생성
2	def __init__ (self, a, b):
	클래스 Car의 생성자 선언(매개변수 : a, b)

생성자(= 생성자 메소드)
객체 생성 시 초기화 작업을 위한 메소드(함수)로써, 객체를 생성할 때 반드시 호출되고, 제일 먼저 실행되는 특수 메소드
- 특수 메소드 : 언더바 2개로 묶인 함수
  - __init__() 메소드는 객체가 생성될 때 자동으로 호출된다.
  - initialize : 초기화

3	self.Wheel = a; 　클래스 Car의 속성 Wheel에 매개변수로 전달받은 값 a 저장
4	self.Engine = b; 　클래스 Car의 속성 Engine에 매개변수로 전달받은 값 b 저장
6	def Drive(self): 　메소드 Drive 선언
7	print(self.Wheel, self.Engine) 　self.Wheel 값과 self.Engine 값 출력
9	class Human: 　클래스 Human 생성
10	Bus = Car(4, 1) 　클래스 Car의 객체 Bus 생성 → 인스턴스(Instance) 생성 　- 객체 생성 시 클래스 Car의 생성자 호출(전달 인자 : 4, 1)
11	Taxi = Car(4, 2) 　클래스 Car의 객체 Taxi 생성 → 인스턴스(Instance) 생성 　- 객체 생성 시 클래스 Car의 생성자 호출(전달 인자 : 4, 2)
13	Bus.Drive() 　객체 Bus의 메소드 Drive 실행
14	Taxi.Drive() 　객체 Taxi의 메소드 Drive 실행
16	human = Human() 　클래스 Human의 객체 human 생성 → 인스턴스(Instance) 생성

10번 라인:
```
    Bus = Car(4, 1)

def __init__(self, a, b)
```

11번 라인:
```
    Taxi = Car(4, 2)

def __init__(self, a, b)
```

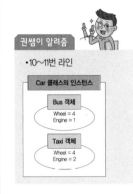

권쌤이 알려줌

•10~11번 라인

Car 클래스의 인스턴스

Bus 객체
Wheel = 4
Engine = 1

Taxi 객체
Wheel = 4
Engine = 2

 학습 플러스 상속(Inheritance)

형식

class 하위클래스(상위클래스)

• 하위클래스 : 상위 클래스의 속성과 메소드를 물려받는 클래스
• 상위클래스 : 하위 클래스에게 속성과 메소드를 물려주는 클래스

예제	실행순서	상속
1		class A:
2	⑤	def __init__(self, n):
3	⑥	self.a = n
4		
5	⑧	def show(self):
6	⑨	print("a = ", self.a)
7		
8	②	class B(A):
9	③	def __init__(self, m):

10	④	super().__init__(m)
11	⑦	super().show()
12		
13	①	obj = B(10)
출력 결과		a = 10

해설

```
1    class A:
       클래스 A 생성
2    def __init__(self, n):
       클래스 A의 생성자 선언(매개변수 : n)
3    self.a = n
       클래스 A의 변수 a에 매개변수로 전달받은 값 n 저장
5    def show(self):
       메소드 show 선언
6    print("a = ", self.a)
       "a = "와 self.a 값 출력
8    class B(A):
       클래스 A를 상속받는 클래스 B 생성
9    def __init__(self, m):
       클래스 B의 생성자 선언(매개변수 : m)
10   super().__init__(m)
       상위 클래스의 생성자 호출
11   super().show()
       상위 클래스의 메소드 show 호출
13   obj = B(10)
       클래스 B의 객체 obj 생성
       - 객체 생성 시 클래스 B의 생성자 호출(전달 인자 : 10)
```

super()
상위 클래스를 호출하는 예약어

기출 및 예상문제

04 함수, 클래스, 객체

[21년 3회 필기]

01 다음 Python으로 구현된 프로그램을 분석하여 그 실행 결과를 쓰시오.

```
def cs(n):
    s = 0
    for num in range(n+1):
        s += num
    return s

print(cs(11))
```

해설 코드해설

```
② def cs(n): # 함수 cs 선언(매개변수 : n)
③    s = 0 # 변수 선언 및 초기화
④    for num in range(n+1):
      # num은 0부터 n까지 for문 실행
⑤        s += num # s에 s + num 값 저장
⑥    return s # s 값 반환

①⑦ print(cs(11))
    # 함수 cs 호출(전달인자 : 11) 및 출력
```

디버깅표

num	sum
0	0
1	1
2	3
⋮	⋮
9	45
10	55
11	66

[21년 2회 필기]

02 다음 Python으로 구현된 프로그램을 분석하여 그 실행 결과를 쓰시오.

```python
class FourCal:
    def setData(self, fir, sec):
        self.fir = fir
        self.sec = sec
    def add(self):
        result = self.fir + self.sec
        return result
a = FourCal()
a.setData(4, 2)
print(a.add())
```

해설 **코드해설**

```
class FourCal: # 클래스 FourCal 생성
③  def setData(self, fir, sec):
      # 함수 setData 선언(매개변수 : fir, sec)
④     self.fir = fir # self.fir에 fir 값 저장
⑤     self.sec = sec # self.sec에 sec 값 저장
⑦  def add(self): # 함수 add 선언
⑧     result = self.fir + self.sec
         # result에 self.fir + self.sec 값 저장
⑨     return result # result 값 반환
①  a = FourCal() # 클래스 FourCal의 객체 a 생성
②  a.setData(4, 2)
      # 객체 a의 함수 setData 호출(전달인자 : 4, 2)
⑥,⑩  print(a.add()) # 객체 a의 함수 add 호출 및 출력
```

```
a.setData(4, 2)       def setData(self, fir, sec)
```

[21년 1회]

03 다음 Python 프로그램의 실행 결과는?

```python
class arr:
    a = ["Seoul","Kyeonggi","Incheon","Daeje
on", "Daegu","Pusan"]
str01=' '
for i in arr.a:
    str01 = str01 + i[0]
print(str01)
```

해설 **코드해설**

```
class arr: # 클래스 arr 생성
    a = ["Seoul","Kyeonggi","Incheon","Daejeon",
    "Daegu","Pusan"] # 리스트 a 선언 및 초기화
```

	i[0]						
a[0]	S	e	o	u	l		
a[1]	K	y	e	o	n	g	g	i
a[2]	I	n	c	h	e	o	n	
a[3]	D	a	e	j	e	o	n	
a[4]	D	a	e	g	u			
a[5]	P	u	s	a	n			

```
str01=' ' # 변수 선언 및 초기화
for i in arr.a:
# i에 클래스 arr의 리스트 a[0]~a[5]를 차례대로 대입
    str01 = str01 + i[0]
    # str01에 str01 + i[0] 값 저장 → 문자열 덧셈
print(str01) # str01 값 출력
```

정답
01. 66 **02.** 6 **03.** SKIDDP

SECTION 04 프로그래밍 언어 활용

변수를 선언하게 되면 메모리를 차지하고, 변수를 참조할 때 시간이 소요됩니다. 따라서 변수 사용 범위에 따라 변수를 효율적으로 선언하는 것을 권장합니다. 라이브러리는 자주 사용하는 함수를 미리 작성하여 저장시켜둔 것으로, 필요에 따라 쉽고 편리하게 사용할 수 있습니다.

★ 01 변수의 구분

1 지역 변수, 전역 변수

> **일시적**
> 프로그램 중간에 일시적으로 사용되었다가 소멸됨

> **지속적**
> 프로그램이 실행되는 순간부터 종료될 때까지 계속 사용됨

	지역(Local) 변수	전역(Global) 변수
정의	변수가 선언된 함수나 블록 내에서만 사용할 수 있는 변수	함수 외부에 선언해 소스 코드 전체에서 사용 가능한 변수
변수 수명	일시적※	지속적※
장점	메모리를 효율적으로 사용 가능	사용하기 편리함
단점	변수 접근이 까다로움	메모리 낭비, 프로그램 관리가 어려움

예 지역 변수, 전역 변수

```c
#include <stdio.h>
int global = 1; // 전역 변수 : 소스 코드 전체에서 사용 가능하다.
int main() {
    int local = 2; // 지역 변수 : 변수가 선언된 함수에서만 사용 가능하다.
    printf("%d %d", global, local);
}
```
출력 결과 : `1 2`

기출 및 예상문제

01 변수의 구분

01 다음 C언어로 구현된 프로그램을 분석하여 그 실행 결과를 쓰시오.

```c
#include <stdio.h>
int foo(void) {
    int var1 = 1;
    static int var2 = 1;
```

```
        return (var1++) + (var2++);
}
int main() {
    int i = 0, sum = 0;
    while(i < 3) {
        sum = sum + foo();
        i++;
    }
    printf("%d", sum);
}
```

```
int main() {
    int i = 0, sum = 0; // 변수 선언 및 초기화
    while(i < 3) { // i가 3보다 작은 동안 while문 실행
        sum = sum + foo(); // sum에 sum + foo() 값 저장
                        → 함수 foo 호출
        i++; // i 값 증가
    }
    printf("%d", sum); // sum 값 출력
}
```

디버깅표

i	sum	var1	var2
0	0	1	1
0	0+(1+1) = 2	1 → 2	1 → 2
1	2+(1+2) = 5	1 → 2	2 → 3
2	5+(1+3) = 9	1 → 2	3 → 4

- static 변수(정적 변수) : 프로그램이 실행되는 순간부터 종료될 때까지 계속 사용되는 변수

TIP 변수 var2은 지역 변수이지만, static 변수로 선언하였으므로 함수가 종료되어도 변수와 저장된 값은 소멸되지 않습니다.

해설 코드해설

```
int foo(void) {
    int var1 = 1; // 변수 선언 및 초기화
    static int var2 = 1; // static 변수 선언 및 초기화
    return (var1++) + (var2++); // val1 + val2 값 반환
                        후 val1 값 1 증가, val2 값 1 증가
}
```

정답
01. 9

★ ★

02 프로그래밍 언어

1 프로그래밍 언어

구분	설명
고급 프로그래밍 언어	사람이 이해하기 쉽게 작성된 프로그래밍 언어이다. 예 C, JAVA, Python, Basic 등
저급 프로그래밍 언어	컴퓨터가 이해하기 쉽게 작성된 프로그래밍 언어이다. 예 기계어, 어셈블리어 등

2 컴파일러(Compiler), 인터프리터(Interpreter)

1. 컴파일러, 인터프리터

컴파일러와 인터프리터는 고급 프로그래밍 언어를 기계어로 변환하는 기능을 수행한다.

구분		컴파일러	인터프리터
공통점		고급 프로그래밍 언어를 기계어로 변환하는 기능	
차이점	번역 단위	전체를 번역	줄 단위로 번역
	목적 프로그램 생성 여부	생성 O	생성 X
	실행	실행 프로그램 실행	번역과 동시에 실행
	실행 속도	빠름	느림

권쌤이 알려줌

- 고급 프로그래밍 언어는 저급 프로그래밍 언어보다 가독성이 높고 다루기 간단하다는 장점이 있습니다.
- 저급 프로그래밍 언어는 0과 1로 구성된 기계어를 의미합니다.

권쌤이 알려줌

컴파일러는 목적 프로그램을 생성하는 시간이 추가로 필요하지만 한 번 생성하면 이후 실행 시 소스 코드가 아닌 목적 프로그램을 실행하므로 실행 속도가 빠릅니다. 인터프리터는 매번 실행 시 소스 코드를 번역하고 실행해야 하므로 실행 속도가 느립니다.

2. 컴파일 타임, 런 타임

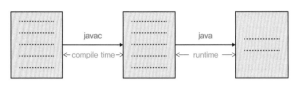

MyFirstProgram.java   MyFirstProgram.class   Program Output

구분	설명
컴파일 타임 (Compile Time)	고급 프로그래밍 언어를 기계어로 변환하고 목적 프로그램[※]을 생성하는 과정
런 타임 (Run Time)	컴파일 과정을 마친 후 사용자에 의해서 실행 프로그램[※]이 실행되는 과정

목적 프로그램
원시 프로그램을 컴파일러를 이용해서 기계어로 번역한 파일

실행 프로그램
하나 이상의 목적 프로그램들을 엮어서 실행 가능한 상태로 만든 파일

권쌤이 알려줌

C는 대표적인 절차적 프로그래밍 언어입니다.

3 절차적 프로그래밍 언어

절차적 프로그래밍 언어는 일련의 처리 절차를 정해진 문법에 따라 순서대로 기술해 나가는 언어이다.

▼ 종류

언어	설명
C	• 시스템 프로그래밍 언어로 널리 사용된다. • UNIX의 일부가 C언어로 구현되었다. • 고급 프로그래밍 언어이면서 저급 프로그래밍 언어의 특징(하드웨어 제어 등 시스템 프로그램 개발)을 모두 갖추고 있다. • 이식성이 좋아 컴퓨터 기종과 관계없이 프로그램 작성이 가능하다.
ALGOL	• 수치 계산이나 논리 연산과 같은 알고리즘의 연구개발을 목적으로 한 언어이다.
COBOL	• 사무 처리용 언어이다.
FORTRAN	• 주로 과학적인 계산을 하기 위해 시작된 과학 기술 계산용 언어이다.
BASIC	• 교육용 대화형 언어이다.

4 객체 지향 프로그래밍 언어

객체 지향 프로그래밍 언어는 현실 세계의 개체(Entity)를 기계의 부품처럼 하나의 객체(Object)라는 기본 단위로 나눠, 이 객체들의 상호작용으로 프로그래밍하는 방식으로 기술해 나가는 언어이다.

▼ 종류

구분	설명
JAVA	• 썬 마이크로시스템에서 개발된 객체 지향 프로그래밍 언어이다. • 응용 프로그램의 개발 도구로 각광 받고 있다. • 운영체제 및 하드웨어에 독립적이며, 이식성이 강하다.
C++	• C에 객체 지향 개념을 적용한 언어이다.
C#	• C와 C++의 발전된 형태로 Java와 비슷한 특색을 가진 객체 지향 프로그래밍 언어이다. • 마이크로소프트의 닷넷(.NET)[※] 플랫폼에서 쓰인다.

권쌤이 알려줌

JAVA는 대표적인 객체 지향 프로그래밍 언어입니다. 현실 세계의 실체를 객체로 표현하여 객체 중심으로 프로그래밍하는 방식을 객체 지향 프로그래밍이라고 합니다.

닷넷(.NET)
마이크로소프트에서 개발한 윈도우 프로그램 개발 및 실행 환경

Smalltalk	• 1세대 객체 지향 언어로, 최초로 GUI[※]를 제공한 언어이다.

5 스크립트 언어

스크립트 언어는 응용 소프트웨어를 제어하는 컴퓨터 프로그래밍 언어로, 응용 프로그램과 독립되어 사용된다.

- 사용자가 응용 프로그램의 동작을 사용자의 요구에 맞게 수행할 수 있도록 해준다.

▼ 특징

장점	단점
• 컴파일 없이 실행하므로 결과를 바로 확인할 수 있다. • 배우고 코딩하기 쉽다. • 개발 시간이 짧고, 소스 코드를 쉽고 빠르게 수정할 수 있다.	• 실행할 때마다 소스 코드를 읽고 해석해야 하는 작업이 필요하므로, 실행 속도가 느리다. • 런 타임 오류가 많이 발생한다.

▼ 분류

분류	설명
서버용	파이썬(Python), PHP, ASP, JSP
클라이언트용	자바스크립트(JavaScript)

▼ 종류 [21년 2, 3회 필기] [20년 2회 필기]

종류	설명
Python	• 귀도 반 로섬(Guido van Rossum)이 발표한 객체 지향 기능을 지원하는 대화형 인터프리터 언어이다.
PHP (Professional Hypertext Preprocessor)	• 동적 웹페이지를 만들기 위해 설계된 언어로, Linux, Unix, Windows 운영체제에서 사용이 가능하다. • C, JAVA 등과 문법이 유사하므로 배우기 쉬워 웹 페이지 제작에 많이 사용된다.
ASP (Active Server Page)	• 서버 측에서 동적으로 수행되는 페이지를 만들기 위한 언어로, 마이크로소프트에서 개발했다. • Windows 운영체제에서만 수행 가능한 프로그래밍 언어이다.
JSP (Java Server Page)	• JAVA로 만들어진 언어로, 다양한 운영체제에서 사용이 가능하다. • HTML[※] 내 자바 코드를 삽입해 웹 서버에서 동적으로 웹 페이지를 생성하여 웹 브라우저에 돌려준다.
JCL (Job Control Language)	• IBM 메인프레임[※] 운영체제에서 사용되는 언어이다. • 일괄 처리 작업을 수행하거나 하부 시스템을 시작하는 방법을 시스템에 지시한다.
자바스크립트 (JavaScript)	• 클라이언트 웹 브라우저 내에서 주로 사용하며, 프로토타입 기반[※] 객체 지향 스크립트 언어이다. • 클래스를 지원하지 않았으나, ES6[※]에서 class라는 문법이 추가되었다.

GUI(Graphic User Interface)
사용자가 편리하게 사용할 수 있도록 아이콘과 같은 그래픽으로 나타내어 마우스를 이용하는 인터페이스

권쌤이 알려줌

Python과 PHP는 대표적인 스크립트 언어입니다. 다른 응용 프로그램의 동작을 제어하는 언어를 스크립트 언어라고 합니다.

권쌤이 알려줌

Python은 프로그램 개발에도 사용되지만 스크립트 언어로써 사용하기 편리하여 스크립트 언어라 불리기도 합니다.
- Python언어는 객체 지향 언어이면서도 스크립트 언어입니다.

HTML(HyperText Markup Language, 하이퍼텍스트 마크업 언어)
하이퍼텍스트 문서를 만들기 위한 표준 언어로 인터넷 웹 페이지를 만들 때 사용하는 언어

IBM 메인프레임
IBM이 현재까지 생산 중인 대형 컴퓨터 시스템

프로토타입 기반 프로그래밍
클래스가 필요 없는(class-free) 프로그래밍 스타일로 프로토타입을 활용하여 객체 지향의 상속, 캡슐화 등의 개념을 구현할 수 있다.

ES6(ECMA Script 6)
자바 스크립트의 표준인 에크마 스크립트 버전 6

합격자의 맘기법

명령형 언어와 선언형 언어
- **키워드** 알고리즘 O, 목표 X →
  통어 명령형 언어
- **키워드** 알고리즘 X, 목표 O →
  통어 선언형 언어

6 명령형 언어

명령형 언어는 순차적인 명령 수행을 기본으로 하는 언어로, 어떤 방법으로 (HOW) 문제 처리를 할 것인지에 초점을 둔다.

- 알고리즘을 명시하고 목표는 명시하지 않는다.
- 특정 구문의 연산을 이용하여 상태를 변경시키고 프로그램을 동작시킨다.
- 절차적 언어와 객체 지향 언어가 있다.

> **예제**   **명령형 언어 – C**
>
> ```c
> int find (int[] arr) {
>     int result = 0;
>     for (int i = 0; i < arr.length; i++)
>         result += arr[i]
>     return result;
> }
> ```

함수형 언어
수학적 수식과 같은 함수들로 프로그램을 구성하여 호출하는 방식의 언어
예 LISP

7 선언형 언어

선언형 언어는 프로그램이 어떤 방법으로 해야 하는지를 나타내기보다 무엇 (WHAT)과 같은지에 초점을 둔다.

- 명령형 언어와 반대되는 개념의 언어이다.
- 목표를 명시하고 알고리즘은 명시하지 않는다.
- 함수형 언어*와 논리형 언어* 등이 있다.

> **예제**   **선언형 언어 – SQL**
>
> SELECT 이름 FROM 학생 WHERE 학년=1;

논리형 언어
규칙에 대한 활성화 조건이 만족되면 연관된 규칙이 실행되는 구조로, 추론과 관계 규칙에 의해 원하는 결과를 얻는 언어
예 PROLOG

▼ 종류

구분	설명
HTML(HyperText Markup Language)	• 인터넷 웹 페이지를 만들 때 사용하는 표준 마크업 언어이다. • 특별한 데이터 타입이 없는 단순한 텍스트이므로 호환성이 좋고 사용이 편리하다.
LISP(리스프)	• 인공지능 분야에 사용되는 언어이다.
PROLOG(프롤로그)	• 논리식을 토대로 한 언어로, 인공지능 분야에서의 논리적인 추론이나 패턴 매칭 등에 적합하다.
XML	• 기존 HTML의 단점을 보완하여 웹에서 구조화된 다양한 문서들을 상호 교환할 수 있도록 설계된 언어이다. • 인터넷 환경에 적합하도록 간결성, 보편성, 활용성에 중점을 두고 설계되었다.
Haskell (하스켈, 해스켈)	• 함수형 프로그래밍 언어이다. • 코드가 간결하고 에러 발생의 가능성이 낮다.
SQL	• 관계형 데이터베이스 관리 시스템(RDBMS)*의 데이터를 관리하기 위한 언어이다.

관계형 데이터베이스 관리 시스템(RDBMS; Relational DBMS)
대량의 데이터를 관계형 모델에 따라 구조화해 저장/관리하는 데이터베이스 관리 시스템

[21년 2회 필기]

01 구현 단계에서의 작업 절차를 순서대로 올바르게 나열하시오.

> ㉠ 코딩한다.
> ㉡ 코딩작업을 계획한다.
> ㉢ 코드를 테스트한다.
> ㉣ 컴파일한다.

 구현 단계 작업 절차 : 코딩작업 계획 → 코딩 → 김파일 → 코드 테스트

[20년 2회 필기]

02 다음 〈보기〉에서 스크립트 언어를 모두 고르시오.

> 〈보기〉
> ㉠ PHP   ㉡ Cobol
> ㉢ JSP   ㉣ Python

 스크립트 언어는 컴파일 방식이 아닌 인터프리터 방식으로 동작한다.
• Cobol : 컴파일 방식을 통해 동작한다.

[21년 2회 필기]

03 다음 설명에 가장 부합하는 스크립트 언어는 무엇인지 쓰시오.

> • 객체 기반의 스크립트 프로그래밍 언어이다.
> • 웹 페이지에서 사용자로부터 특정 이벤트나 입력 값을 받아 동적인 처리를 목적으로 고안되었다.
> • 일반적으로 HTML 문서에 내제되며, 웹 브라우저에서 실행된다.
> • HTML 문서 내 〈script〉 태그를 사용하여 삽입한다.
> • 외부에서 작성된 파일은 .js 확장자를 가진다.

[21년 3회 필기]

04 귀도 반 로섬(Guido van Rossum)이 발표한 언어로 인터프리터 방식이자 객체 지향적이며, 배우기 쉽고 이식성이 좋은 것이 특징인 스크립트 언어는 무엇인지 쓰시오.

 키워드 귀도 반 로섬, 인터프리터 방식, 객체 지향적 → 용어 Python

05 다음 설명에 가장 부합하는 프로그래밍 언어는 무엇인지 쓰시오.

> • 미국 벨(Bell) 연구소의 D.M Ritchie가 개발한 프로그래밍 언어이다.
> • 유닉스(UNIX) 운영체제에서 사용하기 위해 개발하였다.
> • 시스템 프로그래밍 언어로 널리 사용되며, 고급 프로그래밍 언어이면서 저급 프로그래밍 언어의 특징을 모두 갖춘 절차적 프로그래밍 언어이다.

 키워드 벨(Bell) 연구소, 유닉스(UNIX) 운영체제에서 사용 → 용어 C

06 다음은 객체지향 프로그래밍 언어 종류에 대한 설명이다. 각 설명에 대한 가장 적합한 보기를 고르시오.

구분	설명
①	C언어에 객체 지향 개념을 적용한 언어
②	썬 마이크로시스템에서 개발된 객체지향 프로그래밍 언어

㉠ JAVA	㉡ Smalltalk
㉢ C++	㉣ Delphi

① ....

② ....

해설
키워드 C언어에 객체 지향 개념 적용 → 용어 C++
키워드 썬 마이크로시스템, 객체지향 언어 → 용어 JAVA

정답
01. ㉡, ㉠, ㉣, ㉢ 02. ㉠, ㉢, ㉣ 03. 자바 스크립트(Java Script)
04. Python 05. C 06. ❶ ㉢ ❷ ㉠

★★
03 라이브러리

1 라이브러리(Library) [21년 1회 필기]

라이브러리는 효율적인 프로그램 개발을 위해 필요한 함수, 데이터 등 프로그램을 모아 놓은 집합체로, 필요할 때 찾아서 쓸 수 있도록 모듈화되어 제공된다.

- 사용자(개발자)는 라이브러리를 호출하여 사용하며, 라이브러리 내 코드의 흐름을 직접 제어할 수 없다.
- 일반적으로 라이브러리를 사용하기 위한 도움말, 설치파일, 샘플코드 등을 제공한다.

▼ 라이브러리 구분

구분	설명
표준 라이브러리	• 프로그래밍 언어가 기본적으로 가지고 있는 라이브러리이다. • 각 프로그래밍 언어의 표준 라이브러리는 여러 종류의 모듈※과 패키지※를 가지며, 표준 라이브러리를 이용하면 별도의 파일 설치 없이 일반적으로 많이 사용하는 날짜와 시간 등의 기능을 이용할 수 있다.
외부 라이브러리	• 표준 라이브러리와 달리 별도의 파일을 설치하여야 하는 라이브러리이다. • 누구나 개발하여 설치할 수 있으며, 인터넷 등을 이용하여 공유할 수도 있다.

2 C언어 표준 라이브러리 [21년 2회 필기]

라이브러리	설명	예
stdio.h	데이터 입 · 출력 라이브러리	• scanf : 입력, printf : 출력
string.h	문자열 처리 라이브러리	• strlen : 문자열 길이 반환 • strcpy : 문자열 복사 • strcat : 문자열 덧붙이기
math.h	수학 함수 처리 라이브러리	• power : 제곱
stdlib.h	자료형 변환, 난수※ 발생, 메모리 할당 등 라이브러리	• atoi : 문자열 형변환 함수 • rand : 난수
time.h	시간 라이브러리	• time : 현재 시간

모듈(Module)
한 개의 파일에서 기능을 제공한다.

패키지(Package)
여러 개의 모듈을 한 개의 폴더에 묶어서 기능을 제공한다.

권쌤이 알려줌

C언어 라이브러리 사용 방법은 아래와 같습니다.
• #include <stdio.h>

난수
정의된 범위 내에서 무작위로 추출된 수

C언어 문자열 형변환 함수 [21년 1회 필기]

함수	설명
atoi()	문사열을 정수형으로 변환(Ascii to Integer)
itoa()	정수형을 문자열로 변환(Integer to Ascii)
atof()	문자열을 실수형으로 변환(Ascii to Float)
ftoa()	실수형을 문자열로 변환(Float to Ascii)

예) `printf("%d", atoi("2021"));`
// 문자열 2021을 정수형으로 변환하므로, 서식 문자는 %d를 사용한다.

> **권쌤이 알려줌**
> 문자열 형변환 함수 사용을 위해 〈stdlib.h〉 헤더 파일을 먼저 포함해야 합니다.

3 JAVA 표준 라이브러리

라이브러리	설명	예
java.lang	기본적으로 필요한 자료형, 예외 처리 등 라이브러리	String : 문자열
java.util	날짜 처리, 난수 발생 등 라이브러리	Random : 난수
java.io	파일 입·출력 라이브러리	FileInputStream : 파일 읽어오기
java.sql	데이터베이스 라이브러리	Connection : DBMS와 연결
java.net	네트워크 라이브러리	Socket : 소켓 통신
java.awt	사용자 인터페이스(UI) 라이브러리	Checkbox : 체크박스

> **권쌤이 알려줌**
> JAVA언어 라이브러리 사용 방법은 아래와 같습니다.
> • import java.util.Random;
>   패키지 모듈

4 Python 표준 라이브러리

라이브러리	설명
string	문자열 연산 라이브러리
re	문자열 패턴 탐색, 치환 라이브러리
math	수학 함수 라이브러리
random	난수 라이브러리
datetime	날짜, 시간, 일자 라이브러리
logging	로그* 출력 라이브러리

> **권쌤이 알려줌**
> import java.util.*과 같이 util 라이브러리 안의 모든 함수를 포함할 수 있습니다.

> **권쌤이 알려줌**
> Python언어 라이브러리 사용 방법은 아래와 같습니다.
> • import string

> 로그(Log)
> 시스템 사용에 관련된 전체의 기록, 즉 입·출력 내용, 프로그램 사용 내용, 자료변경내용, 시작 시간, 종료 시간 등의 기록

[21년 1회 필기]

01 다음 설명에서 ( ) 안에 공통적으로 들어갈 가장 적합한 용어를 쓰시오.

> • ( )(이)란 필요할 때 찾아서 쓸 수 있도록 모듈화 되어 제공되는 프로그램으로, 모듈과 패키지를 총칭한다.
> • 프로그래밍 언어에 따라 일반적으로 ( )을(를) 사용하기 위한 도움말, 설치 파일, 샘플코드 등을 제공한다.
> • ( )은(는) 표준 ( )와(과) 외부 ( )(으)로 구분할 수 있는데, 표준 ( )은(는) 프로그래밍 언어가 기본적으로 가지고 있는 ( )을(를) 의미하며, 표준 ( )은(는) 별도의 파일 설치를 필요로 하는 ( )을(를) 의미한다.

해설　키워드 모듈화 되어 제공되는 프로그램 → 용어 라이브러리

[21년 2회 필기]

02 다음은 C언어 라이브러리에 대한 설명이다. ①~④에 들어갈 가장 적합한 라이브러리를 〈보기〉에서 고르시오.

구분	설명
①	문자열을 수치 데이터로 바꾸는 문자 변환 함수와 수치를 문자열로 바꿔주는 변환 함수 등이 있다.
②	문자열 처리 함수로 strlen()이 포함되어 있다.
③	표준 입출력 라이브러리이다.
④	삼각 함수, 제곱근, 지수 등 수학적인 함수를 내장하고 있다.

> 〈보기〉
> ㉠ stdlib.h　　　　㉡ math.h
> ㉢ string.h　　　　㉣ stdio.h

① ....
② ....
③ ....
④ ....

해설
　키워드 문자 변환 함수 → 용어 stdlib.h
　키워드 문자열(string) 처리, strlen() → 용어 string.h
　키워드 표준(standard) 입출력(io) → 용어 stdio.h
　키워드 수학(math)적인 함수 → 용어 math.h

[21년 1회 필기]

03 C언어에서 문자열을 정수형으로 변환하는 라이브러리 함수는 무엇인지 고르시오.

> ㉠ itoa()　　　　　　　㉡ atof()
> ㉢ atoi()　　　　　　　㉣ ftoa()

해설　키워드 문자열(ascii)을 정수형(integer)으로 → 용어 atoi()

04 JAVA 표준 라이브러리 중 Random 함수를 사용하기 위한 라이브러리를 사용하는 방법이다. ( ) 안에 들어갈 가장 적합한 답을 쓰시오.

> import java.( ).Random;

해설
　키워드 난수 발생, 날짜 처리 등 라이브러리 → 용어 util
　TIP JAVA언어에서 라이브러리를 사용하기 위해 import 키워드를 사용합니다.

정답
01. 라이브러리(Library) 02. ❶ ㉠ ❷ ㉢ ❸ ㉣ ❹ ㉡ 03. ㉢ 04. util

04 예외 처리

1 예외(Exception)

예외는 프로그램의 정상적인 실행을 방해하는 조건이나 상태를 의미한다.

▼ 예외의 원인

컴퓨터 하드웨어의 문제, 운영체제의 설정 실수, 라이브러리 손상, 사용자의 입력 실수, 받아들일 수 없는 연산 등 다양하다.

> 예 주민등록번호 입력란에 한글을 입력한 경우

2 예외 처리(Exception Handling)

예외 처리는 예외가 발생했을 때 개발자가 해당 문제에 대비해 작성해 놓은 처리 루틴*을 수행하도록 하는 것이다.

> 예 '숫자만 입력 가능합니다.'라는 경고 메시지를 출력한다.

1. JAVA 예외 처리 문법

```
try {
    예외 발생할 가능성이 있는 코드;  예 주민등록번호를 입력받는다.
}
catch (Exception e) {
    예외 발생 시 실행 코드;  예 '숫자만 입력 가능' 메시지를 출력한다.
}
finally {
    예외 발생 여부와 관계없이 무조건 실행되는 코드;
}
```

2. Python 예외 처리 문법

```
try:
    예외 발생할 가능성이 있는 코드  예 주민등록번호를 입력받는다.
except:
    예외 발생 시 실행 코드  예 '숫자만 입력 가능' 메시지를 출력한다.
else:
    예외 발생하지 않을 시 실행 코드  예 다음 페이지로 넘어간다.
finally:
    예외 발생 여부와 관계없이 무조건 실행되는 코드
```

권쌤이 알려줌

주민등록번호 입력란에 한글을 입력했을 경우 오류가 발생합니다. 이와 같이 예외 상황이 발생했을 때 대비하기 위한 것을 예외 처리라고 합니다.

루틴(Routine)
특정 작업을 실행하기 위한 일련의 명령

권쌤이 알려줌

예외 발생 시 일반적인 처리 과정은 프로그램을 종료시키거나 로그를 남기는 것입니다.

01 프로그램의 정상적인 실행을 방해하는 조건이나 상태를 예외라고 하며, 이러한 예외가 발생하였을 때 프로그래머가 해당 문제에 대비해 미리 작성해 놓은 처리 루틴을 수행하도록 하는 것을 무엇이라 하는지 쓰시오.

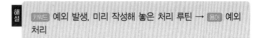

해설 `키워드` 예외 발생, 미리 작성해 놓은 처리 루틴 → `용어` 예외 처리

정답
01. 예외 처리(Exception Handling)

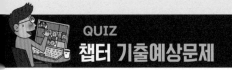

01 다음은 2개의 정수를 입력받아 입력받은 점수 A와 점수 B의 평균을 구하여 등급을 결과로 나타내는 프로그램을 C언어로 구현한 것이다. 프로그램을 분석하여 ( ) 안에 들어갈 가장 적합한 답을 쓰시오.

```c
#include <stdio.h>
int main() {
    int a_score, b_score, average;
    printf("점수를 입력하세요.: ");
    (   )("%d %d", &a_score, &b_score);
    average = (a_score + b_score) / 2;
    if(average >= 80) {
        printf("A");
    }
    else if(average >= 60) {
        printf("B");
    }
    else {
        printf("C");
    }
}
```

〈입력〉　　　　　〈출력〉

60 80　　　　　B

02 다음 C언어로 구현된 프로그램을 분석하여 그 실행 결과를 쓰시오.

```c
#include <stdio.h>
int main() {
    int number = 5;
    printf("%d ", ++number);
    printf("%d ", number++);
    printf("%d ", --number);
    printf("%d", number--);
}
```

03 다음 C언어로 구현된 프로그램을 분석하여 그 실행 결과를 쓰시오.

```c
#include <stdio.h>
int main() {
    int result, a = 100, b = 200, c = 300;
    result = a < b ? b : c;
    printf("%d", result);
}
```

04 다음 C언어로 구현된 프로그램을 분석하여 그 실행 결과를 쓰시오.

```c
#include <stdio.h>
int main() {
    int A = 3, B = 5, C = 10, D = 15;
    D /= A;
    C -= D;
    B += C;
    A *= B;
    printf("%d, %d, %d, %d", A, B, C, D);
}
```

05 다음 C언어로 구현된 프로그램을 분석하여 그 실행 결과를 쓰시오.

```c
#include <stdio.h>
int main(void) {
    int a = 3, b = 6;
    int c, d, e;
    c = a & b;
    d = a | b;
    e = a ^ b;
    printf("%d %d %d", c, d, e);
}
```

06 다음은 〈출력〉과 같이 구구단 3단을 나타내는 프로그램을 C언어로 구현한 것이다. 프로그램을 분석하여 ①, ②에 가장 적합한 답을 쓰시오.

```c
#include <stdio.h>
int main() {
    int i = 1, a = 3, result;
    ( ① ) (i <= 9)
    {
        result = a * i;
        printf("3 * %d = %d \n", ( ② ), result);
    }
}
```

〈출력〉

```
3 * 1 = 3
3 * 2 = 6
3 * 3 = 9
3 * 4 = 12
3 * 5 = 15
3 * 6 = 18
3 * 7 = 21
3 * 8 = 24
3 * 9 = 27
```

① ....

② ....

07 다음은 1개의 정수를 입력 받아 입력 받은 정수에 해당하는 월의 일수를 결과로 나타내는 프로그램을 C언어로 구현한 것이다. 프로그램을 분석하여 ( ) 안에 들어갈 가장 적합한 답을 쓰시오.

```c
#include <stdio.h>
int main() {
    int month;
    printf("월을 입력해 주세요: ");
    scanf("%d", &month);
    (   )(month) {
        case 1:
        case 3:
        case 5:
        case 7:
```

```c
        case 8:
        case 10:
        case 12:
            printf("31일까지 있습니다.");
            break;
        case 4:
        case 6:
        case 9:
        case 11:
            printf("30일까지 있습니다.");
            break;
        case 2:
            printf("28일까지 있습니다.");
            break;
        default:
            printf(" 1월부터 12월까지 입력해 주세요");
            break;
    }
}
```

〈입력〉	〈출력〉
3	31일까지 있습니다.

08 다음은 〈출력〉과 같이 1에서 100까지 합을 구할 때 합의 값이 1000을 초과하는 최초의 n의 값을 나타내는 프로그램을 C언어로 구현한 것이다. 프로그램을 분석하여 ①, ②에 들어갈 가장 적합한 답을 쓰시오.

```c
#include <stdio.h>
int main() {
    int sum = 0;
    int i = 1;
    while(1) {
        sum = sum + i;
        if(( ① )) {
            ( ② );
        }
        i++;
    }
    printf("1~100의 합 중 최초로 1000이 넘는 위치는? %d", i);
}
```

〈출력〉

```
1~100의 합 중 최초로 1000이 넘는 위치는? 45
```

① ....

② ....

09 다음은 〈출력〉과 같이 두 개의 주사위를 던졌을 때 합이 4가 되는 경우를 나타내는 프로그램을 C언어로 구현한 것이다. 프로그램을 분석하여 ( ) 안에 들어갈 가장 적합한 답을 쓰시오.

```
#include <stdio.h>
int main(void) {
    int A, B;
    int sum = 4;
    printf("***합이 %d가 되는 경우의 수***\n ", sum);
    printf("주사위A   주사위B \n ");
    for (A = 1; A <= 6; A++)
        for (B = 1; B <= 6; B++)
            if ((   ) == sum)
                printf("%d \t %d \n ", A, B);
}
```

〈출력〉

```
***합이 4가 되는 경우의 수***
주사위A   주사위B
1        3
2        2
3        1
```

10 다음은 〈출력〉과 같이 1부터 100 사이의 홀수의 합을 나타내는 프로그램을 C언어로 구현한 것이다. 프로그램을 분석하여 ( ) 안에 들어갈 가장 적합한 답을 쓰시오.

```
#include <stdio.h>
int main(void) {
    int n = 1;
    int sum = 0;
    while (n <= 100) {
        if ((   ))
            sum += n;
        n++;      .
    }
    printf("1~100 사이의 홀수의 합 : %d", sum);
}
```

〈출력〉

```
1~100 사이의 홀수의 합 : 2500
```

11 다음은 〈출력〉과 같이 수의 감소를 나타내는 프로그램을 C언어로 구현한 것이다. 프로그램을 분석하여 ( ) 안에 들어갈 가장 적합한 답을 쓰시오.

```
#include <stdio.h>
int main(void) {
    int i, j;
    int n = 5;
    for(i = 0; i < n; i++) {
        for(j = 1; (   ); j++)
            printf("%3d", j);
        printf("\n");
    }
}
```

〈출력〉

```
1   2   3   4   5
1   2   3   4
1   2   3
1   2
1
```

12 다음은 〈출력〉과 같이 1부터 100 사이의 소수 개수를 출력하는 프로그램을 C언어로 구현한 것이다. 프로그램을 분석하여 ①, ②에 들어갈 가장 적합한 답을 쓰시오. (단, 1은 소수에 포함되지 않는다.)

```c
#include <stdio.h>
int main(void) {
    int num, i;
    int count = 0;
    for(num = 2; num <= 100; num++) {
        for(i = 2; i < num; i++) {
            if(num % i == 0)
                ( ① );
        }
        if(num == i)
            ( ② );
    }
    printf("1~100까지의 소수 : %d개 ",
count);
}
```

〈출력〉

```
1~100까지의 소수 : 25개
```

① ⋯⋯⋯⋯⋯⋯⋯⋯⋯⋯⋯⋯⋯⋯⋯⋯⋯⋯⋯

② ⋯⋯⋯⋯⋯⋯⋯⋯⋯⋯⋯⋯⋯⋯⋯⋯⋯⋯⋯

13 다음 C언어로 구현된 프로그램을 분석하여 그 실행 결과를 쓰시오.

```c
#include <stdio.h>
int main(void) {
    int a = 5;
    int b = 7;
    int sub;
    if(a > b) {
        sub = a - b;
    }
    if(b > a) {
        sub = b - a;
    }
    else {
        printf("error");
        return 0;
    }
```

```c
    printf("%d", sub);
}
```

14 다음은 사용자로부터 입력 받은 자연수 N의 각 자리 수의 합을 구하는 프로그램을 C언어로 구현한 것이다. 프로그램을 분석하여 ①, ②에 들어갈 가장 적합한 답을 쓰시오.

```c
#include <stdio.h>
int main() {
    int num;
    int sum = 0;
    printf("자연수를 입력하세요.: ");
    scanf("%d", &num);
    while(num != 0) {
        sum += ( ① );
        num /= 10;
    }
    printf("각 자리 수의 합은 %d이다.", ( ②
));
}
```

〈입력〉	〈출력〉
881	17

15 다음은 배열에서 3의 개수를 구하는 프로그램을 C언어로 구현한 것이다. 프로그램을 분석하여 ( ) 안에 들어갈 가장 적합한 답을 쓰시오.

```c
#include <stdio.h>
int main() {
    int num[7] = {3, 5, 99, 14, 25, 3, 12};
    int i;
    int count = 0;
    for(i = 0; i < 7; i++) {
        if(( ) == 3)
            count++;
```

```
    }
    printf("%d", count);
}
```

〈출력〉

```
2
```

16 다음은 〈출력〉과 같이 피보나치 수열의 합계를 구하는
프로그램을 C언어로 구현한 것이다. 프로그램을 분석
하여 ( ) 안에 들어갈 가장 적합한 답을 쓰시오.

```
#include <stdio.h>
int main() {
    int a = 1, b =1;
    int c;
    int sum = 2, cnt = 2;
    while(cnt < 15) {
        (   );
        sum += c;
        cnt++;
        a=b;
        b=c;
    }
    printf("%d번째 항까지의 피보나치수열의
합=%d", cnt, sum);
}
```

〈출력〉

```
15번째 항까지의 피보나치수열의 합=1596
```

17 다음 C언어로 구현된 프로그램을 분석하여 그 실행 결
과를 쓰시오.

```
#include <stdio.h>
int main() {
    int num = 11;
    int a[10];
```

```
    int i = 0;
    int j;
    while(1) {
        a[i] = num % 2;
        num = num / 2;
        i++;
        if(num == 0)
            break;
    }
    for(j = i-1; j >= 0; j--) {
        printf("%d", a[j]);
    }
}
```

18 다음 C언어로 구현된 프로그램을 분석하여 그 실행 결
과를 쓰시오.

```
#include <stdio.h>
int func(int a, int b);
int main() {
    int a = 5;
    int b = 9;
    int result = 0;
    result = func(a, b);
    printf("%d", result);
}
int func(int a, int b) {
    return (a++) + (++b);
}
```

19 다음 JAVA언어로 구현된 프로그램을 분석하여 그 실행 결과를 쓰시오.

```java
public class Gisafirst {
    public static void main(String[] args) {
        int a[] = new int[5];
        for(int i = 0; i < 5; i++) {
            a[i] = i;
            System.out.println(a[i]);
        }
    }
}
```

20 다음 JAVA언어로 구현된 프로그램을 분석하여 그 실행 결과를 쓰시오.

```java
public class Gisafirst {
    public static void main(String[] args) {
        int[] a = {31, 15, 27, 22, 4, 8, 9};
        int temp = 0;
        for(int i : a) {
            if(i % 2 == 0) {
                continue;
            }
            temp++;
        }
        System.out.print(temp);
    }
}
```

21 다음 JAVA언어로 구현된 프로그램을 분석하여 1234를 입력했을 때 그 실행 결과를 쓰시오.

```java
import java.util.Scanner;
public class Gisafirst {
    public static void main(String[] args) {
        int n, temp = 0;
        Scanner scanner = new Scanner(System.in);
        n = scanner.nextInt();
        while(true) {
            if(n == 0) {
                break;
            }
            temp = temp + n % 10;
            n = n / 10;
        }
        System.out.print(temp);
        scanner.close();
    }
}
```

〈입력〉

```
1234
```

22 다음은 〈출력〉과 같이 1~10까지 홀수의 합을 출력하는 프로그램을 JAVA언어로 구현한 것이다. 프로그램을 분석하여 ①, ②에 들어갈 가장 적합한 답을 쓰시오.

```java
public class Gisafirst {
    public static void main(String[] args) {
        int a = 0, sum = 0;
        while(a < 10) {
            a++;
            if(( ① ) == 1) {
                ( ② ) += a;
            }
        }
        System.out.println(sum);
    }
}
```

〈출력〉

```
25
```

①
②

23 다음 JAVA언어로 구현된 프로그램을 분석하여 그 실행 결과를 쓰시오.

```
public class Gisafirst {
    public static void main(String[] args) {
        System.out.println(!(5 != 3));
        System.out.println((5 > 3) && (1 > 2));
        System.out.println((5 != 3) || (1 > 2));
        System.out.println((5 != 3) ^ (1 > 2));
    }
}
```

24 다음 JAVA언어로 구현된 프로그램을 분석하여 그 실행 결과를 쓰시오.

```
public class Gisafirst {
    public static void main(String[] args) {
        int i = 1, sum = 0, sw = 1;
        do {
            sum = sum + sw * i;
                if(i < 10) {
                    i = i + 1;
                    sw = -sw;
                } else break;
        } while(true);
        System.out.println(sum);
    }
}
```

25 다음 JAVA언어로 구현된 프로그램을 분석하여 그 실행 결과를 쓰시오.

```
public class Gisafirst {
    public static void main(String[] args) {
        int[] a = {2, 4, 2, 2, 5, 2};
        int c = 0;
        for (int i = 0; i < a.length; i++) {
            if(a[i] == 2)
                c++;
        }
        System.out.println(c);
    }
}
```

26 다음 JAVA언어로 구현된 프로그램을 분석하여 그 실행 결과를 쓰시오.

```
public class Gisafirst {
    public static void main(String[] args) {
        int i, cnt = 0;
        for(i = 1; i <= 110; i++) {
            if(i % 5 == 0)
                cnt++;
        }
        System.out.println(cnt);
    }
}
```

27 다음 Python언어로 구현된 프로그램을 분석하여 그 실행 결과를 쓰시오.

```
a = [1, 2, 1, 3, 2, 1]
c = 0
for i in range(len(a)):
    if(a[i] == 1):
        c += 1
print(c)
```

28 다음 〈출력〉과 같이 2진수 변환 프로그램을 Python언어로 구현한 것이다. 프로그램을 분석하여 ( ) 안에 들어갈 가장 적합한 답을 쓰시오.

```python
a = [0, 0, 0, 0, 0 ,0 ,0, 0]
i = 0
n = 7
while(n > 0):
    a.insert((    ), n % 2)
    n = (int)(n / 2)
    i += 1
for i in range(7, -1, -1):
    print(a[i], end="")
```

〈출력〉

```
00000111
```

29 다음은 1~10까지 9의 약수를 출력하는 프로그램을 Python 언어로 구현한 것이다. 프로그램을 분석하여 ( ) 안에 들어갈 가장 적합한 답을 쓰시오.

```python
num = 9
for i in range(1, num+1):
    if((   ) == 0):
        print(i)
```

〈출력〉

```
1
3
9
```

30 다음 Python언어로 구현된 프로그램을 분석하여 그 실행 결과를 쓰시오.

```python
def function(x, y, z):
    return x + y, y + z, x + z;
sum = function(7, 1, 9)
print(sum)
```

31 다음은 〈출력〉과 같이 이차원 리스트를 출력하는 프로그램을 Python 언어로 구현한 것이다. 프로그램을 분석하여 ( ) 안에 들어갈 가장 적합한 답을 쓰시오.

```python
a = [[1, 2, 3], [4, 5, 6]]
for i in range(len(a)):
    for j in range(len(a[i])):
        print((   ), end=' ')
    print()
```

〈출력〉

```
1 2 3
4 5 6
```

32 다음 Python언어로 구현된 프로그램을 분석하여 그 실행 결과를 쓰시오.

```python
for i in range(1, 4):
    for j in range(1, i+1):
        print(j, end=' ')
    print()
```

33 다음 Python언어로 구현된 프로그램을 분석하여 그 실행 결과를 쓰시오.

```python
y = {'cool', 'hot', 'sunny'}
y.remove('hot')
y.update(['cold', 'sunny'])
y.add('cold')
print(y)
```

챕터
기출예상문제 정답 및 해설

01 **정답** scanf

해설 코드해설

```
int a_score, b_score, average;
// 변수 선언
printf("점수를 입력하세요: ");
// "점수를 입력하세요.: " 출력
scanf("%d %d", &a_score, &b_score);
// 사용자에게 정수 2개를 입력 받음
average = (a_score + b_score) / 2;
// average에 입력 받은 두 정수의 평균 저장
if(average >= 80) {
// average가 80 이상인 경우
    printf("A"); // "A" 출력
}
else if(average >= 60) {
// average가 60 이상인 경우
    printf("B"); // "B" 출력
}
else { // 그 외 경우
    printf("C"); // "C" 출력
}
```

02 **정답** 6 6 6 6

해설 증감 연산자

```
printf("%d", ++number);
// 선증가 후대입 → 초기:5 증가:6 대입:6
printf("%d", number++);
// 선대입 후증가 → 초기:6 대입:6 증가:7
printf("%d", --number);
// 선감소 후대입 → 초기:7 감소:6 대입:6
printf("%d", number--);
// 선대입 후감소 → 초기:6 대입:6 감소:5
```

03 **정답** 200

해설 조건 연산자

– 조건 ? 수식1 : 수식 2
: 조건이 참이면 수식1 실행, 거짓이면 수식2 실행
– result = a < b ? b : c;
: 조건 a(100) < b(200) 이 참이므로 result에 b 값 저장

04 **정답** 30, 10, 5, 5

해설 할당(대입) 연산자

```
D /= A;  // D = D / A = 15 / 3 = 5
C -= D;  // C = C - D = 10 - 5 = 5
B += C;  // B = B + C = 5 + 5 = 10
A *= B;  // A = A * B = 3 * 10 = 30
```

05 **정답** 2 7 5

해설 • & : 두 비트가 모두 1일 때만 결과가 1, 그렇지 않으면 결과는 모두 0이다.

• | : 두 비트 중 어느 하나라도 1이면 결과는 1, 그렇지 않으면 결과는 0이다.

• ^ : 두 비트 중 하나만 1일때만 결과가 1, 그렇지 않으면 결과는 모두 0이다.

TIP ^ 연산자는 두 비트가 같으면 0, 다르면 1이 됩니다.

06 **정답** ① while ② i++

해설 코드해설

```
int i = 1, a = 3, result;
// 변수 선언 및 초기화
while (i <= 9)
// i가 9보다 작거나 같은 동안 while문 실행
{
    result = a * i;
    // result에 a × i 값 저장
    printf("3 * %d = %d \n", i++, result);
    // "3 * i = result"의 각 값 출력 후, 개행 및 i 값
      1 증가
}
```

디버깅표

a	i	result = a*i
3	1	3
3	2	6
3	3	9
3	4	12
3	5	15
3	6	18
3	7	21
3	8	24
3	9	27

07 **정답** switch

해설 switch ~ case문

```
switch(month)
    case 1: // month == 1 인 경우
    case 3: // month == 3 인 경우
        문장1; // 문장1 실행
        break; // switch문 종료
        ┊
    default: // 만족하는 조건이 없을 경우
        문장4; // 문장4 실행
        break; // switch문 종료
```

08 정답 ❶ sum > 1000 ❷ break
해설 코드해설

```
int sum = 0; // 변수 선언 및 초기화
int i = 1; // 변수 선언 및 초기화
while(1) { // 무한 루프
    sum = sum + i;
    // sum에 sum + i 값 저장
    if(sum > 1000) {
    // sum이 1000보다 큰 경우
        break; // while문 종료
    }
    i++; // i 값 1 증가
}
printf("1~100의 합 중 최초로 1000이 넘는 위치는? %d",
i); // i 값 출력
```

디버깅표

i	sum	sum >= 1000
1	1	F
2	3	F
3	6	F
:	:	F
44	990	F
45	1035	while문 종료

09 정답 A + B
해설 코드해설

```
for (A = 1; A <= 6; A++)
// A는 1부터 6보다 작거나 같을 때까지 for문 실행
    for (B = 1; B <= 6; B++)
    // B는 1부터 6보다 작거나 같을 때까지 for문 실행
        if (A + B == sum)
        // A + B가 sum과 같은 경우
            printf("%d \t %d \n ", A, B);
            // A, B 값 출력
```

10 정답 n % 2 != 0 또는 n % 2 == 1
해설 코드해설

```
while (n <= 100) {
// n이 100보다 작거나 같은 동안 while문 실행
    if (n % 2 != 0)
    // n % 2 값이 0이 아닌 경우 → 홀수
        sum += n; // sum에 sum + n 값 저장
    n++; // n 값 1 증가
}
```

11 정답 j <= n-i
해설 코드해설

```
for(i = 0; i < n; i++) {
// i는 0부터 n보다 작을 때까지 for문 실행
    for(j = 1; j <= n-i; j++)
    // j는 1부터 n-i보다 작거나 같을 때까지 for문 실행
        printf("%3d", j);
        // j 값 출력
        // 3은 출력할 자리 수 의미 → _ _1
    printf("\n"); // 개행
}
```

12 정답 ❶ break ❷ count++
해설 코드해설

```
for(num = 2; num <= 100; num++) {
// num은 2부터 100보다 작거나 같을 때까지 for문 실행
    for(i = 2; i < num; i++) {
    // i는 2부터 num보다 작을 때까지 for문 실행
        if(num % i == 0)
        // num % i 값이 0인 경우
            break; // for문 종료 → 가장 가까운 for문 종료
    }
    if(num == i) // num과 i 값이 같은 경우
        count++; // count 값 1 증가
}
```

13 정답 2
해설 코드해설

```
if(a > b) { // a가 b보다 큰 경우
    sub = a - b; // sub에 a - b 값 저장
}
if(b > a) { // b가 a보다 큰 경우
    sub = b - a; // sub에 b - a 값 저장
}
else { // 그 외 경우
    printf("error"); // "error" 출력
    return 0; // 프로그램 종료
}
```

14 정답 ❶ num % 10 ❷ sum
해설 코드해설

```
while(num != 0) {
// num이 0이 아닌 동안 while문 실행
    sum += num % 10;
    // sum에 num % 10 값 저장
    num /= 10; // num에 num / 10 값 저장
            → 백의 자리 → 십의 자리 → 일의 자리 저장
}
```

15 정답 num[i]
해설 코드해설

```
for(i = 0; i < 7; i++) {
// i는 0부터 7보다 작을 때까지 for문 실행
    if(num[i] == 3) // num[i]의 값이 3인 경우
        count++; // count 값 1 증가
}
```

16 정답 c = a + b
해설 피보나치 수열 : 첫째 및 둘째 항이 1이며, 그 뒤의 모든 항은 바로 앞 두 항의 합인 수열 (1, 1, 2, 3, 5, 8, ...)

```
int a = 1, b =1; // 첫번째항, 두번째항
int c; // 세번째항
int sum = 2, cnt = 2;
// 합계 sum, 항의 개수 cnt
while(cnt < 15) {
// cnt가 15보다 작은 동안 while문 실행
    c = a + b;
    // 세번째항 = 첫번째항 + 두번째항
    sum += c; // sum에 sum + c 값 저장
    cnt++; // cnt 값 1 증가
    a=b;
```

```
        b=c; // 계산할 항을 한 칸씩 뒤로 밀어줌
```

디버깅표

c	sum	cnt	a	b
	2	2	1	1
2	4	3	1	2
3	7	4	2	3
5	12	5	3	5
⋮	⋮	⋮	⋮	⋮

17 정답 1011

해설 2진수 변환

```
while(1) { // 무한 루프
    a[i] = num % 2;
    // a[i]에 num % 2 값 저장
        num = num / 2;
        // num에 num / 2 값 저장
        i++; // i 값 1 증가
        if(num == 0) // num이 0인 경우
            break; // while문 종료
}
for(j = i-1; j >= 0; j--) {
    printf("%d", a[j]);
} // 배열의 요소를 역순으로 출력
```

18 정답 15

해설 코드해설

```
    int func(int a, int b); // 메소드 func 선언
    int main {
①    int a = 5; // 변수 선언 및 초기화
②    int b = 9; // 변수 선언 및 초기화
③    int result = 0; // 변수 선언 및 초기화
④⑦ result = func(a, b); // result에 메소드 func 호출
                         // 및 값 저장
⑧    printf("%d", result); // result 값 출력
    }
⑤ int func(int a, int b) {
⑥    return (a++) + (++b); // (a++) + (++b) 값 반환
    }
```

19 정답 0
            1
            2
            3
            4

해설 코드해설

```
int a[] = new int[5];
// 크기가 5인 배열 a 선언
for(int i = 0; i < 5; i++) {
// i는 0부터 5보다 작을 때까지 for문 실행
    a[i] = i; // a[i]에 i 값 저장
```

a[0]	a[1]	a[2]	a[3]	a[4]
0	1	2	3	4

```
    System.out.println(a[i]); // a[i] 값 출력 및 개행
}
```

20 정답 4

해설 배열에서 홀수의 개수 구하기

```
int[] a = {31, 15, 27, 22, 4, 8, 9 };
// 배열 a 선언 및 초기화
    int a temp = 0; // 변수 선언 및 초기화
    for(int i : a) {
    // 배열 a의 원소를 i에 대입
        if(i % 2 == 0) {
        // i % 2 값이 0인 경우
```

```
        continue;
        // continue 이후 문장은 실행하지 않고 for문
           의 선두로 되돌아가서 실행
    }
    temp++; // temp 값 1 증가
    }
System.out.print(temp); // temp 값 출력
```

21 정답 10

해설 입력 받은 자연수 N의 각 자릿수 합계 구하기

```
while(true) { // 무한 루프
    if(n == 0) { // n이 0인 경우
        break; // while문 종료
    }
    temp = temp + n % 10;
    // temp에 일의 자릿수부터 저장
    n = n / 10;
    // n = 1234   123   12   1   0
}
System.out.print(temp); // temp 값 출력
}
```

디버깅표

if(n == 0)	temp	n
	0	1234
1234 → F	4 = 0+4	123
123 → F	7 = 4+3	12
12 → F	9 = 7+2	1
1 → F	10 = 9+1	0
0 → T	while문 종료	

22 정답 ❶ a % 2 ❷ sum

해설 코드해설

```
int a = 0, sum = 0; // 변수 선언 및 초기화
while(a < 10) {
// a가 10보다 작은 동안 while문 실행
    a++; // a 값 1 증가
    if(a % 2 == 1) {
    // a % 2 값이 1인 경우
        sum += a; // sum에 sum + a 값 저장
    }
}
System.out.println(sum); // sum 값 출력
```

23 정답 false
false
true
true

해설 논리 연산자
- ! : 값이 0인 경우 1, 0이 아닌 경우 0 (NOT 연산)
- ^ : 하나만 T이면 T (XOR 연산)
- || : 하나라도 T이면 T (OR 연산)
- && : 모두 T이면 T (AND 연산)

24 정답 -5
해설 1-2+3-4+5-6+7-8+9-10까지의 계산

```
if(i < 10) { // i가 10보다 작은 경우
    i = i + 1; // i 값 1 증가
    sw = -sw; // sw 값 -sw 값으로 변경
} else break; // 그 외 경우 do-while문 종료
```

디버깅표

sum	i	sw
0	1	1
1	2	-1
1-2	3	1
1-2+3	4	-1
⋮	⋮	⋮
1-2+3-4+5-6+7-8+9	10	-1
1-2+3-4+5-6+7-8+9-10	do~while문 종료	

25 정답 4
해설 배열에서 2의 개수 구하기

```
for (int i = 0; i < a.length; i++) {
// i는 0부터 배열 a의 길이보다 작을 때까지 for문 실행
    if(a[i] == 2) // a[i]의 값이 2인 경우
        c++; // c 값 1 증가
}
```

26 정답 22
해설 1부터 110까지 5의 배수 개수

```
for(i = 1; i <= 110; i++) {
// i는 110보다 작거나 같을 때까지 for문 실행
    if(i % 5 == 0) // i % 5 값이 0인 경우
        cnt++; // cnt 값 1 증가
}
```

디버깅표

i	i % 5 == 0	cnt
		0
1	1 == 0 → F	
2	2 == 0 → F	
3	3 == 0 → F	
4	4 == 0 → F	
5	5 == 0 → T	1
6	6 == 0 → F	
⋮	⋮	⋮

27 정답 3
해설 리스트에서 1의 개수 구하기

```
a = [1, 2, 1, 3, 2, 1] # 리스트 선언 및 초기화
c = 0 # 변수 선언 및 초기화
for i in range(len(a)):
# i는 0부터 len(a)-1까지 for문 실행
# len(a): 리스트 a의 크기 = 6
    if(a[i] == 1): # a[i]의 값이 1인 경우
        c += 1 # c 값 1 증가
print(c) # c 값 출력
```

28 정답 i
해설 2진수 변환

```
while(n > 0): # n이 0보다 큰 동안 while문 실행
    a.insert(i, n % 2)
    # 리스트 a의 i번째 요소에 n % 2 값 삽입
    n = (int)(n / 2)
    # n에 (n / 2) 값을 int형으로 변환 후 저장
    i += 1 # i 값 1 증가
for i in range(7, -1, -1):
# i는 7에서 0까지 for문 실행
# 초기값: 7, 최종값: -1, 증가값: -1
※ 증가값이 음수일 경우 최종값+1까지 숫자 생성
    print(a[i], end="") # a[i] 값 출력
```

TIP 리스트에서 insert 메소드를 사용하여 지정된 위치에 값을 삽입할 수 있습니다.
- insert(인덱스, 값)
  - 인덱스 : 값을 추가할 위치
  - 값 : 리스트에 추가할 값

29 정답 num % i 또는 9 % i
해설 코드 해설

```
num = 9 # 변수 선언 및 초기화
for i in range(1, num+1):
# i는 1부터 9까지 for문 실행
    if(num % i == 0):
    # num % i 값이 0인 경우
        print(i) # i 값 출력
```

30 정답 (8, 10, 16)
해설 코드 해설

```
def function(x, y, z): # 함수 function 선언
    return x + y, y + z, x + z; # 각 값 반환
sum = function(7, 1, 9) # x=7, y=1, z=9
print(sum) # sum 값 출력
```

31 정답 a[i][j]
해설 코드 해설

```
a = [[1, 2, 3], [4, 5, 6]] # 리스트 선언 및 초기화
for i in range(len(a)):
# i는 0부터 len(a)-1까지 for문 실행
    for j in range(len(a[i])):
    # j는 0부터 len(a[i])-1까지 for문 실행
        print(a[i][j], end=' ') # a[i][j] 값 출력 및
                                       한 칸 띄움
    print() # 개행
```

32 **정답** 1
   12
   123

해설 코드 해설

```
for i in range(1, 4): # i는 1부터 3까지 for문 실행
    for j in range(1, i+1):
    # j는 1부터 i까지 for문 실행
        print(j, end=' ')
        # j 값 출력 및 한 칸 띄움
    print() # 개행
```

33 **정답** {'cold', 'sunny', 'cool'} 순서 상관없음

해설 코드 해설

• 집합(Set) : 중복을 허용하지 않고, 순서가 없는 자료형으로 중
  괄호{ }를 사용하여 선언한다.
• 집합 관련 메소드
  – add(값) : 1개의 값 추가
  – update([값1, 값2, …]) : 여러 개의 값 추가
  – remove(값) : 특정 값 제거

```
y.remove('hot')
# {'sunny', 'cool'}
y.update(['cold', 'sunny'])
# {'sunny', 'cold', 'cool'}
y.add('cold')
# {'sunny', 'cold', 'cool'}
```

응용 SW 기초 기술 활용

- [응용 SW 기초 기술 활용] 챕터는 컴퓨터 시스템 자원을 효율적으로 사용할 수 있게 도와주는 운영체제와 서로 다른 시스템과 데이터를 송·수신하기 위해 필요한 네트워크의 기본적인 이론 내용을 학습합니다.
- 하나의 컴퓨터 시스템에서 여러 개의 프로그램을 동시에 실행할 때 한정된 자원을 효율적으로 사용하기 위해 자원의 사용 순서 등을 정합니다.
- 여러 사용자와 데이터를 주고 받기 위한 네트워크 계층 및 장비, 네트워크 통신 규약에 대해 학습합니다.

01섹션. 운영체제 기초 활용
- **01.** 운영체제 ★★
- **02.** 메모리 관리 ★★
- **03.** 프로세스 스케줄링 ★★
- **04.** 디스크 스케줄링 ★
- **05.** 파일 관리 ★
- **06.** 병행 프로세스 ★
- **07.** 교착상태 ★★
- **08.** 환경 변수 ★
- **09.** 운영체제 기본 명령어 ★★

02섹션. 네트워크 기초 활용
- **01.** 인터넷 ★★★
- **02.** OSI 7계층 ★★★
- **03.** 네트워크 장비 ★★
- **04.** TCP/IP ★★
- **05.** 프로토콜 ★★★

합격자의 **암기 노트**

▶ **프로세스 스케줄링 종류 : FFIN / SRR**

- 비선점 스케줄링 : SJF, FIFO, HRN
- 선점 스케줄링 : SRT, RR

▶ **비선점 스케줄링 기법**

- 키워드 도착 순서 → 용어 FIFO
- 키워드 실행 시간 → 용어 SJF
- 키워드 우선순위식 → 용어 HRN

▶ **디스크 스케줄링 기법**

- 키워드 순서대로 → 용어 FCFS
- 키워드 탐색 거리가 가장 짧은 트랙부터 → 용어 SSTF
- 키워드 현재 진행 중인 한 방향으로 → 용어 SCAN
- 키워드 항상 바깥쪽에서 안쪽으로 → 용어 C-SCAN

▶ **교착상태 4가지 조건 : 삼점대 비환영(상점대 비환형)**

- 상호 배제(Mutual Exclusion)
- 점유와 대기(Hold & Wait)
- 비선점(Nonpreemption)
- 환형 대기(Circular Wait)

▶ **파일 권한 명령어 : UGO**

- User(사용자)
- Group(그룹)
- Other(다른 사용자)

▶ **OSI 7계층 : 물데네전세표응**

- 물리 계층(Physical Layer, 1계층)
- 데이터 링크 계층(Data Link Layer, 2계층)
- 네트워크 계층(Network Layer, 3계층)
- 전송 계층(Transport Layer, 4계층)
- 세션 계층(Session Layer, 5계층)
- 표현 계층(Presentation Layer, 6계층)
- 응용 계층(Application Layer, 7계층)

▶ **네트워크 장비 : 허리 부수랑게(허리 브스라게)**

- 허브(Hub)
- 리피터(Repeater)
- 브리지(Bridge)
- 스위치(Switch)
- 라우터(Router)
- 게이트웨이(Gateway)

▶ **프로토콜의 기본 요소 : 구타의미**

- 구문(Syntax)
- 타이밍(Timing)
- 의미(Semantics)

SECTION
01
운영체제 기초 활용

운영체제는 컴퓨터 시스템의 한 부분으로, 모든 하드웨어와 소프트웨어를 관리하는 실행 관리자라고 정의할 수 있습니다. 즉 컴퓨터 자원을 누가 사용할 수 있고, 어떻게 사용할 수 있는지를 관리하는 소프트웨어입니다. 운영체제의 기본 개념 및 종류와 자원을 관리하는 기법 등에 대해 학습합니다.

★★
01 운영체제

1 운영체제(OS; Operating System) [20년 3회 필기]

운영체제는 사용자가 컴퓨터의 하드웨어를 쉽게 사용할 수 있도록 인터페이스[※]를 제공해 주는 소프트웨어이다.

- 사용자 편의성을 위한 인터페이스인 동시에 다양한 자원[※]을 관리하는 자원 관리자이다.

인터페이스(Interface)
상호 작용 방법을 정의하는 수단 또는 개념

자원(Resource)
예 CPU, 메모리, 디스크, I/O 장치 등

1. 운영체제의 목적

처리 능력의 향상, 신뢰도 향상, 사용 가능도 향상, 응답시간(반환시간) 단축 등이 있다.

목적	설명
처리 능력(Throughput)	일정 시간 내에 시스템이 처리하는 일의 양
신뢰도(Reliability)	시스템이 주어진 문제를 정확하게 해결하는 정도
사용 가능도(Availability)	시스템을 사용할 필요가 있을 때 즉시 사용 가능한 정도
응답시간, 반환시간 (Turn Around Time)	시스템에 작업을 의뢰한 시간부터 처리가 완료될 때까지 걸린 시간

2. 운영체제 주요 자원 관리

권쌤이 알려줌

프로세스란 현재 실행 중인 프로그램을 의미합니다.

구분	설명
프로세스 관리	프로세스 생성과 제거, 시작과 정지, 메시지 전달, 프로세스 스케줄링 및 동기화 등의 기능 담당
기억 장치 관리	프로세스에 메모리 할당 및 회수 관리
주변 장치 관리	입 · 출력 장치 스케줄링 및 전반적인 관리
파일 관리	파일 생성, 삭제, 변경, 유지 등 담당

2 운영체제의 종류

구분	운영체제	설명
개인용 OS	MS-DOS	Windows 이전에 Microsoft에서 개발한 운영체제
	Windows	Microsoft 운영체제
	MacOS	Apple이 UNIX 기반으로 개발한 운영체제
서버용 OS	Windows NT (Server)	Microsoft가 공개한 서버 운영체제
	UNIX	AT&T 벨(Bell) 연구소, MIT, General Electric이 공동 개발한 운영체제
	LINUX	리누스 토발즈(Linus Torvalds)가 개발한 UNIX와 호환이 가능한 운영체제
모바일 OS	Android	Google이 공개한 모바일 운영체제
	iOS	Apple이 UNIX 기반으로 개발한 모바일 운영체제

권쌤이 알려줌

운영체제 인터페이스는 크게 CLI와 GUI로 구분할 수 있습니다.
• CLI 운영체제 : MS-DOS, UNIX, LINUX
• GUI 운영체제 : Winodws, MacOS

3 Windows

Windows는 당시 널리 쓰이던 MS-DOS에서 멀티태스킹*과 GUI 환경을 제공하기 위한 응용 프로그램으로 출시된 운영체제이다.

- 마이크로소프트(Microsoft)사에서 1995년도에 Windows 95를 발표한 이후 98, ME, XP, 7, 8, 10, 11 등의 버전이 지속적으로 출시되고 있다.
- 유료 운영체제로 마이크로소프트사에서만 수정 및 배포할 수 있다.

멀티태스킹
(Multi-Tasking, 다중 작업)
여러 가지 작업을 동시에 수행하는 것

특징	설명
GUI(Graphic User Interface, 그래픽 사용자 인터페이스)	사용자가 편리하게 사용할 수 있도록 아이콘과 같은 그래픽으로 나타내어 마우스를 이용하여 소프트웨어를 실행시키는 편리한 인터페이스
선점형 멀티태스킹 (Preemptive Multi-Tasking, 양보)	우선순위가 높은 다른 프로세스가 할당된 CPU*를 강제로 빼앗을 수 있는 방법
PnP(Plug and Play, 자동 감지 기능)	컴퓨터에 주변기기를 추가할 때 별도의 물리적인 설정을 하지 않아도 설치만 하면 그대로 사용할 수 있도록 하는 기능
OLE(Object Linking and Embedding, 개체 연결 및 삽입)	다른 응용 프로그램에서 작성한 그림, 차트, 도표 등을 연결 또는 삽입하여 사용할 수 있는 기능 ⓔ 그림판에서 그린 그림을 문서 작성 프로그램에 제공해 보다 효과적으로 문서를 꾸밀 수 있도록 한다.
Single-User 시스템	컴퓨터 한 대를 한 사람만이 독점으로 사용하는 시스템

CPU(Control Process Unit, 중앙 처리 장치)
컴퓨터 시스템을 통제하고, 연산을 실행하고 처리하는 가장 핵심적인 컴퓨터의 제어 장치

4 UNIX(유닉스) [20년 4회]

UNIX는 1960년대 말에 미국 AT&T 벨(Bell) 연구소에서 개발한 운영체제이다.

- C언어라는 고급 프로그래밍 언어로 작성되어 이식성과 확장성이 높은 운영체제이다.

다중 사용자 시스템
(Multi-User System)
컴퓨터 시스템에 여러 명의 사용자의 동시 접근을 허용하는 시스템

시분할 시스템
(Time Sharing System)
각 사용자들에게 컴퓨터 자원을 시간적으로 분할하여 사용할 수 있게 해 주는 운영체제

파일 시스템(File System)
보조기억장치에 저장되는 파일에 대해 수정, 삭제, 추가, 검색 등의 작업을 체계적으로 할 수 있도록 지원하는 관리 시스템

Bourne Shell(본 쉘)
UNIX의 가장 기본적인 쉘
•AT&T 벨 연구소의 본(Steve Bourne)이 개발

Bash Shell(배쉬 쉘)
LINUX, Mac OS 등 운영체제의 기본 쉘

C Shell
C언어를 기반으로 만들어진 쉘

Korn Shell(콘 쉘)
Bourne Shell을 확장하고, C Shell의 기능을 모두 제공한 쉘

- 개방형 시스템, 다중 사용자 시스템*, 대화식 시분할 시스템*, 다중 작업(멀티 태스킹) 운영체제이다.
- 파일 시스템*은 계층(트리) 구조를 가진다.

 UNIX 시스템의 구성

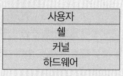

| 사용자 |
| 쉘 |
| 커널 |
| 하드웨어 |

1. 커널(Kernel) [20년 4회 필기]
UNIX의 가장 핵심적인 부분으로, 주기억장치에 적재된 후 상주하면서 실행된다.
- 자원 활용도를 높이기 위해 스케줄링, 프로세스, 기억장치, 파일, 입·출력 관리를 수행한다.

2. 쉘(Shell) [20년 2회 필기]
시스템과 사용자 간의 인터페이스를 담당하는 명령어 해석기이다.
- 종류 : Bourne Shell*, Bash Shell*, C Shell*, Korn Shell* 등

5 LINUX(리눅스)

LINUX는 1991년 리누스 토발즈(Linus Torvalds)가 만든 운영체제이다.

- 인터넷에 소스가 공개된 오픈 소스 소프트웨어로, 누구나 사용할 수 있다.
- UNIX와 완벽하게 호환이 가능하며, UNIX의 특징과 대부분 동일하다.

6 Mac OS(매킨토시 OS)

Mac OS는 UNIX 기반으로 만들어져 애플(Apple)의 제품군에서만 사용이 가능한 그래픽 기반 운영체제이다.

- 1999년 OS X로 업데이트를 했다. 이후에는 클라이언트, 서버 등으로 제품군을 확대했으며, 2017년 OS X 시에라, 2018년 모하비 등을 지속적으로 발표하고 있다.
- install과 uninstall의 과정 및 드라이버* 설치가 간단하다.

드라이버(Driver)
다양한 하드웨어와 운영체제를 연결해주는 장치 또는 소프트웨어
⑩ 그래픽 카드 드라이버

코틀린(Kotlin)
젯브레인에서 개발한 언어로, 현재 안드로이드 앱 개발에 선호하는 프로그래밍 언어

7 안드로이드(Android) [20년 2회]

안드로이드는 리눅스 커널 위에서 동작하며 자바 및 코틀린* 언어로 앱을 만들어 작동하는 휴대 전화나 소형 기기에서 사용되는 운영체제이다.

- 구글이 공개한 개방형 모바일 운영체제이다.
- 안드로이드의 모든 소스 코드를 오픈 소스로 배포하고 있어, 프로그램을 독자적으로 개발해 탑재할 수 있으며, 구글 플레이(Google Play)를 통해 판매가 가능하다.

8 iOS

iOS는 OS X를 기반으로 만들어져 있고, 멀티 터치*를 비롯한 스마트 폰에는 없었던 사용자 인터페이스로 구현한 운영체제이다.

- 애플의 모바일 운영체제이다.
- 처음 공개되었을 당시에는 사용자가 개발한 애플리케이션의 추가가 허용되지 않았으나, 2008년 이후 애플의 앱 스토어(App Store)를 통해 자유롭게 사용자 애플리케이션 판매가 가능하다.

> **멀티 터치(Multi-Touch)**
> 터치스크린, 터치 패드가 동시에 여러 개의 터치 포인트를 인식하는 기술

기출 및 예상문제

[20년 3회 필기]

01 운영체제에 대한 설명으로 옳은 것을 모두 고르시오

> ㉠ 다중 사용자와 다중 응용프로그램 환경 하에서 자원의 현재 상태를 파악하고 자원 분배를 위한 스케줄링을 담당한다.
> ㉡ CPU, 메모리 공간, 기억 장치, 입출력 장치 등의 자원을 관리한다.
> ㉢ 운영체제의 종류로는 매크로 프로세서, 어셈블러, 컴파일러 등이 있다.
> ㉣ 입출력 장치와 사용자 프로그램을 제어한다.

> **해설** 나머지는 시스템 소프트웨어의 종류에 대한 설명이다.
> • 운영체제의 종류 : Windows, Linux, Unix 등

[20년 4회]

02 다음 설명에서 ( ) 안에 공통적으로 들어갈 가장 적합한 용어를 쓰시오.

> • ( )은(는) 1960년대 말에 미국 AT&T 벨(Bell) 연구소에서 개발한 운영체제이다. 원래 워크스테이션/서버용이었지만, 데스크톱이나 임베디드용으로도 쓰인다.
> • ( )의 파일 시스템의 구조는 계층적 트리 구조로, 처음으로 어셈블리가 아니라 C언어라는 고급 프로그래밍 언어로 커널까지 작성된 운영체제이다.
> • ( )은(는) 고급 언어인 C언어로 개발되었기 때문에 다른 하드웨어로 이식하기가 쉬우며, 멀티태스킹 기술을 도입하여 여러 사용자가 동시에 사용할 수 있게 되었다.

> **해설** 키워드 벨(Bell) 연구소, C언어, 커널 → 용어 UNIX

[20년 4회 필기]

03 다음의 설명과 가장 부합하는 용어를 쓰시오.

> 유닉스 운영체제(Operating System)에서 가장 핵심적인 역할인 자원(메모리, 프로세서 등)를 관리하며, 시스템이 원활히 돌아갈 수 있도록 제어해 준다. 일반적으로 종료된 입출력 연산과 같이 서비스에 대한 경쟁적인 모든 요청들을 처리하는 인터럽트 처리기, 프로그램들의 처리 시간을 어떤 순서대로 나눌지 결정하는 스케줄러, 그리고 각각의 프로세스에게 권한을 부여하는 관리자를 포함한다.

> **해설** 키워드 유닉스 운영체제 핵심, 자원 관리 → 용어 커널

[20년 2회 필기]
04 다음과 같은 역할을 하는 UNIX의 구성요소는 무엇인지 쓰시오.

> - 사용자의 명령어를 인식하여 프로그램을 호출하고 명령을 수행하는 명령어 해석기이다.
> - 시스템과 사용자 간의 인터페이스를 담당한다.
> - 주기억장치에 상주하지 않고, 명령어가 포함된 파일 형태로 존재하며 보조 기억장치에서 교체 처리가 가능하다.

────────────────────────────

`해설` `키워드` 명령어 해석기, 인터페이스 담당 → `용어` 쉘

[20년 2회]
05 다음의 설명과 가장 부합하는 용어를 쓰시오.

> 휴대 전화를 비롯한 휴대용 장치를 위한 운영 체제와 미들웨어, 사용자 인터페이스 그리고 표준 응용 프로그램을 포함하고 있는 모바일 운영체제이다. 이는 리눅스 커널 위에서 동작하며, 자바와 코틀린 언어로 앱을 만들어 동작한다.

────────────────────────────

`해설` `키워드` 휴대 전화, 자바, 코틀린, 앱 → `용어` 안드로이드

06 다음은 운영체제의 목적에 대한 설명이다. ①~④에 들어갈 가장 적합한 용어를 쓰시오.

구분	설명
①	일정 시간 내에 시스템이 처리하는 일의 양
②	시스템이 주어진 문제를 정확하게 해결하는 정도
③	시스템을 사용할 필요가 있을 때 즉시 사용 가능한 정도
④	시스템에 작업을 의뢰한 시간부터 처리가 완료될 때까지 걸린 시간

① _____

② _____

③ _____

④ _____

`해설` `키워드` 일의 양 → `용어` 처리능력
`키워드` 문제 해결 → `용어` 신뢰도
`키워드` 즉시 사용 가능 → `용어` 사용 가능도
`키워드` 처리 완료까지 걸린 시간 → `용어` 응답시간

`정답`
01. ㉠, ㉡, ㉲ **02.** UNIX(유닉스) **03.** 커널(Kernel) **04.** 쉘(Shell)
05. 안드로이드(Android) **06.** ❶ 처리능력(Throughput) ❷ 신뢰도(Reliability) ❸ 사용 가능도(Availability) ❹ 응답시간 또는 반환시간(Turn Around Time)

★★
02 메모리 관리

1 기억장치 관리 전략

1. 반입(Fetch) 전략

보조기억장치의 프로그램이나 데이터를 언제 주기억장치로 적재할 것인지를 결정한다.

구분	설명
요구 반입	요구할 때 적재하는 방법
예상 반입	미리 예상하여 적재하는 방법

2. 배치(Placement) 전략 [21년 1회 필기] [20년 3회 필기]

보조기억장치의 프로그램이나 데이터를 주기억장치의 어디에 위치시킬 것인지를 결정한다.

권쌤이 알려줌

실행하지 않는 프로그램은 보조기억장치에 저장되어 있고, 프로그램을 실행하기 위해서는 주기억장치에 프로그램이 할당되어야 합니다. 주기억장치는 용량이 크지 않으므로 효율적으로 관리해야 합니다.

구분	설명
최초 적합(First Fit)	첫 번째에 배치시키는 방법
최적 적합(Best Fit)	단편화[※]를 가장 작게 남기는 분할 영역에 배치시키는 방법
최악 적합(Worst Fit)	단편화를 가장 많이 남기는 분할 영역에 배치시키는 방법

단편화(Fragmentation)
기억장치의 빈 공간 또는 자료가 여러 개의 조각으로 나뉘는 현상
• 내부 단편화 : 할당 후 남은 공간
  – 메모리 공간의 낭비
• 외부 단편화 : 할당하지 못한 공간
  – 여유 공간이 여러 조각으로 나뉨

예제

First Fit, Best Fit, Worst Fit 방법에 대해서 10K 프로그램이 할당받게 되는 영역의 번호를 구하시오.

영역 1	9K
영역 2	15K
영역 3	10K
영역 4	30K

권쌤이 알려줌

주기억장치에 프로그램을 할당할 때 단편화를 가장 작게 남기는 것이 효율적입니다.

정답 및 해설

영역 1	9K	
영역 2	15K	→ First Fit
영역 3	10K	→ Best Fit
영역 4	30K	→ Worst Fit

1. First Fit : 영역 2
   – 할당 가능한 영역 중 가장 첫 번째 영역에 배치시키는 방법
   – 5K 내부 단편화 발생
2. Best Fit : 영역 3
   – 할당 가능한 영역 중 단편화를 가장 작게 남기는 영역에 배치시키는 방법
   – 내 · 외부 단편화 발생하지 않음
3. Worst Fit : 영역 4
   – 할당 가능한 영역 중 단편화를 가장 많이 남기는 영역에 배치시키는 방법
   – 20K 내부 단편화 발생
4. 영역 1은 메모리 크기가 할당 프로그램 크기보다 작으므로 할당 불가능

권쌤이 알려줌

단편화 해결 방법은 아래와 같습니다.
• 통합(Coalescing) 기법 : 주기억장치 내에 인접해 있는 단편화된 공간을 하나의 공간으로 통합하는 작업
• 집약(Compaction) 기법, 압축, 쓰레기 수집(Garbage Collection) : 주기억장치 내에 분산되어 있는 단편화된 빈 공간을 결합하여 하나의 큰 가용 공간을 만드는 작업

3. 교체(Replacement) 전략

주기억장치의 모든 영역이 이미 사용 중인 상태에서 보조기억장치의 프로그램이나 데이터를 주기억장치에 배치하려고 할 때, 주기억장치의 이미 사용되고 있는 영역 중에서 어느 영역을 교체하여 사용할 것인지를 결정한다.

예 FIFO, OPT, LRU, LFU, NUR, SCR 등

2 주기억장치 할당 기법

1. 연속 할당 기법

프로그램을 주기억장치에 연속으로 할당하는 기법이다.

① 단일 분할 할당(단일 프로그래밍)
   • 스와핑(Swapping) : 하나의 프로그램 전체를 주기억장치에 할당하여 사용하다가, 필요에 따라 다른 프로그램과 교체하는 기법이다.
   • 오버레이(Overlay) : 실행되어야 할 프로그램의 크기가 커서 주기억장치에 할당할 수 없을 경우, 프로그램의 모든 부분이 동시에 주기억장치에 상주해 있을 필요가 없으므로 작업을 분할하여 필요한 부분만 교체하는 기법이다.

권쌤이 알려줌

오버레이 기법은 스와핑 기법의 단점을 보완한 기법입니다.

② 다중 분할 할당(다중 프로그래밍)

- **고정 분할(정적 분할)** : 주기억장치를 미리 여러 개의 고정된 크기로 분할하고, 준비상태 큐에서 준비 중인 프로그램을 각 영역에 할당하는 기법이다.
  - 내부 단편화 및 외부 단편화가 발생하여 주기억장치 낭비가 크므로, 현재는 사용되지 않는다.

예제

주기억장치	준비상태 큐
50K 50K 50K	← P1(20K) P2(40K) P3(100K)

해설

주기억장치를 미리 고정된 크기(50K)로 분할하고, 준비상태 큐의 프로그램을 각 영역에 할당하면 P1, P2는 내부 단편화가 발생하고 P3은 할당할 수 없다.

- **가변 분할(동적 분할)** : 고정 분할 할당 기법의 단편화를 줄이기 위한 것으로, 미리 주기억장치를 분할해 놓는 것이 아니라, 프로그램을 주기억장치에 적재하면서 필요한 만큼의 크기로 영역을 분할하는 기법이다.

예제

주기억장치	준비상태 큐
20K 30K 40K	← P1(20K) P2(30K) P3(40K)

해설

주기억장치를 준비 상태 큐의 영역에 맞는 크기(20K, 30K, 40K)로 분할하여 할당한다.

2. 분산 할당 기법(가상기억장치 기법) [21년 1회 필기]

프로그램을 특정 단위의 조각으로 나누어 주기억장치 내에 분산하여 할당하는 기법이다.

① 페이징(Paging) [21년 2회 필기]

가상기억장치에 보관되어 있는 프로그램과 주기억장치의 영역을 동일한 크기로 나눈 후, 나뉜 프로그램을 주기억장치의 영역에 동일하게 적재시켜 실행하는 기법이다.

- 프로그램을 동일한 크기로 나눈 단위를 페이지(Page)라고 한다.
- 고정 분할(정적 분할) 기법이다.
- 외부 단편화는 발생하지 않으나, 내부 단편화가 발생할 수 있다.
- 주소 변환을 위한 페이지 맵 테이블(페이지 사상표)이 필요하다.

② 세그먼테이션(Segmentation)

가상기억장치에 보관되어 있는 프로그램을 다양한 크기의 논리적인 단위로 나

권쌤이 알려줌

가변 분할은 식당에서 칸막이를 이용하여 손님의 수에 따라 자리를 만들어주는 것과 같은 개념입니다.

권쌤이 알려줌

페이지 크기가 작을 경우(10K → 1K)의 장·단점은 아래와 같습니다.
- 한 개의 페이지를 주기억장치로 이동하는 시간이 줄어든다.
- 필요한 내용만 주기억장치에 적재할 수 있으므로, 유용도가 커지고 내부 단편화가 감소하며 기억장치 효율이 높아진다.
- 페이지 수가 증가하면 페이지 매핑 테이블이 커지고, 매핑 속도가 느려져 공간 낭비가 발생한다.
- 디스크 접근 횟수가 증가하며 전체적인 입·출력 시간이 늘어난다.

눈 후, 주기억장치에 적재시켜 실행시키는 기법이다.

- 논리적인 크기로 나눈 단위를 세그먼트(Segment)라고 하며, 각 세그먼트는 고유한 이름과 크기를 갖고 있다.
- 가변 분할(동적 분할) 기법이다.
- 외부 단편화는 발생할 수 있으나, 내부 단편화는 발생하지 않는다.
- 주소 변환을 위한 세그먼트 맵 테이블(세그먼트 사상표)이 필요하다.
- 다른 세그먼트에게 할당된 영역을 침범할 수 없으며, 이를 위해 기억장치 보호키(Storage Protection Key)가 필요하다.

 가상기억장치(Virtual Memory)

> 가상기억장치는 보조기억장치의 일부분을 주기억장치처럼 사용하는 것으로, 용량이 작은 주기억장치를 마치 큰 용량이 있는 것처럼 사용할 수 있다.
> - 주기억장치보다 용량이 큰 프로그램을 실행하기 위해 사용한다.
> - 가상기억장치에 저장된 프로그램을 실행하려면 가상기억장치의 주소를 주기억장치의 주소로 변환하는 주소 변환(Mapping) 작업이 필요하다.

③ 주소 변환(Mapping, 매핑) [20년 4회 필기]

주소 변환은 가상기억장치에서 주기억장치로 프로그램의 페이지(세그먼트)를 옮길 때 주소를 조정해 주는 것이다.

- 주소 변환 시 CPU는 논리 주소 값으로 명령을 내리고, 각 페이지의 실제 메모리 주소가 저장되어 있는 테이블에서 물리 주소로 변경되어 메모리에 저장된다.

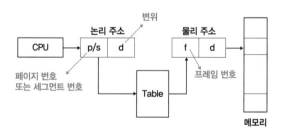

권쌤이 알려줌

가상기억장치에 저장된 프로그램을 실행하려면 가상기억장치의 주소를 주기억장치의 주소로 변환하는 매핑이 필요합니다.

구분	설명
논리 주소(Logical Address)	CPU가 요구하는 주소 값, 주소 공간
물리 주소(Physical Address)	기억 공간
변위(Displacement)	시작 주소에 더해지는 값
페이지(Page), 세그먼트(Segment)	논리적인 크기로 나눈 단위
프레임(Frame)	물리적인 크기로 나눈 단위

권쌤이 알려줌

논리 주소(2, 100)은 세그먼트 번호 2의 시작 주소에서 변위 (100)만큼 이동한 주소입니다.

	0
seg1	
	500
seg2	600 ← 물리 주소
	1000
:	
	2000
seg3	
	3000
seg0	
	5000

예제 1

세그먼트 번호가 2이고 변위가 100인 논리 주소를 물리 주소로 변환하시오.

```
      s    d
CPU  [ 2 | 100 ]  →
```

세그먼트 번호	시작 주소 (base)	길이 (limit)
0	3000	2000
1	0	500
2	500	500
3	2000	1000

정답 및 해설1

물리 주소 = 세그먼트 번호의 시작 주소 + 변위 = 500 + 100 = 600

예제 2

논리 주소(0, 6000)의 물리 주소를 구하시오.

```
      s    d
CPU  [ 2 | 6000 ]  →
```

세그먼트 번호	시작 주소 (base)	길이 (limit)
0	3000	2000
1	0	500
2	500	500
3	2000	1000

정답 및 해설2

길이(limit, 한계)를 초과하므로 Segfault 오류가 발생한다.

4 페이지 교체(Replacement) 알고리즘 [21년 3회 필기]

페이지 부재
(Page Fault, 페이지 오류율)
프로그램 실행 시 참조한 페이지가 주기억장치에 없는 현상

페이지 교체 알고리즘은 페이지 부재(Page Fault)*가 발생할 경우, 가상기억장치의 필요한 페이지를 주기억장치의 어떤 페이지 프레임을 선택하여 교체해야 하는가를 결정하는 기법이다.

- 종류 : FIFO(First In First Out), OPT(OPTimal Replacement), LRU(Least Recently Used), LFU(Least Frequently Used), NUR(Not Used Recently)

1. FIFO(First In First Out) [20년 2, 4회 필기]

가장 먼저 들여온 페이지를 먼저 교체시키는 기법이다.

- 주기억장치 내에 가장 오래 있었던 페이지를 교체한다.

2. OPT(OPTimal Replacement, 최적 교체)

앞으로 가장 오랫동안 사용하지 않을 페이지를 교체하는 기법이다.

- 실현 가능성이 낮다.

3. LRU(Least Recently Used)

최근에 가장 오랫동안 사용하지 않은 페이지를 교체하는 기법이다.

- 각 페이지에 계수기를 두어 현재 시점에서 볼 때 가장 오래전에 사용된 페이지를 교체한다.

권쌤이 알려줌

페이지 프레임 수는 주기억장치에서 적재될 수 있는 페이지 개수를 의미합니다.

예제

LRU 알고리즘을 사용하여 교체했을 때 페이지 부재의 수를 구하시오.
– 참조 페이지 : 1, 2, 3, 4, 1, 3, 5, 3, 2, 3
– 페이지 프레임 수 : 3

정답 및 해설 7

참조 페이지	1	2	3	4	1	3	5	3	2	3
페이지 프레임	1	1	1	4	4	4	5	5	5	5
		2	2	2	1	1	1	1	2	2
			3	3	3	3	3	3	3	3
페이지 부재	√	√	√	√	√		√		√	

4. LFU(Least Frequently Used)

사용 횟수가 가장 적은 페이지를 교체하는 기법이다.

5. NUR(Not Used Recently)

최근에 사용하지 않은 페이지를 교체하는 기법이다.

- '최근 사용하지 않은 페이지들은 가까운 미래에도 사용하지 않을 가능성이 크다.'라는 이론에 근거한다.
- 페이지마다 2개의 하드웨어 비트(호출 비트, 변형 비트)가 사용된다.
- 가장 우선적으로 교체 대상은 참조도 안 되고 변형(갱신)도 안 된 페이지이다.

권쌤이 알려줌

호출 비트는 최근 참조한 비트이고, 변형 비트는 최근 갱신한 비트입니다. 최근에 참조하고 최근에 갱신한 페이지의 경우 호출 비트와 변형 비트가 모두 1입니다.

페이지	1	2	3	4
호출(참조) 비트	0	0	1	1
변형 비트	0	1	0	1
교체 순서	1	2	3	4

 벨레이디의 모순(Belady's Anomaly) 현상

벨레이디의 모순 현상은 페이지 프레임 수를 증가시켰는데도 불구하고, 페이지 부재가 증가하는 현상이다.

예제 1

FIFO 알고리즘을 사용하여 교체했을 때 페이지 부재의 수를 구하시오.
– 참조 페이지 : 1, 2, 3, 4, 1, 2, 5, 1, 2, 3, 4, 5   – 페이지 프레임 수 : 3

정답 및 해설1 9

참조 페이지	1	2	3	4	1	2	5	1	2	3	4	5
페이지 프레임	1	1	1	4	4	4	5	5	5	5	5	5
		2	2	2	1	1	1	1	1	3	3	3
			3	3	3	2	2	2	2	2	4	4
페이지 부재	√	√	√	√	√	√	√			√	√	

예제 2

FIFO 알고리즘을 사용하여 교체했을 때 페이지 부재의 수를 구하시오.
– 참조 페이지 : 1, 2, 3, 4, 1, 2, 5, 1, 2, 3, 4, 5　– 페이지 프레임 수 : 4

정답 및 해설2　10

참조 페이지	1	2	3	4	1	2	5	1	2	3	4	5
페이지 프레임	1	1	1	1	1	1	5	5	5	5	4	4
		2	2	2	2	2	2	1	1	1	1	5
			3	3	3	3	3	3	2	2	2	2
				4	4	4	4	4	4	3	3	3
페이지 부재	√	√	√	√			√	√	√	√	√	√

5 가상기억장치 성능에 영향을 미치는 요인　[21년 2회 필기]

1. 워킹 셋(Working Set)　[21년 1회 필기]

프로세스가 일정 시간 동안 자주 참조하는 페이지들의 집합이다.

- 자주 참조되는 워킹 셋을 주기억장치에 상주시킴으로써, 페이지 부재 및 페이지 교체 현상을 줄인다.
- 시간이 지남에 따라 워킹 셋은 변경된다.

2. 스래싱(Thrashing)

프로세스의 처리 시간보다 페이지 교체 시간이 더 많아져 CPU 이용률이 저하되는 현상이다.

- 페이지 오류율(Page Fault)이 크면 스래싱이 많이 일어난 것이다.
- 다중 프로그래밍※의 정도가 높을수록 스래싱의 발생 빈도는 높아진다.
- 스래싱 방지 방법 : 다중 프로그래밍의 정도를 줄인다, CPU 이용률을 높인다, 워킹 셋 방법을 사용한다.

다중 프로그래밍
(Multi–Programming)
CPU 작업과 입·출력 작업을 병행하여 수행하는 것

권쌤이 알려줌
- 시간 구역성
⑩ 오전에 비가 오면, 오후에도 비가 올 가능성이 높다.
- 공간 구역성
⑩ 서울에 비가 오면, 인근 지역에도 비가 올 가능성이 높다.

3. 구역성(Locality, 국부성), 참조 국부성(Locality Of Reference)

프로세스가 실행되는 동안 일부 페이지만 집중적으로 참조하는 성질이다.

구분	설명
시간 구역성	최근에 참조된 기억장소가 가까운 미래에도 계속 참조될 가능성이 높다. ⑩ Loop(반복), 부프로그램(Sub Routine), 스택(Stack), 카운팅(Counting, 1씩 증감), 집계(Totaling)에 사용되는 변수 등
공간 구역성	하나의 기억장소가 참조되면 그 근처의 기억장소가 계속 참조될 가능성이 높다. ⑩ 순차적 코드 실행, 배열 순회, 같은 영역에 있는 변수 참조 등

[20년 3회 필기]

01 메모리 관리 기법 중 Worst fit 방법을 사용할 경우 10K 크기의 프로그램 실행을 위해서는 어느 부분에 할당되는지 쓰시오.

영역번호	메모리 크기	사용 여부
NO.1	8K	FREE
NO.2	12K	FREE
NO.3	10K	IN USE
NO.4	20K	IN USE
NO.5	16K	FREE

해설 최악 적합(Worst Fit)은 단편화를 가장 많이 남기는 분할 영역에 배치시키는 방법이다.
- 영역 No.1에 할당할 경우 : 메모리 크기가 할당 프로그램 크기보다 작으므로 할당 불가능
- 영역 No.2에 할당할 경우 : 내부 단편화 2K 발생
- 영역 No.5에 할당할 경우 : 내부 단편화 6K 발생
TIP 사용 중(IN USE)인 메모리에는 다른 프로그램을 할당할 수 없습니다.

[21년 1회 필기]

02 기억 공간 15K, 23K, 22K, 21K 순으로 빈 공간이 있을 때 기억장치 배치 전략으로 "First Fit"을 사용하여 17K의 프로그램을 적재할 경우 내부 단편화의 크기는 얼마인지 구하시오.

해설 최초 적합(First Fit)은 첫 번째에 배치시키는 방법이다.
- 15K 공간에 할당 : 메모리 크기가 할당 프로그램 크기보다 작으므로 할당 불가능
- 23K 공간에 할당 : 내부 단편화 6K 발생

[21년 1회 필기]

03 다음 설명 중 ①, ②에 들어갈 가장 적합한 용어를 쓰시오.

> 가상기억장치의 일반적인 구현 방법에는 프로그램을 고정된 크기의 일정한 블록으로 나누는 (①) 기법과 가변적인 크기의 블록으로 나누는 (②) 기법이 있다.

① ....

② ....

해설 **키워드** 고정된 크기 → **용어** 페이징
키워드 가변적인 크기 → **용어** 세그먼테이션

[21년 2회 필기]

04 페이징 기법에서 페이지 크기가 작아질수록 발생하는 현상으로 옳은 것을 모두 고르시오.

> ⊙ 기억장소 이용 효율이 증가한다.
> ⓒ 입·출력 시간이 늘어난다.
> ⓒ 내부 단편화가 감소한다.
> ⓔ 페이지 맵 테이블의 크기가 감소한다.

해설 페이지 크기가 작아질수록 페이지 맵 테이블의 크기가 증가한다.

[20년 4회 필기]

05 다음과 같은 세그먼트 테이블을 가지는 시스템에서 논리 주소(2, 176)에 대한 물리 주소를 구하시오.

세그먼트 번호	시작 주소	길이(바이트)
0	670	248
1	1752	422
2	222	198
3	996	604

해설 물리 주소 = 세그먼트 번호의 시작 주소 + 변위
= 222 + 176 = 398

[21년 3회 필기]

06 페이지 교체(Page Replacement) 알고리즘으로 옳은 것을 모두 고르시오.

> ㉠ FIFO(First-In-First-Out)
> ㉡ LUF(Least Used First)
> ㉢ Optimal
> ㉣ LRU(Least Recently Used)

해설 페이지 교체 알고리즘 종류 : FIFO, OPT, LRU, LFU, NUR

[20년 2회 필기]

07 다음의 페이지 참조 열(Page reference string)에 대해 페이지 교체 기법으로 선입선출 알고리즘을 사용할 경우 페이지 부재(Page Fault) 횟수를 구하시오. (단, 할당된 페이지 프레임 수는 3이고, 처음에는 모든 프레임이 비어 있다.)

> 7, 0, 1, 2, 0, 3, 0, 4, 2, 3, 0, 3, 2, 1, 2, 0, 1, 7, 0

해설 선입선출(FIFO; First In First Out)
: 가장 먼저 들여온 페이지를 먼저 교체시키는 기법

7	0	1	2	0	3	0	4	2	3	0	3	2	1	2	0	1	7	0
7	7	7	2	2	2	2	4	4	4	0	0	0	0	0	0	0	7	7
	0	0	0	0	3	3	3	2	2	2	2	2	1	1	1	1	1	0
		1	1	1	1	0	0	0	3	3	3	3	3	2	2	2	2	2
√	√	√	√		√	√	√	√	√	√			√	√			√	√

[20년 4회 필기]

08 4개의 페이지를 수용할 수 있는 주기억장치가 있으며, 초기에는 모두 비어 있다고 가정한다. 다음의 순서로 페이지 참조가 발생할 때, FIFO 페이지 교체 알고리즘을 사용할 경우 페이지 결함의 발생 횟수를 구하시오.

> 페이지 참조 순서 : 1, 2, 3, 1, 2, 4, 5, 1

해설

참조 페이지	1	2	3	1	2	4	5	1
페이지 프레임	1	1	1	1	1	1	5	5
		2	2	2	2	2	2	1
			3	3	3	3	3	3
						4	4	4
부재 발생	√	√	√			√	√	√

[21년 1회 필기]

09 운영체제의 가상기억장치 관리에서 프로세스가 일정 시간동안 자주 참조하는 페이지들의 집합을 의미하는 것 무엇인지 쓰시오.

해설 키워드 자주 참조, 페이지 집합 → 정답 워킹 셋

[21년 2회 필기]

10 프로세스 적재 정책과 관련한 설명으로 옳은 것을 모두 고르시오.

> ㉠ 반복, 스택, 부프로그램은 시간 지역성(Temporal Locality)과 관련이 있다.
> ㉡ 공간 지역성(Spatial Locality)은 프로세스가 어떤 페이지를 참조했다면 이후 가상주소 공간상 그 페이지와 인접한 페이지들을 참조할 가능성이 높음을 의미한다.
> ㉢ 일반적으로 페이지 교환에 보내는 시간보다 프로세스 수행에 보내는 시간이 더 크면 스레싱(Thrashing)이 발생한다.
> ㉣ 스레싱(Thrashing) 현상을 방지하기 위해서는 각 프로세스가 필요로 하는 프레임을 제공할 수 있어야 한다.

정답
01. NO.5 **02.** 6K **03.** ❶ 페이징(Paging) ❷ 세그먼테이션
(Segmentation) **04.** ㉠, ㉡, ㉢ **05.** 398 **06.** ㉠, ㉢, ㉣ **07.** 14 **08.** 6
09. 워킹 셋(Working Set) **10.** ㉠, ㉡, ㉣

03 프로세스 스케줄링

1 프로세스(Process) [21년 3회 필기]

프로세스[*]는 주기억장치에 저장된 현재 실행 중인 프로그램[*]이다.

- 운영체제가 관리하는 최소 단위의 작업이다.
- 비동기적 행위를 일으키는 주체이다.
- 프로시저(프로그램 일부)의 활동이다.
- PCB(Process Control Block)를 가진 프로그램이다.
- 프로세서[*]가 할당되는 실체이다.
- CPU에 의해 수행되는 사용자 및 시스템 프로그램이다.
- 지정된 결과를 얻기 위한 일련의 동작이다.

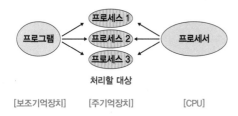

2 스레드(Thread) [20년 2회 필기]

스레드는 프로세스를 분할하여 하나의 프로세스 내에 병행성을 증대시키기 위한 기법이다.

- 경량 프로세스라고도 하며, 소프트웨어적 접근 방법이다.
- 동일 프로세스 환경에서 서로 독립적인 다중 수행이 가능하다.

3 프로세스 제어 블록(PCB; Process Control Block)

프로세스 제어 블록은 운영체제가 프로세스에 대한 중요한 정보를 저장해 놓은 곳이다.

- 운영체제에게 프로세스에 대한 정보를 제공해 주는 프로세스 정보 리스트이다.
- 각 프로세스가 생성될 때마다 PCB가 생성되고, 완료되면 PCB는 제거된다.
- 저장 정보 : 프로세스의 현재 상태, 프로세스 우선순위, 프로세스 식별자(고유 번호), 레지스터[*] 저장 장소, 관련 레지스터 정보, 할당된 자원에 대한 포인터

프로세스(Process)
CPU가 실행 중인 프로그램

프로그램(Program)
보조기억장치에 저장된 프로그램

프로세서(Processor)
CPU
- 프로세스 실행

레지스터(Register)
CPU가 요청을 처리하는 데 필요한 데이터를 일시적으로 저장하는 기억장치

4 프로세스 상태 전이도 [20년 4회] [20년 2회 필기]

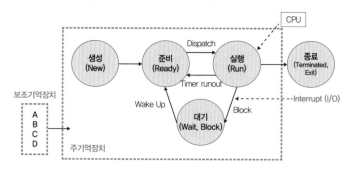

1. 프로세스 상태

구분	설명
생성 상태(New)	프로세스가 막 생성된 상태
준비 상태(Ready)	프로세스가 CPU를 사용하여 실행될 수 있는 상태
실행 상태(Run)	프로세스가 CPU를 차지하여 실행 중인 상태
대기 상태(Wait, Block)	어떤 사건이 발생하기를 기다리는 상태
종료 상태(Terminated, Exit)	프로세스가 CPU를 할당받아 주어진 시간 내에 완전히 수행을 종료한 상태

2. 프로세스 상태 관련 용어

구분	설명
디스패치(Dispatch)	준비상태에 있는 여러 프로세스 중 프로세스를 선정하여 CPU를 할당하는 것
시간 만료 (Timer Runout)	CPU를 할당받아 실행 중인 프로세스가 할당 시간을 초과하면, CPU를 다른 프로세스에게 양도하고 자신은 준비 상태로 전이되는 것
인터럽트 (Interrupt)	예기치 않은 일, 응급 사태 등 어떠한 특수한 상태가 발생하면, 현재 실행하고 있는 프로그램이 일시 중단되고, 그 특수한 상태를 처리하는 프로그램으로 옮겨져 처리한 후 다시 원래의 프로그램을 처리하는 현상
Block	실행 중인 프로세스가 지정된 시간 이전에 다른 작업을 위해 스스로 프로세서를 양도하고 대기 상태로 전이되는 것
Wake Up	실행 중인 프로세스가 완료되어 대기 중인 프로세스를 준비 상태로 전이하는 것
교통량 제어기 (Traffic Controller)	프로세스의 상태에 대한 조사와 통보 담당
스풀링 (Spooling)	다중 프로그래밍 환경에서 디스크를 이용한 저속의 입·출력 장치와 고속의 CPU 간의 속도 차이를 해소하기 위한 방법 • 디스크 일부를 매우 큰 버퍼[*]처럼 사용하는 방법이다. • 어떤 작업의 입·출력과 다른 작업의 계산을 병행처리 하는 방법이다. 📌 각 사용자 프로그램의 출력할 데이터를 직접 프린터로 보내지 않고 디스크에 모았다가 나중에 한꺼번에 출력함으로써 프린터 장치의 공유 및 프린터 처리 속도를 보완한다. [디스크] 

권쌤이 알려줌

프로세스의 주요 3가지 상태는 준비(Ready), 실행(Run), 대기(Wait, Block) 입니다.

버퍼(Buffer)
데이터를 한 곳에서 다른 한 곳으로 전송하는 동안 일시적으로 그 데이터를 보관하는 메모리의 영역

권쌤이 알려줌

스풀링(Spooling)과 버퍼링(Buffering)은 저속의 입·출력 장치와 고속의 CPU 간의 속도 차이를 해소하기 위한 방법입니다.
• 버퍼링과 스풀링의 다른 점은 버퍼링은 주기억장치를 버퍼로 사용하고, 스풀링은 디스크를 버퍼로 사용합니다.

5 프로세스 스케줄링(CPU 스케줄링)

프로세스 스케줄링은 컴퓨터 시스템의 성능을 높이기 위해 주기억장치에 저장되어 있는 프로그램의 CPU 사용 순서를 결정하기 위한 정책이다.

- 프로세스 스케줄링의 목적은 우선순위 제도를 지원하여 처리율 증가, CPU 이용률 증가, 오버헤드 최소화, 응답시간/반환시간/대기시간 최소화, 균형있는 자원 사용, 무한 연기 회피 등이 있다.

▼ 프로세스 스케줄링 종류

종류	설명
비선점 (Non Preemptive) 스케줄링	• 프로세스에게 이미 할당된 CPU를 강제로 빼앗을 수 없고, 사용이 끝날 때까지 기다려야 하는 방법이다. • 일괄 처리, 실시간 처리가 안 되므로 중요한 작업이 기다리는 경우가 발생한다. • 대표적인 스케줄링 기법 : FIFO, SJF, HRN
선점 (Preemptive) 스케줄링	• 우선순위가 높은 다른 프로세스가 할당된 CPU를 강제로 빼앗을 수 있는 방법이다. • 실시간 처리, 대화식 시분할 처리에 사용한다. • 대표적인 스케줄링 기법 : RR, SRT

6 비선점 스케줄링 기법

1. FIFO(First-In First-Out) = FCFS(First-Come First-Service)

준비 상태에서 도착한 순서에 따라 CPU를 할당하는 기법이다.

예제

아래와 같은 프로세스가 있을 때, FIFO 스케줄링 기법을 이용하여 평균 실행시간, 평균 대기시간, 평균 반환시간을 구하시오.

프로세스	실행시간
A	20
B	6
C	3

정답 및 해설

1. 평균 실행시간 : 프로세스의 평균 실행시간
2. 평균 대기시간 : 각 프로세스가 실행되기까지의 평균 대기시간
3. 평균 반환시간 : 프로세스의 대기시간과 실행시간의 합
   - 평균 반환시간 = 평균 실행시간 + 평균 대기시간

실행시간	A(20초), B(6초), C(3초)	평균 실행시간 = 29/3
대기시간	A(0초), B(20초), C(26초)	평균 대기시간 = 46/3
반환시간	A(20초), B(26초), C(29초)	평균 반환시간= 75/3

2. SJF(Shortest Job First) [20년 4회 필기]

작업이 끝나기까지의 실행시간 추정치가 가장 작은 작업을 먼저 실행하는 기법이다.

권쌤이 알려줌

CPU에 어떤 프로그램을 할당할지를 스케줄러(Scheduler)가 결정합니다.

권쌤이 알려줌

프로세스 스케줄링에는 우선순위에 따라 CPU를 강제로 빼앗을 수 있는 선점 스케줄링과 CPU를 빼앗을 수 없는 비선점 스케줄링이 있습니다.

- 선점 스케줄링

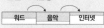

| 워드 | 음악 | 인터넷 |

- 비선점 스케줄링

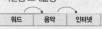

| 워드 | 음악 | 인터넷 |

- 선점은 양보, 비선점은 비양보로 암기하세요. 선점은 양보 방식이므로 CPU 사용권을 다른 프로세스에게 줄 수 있습니다. 비선점은 CPU 사용이 다 끝날 때까지 양보하지 않습니다.

합격자의 암기법

프로세스 스케줄링 종류
: FFIN / SRR
- 비선점 스케줄링(FFIN)
  : SJF, FIFO, HRN
- 선점 스케줄링(SRR)
  : SRT, RR

권쌤이 알려줌

FIFO 스케줄링 기법에서 프로세스 A, B, C는 아래와 같은 순서로 실행됩니다.

A	B	C
20초	6초	3초

권쌤이 알려줌

SJF 스케줄링 기법에서 프로세스 A, B, C는 아래와 같은 순서로 실행됩니다.

C	B	A
3초	6초	20초

예제 1

아래와 같은 프로세스가 있을 때, SJF 스케줄링 기법을 이용하여 평균 실행시간, 평균 대기시간, 평균 반환시간을 구하시오.

프로세스	실행시간
A	20
B	6
C	3

정답 및 해설1

실행시간	C(3초), B(6초), A(20초)	평균 실행시간 = 29/3
대기시간	C(0초), B(3초), A(9초)	평균 대기시간 = 12/3
반환시간	C(3초), B(9초), A(29초)	평균 반환시간 = 41/3

권쌤이 알려줌

SJF 스케줄링 기법에서 도착시간이 주어진 경우 프로세스 A, B, C는 아래와 같은 순서로 실행됩니다.

A	C	B
20초	3초	6초

예제 2

아래와 같은 프로세스가 있을 때, SJF 스케줄링 기법을 이용하여 평균 실행시간, 평균 대기시간, 평균 반환시간을 구하시오.

프로세스	도착시간	실행시간
A	0	20
B	1	6
C	2	3

정답 및 해설2

실행시간	A(20초), C(3초), B(6초)	평균 실행시간 = 29/3
대기시간	A(0초), C(20−2초), B(23−1초)	평균 대기시간 = 40/3
반환시간	A(20+0초), C(3+20−2초), B(6+23−1초)	평균 반환시간 = 69/3

합격자의 암기법

비선점 스케줄링 기법

- **키워드** 도착 순서 → **용어** FIFO
- **키워드** 실행 시간 → **용어** SJF
- **키워드** 우선순위식 → **용어** HRN

3. HRN(Highest Response ratio Next) [20년 2, 3회 필기]

우선순위를 부여하고 그 중 가장 높은 프로세스에게 먼저 CPU를 할당하는 기법이다.

- SJF 기법의 단점인 긴 작업과 짧은 작업 간의 지나친 불평등을 보완한다.
- 우선순위 계산식 : (대기시간 + 서비스시간) / 서비스시간 [20년 1회]

권쌤이 알려줌

HRN 스케줄링 기법에서 프로세스 A, B, C, D는 우선순위에 따라 아래와 같은 순서로 실행됩니다.

D	C	B	A
8초	7초	6초	5초

예제

아래와 같은 프로세스가 있을 때, HRN 스케줄링 기법을 이용하여 우선순위를 구하시오.

프로세스	대기시간	서비스시간
A	5	5
B	10	6
C	15	7
D	20	8

정답 및 해설

작업	대기시간	서비스시간	우선순위 계산식	우선순위
A	5	5	(5 + 5) / 5 = 2	4
B	10	6	(10 + 6) / 6 = 2.6	3
C	15	7	(15 + 7) / 7 = 3.1	2
D	20	8	(20 + 8) / 8 = 3.5	1

7 선점 스케줄링 기법

1. RR(Round Robin, 라운드 로빈)

대화식 시분할 시스템(Time Sharing System)을 위해 고안된 방식으로, Time Slice를 지정하여 할당하는 기법이다.

• FIFO 기법의 선점형 기법이다.

예제

아래와 같은 프로세스가 있을 때, RR 스케줄링 기법을 이용하여 프로세스 실행 순서를 구하시오.

프로세스	실행시간	Time Slice
A	8	
B	7	5초
C	6	

정답 및 해설

A	B	C	A	B	C
5초	5초	5초	3초	2초	1초

2. SRT(Shortest Remaining Time)

현재 실행 중인 프로세스의 남은 시간과 준비상태 큐에 새로 도착한 프로세스의 실행시간을 비교하여 가장 짧은 실행시간을 요구하는 프로세스에게 CPU를 할당하는 기법이다.

• SJF 기법의 선점형 기법이다.

예제

아래와 같은 프로세스가 있을 때, SRT 스케줄링 기법을 이용하여 프로세스 실행 순서를 구하시오.

프로세스	도착시간	실행시간
A	0	15
B	1	6
C	2	3

정답 및 해설

A	B	C	B	A
1초	1초	3초	5초	14초

 노화(Aging) 기법과 문맥 교환(Context Switching)

1. 노화(Aging) 기법
자원이 할당되기를 오랜 시간 동안 기다린 프로세스는 기다린 시간에 비례하는 높은 우선순위를 부여하여, 가까운 시간 안에 자원이 할당되도록 하는 기법이다.

[21년 3회 필기]

기근 현상(Starvation, 기아 상태)
프로세스가 필요한 컴퓨터 자원을 끊임없이 가져오지 못하는 상황

- SJF 기법에서 실행시간이 긴 작업은 기근 현상(Starvation)*과 같은 무한 연기 가능성이 있으므로 노화 (Aging) 기법을 사용하여 강제 우선순위를 부여해 해결할 수 있다.

2. 문맥 교환(Context Switching)

다중 프로그래밍 시스템에서 CPU가 할당되는 프로세스를 변경하기 위하여 현재 CPU를 사용하여 실행되고 있는 프로세스의 상태 정보를 저장하고, 앞으로 실행될 프로세스의 상태 정보를 설정한 다음 CPU를 할당하여 실행되도록 하는 작업을 의미하는 것이다.

- 문맥 교환은 오버헤드의 큰 요인 중 하나이다.

기출 및 예상문제

[21년 3회 필기]

01 프로세스와 관련한 설명으로 옳은 것을 모두 고르시오.

ㄱ 프로세스가 준비 상태에서 프로세서가 배당되어 실행 상태로 변화하는 것을 디스패치(Dispatch)라고 한다.
ㄴ 프로세스 제어 블록(PCB, Process Control Block)은 프로세스 식별자, 프로세스 상태 등의 정보로 구성된다.
ㄷ 이전 프로세스의 상태 레지스터 내용을 보관하고 다른 프로세스의 레지스터를 적재하는 과정을 문맥 교환 (Context Switching)이라고 한다.
ㄹ 프로세스는 스레드(Thread) 내에서 실행되는 흐름의 단위이며, 스레드와 달리 주소 공간에 실행 스택 (Stack)이 없다.

 스레드가 프로세스 내에서 실행되는 흐름의 단위이며, 프로세스도 주소 공간에 실행 스택(Stack)이 존재한다.

[20년 2회 필기]

02 다음 ( ) 안에 공통적으로 들어갈 가장 적합한 용어를 쓰시오.

( )은(는) 프로세스를 분할하여 하나의 프로세스 내에 병행성을 증대시키기 위한 기법이다. 동일 프로세스 환경에서 서로 독립적인 다중 수행이 가능하며, 하드웨어, 운영체제의 성능과 응용 프로그램의 처리율을 향상시킬 수 있다. 커널 ( )의 경우 운영체제에 의해 ( )을(를) 운용하며, 사용자 ( )의 경우 사용자가 만든 라이브러리를 사용하여 ( )을(를) 운용한다.

[해설] 프로세스 분할, 병행성 증대, 다중 수행 → [용어] 스레드

[20년 4회]

03 다음은 프로세스 상태 전이도를 나타낸 것이다. ①~③에 들어갈 가장 적합한 상태를 쓰시오.

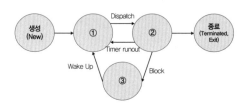

①
②
③

[해설] 프로세스 주요 3가지 상태는 준비(Ready), 실행(Run), 대기 (Wait, Block)이다.

[20년 2회 필기]

04 다음 중 프로세스 상태의 종류가 아닌 것을 모두 고르시오.

⊙ Ready	ⓒ Running
ⓒ Request	ⓔ Exit

해설 프로세스 상태 종류 : New, Ready, Run, Wait, Exit

[20년 4회 필기]

05 다음과 같은 프로세스가 차례로 큐에 도착하였을 때, SJF(Shortest Job First) 정책을 사용할 경우 가장 먼저 처리되는 작업을 쓰시오.

프로세스 번호	실행시간
P1	6
P2	8
P3	4
P4	3

해설 SJF 스케줄링 기법은 작업이 끝나기까지의 실행시간 추정치가 가장 작은 작업을 먼저 실행한다.

[20년 1회]

06 HRN(Highest response ratio Next) 스케줄링 기법의 우선순위 계산식을 쓰시오.

해설 HRN 스케줄링은 우선순위를 부여하고 그 중 가장 높은 프로세스에게 CPU를 할당하는 기법이다.

[20년 2회 필기]

07 다음의 설명과 가장 부합하는 스케줄링 기법을 쓰시오.

- SJF기법을 보완하기 위한 방식이다.
- 긴 작업과 짧은 작업 간의 지나친 불평등을 해소할 수 있다.
- 우선순위를 계산하여 그 수치가 가장 높은 것부터 낮은 순으로 우선순위가 부여된다.
- 대기 시간이 긴 프로세스일 경우 우선순위가 높아진다.

해설 키워드 SJF 보완, 우선순위 → 풀이 HRN

[20년 3회 필기]

08 HRN 방식으로 스케줄링 할 경우, 입력된 작업이 다음과 같을 때 처리되는 작업 순서를 나열하시오.

작업	대기시간	서비스(실행)시간
A	5	20
B	40	20
C	15	45
D	20	2

해설 우선순위 계산식 : (대기시간 + 서비스시간) / 서비스시간

작업	우선순위 계산식	계산 결과	우선순위
A	(5 + 20) / 20	1.25	4
B	(40 + 20) / 20	3	2
C	(15 + 45) / 45	1.3	3
D	(20 + 2) / 2	11	1

09 FIFO 방식으로 스케줄링할 경우, 입력된 작업이 다음과 같을 때, 평균 반환 시간을 계산하시오. (단, 각 작업이 도착한 시간은 모두 동일하다.)

작업	실행 시간
A	15초
B	5초
C	10초
D	5초
E	30초

해설 평균 반환시간 = 평균 실행시간 + 평균 대기시간 = 13 + 20 = 33

작업	실행 시간	대기 시간
A	15초	0초
B	5초	15초
C	10초	(15+5)초
D	5초	(15+5+10)초
E	30초	(15+5+10+5)초

– 평균 실행시간 : (15+5+10+5+30) / 5 = 13
– 평균 대기시간 : (0+15+20+30+35) / 5 = 20

정답

01. ㉠, ㉡, ㉢ 02. 스레드(Thread) 03. ❶ 준비(Ready) ❷ 실행(Run) ❸ 대기(Wait, Block) 04. ㉢ 05. P4 06. (대기 시간 + 서비스 시간) / 서비스 시간
07. HRN(Highest Response ratio Next) 08. D, B, C, A 09. 33

04 디스크 스케줄링

1 디스크 스케줄링(보조기억장치 스케줄링)

디스크 헤드(Disk Head)
데이터를 기록하고, 기록된 데이터를 판독하는 부분

디스크 스케줄링은 사용할 데이터가 디스크 상의 여러 곳에 저장되어 있을 경우, 데이터에 접근하기 위해 디스크 헤드*가 움직이는 경로를 결정하는 기법이다.

- 디스크 스케줄링의 목적은 처리량 최대화, 응답시간의 최소화, 응답시간 편차의 최소화 등이 있다.
- 종류 : FCFS, SSTF, SCAN, C-SCAN, N-step SCAN, LOOK, C-LOOK

1. FCFS(First-Come First-Service)

입·출력 요청 대기 큐에 들어온 순서대로 서비스하는 기법이다.

합격자의 암기법

디스크 스케줄링 기법
- 키워드 순서대로 → 용어 FCFS
- 키워드 탐색 거리가 가장 짧은 트랙부터 → 용어 SSTF
- 키워드 현재 진행 중인 한 방향으로 → 용어 SCAN
- 키워드 항상 바깥쪽에서 안쪽으로 → 용어 C-SCAN

예제

아래와 같은 순서로 큐에 들어있을 때, FCFS 스케줄링 기법을 이용하여 이동 순서와 이동 거리를 구하시오.
- 대기 큐 : 108 193 47 132 24 134 75 77
- 현재 헤드 위치 : 1

정답 및 해설

1. 이동 순서: 1 → 108 → 193 → 47 → 132 → 24 → 134 → 75 → 77
2. 이동 거리: 107 + 85 + 146 + 85 + 108 + 110 + 59 + 2 = 702

2. SSTF(Shortest Seek Time First) [21년 3회 필기]

탐색 거리가 가장 짧은 트랙*에 대한 요청을 먼저 서비스하는 기법이다.

- 현재 헤드 위치에서 가장 가까운 곳에 있는 요구를 먼저 처리한다.
- 탐색 시간 편차가 크다. 즉, 안쪽 트랙이나 바깥쪽 트랙이 가운데 트랙보다 서비스를 덜 받는 경향이 있다.
- 헤드에서 멀리 떨어진 요청은 기아 상태(Starvation)가 발생할 수 있다.

트랙(Track)
디스크의 회전축을 중심으로 데이터가 기록되는 동심원

예제

아래와 같은 순서로 큐에 들어있을 때, SSTF 스케줄링 기법을 이용하여 이동 순서와 이동 거리를 구하시오.
- 대기 큐 : 108 193 47 132 24 134 75 77
- 현재 헤드 위치 : 63

정답 및 해설

안쪽   24, 47, 63, 75, 77, 108, 132, 134, 193   바깥쪽

1. 이동 순서 : 63 → 75 → 77 → 47 → 24 → 108 → 132 → 134 → 193
2. 이동 거리 : 12 + 2 + 30 + 23 + 84 + 24 + 2 + 59 = 236

3. SCAN

현재 진행 중인 한 방향으로 가장 짧은 탐색 거리에 있는 요청을 먼저 서비스 하는 기법이다.

- 현재 헤드의 위치에서 진행 방향이 결정되면 탐색 거리가 짧은 순서에 따라 그 방향의 모든 요청을 서비스하고, 끝까지 이동한 후 역방향의 요청을 서비스한다.
- SSTF 기법이 갖는 탐색 시간의 편차를 해소하기 위한 기법이다.
- 안쪽, 바깥쪽 트랙 번호가 없을 경우에는 대기 큐에 있는 작업만 탐색한다.
- 끝까지 이동하지 않을 경우는 LOOK 기법이다.

예제

현재 바깥쪽 트랙으로 이동 중이며, 아래와 같은 순서로 큐에 들어있을 때, SCAN 스케줄링 기법을 이용하여 이동 순서와 이동 거리를 구하시오.
– 대기 큐 : 108 193 47 132 24 134 75 77
– 현재 헤드 위치 : 63
– 제일 안쪽 : 1번, 제일 바깥쪽: 200번

정답 및 해설

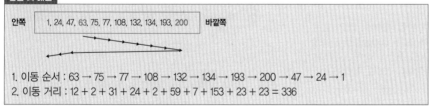

안쪽   1, 24, 47, 63, 75, 77, 108, 132, 134, 193, 200   바깥쪽

1. 이동 순서 : 63 → 75 → 77 → 108 → 132 → 134 → 193 → 200 → 47 → 24 → 1
2. 이동 거리 : 12 + 2 + 31 + 24 + 2 + 59 + 7 + 153 + 23 + 23 = 336

4. C-SCAN(Circular SCAN)

항상 바깥쪽에서 안쪽으로 이동하면서 가장 짧은 탐색 거리에 있는 요청을 먼저 서비스 하는 기법이다.

- 트랙의 바깥쪽에서 안쪽으로 한 방향으로만 움직이며 끝까지 이동한 후, 안쪽 요청이 더 이상 없으면 가장 바깥쪽의 끝으로 이동한 후 다시 안쪽으로 이동하면서 요청을 서비스한다.
- 디스크 스케줄링 기법 중 가장 안쪽과 가장 바깥쪽 트랙에 대한 차별 대우를 없앤 기법이다.
- 끝까지 이동하지 않을 경우는 C-LOOK 기법이다.

예제

아래와 같은 순서로 큐에 들어있을 때, C-SCAN 스케줄링 기법을 이용하여 이동 순서와 이동 거리를 구하시오.
– 대기 큐 : 108 193 47 132 24 134 75 77
– 현재 헤드 위치 : 63
– 제일 안쪽 : 1번, 제일 바깥쪽 : 200번

정답 및 해설

안쪽   1, 24, 47, 63, 75, 77, 108, 132, 134, 193, 200   바깥쪽

1. 이동 순서 : 63 → 47 → 24 → 1 → 200 → 193 → 134 → 132 → 108 → 77 → 75
2. 이동 거리 : 16 + 23 + 23 + 199 + 7 + 59 + 2 + 24 + 31 + 2 = 386

5. N-step SCAN

SCAN 기법의 무한 대기 발생 가능성을 제거한 것으로, SCAN 기법과 같이 진행 방향상의 요청을 서비스하지만, 진행 중에 새로 추가된 요청은 서비스하지 않고 다음 진행 시 서비스하는 기법이다.

기출 및 예상문제   **04 디스크 스케줄링**

[21년 3회 필기]

01 사용자가 요청한 디스크 입·출력 내용이 다음과 같은 순서로 큐에 들어 있다. 이 때 SSTF 스케줄링을 사용한 경우의 처리 순서를 나열하시오. (단, 현재 헤드 위치는 53이고, 제일 안쪽이 1번, 바깥쪽이 200번 트랙이다.)

> 큐의 내용 : 98 183 37 122 14 124 65 67

해설 SSTF 스케줄링은 탐색 거리가 가장 짧은 트랙에 대한 요청을 먼저 서비스하는 기법이다.

> 14 37 53 65 67 98 122 124 183

02 디스크 스케줄링 기법 중 SSTF가 갖는 탐색 시간의 편차를 해소하기 위한 기법으로, 현재 진행 중인 방향으로 가장 짧은 탐색 거리에 있는 요청을 먼저 서비스하는 기법은 무엇인지 쓰시오.

해설 키워드 현재 진행 중인 방향, 가장 짧은 탐색 거리 → 용어 SCAN

03 다음의 설명과 가장 부합하는 용어를 쓰시오.

> SCAN의 무한 대기 발생 가능성을 제거한 것으로, SCAN 보다 응답 시간의 편차가 적고 SCAN과 같이 진행 방향 상의 요청을 서비스하지만, 진행 중에 새로이 추가된 요청은 서비스하지 않고 다음 진행 시에 서비스하는 디스크 스케줄링 기법이다.

해설 키워드 진행 중 추가 요청은 서비스 X → 용어 N-step SCAN

정답
01. 53, 65, 67, 37, 14, 98, 122, 124, 183 **02.** SCAN **03.** N-step SCAN

05 파일 관리

1 파일(File)

파일은 사용자가 작성한 서로 관련 있는 레코드※의 집합체이다.

- 프로그램 구성의 기본 단위가 되며, 보조기억장치에 저장된다.
- 각 파일마다 이름, 위치, 크기, 작성 시기 등의 여러 속성을 가지고 있다.
- 파일 특성을 결정하는 기준
  - 소멸성(Volatility) : 파일 추가/제거 빈도수
  - 활성률(Activity) : 프로그램 한 번 수행 시 처리되는 레코드 수의 백분율
  - 크기(Size) : 파일의 정보량

2 파일 시스템(File System)

파일 시스템은 파일의 저장, 접근, 공유, 보호 등 보조기억장치에서의 파일을 총괄하는 파일 관리 기술이다.

- 사용자가 파일을 생성, 수정, 제거할 수 있도록 한다.
- 적절한 제어 방식을 통해 다른 사람의 파일을 공동으로 사용할 수 있도록 한다.
- 사용자가 이용하기 편리하도록 사용자에게 익숙한 인터페이스를 제공한다.

3 파일 디스크립터(= FCB; File Control Block, 파일 제어 블록) [21년 3회 필기]

파일 디스크립터는 파일을 관리하기 위한 시스템이 필요로 하는 파일에 대한 정보를 갖는 제어 블록이다.

- 파일이 액세스(Access)되는 동안 운영체제가 관리 목적으로 알아야 할 정보를 모아 놓은 자료 구조이다.
- 보통 보조기억장치에 저장되었다가 파일이 열릴 때 주기억장치로 전달된다.
- 파일 정보 : 생성 날짜 및 시간, 위치, 액세스 횟수, 이름, 구조, 크기, 접근 제어, 수정 시간

레코드(Record)
관련된 자료의 집합
📝 이름과 학과는 한 학생의 레코드(행)를 구성하고 여러 학생의 레코드가 모여 파일을 구성한다.

이름	학과
이순신	정보
홍길동	사무

레코드1 → 이순신 정보
레코드2 → 홍길동 사무

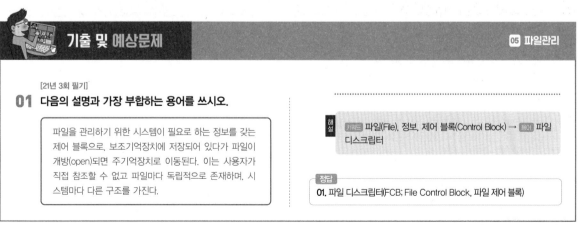

기출 및 예상문제

05 파일관리

[21년 3회 필기]

01 다음의 설명과 가장 부합하는 용어를 쓰시오.

파일을 관리하기 위한 시스템이 필요로 하는 정보를 갖는 제어 블록으로, 보조기억장치에 저장되어 있다가 파일이 개방(open)되면 주기억장치로 이동된다. 이는 사용자가 직접 참조할 수 없고 파일마다 독립적으로 존재하며, 시스템마다 다른 구조를 가진다.

해설 키워드 파일(File), 정보, 제어 블록(Control Block) → 용어 파일 디스크립터

정답
01. 파일 디스크립터(FCB; File Control Block, 파일 제어 블록)

운영체제상에서 동시에 2개 이상의 프로세스를 병행하여 실행될 수 있습니다. 이때 여러 프로세스가 공유 자원을 동시에 사용할 수 없을 경우, 처리할 수 있는 방법에 대해 학습합니다. 예를 들어, 사용 중인 자원에 깃발을 세워두고, 사용이 끝날 경우 깃발을 제거하여 실시간 자원 사용 여부를 판단할 수 있겠지요.

06 병행 프로세스

1 병행 프로세스(Concurrent Process)

병행 프로세스는 두 개 이상의 프로세스들이 동시에 존재하며 실행 상태에 있는 것을 의미한다.

- 동시에 2개 이상의 프로세스를 병행 처리하면 한정된 자원 대한 사용 순서 등 여러 가지 문제가 발생할 수 있다.
- 병행 프로세스의 문제 해결책 : 임계구역, 상호 배제, 동기화 기법

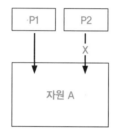

1. 임계구역(Critical Section)

한 순간에 여러 개의 프로세스에 의하여 공유되는 데이터 및 자원에 대하여, 하나의 프로세스만 자원을 이용할 수 있도록 보호된 영역이다.

2. 상호 배제(Mutual Exclusion)

한 프로세스가 공유 메모리 혹은 공유 파일을 사용하고 있을 때, 다른 프로세스들이 사용하지 못하도록 배제시키는 제어 기법이다.

3. 동기화 기법

하나의 자원에 대한 처리 권한을 주거나 순서를 조정해 주는 기법이다.

- 종류 : 세마포어(Semaphore), 모니터(Monitor)

 기출 및 예상문제

01 다음의 설명과 가장 부합하는 용어를 쓰시오.

다중 프로그래밍 운영체제에서 한 순간에 여러 개의 프로세스에 의하여 공유되는 데이터 및 자원에 대하여 한 순간에는 반드시 하나의 프로세스에 의해서만 자원 또는 데이터가 사용되도록 하고, 이러한 자원이 프로세스에 의하여 반납된 후 비로소 다른 프로세스에서 자원을 이용하거나 데이터를 접근할 수 있도록 지정된 영역이다.

해설 키워드 하나의 프로세스만 사용, 영역 → 문어 임계구역

02 공유 자원을 어느 시점에서 단지 한 개의 프로세스만이 사용할 수 있도록 하며, 다른 프로세스가 공유 자원에 대하여 접근하지 못하게 제어하는 기법은 무엇인지 쓰시오.

해설 `키워드` 다른 프로세스, 접근 제어 기법 → `용어` 상호 배제

정답
01. 임계구역(Critical Section) 02. 상호 배제(Mutual Exclusion)

★★

07 교착상태

1 교착상태(Dead Lock)

교착상태는 둘 이상의 프로세스들이 자원을 점유한 상태에서 서로 다른 프로세스가 점유하고 있는 자원을 요구하며 무한정 기다리는 현상이다.

• 상호 배제(Mutual Exclusion)에 의해 나타나는 문제점이다.

권쌤이 알려줌

교착상태는 하나의 자원에 대한 상대방의 작업이 서로 끝나기만을 기다리고 있기 때문에 결과적으로 아무것도 완료되지 못하는 상태를 의미합니다.

1. 교착상태 발생의 4가지 필요충분조건 [21년 1회 필기] [20년 2회 필기]

교착상태가 발생하기 위해서는 다음 4가지 조건을 동시에 만족해야 한다.

조건	설명
상호 배제 (Mutual Exclusion)	한 번에 한 개의 프로세스만이 공유 자원을 사용할 수 있어야 한다.
점유와 대기 (Hold & Wait)	최소한 하나의 자원을 점유하고 있으면서, 다른 프로세스에 할당되어 사용되고 있는 자원을 추가로 점유하기 위해서 대기하는 프로세스가 있어야 한다.
비선점 (Nonpreemption)	프로세스에 할당된 자원은 사용이 끝날 때까지 강제로 빼앗을 수 없다.
환형 대기 (Circular Wait)	공유 자원과 공유 자원을 사용하기 위해 대기하는 프로세스들이 원형으로 구성되어 있어, 자신에게 할당된 자원을 점유하면서 앞이나 뒤에 있는 프로세스의 자원을 요구해야 한다.

합격자의 암기법

교착상태 4가지 조건 : 삼점대 비환영(상점대 비환형)
• 삼(상호 배제)
• 점(유와)
• 대(기)
• 비(선점)
• 환영(환형 대기)

2. 교착상태 해결 방안 [21년 2회 필기] [20년 2회 필기]

기법	설명
예방 기법 (Prevention)	• 교착상태가 발생되지 않도록 사전에 시스템을 제어하는 방법으로, 교착상태 발생의 4가지 조건 중에서 어느 하나를 제거(부정)함으로써 수행되는 기법
회피 기법 (Avoidance)	• 교착상태 발생 가능성을 인정하고, 교착상태가 발생하려고 할 때 교착상태 가능성을 피해가는 기법 • 주로 은행원 알고리즘(Banker's Algorithm)※이 사용됨
발견 기법 (Detection)	• 시스템에 교착상태가 발생했는지 점검하여 교착상태에 있는 프로세스와 자원을 발견하는 기법
회복 기법 (Recovery)	• 교착상태를 일으킨 프로세스를 종료하거나 교착상태의 프로세스에 할당된 자원을 선점하여 프로세스나 자원을 회복하는 기법

은행원 알고리즘
(Banker's Algorithm)
프로세스는 사전에 자신의 작업에서 필요한 자원의 수를 요구한다. 운영체제는 자원 할당 전에 할당량을 미리 시뮬레이션하여 안전 여부를 검사한다. 그리고 안정 상태를 유지할 수 있는 요구만을 수락하고 불안전 상태를 초래할 요구는 만족될 수 있을 때까지 계속 거절하는 교착상태 회피 알고리즘이다.
• 다익스트라(Dijkstra)가 제안한 회피(Avoidance) 기법이다.

[21년 1회 필기] [20년 2회 필기]

01 교착 상태 발생의 필요충분조건을 모두 고르시오.

⑦ 상호 배제(Mutual Exclusion)
ⓒ 점유와 대기(Hold and Wait)
ⓒ 환형 대기(Circular Wait)
ⓔ 선점(Preemption)

> 해설 교착상태 발생의 4가지 필요충분조건 : 상호 배제, 점유와 대기, 비선점, 환형 대기
> TIP 교착상태 4가지 조건은 "삼점대 비환영"으로 기억하세요.

[21년 2회 필기] [20년 2회 필기]

02 은행가 알고리즘(Banker's Algorithm)은 교착상태의 해결 방법 중 어떤 기법에 해당하는지 쓰시오.

> 해설 키워드 은행가 알고리즘 → 용어 회피 기법

03 상호 배제에 의해 나타나는 문제점으로, 둘 이상의 프로세스들이 자원을 점유한 상태에서 서로 다른 프로세스가 점유하고 있는 자원을 요구하며 무한정 기다리는 현상을 무엇이라 하는지 쓰시오.

> 해설 키워드 상호 배제, 무한정 기다리는 현상 → 용어 교착상태

정답
01. ⑦, ⓒ, ⓒ **02.** 회피 기법(Avoidance) **03.** 교착상태(Dead Lock)

권쌤이 알려줌

환경 변수 구성은 아래와 같습니다.
• 변수명 = 값
예 USERNAME=gisafirst

08 환경 변수

1 환경 변수(Environment Variable)

프로세스가 컴퓨터에서 동작하는 방식에 영향을 미치는 동적인 값들의 모임이다.

• 시스템의 기본 정보를 저장하고, 변수명과 값으로 구성된다.

• 환경 변수는 자식 프로세스에 상속된다.

• 환경 변수에는 시스템 전체에 영향을 미치는 시스템 변수와 사용자 계정에만 영향을 미치는 사용자 변수가 있다.

▼ 환경 변수 관련 명령어 [21년 2회 필기] [20년 4회 필기]

구분		설명
환경 변수 설정	DOS/Windows	set
	UNIX/LINUX	set, env, printenv, export※
환경 변수 출력		환경 변수 설정하는 명령어(set, env, printenv)를 변수 없이 사용하면 모든 환경 변수와 값을 확인할 수 있다.
특정 환경 변수 값 확인	DOS/Windows	echo %[환경변수]%
	UNIX/LINUX	echo $[환경변수]

export 명령어
UNIX/LINUX에서 일반 변수에 export 명령어를 사용하면 시스템 환경 변수로 지정할 수 있다.

2 Windows 주요 환경 변수

Windows에서 환경 변수를 사용하려면 변수명 앞뒤에 %를 입력해야 한다.

환경 변수	설명
%Path%	실행 파일을 찾는 경로
%USERNAME%※	로그인한 계정 이름
%USERDOMAIN%	로그인한 시스템의 도메인명(컴퓨터명)
%HomeDrive%	로그인한 계정의 정보가 들어있는 드라이브
%HomePath%	로그인한 계정의 기본 폴더
%SystemDrive%	윈도우가 부팅된 드라이브
%SystemRoot%	부팅된 운영체제가 들어있는 폴더
%ProgramFiles%	기본 프로그램 설치 폴더
%TEMP%, %TMP%	임시 파일이 저장되는 폴더
%ComSpec%	기본 명령 프롬프트※ 프로그램
%USERPROFILE%	로그인한 사용자의 프로필이 들어있는 폴더명
%ALLUSERS PROFILE%	모든 사용자 프로필※이 저장된 폴더
%APPDATA%	설치된 프로그램의 필요 데이터가 저장된 폴더
%LOGONSERVER%	로그인한 계정이 접속한 서버명
%PathEXT%	명령 프롬프트에서 실행할 수 있는 파일의 확장자 목록
%WINDIR%	Windows가 설치된 폴더

%USERNAME%
사용자 이름
🔘 기사퍼스트 홈페이지 로그인 시 환경 인사 보여주기 : %USERNAME%님 방문을 환영합니다. → 기사퍼스트님 문을 환영합니다.

프롬프트(prompt)
CLI의 명령줄 대기모드
• 사용자 입력을 기다리는 커서의 대기모드
🔘 user@host:/home$

사용자 프로필
사용자 계정과 관련된 바탕 화면 설정과 기타 정보가 들어 있다.

3 UNIX/LINUX 주요 환경 변수

UNIX/LINUX에서 환경 변수를 사용하려면 변수명 앞에 $를 입력해야 한다.

환경 변수	설명
$PATH	실행 파일을 찾는 경로
$DISPLAY	현재 X Window※ 디스플레이 위치/식별자
$HOME	사용자 홈 디렉터리※
$HOSTNAME	호스트 이름(현재 사용 중인 컴퓨터의 이름)
$PS1	쉘 프롬프트 설정값
$PWD	현재 작업 디렉터리
$SHELL	사용하는 쉘 프로그램 이름
$TERM	터미널※ 종류의 이름
$MAIL	메일이 저장된 파일의 경로
$MAILCHECK	메일의 도착 여부를 검사하는 시간(초) 간격
$LANG	프로그램 사용 시 기본적으로 지원되는 언어
$USER	사용자 이름

X Window
유닉스 계열 운영체제에서 GUI을 사용하기 위한 프로그램

디렉터리(Directory)
파일을 분류하기 위해 사용하는 공간
• Windows의 폴더(Folder)

터미널(Terminal)
텍스트 터미널 또는 텍스트 콘솔은 텍스트 입력 및 표시를 위한 컴퓨터 인터페이스이다.

[20년 4회 필기]

01 UNIX SHELL 환경 변수를 출력하는 명령어를 모두 고르시오.

> ㉠ configenv   ㉡ printenv
> ㉢ env   ㉣ setenv

해설 UNIX 환경 변수 관련 명령어 : set, env, printenv, export
• getenv("변수") : 환경 변수 값 확인
• putenv("변수=값") : 환경 변수 추가/수정
• setenv("변수", "값", "덮어쓰기 여부") : 환경 변수 설정

[21년 2회 필기]

02 리눅스 Bash 쉘(Shell)에서 export와 관련한 설명으로 틀린 것을 모두 고르시오.

> ㉠ 변수를 출력하고자 할 때는 export를 사용해야 한다.
> ㉡ export가 매개변수 없이 쓰일 경우 현재 설정된 환경 변수들이 출력된다.
> ㉢ 사용자가 생성하는 변수는 export 명령어로 표시하지 않는 한 현재 쉘에 국한된다.
> ㉣ 변수를 export 시키면 전역(Global)변수처럼 되어 끝까지 기억된다.

해설 일반 변수를 시스템 환경 변수로 지정하고자 할 때 export 명령어를 사용한다.

정답
01. ㉡, ㉢, ㉣   02. ㉠

★ ★

09 운영체제 기본 명령어

권쌤이 알려줌

주요 명령어는 영어 단어의 의미를 생각하면서 충분히 학습하세요.

1 Windows 기본 명령어

명령 프롬프트(Command) 창에서 입력한다.

명령어	설명
dir	파일 목록 표시(directory)
copy	파일 복사
type	파일 내용 확인
ren	파일 이름 변경(rename)
del	파일 삭제(delete)
attrib	파일의 속성 변경(attribute)
find	파일 찾기
move	파일 이동
comp	파일 비교(compare)
md	디렉터리 생성(make directory)
cd	디렉터리 위치 변경(change directory)
chkdsk	디스크 상태 점검(check disk)

명령어	설명
format	디스크 초기화
cls	화면 내용 지움(<u>cl</u>ear <u>s</u>creen)
exit	명령 프롬프트 종료

2 Unix / Linux 주요 명령어 [21년 1회 필기] [20년 3회 필기]

쉘 프롬프트(Shell)에서 입력한다.

권쌤이 알려줌

명령어를 조합 및 연결하여 사용할 때는 파이프(Pipe) 명령어를 사용하며, 기호는 | 입니다.
• 명령어1 | 명령어2 : 명령어 1의 결과를 명령어2의 입력으로 사용한다.

명령어	설명
fork	프로세스 생성
exec	프로세스 실행(<u>exec</u>ute)
wait	부모 프로세스가 자식 프로세스 종료를 기다리며 일시 중지
kill	프로세스 제거
ps	현재 프로세스 상태 확인(<u>p</u>rocess <u>s</u>tatus)
getpid	자신의 프로세스 아이디 확인
getppid	부모 프로세스 아이디 확인
chmod	파일 접근 권한 모드 설정(<u>ch</u>ange <u>mod</u>e)
chown	파일 소유자 변경(<u>ch</u>ange <u>own</u>er)
cat	파일 내용을 화면에 표시
grep	파일 내용에서 지정한 문자열 찾기
cp	파일 복사(<u>c</u>o<u>p</u>y)
find	파일 찾기
rm	파일 삭제(<u>r</u>e<u>m</u>ove)
ls	디렉터리 내용 보기(<u>l</u>i<u>s</u>t)
mount	새로운 파일 시스템을 기존 파일 시스템의 서브 디렉터리에 연결
unmount	새로운 파일 시스템을 기존 파일 시스템의 서브 디렉터리에서 해제
chdir	디렉터리 위치 변경(<u>ch</u>ange <u>dir</u>ectory)
fsck	파일 시스템 검사 및 보수(<u>f</u>ile <u>s</u>ystem che<u>ck</u>)
uname	시스템 정보(커널 이름, 커널 버전, 사용자 이름 등) 출력
who	현재 시스템에 접속한 사용자 정보 출력
sleep	지정한 시간동안 대기

 파일 권한(Permission) [20년 2회]

파일 권한은 10자리로 표시하는데 1번째 자리는 디렉터리(d) 또는 파일(−)을, 2∼4번째 자리는 소유자(Owner, 사용자, User) 권한을, 5∼7번째 자리는 그룹(Group) 권한을, 8∼10번째 자리는 다른 사용자(Other) 권한을 의미한다.
• 각 자리는 r(읽기), w(쓰기), x(실행), −(권한 없음)으로 표시한다.

<u>예</u> − r w x − w − r − x
　①　②　　③　　④

① 파일구분(−) : 파일을 의미
② 소유자(rwx) : 읽기, 쓰기, 실행 가능

합격자의 맘기법

파일 권한 명령어 : UGO
• U(ser, 사용자)
• G(roup, 그룹)
• O(ther, 다른 사용자)

③ 그룹(-w-) : 쓰기만 가능
④ 다른 사용자(r-x) : 읽기, 실행만 가능

예제 1

다음 중 UNIX파일 시스템에서 -rwxr-xr-x 권한에 대한 설명으로 옳은 것은?
① 디렉터리에 대한 접근권한을 설명하고 있다.
② 이 파일의 소유자는 읽기와 실행만이 가능하다.
③ 이 파일은 모든 사용자가 실행할 수 있다.
④ 이 파일은 모든 사용자가 쓰기 권한을 갖는다.

정답 및 해설1　③

– 파일구분(-) : 파일
– 소유자(rwx) : 읽기, 쓰기, 실행 가능
– 그룹(r-x) : 읽기, 실행만 가능
– 다른 사용자(r-x) : 읽기, 실행만 가능

예제 2

LINUX에서 a.txt 파일에 사용자에게는 읽기/쓰기/실행, 그룹에게는 실행 권한을 부여하고, 기타에게는 아무런 권한을 부여하지 않는 명령어를 한 줄로 쓰시오. (8진법 숫자)

정답 및 해설2　chmod 710 a.txt

사용자(User)			그룹(Group)			다른 사용자(Other)		
R	W	X	R	W	X	R	W	X
4	2	1	4	2	1	4	2	1
7 = 4 + 2 + 1			1			0		

기출 및 예상문제

09 운영체제 기본 명령어

[20년 3회 필기]
01 UNIX에서 새로운 프로세스를 생성하는 명령어를 쓰시오.

....

해설　키워드 프로세스 생성 → 용어 fork

[21년 1회 필기]
02 운영체제 분석을 위해 리눅스에서 버전을 확인하고자 할 때 사용되는 명령어를 쓰시오.

....

해설　키워드 버전 확인(정보 출력) → 용어 uname

[20년 2회]

03 LINUX에서 사용자에게는 읽기/쓰기/실행, 그룹에게는 읽기/실행, 기타에게는 실행 권한을 a.txt 파일에 부여하는 명령어를 한 줄로 쓰시오. (단, 8진법 숫자를 사용한다.)

해설 파일 권한

사용자(User)			그룹(Group)			다른 사용자(Other)		
R	W	X	R	W	X	R	W	X
4	**2**	**1**	**4**	**2**	**1**	4	2	**1**
7			5			1		

• chmod : 파일의 접근 권한 모드(읽기, 쓰기, 실행) 설정

정답

01. fork **02.** uname **03.** chmod 751 a.txt

SECTION 02

네트워크 기초 활용

네트워크는 컴퓨터 간의 정보 교환과 정보 처리를 위한 통신망으로, 네트워크를 통해 서로 정보를 주고받을 수 있습니다. 네트워크에서 정보를 주고받기 위해 필요한 통신 규약과 기능 그리고 네트워크 장비 등에 대해 학습합니다.

★★★

01 인터넷

1 인터넷(Internet)

인터넷은 TCP/IP 프로토콜*을 이용하여 전 세계 수많은 컴퓨터와 네트워크들이 연결된 광범위한 컴퓨터 네트워크이다.

> **TCP/IP 프로토콜**
> 서로 다른 기종의 컴퓨터들이 데이터를 주고받을 수 있도록 하는 인터넷 표준 프로토콜

 네트워크(Network)

> 네트워크는 정보를 원하는 수신자 또는 기기에 정보를 정확하게 전송하기 위한 기반 인프라이다. 네트워크는 거리에 따라 LAN과 WAN으로 분류한다.
>
> | | |
> |---|---|
> | **LAN(Local Area Network, 근거리 네트워크)** | • 구내나 동일 건물 내에서 프로그램, 파일 또는 주변 장치 등 자원을 공유할 수 있는 통신망이다.
• 속도가 빠르고 에러율이 적다.
• 전송 거리가 좁다. |
> | **WAN(Wide Area Network, 광대역 네트워크, 인터넷)** | • 각기 다른 LAN을 통합시켜 국가, 대륙과 같이 광범위한 지역을 상호 연결시킨 광역 통신망이다.
• LAN보다 속도가 느리고 에러율도 높다.
• 전송 거리가 넓어 경로 설정 알고리즘이 필요하다. |

2 IP 주소(Internet Protocol Address) [21년 1회]

> **권쌤이 알려줌**
> IP 주소는 인터넷에 연결된 자원의 주소입니다. 네이버, 구글, 다음 등의 모든 웹 사이트의 주소가 다르죠? 그 이유는 IP 주소가 모두 다르기 때문입니다.

IP 주소는 인터넷에 연결된 모든 컴퓨터의 자원을 구분하기 위한 고유한 주소이다.

• 무한히 할당할 수 있는 자원이 아니라, 전 세계적으로 관리되는 유한한 자원이다.

• IPv4(IP version 4)는 8비트씩 4부분, 총 32비트로 구성된다.

11010011	.	11010011	.	11010011	.	11010011

> **권쌤이 알려줌**
> IPv4를 통해 최대 약 43억개의 서로 다른 주소를 부여할 수 있습니다.

• 각 부분을 마침표(.)로 구분하여 표현하고, 각 구분은 10진수로 표현한다.

예 IP 주소 : 211.48.179.177

• 총 5개의 클래스(A~E 클래스)로 나뉜다.

1. A 클래스

- 국가나 대형 통신망에 사용
- 시작 주소 : 0~127
- 연결 가능 호스트 수 : $256 \times 256 \times 256 = 2^{24}$

| 네트워크 주소 | 호스트 주소 |

| 0 | . | | . | | . | |

2. B 클래스

- 중대형 통신망에 사용
- 시작 주소 : 128~191
- 연결 가능 호스트 수 : $256 \times 256 = 2^{16}$

| 1 0 | . | | . | | . | |

3. C 클래스 [21년 3회 필기]

- 소규모 통신망에 사용
- 시작 주소 : 192~223
- 연결 가능 호스트 수 : $256 = 2^8$

| 1 1 0 | . | | . | | . | |

4. D 클래스

- 멀티캐스트※용으로 사용
- 시작 주소 : 224~239

5. E 클래스

- 실험적 주소로 공용되지 않음

3 IPv6(Internet Protocol version 6) [20년 4회] [20년 2, 3회 필기]

IPv6는 IPv4의 주소 고갈 문제를 해결하기 위해 기존의 IPv4 주소 체계를 128비트 크기로 확장한 인터넷 프로토콜 주소이다.

- 16비트씩 8부분, 총 128비트로 구성된다.
- 각 부분을 콜론(:)으로 구분하여 표현하고, 각 구분은 16진수로 표현한다.

예 2001:0230:abcd:ffff:0000:0000:ffff:1111

- 확장성, 융통성, 연동성, 품질, 보안, 속도, 멀티미디어 기능이 우수하다.

권쌤이 알려줌

각 클래스의 첫 번째 주소와 마지막 주소는 예약된 주소이므로 실제 연결 가능한 호스트(컴퓨터) 수는 2개 적습니다.
예 C클래스의 실제 할당할 수 있는 IP 개수 : 254개

권쌤이 알려줌

A 클래스에서 첫 번째 비트(0)는 고정하여 사용합니다.

권쌤이 알려줌

네트워크 주소는 라우터를 거치지 않고 내부적으로 통신이 가능한 주소를 의미하고, 호스트(컴퓨터) 주소는 하나의 네트워크에서 호스트들을 구분하기 위한 주소입니다.

멀티캐스트(Multicast)

인터넷상에서 같은 내용의 전자메일, 화상 회의를 위한 화상, 음성 데이터 등을 둘 이상의 다른 수신자들에게 동시에 전송하는 방식

- 멀티캐스트 주소는 멀티캐스트 그룹에 참여하는 구성원들을 확인하기 위한 주소를 말한다. 이 주소로 전송하면 이에 참여하는 여러 호스트가 동시 수신할 수 있다.

권쌤이 알려줌

IPv6를 통해 최대 약 43억×43억×43억×43억개의 서로 다른 주소를 부여할 수 있습니다.

유니캐스트(Unicast)

멀티캐스트(Multicast)

브로드캐스트(Broadcast)
불특정 다수에게 송신하는 1:다
방식이다.
• IPv4에서 네트워크 내의 모든
주소에 동일 메시지를 보내는
것이다.

권쌤이 알려줌

사용 가능한 IP 주소는 한정적
입니다. 그러므로 필요한 IP 주
소만 할당받아 사용하는 것이
효율적입니다. 이때 할당받은 IP
주소를 여러 개의 서브 네트워
크로 나누어 사용하는 것을 서
브넷팅이라고 합니다.

▼ IPv6 주소 체계 [21년 1회 필기] [20년 2회 필기]

구분	설명
유니캐스트(Unicast)※	• 특정 1인에게 송신하는 1:1 방식이다.
멀티캐스트(Multicast)※	• 특정 다수에게 송신하는 1:다 방식이다.
애니캐스트(Anycast)	• 수신자들을 묶어 하나의 그룹으로 나타낸 주소를 사용하여 그룹 내에서 가장 가까운 호스트에게만 송신하는 1:1 방식이다. • IPv4의 브로드캐스트※가 없어지고, IPv6에서 애니캐스트가 새로 생성됐다.

4 서브넷(Subnet)

1. 서브넷(Subnet)

IP 주소에서 하나의 네트워크가 분할되어 나눠진 작은 네트워크이다.

예 클래스 B를 어느 기업체에 할당했는데, 65,000여 개의 IP를 다 쓰는 것이 아니라 10,000개 정도만 쓴다고 가정한다. 남은 55,000개의 IP는 쓰이지 않은 채 이 기업은 클래스 B 하나를 점유하고 있는 상태가 되므로 비효율적이다. 따라서 할당된 주소를 다시 여러 개의 작은 네트워크로 나누어 필요한 만큼만 사용할 수 있다.

네트워크 주소	호스트 주소	

↓

네트워크 주소	서브넷 주소	호스트 주소

2. 서브넷 마스크(Subnet Mask, 마스크) [21년 2회 필기]

IP 주소에서 네트워크 주소와 호스트 주소를 구별하는 방식이다.

• 4Byte(32bit)의 IP 주소 중 네트워크 주소와 호스트 주소를 구분하기 위한 비트이다.

구분	서브넷 마스크
A 클래스	255.0.0.0
B 클래스	255.255.0.0
C 클래스	255.255.255.0

① 서브넷 마스크 사용법

IP 주소와 서브넷 마스크를 AND 연산하여 네트워크 주소를 얻는다.

예제

IP 주소 116.81.97.8의 네트워크 주소를 구하시오.

권쌤이 알려줌

경로 설정 시 네트워크 주소와
호스트 주소가 합쳐진 IP 주소를
확인합니다. 송·수신지의 네트워
크 주소가 같다면 라우터를 거치
지 않고 통신이 가능합니다.

정답 및 해설 116.0.0.0

IP 주소 116.81.97.8은 A 클래스에 포함되므로 서브넷 마스크는 255.0.0.0 이다.

IP 주소:	116.81.97.8		01110100 . 01010001 . 01100001 . 00001000
서브넷 마스크:	255.0.0.0	AND	11111111 . 00000000 . 00000000 . 00000000
네트워크 주소:	116.0.0.0		01110100 . 00000000 . 00000000 . 00000000
			네트워크 주소 호스트 주소

② 서브넷 마스크 활용

- 특수 목적으로 사용되는 IP 주소 : 각 네트워크의 첫 번째 IP 주소와 마지막 IP 주소는 특수 목적으로 사용되므로 일반적으로 사용할 수 없다.

구분	설명
네트워크 ID	네트워크를 대표하는 값으로, 각 네트워크의 첫 번째 IP 주소
브로드캐스트 주소	각 네트워크의 마지막 IP 주소

권쌤이 알려줌

IP 부족 현상을 해결하기 위해 네트워크에서 IP Subnet-zero를 적용할 경우 특수 목적으로 사용되는 네트워크 ID와 브로드캐스트 주소를 사용할 수 있습니다.

- 서브네팅 방식 [21년 3회 필기] [20년 3회 필기]

구분	설명					
FLSM (Fixed Length Subnet Mask)	서브넷 길이를 고정하여 네트워크마다 할당된 호스트 수를 모두 동일하게 나누는 방식이다.	32	32	32	32	
		32	32	32	32	
VLSM (Variable Length Subnet Mask)	서브넷 길이를 가변적으로 하여 네트워크마다 할당된 호스트 수를 다르게 나누는 방식이다.	128		64		
				32	32	

예제 1

10.0.0.0 네트워크 전체에서 마스크 값으로 255.240.0.0을 사용할 경우 네트워크 개수를 구하시오.

정답 및 해설1 16개

서브넷 마스크 255.240.0.0은 다음과 같다.

| 1 | 1 | 1 | 1 | 1 | 1 | 1 | 1 | . | 1 | 1 | 1 | 1 | 0 | 0 | 0 | 0 | . | 0 | 0 | 0 | 0 | 0 | 0 | 0 | 0 | . | 0 | 0 | 0 | 0 | 0 | 0 | 0 | 0 |

IP 주소 10.0.0.0은 A 클래스에 포함되며, 호스트 주소에서 4bit를 네트워크 주소로 사용하므로 총 2^4=16개의 네트워크로 나누어진다.

네트워크	IP 주소 범위
1	10.0.0.0 ~ 10.15.0.0
2	10.16.0.0 ~ 10.31.0.0
3	10.32.0.0 ~ 10.47.0.0
⋮	⋮
15	10.224.0.0 ~ 10.239.0.0
16	10.240.0.0 ~ 10.255.0.0

권쌤이 알려줌

서브넷 마스크에서 네트워크 주소 부분은 1이 연속적으로 있어야 하며, 호스트 주소 부분은 0이 연속적으로 있어야 합니다.

CIDR(Classless Inter-Domain Routing) 표기법 보편적으로 사용하는 서브넷 마스크 표기법 중 하나로, 192.168.1.0/24와 같이 IP 주소 뒤에 '/네트워크주소비트'를 표기하여 네트워크 영역과 호스트 영역을 식별할 수 있게 한다.

예제 2

192.168.1.0/24※ 네트워크를 FLSM 방식을 이용하여 6개 subnet으로 나누었을 때 2번째 네트워크 ID를 구하시오.

정답 및 해설2 192.168.1.32

192.168.1.0/24는 IP 주소가 192.168.1.0이고, 네트워크 주소 비트가 24bit를 의미한다. IP 주소 192.168.1.0은 C 클래스에 포함되고, 서브넷 마스크는 255.255.255.0이며, 다음과 같다.

1	1	1	1	1	1	1	1	.	1	1	1	1	1	1	1	1	.	1	1	1	1	1	1	1	1	.	0	0	0	0	0	0	0	0

서브네팅에서 FLSM 방식을 이용하는 것은 네트워크마다 할당된 호스트 수가 모두 동일함을 의미하고, 6개의 subnet으로 나누기 위해서는 3bit의 네트워크 주소가 필요하다. 그 이유는 subnet을 6개 가지기 위해서는 $2^2=4$개는 6을 포함하지 못하므로 $2^3=8$개이다.

1	1	1	1	1	1	1	1	.	1	1	1	1	1	1	1	1	.	1	1	1	1	1	1	1	1	.	1	1	1	0	0	0	0	0

즉, 서브네팅하여 호스트 주소 비트에서 3bit를 네트워크 주소로 사용하고, 6개의 subnet으로 나누면 다음과 같다.

네트워크	호스트 수	IP 주소 범위	
1	32	11000000.10101000.00000001.00000000 ~ 11000000.10101000.00000001.00011111	192.168.1.0 ~ 192.168.1.31
2	32	11000000.10101000.00000001.00100000 ~ 11000000.10101000.00000001.00111111	192.168.1.32 ~ 192.168.1.63
3	32	11000000.10101000.00000001.01000000 ~ 11000000.10101000.00000001.01011111	192.168.1.64 ~ 192.168.1.95
4	32	11000000.10101000.00000001.01100000 ~ 11000000.10101000.00000001.01111111	192.168.1.96 ~ 192.168.1.127
5	32	11000000.10101000.00000001.10000000 ~ 11000000.10101000.00000001.10011111	192.168.1.128 ~ 192.168.1.159
6	32	11000000.10101000.00000001.10100000 ~ 11000000.10101000.00000001.10111111	192.168.1.160 ~ 192.168.1.191

네트워크 ID는 네트워크를 대표하는 값으로, 각 네트워크의 첫 번째 IP 주소이므로 각각의 네트워크 ID는 192.168.1.0, 192.168.1.32, 192.168.1.64, 192.168.1.96, 192.168.1.128, 192.168.1.160이다.

예제 3

203.230.7.110/29의 IP 주소 범위에 포함되어있는 네트워크 및 브로드캐스트 주소를 구하시오.

정답 및 해설3 네트워크 주소 : 203.230.7.104   브로드캐스트 주소 : 203.230.7.111

203.230.7.110/29는 IP 주소가 203.230.7.110이고, 네트워크 주소 비트가 29bit를 의미하므로, 서브넷 마스크는 255.255.255.248이며, 다음과 같다.

1	1	1	1	1	1	1	1	.	1	1	1	1	1	1	1	1	.	1	1	1	1	1	1	1	1	.	1	1	1	1	1	0	0	0

네트워크 주소는 IP 주소와 서브넷 마스크를 AND 연산하여 구할 수 있다.

```
IP 주소 :        203.230.7.110              11001011 . 11100110 . 00000111 . 01101110
서브넷 마스크 :   255.255.255.248    AND     11111111 . 11111111 . 11111111 . 11111000
네트워크 주소 :   203.230.7.104              11001011 . 11100110 . 00000111 . 01101000
                                            네트워크 주소        호스트 주소
```

브로드캐스트 주소는 각 네트워크의 가장 마지막 IP 주소를 의미한다. 그러므로 브로드캐스트 주소는 IP 주소에서 호스트 주소 부분을 모두 1로 변경한 IP인 203.230.7.111이 된다.

1	1	0	0	1	0	1	1	.	1	1	1	0	0	1	1	0	.	0	0	0	0	0	1	1	1	.	0	1	1	0	1	1	1	1

예제 4

192.168.1.24/26의 PC에서 회사 정책상 default-gateway는 해당 subnet의 할당 가능한 영역 중에서 시작 IP address를 사용하도록 되어있다면 PC의 default-gateway의 IP 주소를 구하시오.

정답 및 해설4 192.168.1.1, 192.168.1.65, 192.168.1.129, 192.168.1.193

192.168.1.24/26은 IP 주소가 192.168.1.24이고, 네트워크 주소 비트가 26bit를 의미하므로, 서브넷 마스크는 255.255.255.192이며, 다음과 같다.

| 1 1 1 1 1 1 1 1 | . | 1 1 1 1 1 1 1 1 | . | 1 1 1 1 1 1 1 1 | . | 1 1 0 0 0 0 0 0 |

서브네팅했으므로 총 2^2=4개의 subnet을 가지며 다음과 같다.

네트워크	호스트 수	IP 주소 범위	
1	64	11000000.10101000.00000001.00000000 ~ 11000000.10101000.00000001.00111111	192.168.1.0 ~ 192.168.1.63
2	64	11000000.10101000.00000001.01000000 ~ 11000000.10101000.00000001.01111111	192.168.1.64 ~ 192.168.1.127
3	64	11000000.10101000.00000001.10000000 ~ 11000000.10101000.00000001.10111111	192.168.1.128 ~ 192.168.1.191
4	64	11000000.10101000.00000001.11000000 ~ 11000000.10101000.00000001.11111111	192.168.1.192 ~ 192.168.1.255

IP 주소 범위 중 실제 할당할 수 있는 주소는 특수 목적으로 사용되는 첫 번째 주소와 마지막 주소를 제외해야 한다. 즉, 할당 가능한 영역 중 시작 IP address는 192.168.1.1, 192.168.1.65, 192.168.1.129, 192.168.1.193이다.

기출 및 예상문제

[21년 1회]

01 아래 설명에서 ①, ②에 들어갈 가장 적합한 답을 쓰시오.

- IPv6는 16비트씩 총 (①)비트로 구성되어 있다.
- IPv4는 (②)비트씩 총 32비트로 구성되어있다.

① ....

② ....

> 해설 키워드 16비트, 총 128비트 → 용어 IPv6
> 키워드 8비트, 총 32비트 → 용어 IPv4

[21년 3회 필기]

02 C Class에 속하는 IP address를 모두 고르시오.

> ㉠ 200.168.30.1   ㉡10.3.2.1
> ㉢ 225.2.4.1   ㉣172.16.98.3

> 해설 C 클래스의 시작 주소는 192~223이다.

[20년 4회] [이전 기출]

03 다음 설명에서 ( ) 공통적으로 안에 들어갈 가장 적합한 용어를 쓰시오.

> ( )은(는) IPv4의 주소 고갈 문제의 대안으로 IPv4 주소 체계를 128비트 크기로 확장한 인터넷 주소 체계이다. 표현방법은 128비트를 여덟 부분으로 나누어 각 부분을 콜론(:)으로 구분하여 표현하며, 각 구분은 16진수로 표현한다. ( )은(는) 주소 공간의 확장으로 하나의 주소를 여러 계층으로 나눠 다양한 방법으로 사용이 가능하며, IPv4에서 자주 사용하지 않는 헤더 필드를 제거해 헤더 포맷을 단순화시키고 데이터를 특성에 맞게 분류 및 처리해 향상된 서비스를 지원하며 보안과 개인 보호 기능을 지원한다.

> 해설 키워드 IPv4 주소 고갈, 128비트 크기로 확장 → 용어 IPv6

[21년 1회 필기] [20년 2, 3회 필기]

04 IPv6에 대한 설명으로 틀린 것을 모두 고르시오.

> ㉠ 32비트의 주소체계를 사용한다.
> ㉡ 인증 및 보안 기능을 포함하고 있다.
> ㉢ 패킷 크기가 64Kbyte로 고정되어 있다.
> ㉣ IPv6 확장 헤더를 통해 네트워크 기능 확장이 용이하다.
> ㉤ 보안과 인증 확장 헤더를 사용함으로써 인터넷 계층의 보안기능을 강화하였다.
> ㉥ 애니캐스트(Anycast)는 하나의 호스트에서 그룹 내의 가장 가까운 곳에 있는 수신자에게 전달하는 방식이다.

해설
- IPv6는 128비트의 주소 체계를 사용한다.
- IPv4의 패킷 크기가 64Kbyte로 제한되어 있으며, IPv6는 임의로 큰 크기의 패킷을 주고받을 수 있다.

[20년 2회 필기]

05 다음 중 IPv6의 주소체계로 거리가 먼 것을 모두 고르시오.

> ㉠ Unicast ㉡ Anycast
> ㉢ Broadcast ㉣ Multicast

해설
IPv4의 브로드캐스트(Broadcast)가 없어지고 IPv6에서 애니캐스트(Anycast)가 새로 생성됐다.

[21년 2회 필기]

06 CIDR(Classless Inter-Domain Routing) 표기로 203.241.132.82/27과 같이 사용되었다면, 해당 주소의 서브넷 마스크(subnet mask)를 쓰시오.

해설
203.241.132.82/27는 IP 주소가 203.241.132.82이고 네트워크 주소 비트가 27bit를 의미한다.
- 서브넷 마스크 : 1111111.1111111.11111111.11100000

[20년 3회 필기]

07 200.1.1.0/24 네트워크를 FLSM 방식을 이용하여 10개의 subnet으로 나누고 ip subnet-zero를 적용했다. 이때 서브네팅된 네트워크 중 10번째 네트워크의 broadcast IP 주소를 쓰시오.

해설
10개의 Subnet으로 나누기 위해서는 4bit의 네트워크 주소가 필요하다. ($2^3 < 10 < 2^4$)

네트워크	추가 네트워크 주소	호스트 주소
1	0000	0000 ~ 1111
2	0001	0000 ~ 1111
3	0010	0000 ~ 1111
4	0011	0000 ~ 1111
5	0100	0000 ~ 1111
6	0101	0000 ~ 1111
7	0110	0000 ~ 1111
8	0111	0000 ~ 1111
9	1000	0000 ~ 1111
10	1001	0000 ~ 1111
⋮		
16	1111	0000 ~ 1111

- broadcast IP 주소는 각 네트워크의 가장 마지막 주소이므로, 10번째 네트워크의 broadcast IP 주소는 200.1.1.159이다.

[21년 3회 필기]

08 192.168.1.0/24 네트워크를 FLSM 방식을 이용하여 4개의 Subnet으로 나누고 IP Subnet-zero를 적용했다. 이 때 Subnetting 된 네트워크 중 4번째 네트워크의 4번째 사용 가능한 IP를 쓰시오.

해설
4(2^2)개의 Subnet으로 나누기 위해서는 2bit의 네트워크 주소가 필요하다.

네트워크	추가 네트워크 주소	호스트 주소
1	00	000000 ~ 111111
2	01	000000 ~ 111111
3	10	000000 ~ 111111
4	11	000000 ~ 111111

4번째 네트워크에서 첫 번째 IP 주소와 마지막 IP 주소는 특수용도로 사용하므로 일반적으로 사용할 수 없다.
- 첫 번째 IP 주소 : 192.168.1.11000001
- 두 번째 IP 주소 : 192.168.1.11000010
- 세 번째 IP 주소 : 192.168.1.11000011
- 네 번째 IP 주소 : 192.168.1.11000100 → 192.168.1.196

TIP IP Subnet-zero는 Subnet 부분이 모두 0인 네트워크를 말하며, 192.168.1.0도 사용한다는 것을 의미합니다.

정답
01. ❶ 128 ❷ 8 02. ㉠ 03. IPv6(Internet protocol version 6) 04. ㉠, ㉢ 05. ㉢ 06. 255.255.255.224 07. 200.1.1.159 08. 192.168.1.196

02 OSI 7계층

1 OSI 7계층(Open System Interconnection 7 Layer, OSI 참조 모델) [21년 3회]

OSI 7계층은 다른 시스템 간의 원활한 통신을 위해 국제표준화기구(ISO)에서 제안한 7단계의 표준화 프로토콜이다.

OSI 7계층		
상위 계층	Layer 7	응용 계층(Application Layer)
	Layer 6	표현 계층(Presentation Layer)
	Layer 5	세션 계층(Session Layer)
	Layer 4	전송 계층(Transport Layer)
하위 계층	Layer 3	네트워크 계층(Network Layer)
	Layer 2	데이터 링크 계층(Data Link Layer)
	Layer 1	물리 계층(Physical Layer)

1. 물리(Physical) 계층 [20년 1회]

• 물리적인 연결 방식 규정

• 매체 간의 전기적, 기능적, 절차적 기능 및 인터페이스 정의

• 1계층 장비 : 리피터, 허브

• 관련 표준 프로토콜 : RS-232C, X.21

2. 데이터 링크(Data Link) 계층 [21년 1회 필기] [20년 3회 필기]

• 두 컴퓨터 간 데이터 통신 규정

• 흐름 제어, 프레임 동기화, 오류 제어, 에러 검출 및 정정, 순서 제어

• 2계층 장비 : 브리지, 스위치, NIC(랜카드)

• 관련 표준 프로토콜 : HDLC, LAPB, LLC, ADCCP, BSC, ISDN, PPP, Ethernet, ATM, ARQ, IEEE 802

3. 네트워크(Network) 계층 [21년 2회 필기]

• 네트워크 연결을 설정, 유지, 해제하는 기능 및 데이터 통신 규정

• 교환 기술, 경로 설정, 패킷 정보 전송

• 3계층 장비 : 라우터

• 관련 표준 프로토콜 : X.25, IP, ICMP, IGMP, ARP, RARP

권쌤이 알려줌

OSI 7계층은 데이터 전송 과정을 계층별로 분류하여 계층마다 서로 다른 기능을 합니다. 계층별로 분류하면 독립성을 유지하여 효율적인 통신이 가능합니다.

합격자의 암기법

OSI 7계층 : 물데네전세표응
• 물(리, 1계층)
• 데(이터 링크, 2계층)
• 네(트워크, 3계층)
• 전(송, 4계층)
• 세(션, 5계층)
• 표(현, 6계층)
• 응(용, 7계층)

권쌤이 알려줌

네트워크 장비는 이후 자세히 학습합니다.

NIC(Network Interface Card, 랜카드, 이더넷 카드, 네트워크 어댑터)
컴퓨터를 네트워크에 연결하는 장치로, 정보가 전송 매체를 통해 전송될 수 있도록 정보 형태를 변경한다.

합격자의 암기법

OSI 7계층
• 키워드 물리적인 연결 방식(케이블) → 용어 물리
• 키워드 두 컴퓨터 간 데이터 통신 규정(오류 제어, 흐름 제어) → 용어 데이터 링크
• 키워드 여러 컴퓨터 간 데이터 통신 규정(경로 선택, 교환 기술) → 용어 네트워크
• 키워드 실제 전송을 하기 위한 규정(다중화, 주소 설정) → 용어 전송
• 키워드 데이터 교환 규정(암호화, 코드), 대화 제어 → 용어 세션
• 키워드 데이터 표현을 관리하기 위한 규정 → 용어 표현
• 키워드 사용자 프로그램 → 용어 응용

권쌤이 알려줌

데이터 링크 계층은 물리적인 전송 선로에 직접 연결된 두 물리적 호스트 사이의 데이터 전송을 담당하는 반면, 전송 계층은 네트워크 끝단에 위치하는 호스트 사이 논리적 선로를 통한 데이터 전송을 담당합니다.
• 전송 계층도 데이터 링크 계층처럼 오류 제어, 흐름 제어 기능이 있습니다.

4. 전송(Transport) 계층 [20년 2, 4회 필기]

- 종단 시스템(End-to-End) 간에 신뢰성 있는 데이터 전송을 하기 위한 규정
- 주소 설정, 다중화, 오류 제어, 흐름 제어
- 4계층 장비 : 게이트웨이
- 관련 표준 프로토콜 : TCP, UDP, RTP, RTCP, SCTP

5. 세션(Session) 계층

- 데이터 교환 관리 및 대화 제어를 위한 규정
- 전송하는 정보의 일정한 부분에 동기점을 두어 대화(회화) 동기 조절
- 5계층 장비 : PC
- 관련 표준 프로토콜 : SSL, TLS

6. 표현(Presentation) 계층

- 데이터 변환 및 데이터 표현 규정
- 코드 변환, 구문 검색, 암호화, 형식 변환, 압축
- 6계층 장비 : PC
- 관련 표준 프로토콜 : ASCII, MIME, JPEG, MPEG, SSL, TLS

7. 응용(Application) 계층

- 사용자가 OSI 7계층 환경에 접근할 수 있도록 서비스 제공
- 7계층 장비 : PC
- 관련 표준 프로토콜 : HTTP, TELNET, FTP, DNS, DHCP, SNMP, SMTP, SSH, POP3

2 프로토콜 데이터 단위(PDU; Protocol Data Unit)

프로토콜 데이터 단위란 동일 계층 간에 전달되는 정보의 단위이다.

TCP 헤더
송·수신자의 포트 번호, 순서 번호, 응답 번호 등

IP 헤더
IP 버전과 전송지 IP, 목적지 IP, 프로토콜의 종류, 서비스 타입
• IP 체계(IPv4와 IPv6)에 따라 다른 표준을 따른다.

권쌤이 알려줌

MAC 주소는 사람의 이름처럼 네트워크 카드마다 붙는 고유한 이름입니다.

OSI 7계층	전달되는 정보 및 형태	프로토콜 데이터 단위
응용 계층		메시지(Message, Data)
표현 계층	Data	메시지(Message, Data)
세션 계층		메시지(Message, Data)
전송 계층	Data | TCP 헤더	세그먼트(Segment)
네트워크 계층	Data | TCP 헤더 | IP 헤더	패킷(Packet)
데이터링크 계층	Data | TCP 헤더 | IP 헤더 | MAC 주소	프레임(Frame)
물리 계층	01010100001011011	비트(Bit)

MAC 주소와 도메인 네임

1. MAC 주소(Media Access Control Address)
통신을 위해 랜카드 등에 부여된 물리적 주소이다.

㉝ 00-24-1F-AB-2C-12

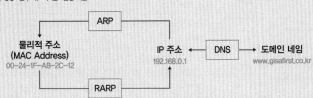

- ARP(Address Resolution Protocol, 주소 결정 프로토콜)
  네트워크상에서 IP 주소를 MAC 주소로 대응시키기 위해 사용되는 프로토콜이다.
- RARP(Reverse ARP, 역 주소 결정 프로토콜)
  네트워크상에서 상대방 호스트의 MAC 주소로부터 IP 주소를 얻기 위해 사용되는 프로토콜이다.

2. 도메인 네임(Domain Name)
외우거나 식별하기 어려운 IP 주소 192.168.0.1을 www.gisafirst.co.kr처럼 기억하기 쉽게 만들어주는 네트워크 호스트 이름을 말한다.

```
www.gisafirst.co.kr
    ①       ②    ③  ④
```

① 호스트 컴퓨터 이름
② 소속 기관
③ 소속 기관의 종류
④ 소속 국가

- DNS(Domain Name System, 도메인 네임 시스템)
  IP 주소와 도메인 네임(호스트 이름) 간의 변화를 제공하는 시스템

③ OSI 7계층의 계층별 표준 프로토콜

1. 물리 계층 표준 프로토콜

프로토콜	설명
RS-232C	DTE※와 DCE※를 상호 접속하는 물리적 인터페이스
X.21	국제전기통신연합(ITU)※에서 제정한 동기식 전송을 위한 DTE/DCE 접속 규격

2. 데이터 링크 계층 표준 프로토콜

프로토콜	설명
HDLC (High-level Data Link Control procedure)	비트 위주 데이터 링크 제어 프로토콜
LAPB (Link Access Protocol Balanced)	X.25※ 인터페이스 기반의 패킷 교환망 링크 접속 프로토콜(LAP) 표준 버전의 하나
LLC(Logical Link Control, 논리적 연결 제어)	LAN 시스템 제어를 위한 프로토콜 표준
ADCCP(Advanced Data Communication Control Procedures, 고급 데이터 통신 제어 절차)	미국 표준 협회(ANSI)에서 제정한 비트 중심 데이터 연결 제어 절차의 일종

DTE(Data Terminal Equipment)
단말 장치 ㉝ 컴퓨터

DCE(Data Circuit Equipment)
신호 변환 장치, 전송 장치, 회선 종단 장치 ㉝ 모뎀

국제전기통신연합(ITU)
국제 간 통신규격 제정
- V 시리즈 : 공중 전화망(PSTN)을 통한 데이터 전송
- X 시리즈 : 공중 데이터망을 통한 데이터 전송

ITU X 시리즈
- X.20 : 비동기식 전송을 위한 DTE/DCE 접속 규격
- X.21 : 동기식 전송을 위한 DTE/DCE 접속 규격
- X.25 : 패킷 전송을 위한 DTE/DCE 접속 규격

BSC(Binary Synchronous Communication, 2진 동기 통신)	2진 부호 데이터의 동기 전송을 하기 위해 사용하는 문자 동기 방식 프로토콜
ISDN(Integrated Services Digital Network, 종합 정보 통신망)	전화, 데이터, 비디오 등 성격이 다른 서비스를 종합적으로 취급하는 디지털 통신망
PPP(Point-To-Point Protocol)	두 점 간을 접속하여 데이터 통신을 할 때 이용하는 WAN용 프로토콜
Ethernet	가장 많이 보급된 형태인 CSMA/CD 방식을 사용하는 LAN
ATM(Asynchronous Transfer Mode, 비동기 전송 방식)	B-ISDN*을 실현하기 위한 방식으로, 데이터 전송에서 대량의 정보를 '셀'이라고 불리는 짧은 패킷으로 분할하여, 비동기 고속 디지털 정보를 다중 전송하는 방식
ARQ(Automatic Repeat Request, 자동 반복 요청)	통신 경로에서 오류 발생 시 수신측은 오류의 발생을 송신측에 통보하고 송신측은 오류가 발생한 프레임을 재전송하는 오류 제어 방식
IEEE 802	LAN 표준 프로토콜

B-ISDN(Broadband-ISDN, 광대역 종합 정보 통신망)
기존의 종합 정보 통신망(ISDN) 서비스의 대역을 초과하는 화상이나 고속 데이터 전송에 소요되는 대역을 갖는 종합 정보 통신망

3. 네트워크 계층 표준 프로토콜　[21년 1회] [20년 3회] [20년 2, 4회 필기]

프로토콜	설명
X.25	국제전기통신연합(ITU)에서 제정한 패킷 전송을 위한 DTE/DCE 접속 규격
IP(Internet Protocol, 인터넷 프로토콜)	데이터그램을 기반으로 한 IP 주소에 따라 다른 네트워크 간 패킷의 전송 및 경로 제어를 위한 프로토콜
ICMP(Internet Control Message Protocol, 인터넷 제어 메시지 프로토콜)	TCP/IP에서 신뢰성 없는 IP를 대신하여 송신측으로 네트워크의 IP 상태 및 에러 메시지를 전달해주는 프로토콜
IGMP(Internet Group Management Protocol, 멀티 캐스트 라우팅)	네트워크상에서 라우터와 호스트 간의 멀티캐스트 환경을 제공하는 그룹 관리 프로토콜
ARP(Address Resolution Protocol, 주소 결정 프로토콜)	네트워크상에서 IP 주소를 MAC 주소로 대응시키기 위해 사용되는 프로토콜
RARP(Reverse ARP, 역순 주소 결정 프로토콜)	네트워크상에서 상대방 호스트의 MAC 주소로부터 IP 주소를 얻기 위해 사용되는 프로토콜

4. 전송 계층 표준 프로토콜

프로토콜	설명
TCP(Transmission Control Protocol, 전송 제어 프로토콜)	네트워크의 정보 전달을 통제하고, 프로세스 간에 신뢰할 수 있는 통신을 제공하는 프로토콜
UDP(User Datagram Protocol, 사용자 데이터그램 프로토콜)	프로세스 간의 비연결성, 순서 제어가 없는 통신을 제공하는 데이터그램 방식을 지원하기 위한 프로토콜
RTP(Real-time Transport Protocol, 실시간 전송 프로토콜)	실시간으로 음성, 오디오, 비디오 데이터 등을 송·수신하기 위한 프로토콜
RTCP(RTP control Protocol)	인터넷을 통한 영상이나 음성의 스트리밍용 프로토콜인 RTP를 제어하기 위한 프로토콜
SCTP(Stream Control Transmission Protocol, 스트림 제어 전송 프로토콜)	공중 교환 전화망(PSTN)* 메시지를 전송하여 인터넷을 통한 음성 전화를 지원해 주는 프로토콜

공중 교환 전화망(PSTN; Public Switched Telephone Network)
통신 사업자가 제공하는 통상적인 가입 전화 서비스를 위한 전화망

5. 표현 계층 표준 프로토콜

프로토콜	설명
ASCII(아스키)	미국 표준 협회(ANSI)가 제정한 정보 교환용 표준 코드
MIME(Multipurpose Internet Mail Extensions, 다목적 인터넷 전자 우편)	아스키(ASCII) 형식이 아닌 텍스트나 화상, 음성, 영상 등 멀티미디어 데이터를 그대로 전자 우편으로 송신하기 위한 프로토콜
JPEG(제이팩)	정지 영상의 저장 및 전송을 위한 압축 표준
MPEG(엠펙)	동영상을 압축하고 코드로 표현하는 방법의 표준 또는 멀티미디어의 표준 개발을 담당하는 그룹
SSL(Secure Sockets Layer, 보안 소켓 계층)	인터넷상에서 데이터 통신 보안을 제공하는 암호 프로토콜
TLS(Transport Layer Security, 전송 계층 보안)	인터넷상에서 데이터의 도청이나 변조를 막기 위해 사용되며 SSL보다 보안성이 강화된 프로토콜

권쌤이 알려줌

SSL 프로토콜과 TLS 프로토콜은 OSI 7계층의 어느 한 계층에 속해서 동작하는 것이 아닌, 응용 계층과 전송 계층 사이에서 동작합니다.

6. 응용 계층 표준 프로토콜 [21년 2회 필기]

프로토콜	설명
HTTP (Hyper Text Transfer Protocol, 하이퍼텍스트※ 전송 프로토콜)	인터넷의 월드 와이드 웹(WWW)※에서 HTML 문서를 송·수신하기 위한 표준 프로토콜
TELNET	가상 터미널 기능을 제공하여 원격지에서 컴퓨터에 접속할 수 있게 하는 프로토콜
FTP(File Transfer Protocol, 파일 전송 프로토콜)	인터넷에서 파일을 전송하기 위한 프로토콜
DNS(Domain Name System, 도메인 네임 시스템)	IP 주소와 도메인 네임 간의 변환을 제공하는 시스템
DHCP(Dynamic Host Configuration Protocol, 동적 호스트 설정 프로토콜)	TCP/IP 통신을 실행하기 위한 필요한 설정 정보를 자동적으로 할당 및 관리하기 위한 통신 프로토콜
SNMP(Simple Network Management Protocol, 간이 망 관리 프로토콜)	네트워크 장비를 관리 및 감시하기 위한 목적으로 UDP상에 정의된 프로토콜
SMTP(Simple Mail Transfer Protocol, 간이 전자 우편 전송 프로토콜)	메일 전송에 사용되는 프로토콜
POP3(Post Office Protocol version 3)	메일 수신에 사용되는 프로토콜
SSH(Secure SHell, 시큐어 셸)	보안 취약점을 가지고 있는 프로토콜(TELNET, FTP) 등을 대체하여 사용하는 네트워크를 통한 원격 호스트 연결 과정을 보호하기 위한 프로토콜

하이퍼텍스트(Hypertext)
일반 텍스트와 달리 문장이나 단어 등이 링크를 통해 한 문서에서 다른 문서로 즉시 접근할 수 있는 텍스트

월드 와이드 웹(WWW; World Wide Web)
하이퍼텍스트를 기반으로 문자, 동영상, 음성 등과 같은 멀티미디어를 볼 수 있도록 하는 서비스

권쌤이 알려줌

SSH는 서로 연결되어 있는 컴퓨터 간 전송되는 데이터를 암호화하여, 강력한 보안 기능을 제공합니다.
· 키(Key)를 통한 인증을 위해서는 클라이언트의 공개키를 서버에 등록해야 합니다.
· 기본적으로 22번 포트를 사용합니다.

학습 플러스 CSMA/CD, CSMA/CA

1. CSMA/CD

데이터 송신 전 회선을 먼저 확인한 후, 비어있는 상태로 감지되면 즉각 데이터를 전송하는 방식이다.

- 인터넷 환경에서 주로 적용되는 방식이다.
- CS(Carrier Sense) : 회선의 사용 여부 확인
- MA(Multiple Access) : 회선이 비어있으면 누구나 사용 가능
- CD(Collision Detection) : 데이터 프레임을 전송하면서 충돌 여부를 검사하여, 충돌이 발생하면 충돌 발생 사실을 알리고 전송 속도 조절하는 통신 방식

2. CSMA/CA [21년 2회 필기]

데이터 송신 전 회선을 먼저 확인한 후, 임의 시간을 기다려 사전에 충돌을 가능한 한 회피하고 데이터를 전송하는 방식이다.

- 회선이 사용 중이라면 임의 시간보다 더 오래 기다린 후에 미사용으로 판단한 경우에만 전송한다.
- CS(Carrier Sense) : 회선의 사용 여부 확인
- MA(Multiple Access) : 회선이 비어있으면 누구나 사용 가능
- CA(Collision Avoidance) : 충돌 여부를 검사하여 피하는 통신 방식

학습 플러스 IEEE 표준 규격

1. IEEE 802 주요 표준 규격 [21년 1회 필기]

규격	설명	규격	설명
802.1	전체의 구성, OSI 참조 모델과의 관계, 통신망 관리 등	802.6	MAN(도시형 통신망), DQDB(이중 버스 통신망)
802.2	논리 링크 제어(LLC) 계층	802.7	광대역 LAN
802.3	CSMA/CD	802.11	무선 LAN(Wi-Fi)
802.4	토큰 버스(Token Bus)	802.15	WPAN /블루투스(Bluetooth)
802.5	토큰 링(Token Ring)		

2. IEEE에 의한 무선 LAN 표준 규격 [20년 2회 필기]

규격	설명
802.11(초기버전)	2.4GHz 대역에서 2Mbps까지 동작하는 확장 표준
802.11a	5GHz에서 최대 54Mbps까지 동작하는 확장 표준 • OFDM 기술 사용
802.11b	2.4GHz 대역에서 최대 11Mbps까지 올린 확장 표준 • HR-DSSS 기술 사용
802.11e	802.11의 부가 기능 표준으로 QoS 강화를 위해 MAC 지원 기능 채택
802.11g	802.11b를 2.4GHz 대역에서 최대 54Mbps 등 고속 동작을 위한 확장 표준 • OFDM, DSSS 기술 사용
802.11n	2.4GHz 대역과 5GHz 대역을 사용하는 규격으로 최대 600Mbps까지 동작 • OFDM 기술 사용

WPAN(Wireless Personal Area Network, 단거리 통신망)
10m 이내의 거리에서 무선 서비스를 제공하기 위한 무선 개인 통신망

QoS(Quality of Service)
네트워크에서 통신 품질 보장 개념
- 통신의 주체인 양 끝 단에서 요구하는 데이터 전송 대역폭 등 전송 계층에 필요한 통신 품질 보장을 목적으로 한다.

MAC(Media Access Control, 미디어 접근 제어)
LAN에서 하나의 통신 회선을 여러 단말장치가 원활하게 공유할 수 있도록 해주는 방식

[20년 1회]

01 OSI 7계층 모델에서 비트 전송을 위한 기계적, 전기적, 절차적 특성을 정의한 계층은 무엇인지 쓰시오.

해설 키워드 기계적, 전기적, 절차적 → 용어 물리 계층

[21년 1회 필기] [20년 3회 필기]

02 OSI-7 Layer에서 링크의 설정과 유지 및 종료를 담당하며, 노드 간의 오류 제어와 흐름 제어 기능을 수행하는 계층은 무엇인지 쓰시오.

해설 키워드 오류 제어, 흐름 제어 → 용어 데이터 링크 계층

[21년 2회 필기]

03 OSI 7계층 중 다음의 설명과 가장 부합하는 계층을 쓰시오.

- 패킷을 발신지로부터 최종 목적지까지 전달하는 책임을 진다.
- 패킷에 발신지와 목적지의 논리 주소를 추가한다.
- 라우터 또는 교환기는 패킷 전달을 위해 경로를 지정하거나 교환 기능을 제공한다.

해설 키워드 라우터, 경로 지정 → 용어 네트워크 계층

[20년 2, 4회 필기]

04 OSI 7계층에서 단말기 사이에 신뢰성 있고 효율적인 데이터를 전송하기 위해 오류검출과 복구, 흐름 제어를 수행하는 계층은 무엇인지 쓰시오.

해설 키워드 단말기 사이(종단 간) → 용어 전송 계층

[21년 3회]

05 다음은 OSI 7계층에 대한 설명이다. 설명과 가장 부합하는 계층을 쓰시오.

① 동기화, 오류제어, 흐름제어 등의 전송에러를 제어하는 계층
② 중계 기능, 경로 설정 등을 주로 수행하는 계층
③ 코드 변환, 암호화, 데이터 압축 등을 담당하는 계층

①
②
③

해설 키워드 동기화, 오류제어, 흐름제어 → 용어 데이터 링크 계층
키워드 중계, 경로 설정 → 용어 네트워크 계층
키워드 코드 변환, 암호화, 데이터 압축 → 용어 표현 계층

[20년 3회]

06 다음의 설명과 가장 부합하는 용어를 영문으로 쓰시오.

TCP/IP 기반의 인터넷 통신 서비스에서 인터넷 프로토콜(IP)과 조합하여 통신 중에 발생하는 오류의 처리와 전송 경로의 변경 등을 위한 제어 메시지를 취급하는 무연결 전송(Connectionless Transmission)용의 프로토콜로 OSI 기본 참조 모델의 네트워크층에 해당한다.

해설 키워드 IP와 조합, 제어 메시지(Control Message) → 용어 ICMP

[20년 2, 4회 필기]

07 TCP/IP에서 사용되는 논리 주소를 물리 주소로 변환시켜 주는 프로토콜은 무엇인지 쓰시오.

해설 키워드 논리(IP) 주소를 물리(MAC) 주소로 → 용어 ARP

08 [21년 1회]
IP 호스트가 자신의 MAC 주소는 알지만 IP 주소를 모르는 경우, 서버로부터 MAC 주소에 해당하는 IP 주소를 요청하기 위해 사용하는 프로토콜은 무엇인지 쓰시오.

해설 키워드 MAC 주소를 통하여 IP 주소를 얻음 → 용어 RARP

09 [21년 2회 필기]
다음의 설명과 가장 부합하는 프로토콜을 쓰시오.

- 보안 취약점을 가지고 있는 프로토콜 등을 대체하여 사용하는 네트워크를 통한 원격 호스트 연결 과정을 보호하기 위한 프로토콜이다.
- 기본 네트워크 포트는 22번을 사용하며, 서로 연결되어 있는 컴퓨터 간 원격 명령실행이나 셸 서비스 등을 수행한다.
- 키를 통한 인증은 클라이언트의 공개키를 서버에 등록해야 하며, 전송되는 데이터는 암호화된다.

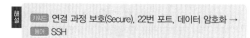
해설 키워드 연결 과정 보호(Secure), 22번 포트, 데이터 암호화 → 용어 SSH

10 [21년 2회 필기]
다음 설명에 해당하는 방식은 무엇인지 쓰시오.

- 무선 랜에서 데이터 전송 시, 매체가 비어있음을 확인한 뒤 충돌을 회피하기 위해 임의 시간을 기다린 후 데이터를 전송하는 방법이다.
- 네트워크에 데이터의 전송이 없는 경우라도 동시 전송에 의한 충돌에 대비하여 확인 신호를 전송한다.

해설 키워드 충돌 회피(Collision Avoidance), 임의 시간 → 용어 CSMA/CA

11 [21년 1회 필기]
IEEE 802.3 LAN에서 사용되는 전송매체 접속제어(MAC) 방식은 무엇인지 쓰시오.

해설 키워드 802.3 → 용어 CSMA/CD

12 [20년 2회 필기]
IEEE 802.11 워킹 그룹의 무선 LAN 표준화 현황 중 QoS 강화를 위해 MAC 지원 기능을 채택한 것은 무엇인지 쓰시오.

해설 키워드 IEEE 802.11, QoS 강화 → 용어 802.11e

정답
01. 물리(Physical) 계층 **02.** 데이터 링크(Data Link) 계층 **03.** 네트워크(Network) 계층 **04.** 전송(Transport) 계층 **05.** ❶ 데이터 링크(Data Link) 계층 ❷ 네트워크(Network) 계층 ❸ 표현(Presentation) 계층 **06.** ICMP(Internet Control Message Protocol, 인터넷 제어 메시지 프로토콜) **07.** ARP(Address Resolution Protocol, 주소 결정 프로토콜) **08.** RARP(Reverse Address Resolution Protocol, 역순 주소 결정 프로토콜) **09.** SSH(Secure SHell, 시큐어 셸) **10.** CSMA/CA **11.** CSMA/CD **12.** 802.11e

권쌤이 알려줌

네트워크 장비는 네트워크상에서 데이터를 전송하기 위해 필요한 장비를 의미합니다.

1 네트워크 장비

네트워크 장비는 하나 이상의 네트워크를 상호 연결하는 장비이다.

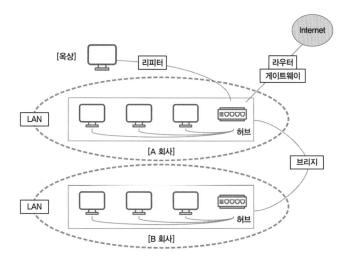

합격자의 **암기법**

네트워크 장비 : 허리 부수랑게
(허리 브스라게)
• 허(브, Hub)
• 리(피터, Repeater)
• 부(브리지, Bridge)
• 수(스위치, Switch)
• 랑(라우터, Router)
• 게(이트웨이, Gateway)

1. 허브(Hub)

여러 대의 컴퓨터를 연결하여 네트워크로 보내거나, 하나의 네트워크로 수신된 정보를 여러 대의 컴퓨터로 송신하기 위한 장비이다.

- OSI 1계층 장비이다.
- 더미 허브(Dummy Hub) : 연결되어 있는 모든 컴퓨터에 데이터를 전달해 주는 단순한 연결 기능을 가진 허브
- 스위칭 허브(Switching Hub) : 스위치 기능을 가진 허브

2. 리피터(Repeater)

장거리 데이터 전송에서 신호를 증폭시키는 장비이다.

- OSI 1계층 장비이다.

3. 브리지(Bridge), 스위치(Switch)

두 개의 LAN을 연결하여 훨씬 더 큰 LAN을 만들기 위한 장비이다.

- OSI 2계층 장비이다.

구분	브리지(Bridge)	스위치(Switch)
처리 방식	소프트웨어 방식으로 처리하므로 속도가 느리다.	하드웨어 기반으로 처리하므로 속도가 빠르다.
비용	스위치에 비해 저렴하다.	브리지보다 비싸다.
속도	포트들이 같은 속도를 지원한다.	포트들이 각기 다른 속도를 지원하도록 제어할 수 있다.

Store and Forwarding
데이터를 모두 받은 후 스위칭
하는 방식

Cut Through
데이터의 목적지 주소만을 확인
한 후 스위칭하는 방식

Fragment Free
Store and Forwarding 장점
과 Cut-through 장점을 결합
한 방식

포트 수	제공하는 포트 수가 2~3개이다.	제공하는 포트 수가 수십~수백 개이다.
전송 방식	Store and Forwardisng* 전송 방식만 사용한다.	Store and Forwarding, Cut Through*, Fragment Free* 전송 방식을 사용한다.

4. 라우터(Router) [21년 2회 필기]

네트워크 계층에서 연동하여 경로를 설정하고 전달하는 기능을 제공하는 장비이다.

- OSI 3계층 장비이다.
- 네트워크 연결과 경로 설정 기능이 있다.
- 1계층에서 3계층 사이의 프로토콜이 서로 다른 네트워크를 상호 접속하는 기능을 제공한다.
- 게이트웨이(Gateway) 기능을 지원한다.

5. 게이트웨이(Gateway)

프로토콜 구조가 전혀 다른 외부 네트워크와 접속하기 위한 장비이다.

- OSI 4계층 장비이다.
- 프로토콜이 다른 네트워크 사이를 결합하는 기능을 제공한다.

2 스위치(Switch)

1. 스위치 분류

구분	설명
L2 스위치	• 가장 원초적인 스위치로, 스위치라고 하면 보통 L2 스위치를 의미한다. • OSI 2계층 장비이다.
L3 스위치	• IP 계층에서의 스위칭을 수행하여 외부로 전송한다. • OSI 3계층 장비이다. • L2 스위치에 라우팅 기능이 추가되었다.
L4 스위치	• TCP/UDP 기반 스위칭을 수행한다. • OSI 4계층 장비이다. • L3 스위치에 로드 밸런서*가 추가되었다. • 정교한 로드 밸런싱* 수행이 불가능하다.
L7 스위치	• 세밀한 로드 밸런싱을 수행한다. • OSI 7계층 장비이다. • L2~L4 스위치의 기능들을 포함하고 있다.

로드 밸런서(Load Balancer)
신호 또는 트래픽을 처리하는
장치들 간에 신호나 트래픽을
적절히 분담시켜 특정 처리 장
치에 집중되는 문제를 해결하기
위한 장비

로드 밸런싱(Load Balancing,
부하 분산)
한 곳에 들어오는 트래픽을 여
러 장비에 분산시켜 주는 네트
워크 기술

백본(Backbone, 백본망,
Backbone Network)
여러 네트워크를 연결할 때 중
추적 역할을 하는 네트워크

2. 백본 스위치(Backbone Switch)

백본*에서 스위칭 역할을 하는 장비이다.

- 백본 스위치는 모든 패킷이 지나가는 네트워크의 중심에 배치한다.
- 주로 L3 스위치가 백본 스위치 역할을 한다.

3. Hierarchical 3 Layer 모델(네트워크 3계층 구조)

네트워크 구성 시 사용되는 모델의 한 종류로, 액세스 계층, 디스트리뷰션 계층, 코어 계층으로 나뉜다.

계층	설명	구성도
액세스 계층 (Access Layer)	• 사용자가 네트워크에 접속할 때 최초로 연결되는 지점으로, 사용자들로부터 오는 통신을 집약해서 디스트리뷰션 계층으로 전송한다. • 액세스 계층에 배치되는 장비는 성능이 낮아도 되지만, 포트 수는 사용자 수만큼 있어야 한다. • L2 스위치를 사용한다.	
디스트리뷰션 계층 (Distribution Layer)	• 액세스 계층의 장치들이 연결되는 지점으로, 액세스 계층에서 오는 통신을 집약해서 코어 계층으로 전송한다. • LAN 간에 라우팅 기능을 수행한다. • 라우터, L3 스위치를 사용한다.	
코어 계층 (Core Layer)	• 디스트리뷰션 계층에서 오는 통신을 집약해 인터넷에 연결하는 계층으로 백본 계층이라고도 한다. • 인터넷 접속, 화상 회의, 이메일 등의 기능을 수행한다. • 백본 스위치를 사용한다.	

3 네트워크 토폴로지(Network Topology, 네트워크 구성) [21년 1회 필기] [20년 3회] 필기

네트워크 토폴로지는 네트워크를 구성하는 장비들을 공간적으로 배치하는 방법으로, 장비들의 물리적인 위치에 따라 분류할 수 있다.

구분	설명	구성도
성형 = 스타형(Star)	• 모든 사이트가 하나의 중앙 사이트에 직접 연결되는 중앙 집중형 방식의 구조이다. • 중앙 사이트가 고장 날 경우 모든 통신이 단절된다. • 교환 노드의 수가 가장 적다.	
버스형(Bus)	• 여러 개의 사이트가 공유 버스에 연결된 구조이다. • 사이트의 고장은 다른 사이트의 통신에 영향을 주지 않지만, 버스의 고장은 전체 시스템에 영향을 준다.	

링형(Ring) = 환형, 루프형	• 인접하는 다른 두 사이트와만 직접 연결된 구조이다. • 정보는 단방향 또는 양방향으로 전달될 수 있다. • 노드(Node)가 절단되어도 우회로를 구성하여 통신이 가능하다는 융통성이 있다. • 목적 사이트에 데이터를 전달하기 위해 링을 순환할 경우 통신 비용이 증가한다. • 노드의 추가와 변경이 비교적 어렵다.	
계층형(Hierarchy) = 트리형, 분산형	• 여러 개의 사이트를 계층적으로 연결한 구조이다. • 분산 처리 시스템의 가장 대표적인 형태이다. • 부모 사이트가 고장 나면 그 자식 사이트들은 통신이 불가능하다. • 성형에 비해 신뢰도가 높다.	
망형(Mesh)	• 각 사이트가 시스템 내의 다른 모든 사이트와 직접 연결된 구조이다. • 기본 비용은 많이 들지만, 통신 비용은 적게 들고 신뢰성이 높다. • 많은 양의 통신에 유리하다. • 통신 회선의 총 경로가 가장 길게 소요된다.	

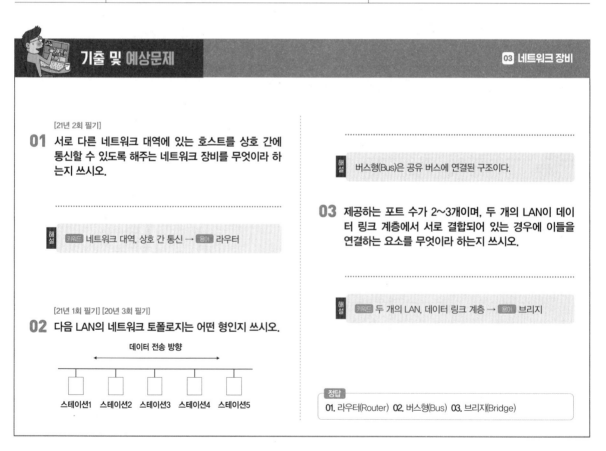

기출 및 예상문제

03 네트워크 장비

[21년 2회 필기]

01 서로 다른 네트워크 대역에 있는 호스트를 상호 간에 통신할 수 있도록 해주는 네트워크 장비를 무엇이라 하는지 쓰시오.

해설 <키워드 네트워크 대역, 상호 간 통신 → <용어 라우터

[21년 1회 필기] [20년 3회 필기]

02 다음 LAN의 네트워크 토폴로지는 어떤 형인지 쓰시오.

데이터 전송 방향

스테이션1 스테이션2 스테이션3 스테이션4 스테이션5

해설 버스형(Bus)은 공유 버스에 연결된 구조이다.

03 제공하는 포트 수가 2~3개이며, 두 개의 LAN이 데이터 링크 계층에서 서로 결합되어 있는 경우에 이들을 연결하는 요소를 무엇이라 하는지 쓰시오.

해설 <키워드 두 개의 LAN, 데이터 링크 계층 → <용어 브리지

정답
01. 라우터(Router) 02. 버스형(Bus) 03. 브리지(Bridge)

04 TCP/IP

1 TCP/IP 프로토콜

TCP/IP 프로토콜은 서로 다른 기종의 컴퓨터들이 데이터를 주고받을 수 있도록 하는 인터넷 표준 프로토콜이다.

1. TCP/IP 구조 [21년 1회 필기] [20년 2회 필기]

OSI 7계층	TCP/IP 계층	기능
응용 계층 표현 계층 세션 계층	응용 계층	• 응용 프로그램 간의 데이터 송·수신 제공 • HTTP, TELNET, FTP, SMTP, SNMP, DNS 등
전송 계층	전송 계층	• 호스트들 간의 신뢰성 있는 통신 제공 • TCP, UDP 등
네트워크 계층	인터넷 계층	• 데이터 전송을 위한 주소 지정, 경로 설정 제공 • IP, ICMP, IGMP, ARP, RARP 등
데이터 링크 계층 물리 계층	네트워크 액세스 계층	• 실제 데이터를 송·수신하는 역할 • IEEE 802, Ethernet, HDLC, X.25, RS-232C, ARQ 등

2. IP, TCP, UDP [21년 1, 2회 필기] [20년 3, 4회 필기]

프로토콜	설명
IP (Internet Protocol, 인터넷 프로토콜)	• OSI 7계층의 네트워크 계층에 해당 • 신뢰성과 안정성이 낮은 데이터그램 방식을 기반으로 하는 비연결형 서비스 • 패킷 분해/조립, 주소 지정, 경로 선택 기능
TCP (Transmission Control Protocol, 전송 제어 프로토콜)	• OSI 7계층의 전송 계층에 해당 • 가상 회선 연결 형태로 신뢰성과 안정성이 높음 • 속도보다는 신뢰성이 중요한 네트워크에 사용 • 패킷의 다중화, 순서 제어, 오류 제어, 흐름 제어 기능 • 스트림(Stream)※ 위주의 전달 • 전이중(Full-Duplex) 방식※ • TCP 헤더 크기는 기본 20Byte이고 옵션(0~40Byte) 따라 60Byte까지 확장 가능
UDP (User Datagram Protocol, 사용자 데이터그램 프로토콜)	• OSI 7계층의 전송 계층에 해당 • 데이터 전송 전 연결 설정하지 않는 비연결형으로 신뢰성과 안정성이 낮음 • TCP보다 속도가 빠르고 실시간 전송에 유리 • TCP보다 단순한 헤더 구조로 오버헤드가 적음 • 전송 시 순서가 없으므로 순서 제어, 흐름 제어가 없음 • 신뢰성보다는 속도가 중요한 네트워크에 사용 • 단방향(Simplex) 방식※ • UDP 헤더 크기는 기본 8Byte 고정

권쌤이 알려줌

TCP/IP는 TCP 프로토콜과 IP 프로토콜만을 지칭하는 것이 아니라 UDP, ICMP, ARP 등 관련된 프로토콜을 통칭합니다.

권쌤이 알려줌

OSI 7계층은 전반적인 통신 기술을 표준화한 참조 모델이며, TCP/IP는 실제 인터넷에 사용되는 통신 규약입니다.

권쌤이 알려줌

IP에는 오류 제어, 흐름 제어 기능이 없습니다.

권쌤이 알려줌

TCP와 UDP는 전송 계층에서 응용 계층과 인터넷 계층 사이의 통신을 담당합니다.

스트림(Stream)
일반적으로 데이터, 패킷, 비트 등의 일련의 연속성을 갖는 흐름
• 음성, 영상, 텍스트 등의 작은 데이터 조각들이 하나의 줄기를 이루며, 순서대로 물 흐르듯이 전송하는 것을 의미한다.

통신 방식
• 단방향(Simplex) 통신 : 한쪽 방향으로만 전송하는 방식 ⓔ 라디오
• 반이중(Half-Duplex) 통신 : 양방향 전송이 가능하지만 동시에 양쪽 방향에서 전송할 수 없는 방식 ⓔ 무전기
• 전이중(Full-Duplex, 양방향) 통신 : 동시에 양방향 전송이 가능한 방식 ⓔ 전화

[20년 2회 필기]

01 TCP/IP 프로토콜 중 전송 계층 프로토콜을 모두 고르시오.

> ㉠ HTTP   ㉡ SMTP
> ㉢ FTP   ㉣ TCP

해설 나머지는 응용 계층 프로토콜이다.

[21년 1회 필기]

02 TCP/IP 프로토콜에서 TCP가 해당하는 계층을 쓰시오.

해설 TCP는 전송 계층에 해당한다.

[21년 2회 필기] [20년 3회 필기]

03 TCP/IP 프로토콜에서 다음의 설명과 가장 부합하는 프로토콜을 쓰시오.

> • 신뢰성 있는 연결 지향형 전달 서비스이다.
> • 기본 헤더 크기는 20Byte이고, 옵션(0~40Byte)에 따라 60Byte까지 확장 가능하다.
> • 스트림 전송 기능을 제공한다.
> • 순서 제어, 오류 제어, 흐름 제어 기능을 제공한다.
> • 전이중(Full Duplex) 방식의 양방향 가상회선을 제공한다.

해설 키워드 연결 지향형, 순서 제어, 오류 제어, 흐름 제어 → 용어 TCP

[21년 1회 필기] [20년 4회 필기]

04 TCP/IP 프로토콜에서 다음의 설명과 가장 부합하는 프로토콜을 쓰시오.

> • 비연결형 서비스로 신뢰성과 안정성이 낮다.
> • 흐름제어나 순서제어가 없어 전송속도가 빠르다.
> • TCP보다 단순한 헤더 구조로 오버헤드가 적다.

해설 키워드 비연결형, 흐름제어나 순서제어 X → 용어 UDP

정답
01. ㉣ **02.** 전송(Transport) 계층 **03.** TCP(Transmission Control Protocol, 전송 제어 프로토콜) **04.** UDP(User Datagram Protocol, 사용자 데이터그램 프로토콜)

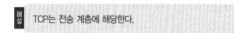

★★★

05 프로토콜

1 프로토콜(Protocol) [20년 3회]

프로토콜은 컴퓨터 통신에서 컴퓨터 상호 간 또는 컴퓨터와 단말기 간에 데이터를 송·수신하기 위한 통신 규약이다.

- 심리학자 톰 마릴은 컴퓨터가 메시지를 전달하고, 메시지가 제대로 도착했는지 확인하며, 도착하지 않았을 경우 메시지를 재전송하는 일련의 방법을 가리켜 기술적 은어라고 했다.

1. 프로토콜의 기본 요소 [20년 1회]

- 구문(Syntax) : 데이터 형식
- 타이밍(Timing) : 순서 조절, 속도 조절
- 의미(Semantics) : 오류 정보, 제어 정보

합격자의 **암기법**

프로토콜의 기본 요소
: **구타의미**
- **구**(문, Syntax)
- **타**(이밍, Timing)
- **의미**(Semantics)

2. 프로토콜의 기능

구분	설명
캡슐화※(요약화)	• 데이터와 프로토콜 제어 정보, 에러 검출 코드, 주소 등 제어 정보를 캡슐화 하는 기능
동기 제어	• 송신측과 수신측의 시점을 맞추는 기능 • 기법 : 동기/비동기식
경로 제어(라우팅)	• 전송 경로 중에서 최적의 경로를 설정하는 기능 • 기법 : Flooding, RIP, EGP
오류 제어 (에러 제어)	• 전송 중에 발생하는 오류를 검출하고 정정하여, 데이터나 제어 정보의 파손에 대비하는 기능 • 기법 : ARQ, 해밍 코드※
흐름 제어	• 수신측의 처리 능력에 따라 송신측에서 송신하는 데이터의 전송량이나 전송 속도를 조절하는 기능 • 기법 : Stop-and-Wait, Sliding Window
순서 제어	• 순차적으로 전송되도록 하여 흐름 제어 및 오류 제어를 용이하게 하는 기능
주소 지정	• 정확하게 전송될 수 있도록 목적지 이름, 주소, 경로를 부여하는 기능
다중화	• 한 개의 통신 회선을 여러 가입자들이 동시에 사용하도록 하는 기능 • 기법 : FDM, TDM, STDM, ATDM, WDM, CDM
단편화	• 송신측에서 전송할 데이터를 전송에 알맞은 일정 크기의 작은 블록으로 자르는 기능
재결합	• 수신측에서 단편화된 블록을 원래의 데이터로 모으는 기능

캡슐화(Encapsulation)
데이터와 프로토콜를 함께 묶어 외부와 경계를 만들고 필요한 것들만을 밖으로 드러내어 내부와 외부를 분리하는 것

해밍 코드(Hamming Code, 해밍 부호)
데이터 전송시 1비트의 에러를 정정할 수 있는, 오류정정부호 의 한 종류

2 동기 제어

동기 제어는 송신측과 수신측의 시점을 맞추는 기능이다.

1. 동기식 전송

미리 정해진 수만큼의 문자열을 한 블록으로 만들어 일시에 전송하는 방식이다.

휴지 시간(Idle Time)
시스템이 정상적으로 작동하고 있지만 생산적으로 사용되지 않는 시간

• 전송 속도가 빠르고, Start Bit와 Stop Bit로 인한 오버헤드가 없다.

• 휴지 시간(Idle Time)[※]이 없으므로 효율적이다.

2. 비동기식 전송

송신측에 관계없이 수신측에서 수신 신호로 타이밍을 식별하는 방식이다.

• Start Bit와 Stop Bit를 붙여서 한 번에 한 문자씩 전송한다.

• 문자와 문자 사이의 휴지 시간(Idle Time)이 불규칙하다.

권쌤이 알려줌

경로 제어 표에는 다음 홉(Hop) 주소, 목적지 주소 등이 저장됩니다.

3 경로 제어(= 라우팅, Routing)

경로 제어는 송·수신측 간의 전송 경로 중에서 최적 패킷 교환 경로를 선택하는 기능이다.

• 경로 설정은 경로 제어 표(Routing Table)를 참조한다.

• 라우터에 의해 수행된다.

• 경로 배정(선택) 요소 : 성능 기준, 경로의 결정 시간과 장소, 네트워크 정보 발생지, 경로 정보 갱신 시간

1. 라우팅 방식

① IGP(Interior Gateway Protocol, 내부 게이트웨이 프로토콜)

근거리 통신망과 같은 자율 시스템[※] 내 라우팅 정보를 주고받는 데 사용되는 프로토콜이다.

자율 시스템(AS; Autonomous System)
하나의 도메인(회사)에 속하는 라우터들의 집합

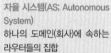

홉(Hop)
데이터가 목적지까지 전달되는 과정에서 거치는 네트워크의 수
⑩ 어떤 목적지까지 홉이 30이라면, 그 목적지까지 가기 위해서는 세 개의 네트워크를 경유한다.

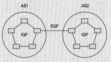

• 프로토콜 종류 : RIP, IGRP, OSPF　[20년 3회] [21년 2회 필기] [20년 2, 3회 필기]

프로토콜	설명
RIP (Routing Information Protocol, 경로 선택 정보 프로토콜)	• 거리 벡터 기반 라우팅 프로토콜이다. • 경유하는 라우터의 대수(홉[※] 수)에 따라 최단 경로를 동적으로 결정한다. • 전송 속도나 지연 등을 고려하지 않으므로, 최적의 경로가 아닌 경우가 발생할 수 있다. • 30초 주기로 전체 라우팅 정보 갱신하므로, 변화 업데이트 시 많은 시간이 소요된다. • 최대 홉 수를 15 이하로 한정하므로 소규모 동종 네트워크에 적합하다.
IGRP (Interior Gateway Routing Protocol, 내부 경로 제어 프로토콜)	• RIP의 문제점 개선을 위해 시스코(Cisco)에서 개발한 프로토콜이다. • 거리 벡터 기반 라우팅 프로토콜이다. • 전송 속도, 대역폭 등 네트워크 상태를 고려하여 라우팅한다. • 중규모 네트워크에 적합하다.
OSPF (Open Shortest Path First, 최단 경로 우선 프로토콜)	• RIP의 난점을 해결하여, 발생한 변경 정보에 대해 RIP보다 빠른 업데이트 제공하는 프로토콜이다. • 링크 상태 알고리즘 기반 라우팅 프로토콜이다. • 최단 경로를 선정할 수 있도록 라우팅 정보에 노드 간의 거리 정보, 링크 상태 정보를 실시간으로 조합하여 최단 경로로 라우팅을 지원한다. • 경로 수에 제한이 없어 대규모 네트워크에 사용한다.

② EGP(Exterior Gateway Protocol, 외부 게이트웨이 프로토콜)

자율 시스템 간 라우팅 정보를 주고받는 데 사용되는 프로토콜이다.

- 프로토콜 종류 : BGP

구분	설명
BGP(Border Gateway Protocol, 경계 게이트웨이 프로토콜)	• 발전된 형태의 거리 벡터 라우팅 프로토콜이다. • 보안과 제어가 목적인 EGP의 단점인 속도 문제점을 보완한 프로토콜이다. • 규모가 큰 네트워크, 여러 자율 시스템 간에 라우팅 정보를 교환한다. • 인터넷 서비스 업체(ISP)* 간의 상호 라우팅 기능을 지원한다.

인터넷 서비스 업체(ISP; Internet Service Provider) 인터넷 서비스를 제공하는 업체 ⓔ KT, SKT, LG U+ 등

2. 라우팅 알고리즘

① 거리 벡터 알고리즘(Distance Vector Algorithm)

라우터와 라우터 간의 거리(Distance), 방향(Vector) 정보를 이용하여 최단 경로 찾고, 그 최적 경로를 이용할 수 없을 경우에 다른 경로를 찾는 방식이다.

- 벨만 포드(Bellman-Ford) 알고리즘을 사용한다.
- 프로토콜 종류 : RIP, IGRP, BGP

② 링크 상태 알고리즘(Link State Algorithm)

라우터와 라우터 간의 모든 경로를 파악한 뒤, 대체 경로를 사전에 마련해 두는 방식이다.

- 라우팅 정보에 변화가 생길 경우, 변화된 정보만 네트워크 내의 모든 라우터에게 알리는 방식이다.
- 다익스트라(Dijkstra) 알고리즘을 사용한다.
- 프로토콜 종류 : OSPF

권쌤이 알려줌

라우팅 알고리즘은 데이터 전송 시 최적의 경로를 찾는 방법입니다. 라우팅 알고리즘에 따라 여러 가지 라우팅 프로토콜이 있습니다.

 패킷 교환 방식 [21년 2회]

패킷 교환 방식은 송신측에서 메시지를 일정한 크기의 패킷(Packet)으로 분해하여 전송하고, 수신측에서 패킷을 재결합하는 방식이다.
- 다른 목적지로 가는 여러 패킷들이 동일한 회선을 공유할 수 있으므로 회선 이용률이 높다.
- 패킷 분해와 결합에 지연 시간이 발생하므로, 대량의 데이터를 전송할 경우 전송 지연이 발생한다.
- 패킷 교환 방식에는 가상 회선 방식과 데이터그램 방식이 있다.

구분	설명
가상 회선 방식*	• 연결형 교환 방식으로, 정보 전송 전에 가상 경로를 설정하여 목적지에 미리 연결 후 전달한다. • 송신측에서 전송한 순서와 수신측에 도착한 순서가 동일하며, 정해진 시간 내 또는 대량의 데이터를 연속으로 전송할 때 적합한 방식이다.
데이터그램 방식*	• 비연결형 교환 방식으로, 가상 경로를 설정하지 않고 헤더에 주소, 패킷 번호를 붙여서 전달한다. • 라우터는 순간마다 최적의 경로를 선택하여 패킷을 전송하므로, 서로 다른 경로로 전송될 수 있다. • 송신측에서 전송한 순서와 수신측에 도착한 순서가 다를 수 있으며, 짧은 메시지의 일시적인 전송에 적합한 방식이다.

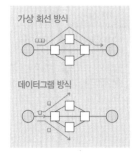
가상 회선 방식

데이터그램 방식

4 오류 제어(= 에러 제어)

오류 제어는 오류를 검출하고 정정하여, 데이터나 제어 정보의 파손에 대비하는 기능이다.

1. ARQ(Automatic Repeat reQuest, 자동 반복 요청) [21년 3회 필기]

통신 경로에서 오류 발생 시 수신측은 오류의 발생을 송신측에 통보하고 송신측은 오류가 발생한 프레임을 재전송하는 오류 제어 방식이다.

ACK(ACKnowledge)
긍정 응답

NAK(Negative
AcKnowledge)
부정 응답

구분	설명
정지-대기 (Stop-and-Wait) ARQ	송신측은 하나의 블록을 전송한 후 수신측에서 에러의 발생을 점검한 다음 에러 발생 유무 신호(ACK※, NAK※)를 보내올 때까지 기다리는 방식
Go-Back-N ARQ	여러 블록을 연속적으로 전송하고 부정 응답(NAK) 이후 모든 블록을 재전송하는 방식
선택적 재전송 (Selective -Repeat) ARQ	여러 블록을 연속적으로 전송하고 부정 응답(NAK)이 있던 블록만 재전송하는 방식
적응적(Adaptive) ARQ	전송 효율을 최대로 하기 위해 데이터 블록의 길이를 채널의 상태에 따라 그때그때 동적으로 변경하는 방식

5 트래픽 제어(Traffic Control)

트래픽 제어는 전송되는 패킷의 흐름과 그 양을 조절하는 기능이다.

1. 흐름 제어(Flow Control) [20년 4회 필기]

네트워크 내의 원활한 흐름을 위해 송·수신측 사이에 전송되는 패킷의 양과 속도를 규제하는 트래픽 제어이다.

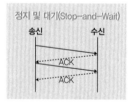

권쌤이 알려줌

송신측에서 많은 양의 데이터를 전송하여 수신측에서 감당하지 못할 경우, 흐름을 제어하거나 그 양을 조절하는 기능을 트래픽 제어라고 합니다.

정지 및 대기(Stop-and-Wait)

구분	설명
정지 및 대기 (Stop-and-Wait)※	• 수신자에게 데이터를 보낸 후 응답이 올 때까지 기다리는 방식이다. • 한 번에 하나의 패킷만 전송한다. • 수신측의 긍정 응답(ACK)을 받은 후 다음 패킷을 전송한다.
슬라이딩 윈도우 (Sliding Window)	• 수신측에서 설정한 윈도우 크기만큼 송신측에서 긍정 응답 없이 데이터를 전송할 수 있게 하여 데이터 흐름을 동적으로 조절하는 방식이다. • 한 번에 여러 패킷을 전송할 수 있어 전송 효율이 좋다. • 수신측으로부터 이전에 송신한 패킷에 대한 긍정 응답(ACK)이 전달된 경우 윈도우 크기는 증가하고, 수신측으로부터 이전에 송신한 패킷에 대한 부정 응답(NAK)이 전달된 경우 윈도우 크기는 감소한다.

2. 혼잡 제어(Congestion Control)

네트워크 내에서 패킷의 대기 지연이 너무 높아 트래픽이 붕괴되지 않도록 패킷의 흐름을 제어하는 트래픽 제어이다.

권쌤이 알려줌

하나의 라우터에 데이터가 몰려 혼잡할 경우 데이터를 모두 처리할 수 없으므로 강제적으로 속도를 줄여야 합니다.

구분	설명
AIMD (Additive Increase/ Multiplicative Decrease)※	패킷이 문제없이 도착하면 혼잡 윈도우 크기를 1씩 증가시키지만, 중간에 데이터가 유실되거나 응답이 오지 않는 등의 혼잡 현상이 발생하면 혼잡 윈도우 크기를 반으로 줄이는 방식이다.
Slow Start※	패킷이 문제없이 도착하면 혼잡 윈도우 크기를 각 패킷마다 1씩 증가시켜 한 주기가 지나면 혼잡 윈도우 크기가 2배로 되지만, 혼잡 현상 발생 시 혼잡 윈도우 크기를 1로 줄여버리는 방식이다.

3. 교착상태 회피

교환기 내에 패킷들을 기억하는 공간이 가득 차 있을 때, 다음 패킷들이 기억공간에 들어가기 위해 무한정 기다리는 현상을 교착상태라고 한다.

- 교착상태 발생 시 교착상태에 있는 한 단말장치를 선택하여 패킷 버퍼를 폐기한다.

6 다중화(Multiplexing) [20년 4회 필기]

다중화는 하나의 통신 회선을 분할하여 여러 대의 단말기가 동시에 사용할 수 있도록 다수의 통신로를 구성하는 기술이다.

- 통신 회선을 공유하면 전송 효율이 높아지고 비용을 절감할 수 있다.

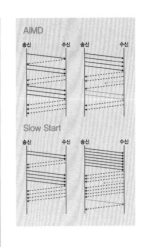

타임 슬롯(Time Slot)
시간 폭

종류	설명	
주파수 분할 다중화 (FDM; Frequency Division Multiplexing)	통신 회선의 주파수를 여러 개로 분할한 것	
시분할 다중화 (TDM; Time Division Multiplexing)	타임 슬롯*으로 나누어 여러 대의 단말 장치를 동시에 사용할 수 있도록 한 것	
동기식 시분할 다중화 (STDM; Synchronous TDM)	모든 단말 장치에 타임 슬롯을 고정 할당한 것	
비동기식 시분할 다중화 (ATDM; Asynchronous TDM)	전송할 데이터가 있는 단말 장치에만 타임 슬롯을 동적으로 할당한 것	
파장 분할 다중화 (WDM; Wavelength Division Multiplexing)	광섬유를 이용한 통신에서, 서로 다른 파장의 빛을 이용하여 여러 채널을 동시에 전송하는 것	
코드 분할 다중화 (CDM; Code Division Multiplexing)	코드를 이용하여 신호를 다중화하는 것	

[20년 3회]

01 다음 설명의 ( ) 안에 들어갈 가장 적합한 용어를 쓰시오.

> 심리학자 톰 마릴은 컴퓨터가 메시지를 전달하고 메시지가 제대로 도착했는지 확인하며, 도착하지 않았을 경우 메시지를 재전송하는 일련의 방법을 가리켜 '기술적 은어'라는 뜻으로 ( )(이)라 불렀다.

해설 키워드 톰 마릴, 기술적 은어 → 용어 프로토콜

[20년 1회]

02 컴퓨터 통신에서 컴퓨터 상호 간 또는 컴퓨터와 단말기 간에 데이터를 송·수신하기 위한 통신 규약인 프로토콜의 기본 3요소를 쓰시오.

해설 TIP 프로토콜의 기본 요소는 "구타의미"로 기억하세요.

[20년 2, 3회 필기]

03 다음의 설명과 가장 부합하는 라우팅 프로토콜을 쓰시오.

> • 거리 벡터 라우팅 프로토콜이라고도 한다.
> • 소규모 네트워크 환경에 적합하다.
> • 최대 홉 카운트를 15홉 이하로 한정하고 있다.
> • 최단 경로 탐색에는 Bellman-Ford 알고리즘을 사용한다.

해설 키워드 거리 벡터 라우팅(Routing) 프로토콜(Protocol), 소규모, 최대 홉 카운트 15 → 용어 RIP

[20년 3회] [21년 2회 필기]

04 다음의 설명과 가장 부합하는 용어를 쓰시오.

> 대표적인 내부 라우팅 프로토콜로, 링크 상태 라우팅 프로토콜로도 불린다. 이는 대규모 네트워크에 적합하며 인터넷망에서 이용자가 최단 경로를 선정할 수 있도록 라우팅 정보에 노드 간의 거리 정보, 링크 상태 정보를 실시간으로 조합하여 최단 경로로 라우팅을 지원한다. 최단 경로 탐색에는 Dijkstra 알고리즘을 사용한다.

해설 키워드 링크 상태 라우팅 프로토콜 → 용어 OSPF

[21년 2회]

05 다음의 설명과 가장 부합하는 패킷 교환 방식을 쓰시오.

> ① 연결형 교환 방식으로, 정보 전송 전에 제어 패킷에 의해 가상 경로를 설정하여 목적지 호스트에 미리 연결 후 통신한다. 가상 경로를 미리 설정하여 송신 측에서 전송한 순서와 수신 측에 도착한 순서가 동일하며, 정해진 시간 내 또는 다량의 데이터를 연속으로 전송할 때 적합한 방식이다.
> ② 비연결형 교환 방식으로, 가상 경로를 설정하지 않고 헤더에 붙여서 개별적으로 전달한다. 패킷을 수신한 라우터는 순간마다 최적의 경로를 선택하여 전송하므로, 패킷은 서로 다른 경로로 전송될 수 있다. 이 방식은 송신 측에서 전송한 순서와 수신 측에 도착한 순서가 다를 수 있으며, 짧은 메시지의 일시적인 전송에 적합한 방식이다.

① ....

② ....

해설 키워드 연결형, 가상 경로 미리 설정 → 용어 가상 회선 방식
키워드 비연결형, 헤더, 최적의 경로 → 용어 데이터그램 방식

[21년 3회 필기]

06 오류 제어에 사용되는 자동반복 요청방식(ARQ)을 모두 고르시오.

> ㉠ Stop-and-wait ARQ
> ㉡ Go-back-N ARQ
> ㉢ Selective-Repeat ARQ
> ㉣ Non-Acknowledge ARQ

 ARQ 기법 : Stop-and-wait ARQ, Go-back-N ARQ, Selectiverepeat ARQ, Adaptive ARQ

[20년 4회 필기]

07 TCP 흐름제어기법 중 프레임이 손실되었을 때, 손실된 프레임 1개를 전송하고 수신자의 응답을 기다리는 방식으로 한 번에 프레임 1개만 전송할 수 있는 기법은 무엇인지 쓰시오.

 키워드 한 번에 프레임 1개만 → 용어 정지 및 대기

[20년 4회 필기]

08 다음이 설명하는 다중화 기술은 무엇인지 영문 약어로 쓰시오.

> • 광섬유를 이용한 통신기술의 하나를 의미한다.
> • 파장이 서로 다른 복수의 광신호를 동시에 이용하는 것으로 광섬유를 다중화 하는 방식이다.
> • 빛의 파장 축과 파장이 다른 광선은 서로 간섭을 일으키지 않는 성질을 이용한다.

 키워드 광섬유, 파장(Wavelength) → 용어 WDM(Wavelength Division Multiplexing, 파장 분할 다중화)

정답
01. 프로토콜(Protocol) **02.** 구문(Syntax), 타이밍(Timing), 의미(Semantics) **03.** RIP(Routing Information Protocol, 경로 선택 정보 프로토콜) **04.** OSPF(Open Shortest Path First, 최단 경로 우선 프로토콜) **05. ❶** 가상 회선 방식 **❷** 데이터그램 방식 **06.** ㉠, ㉡, ㉢ **07.** 정지 및 대기(Stop-and-Wait) **08.** WDM

01 주기억장치 관리 기법인 First Fit, Best Fit, Worst Fit 방법에 대해서 아래 영역 중 5K 프로그램이 할당될 영역을 쓰시오.

영역 1	25K
영역 2	10K
영역 3	30K
영역 4	7K

① First Fit

② Best Fit

③ Worst Fit

02 단일 분할 할당 기법 중 하나의 프로그램 전체를 주기억장치에 할당하여 사용하다 필요에 따라 다른 프로그램과 교체하는 기법은 무엇인지 쓰시오.

03 4개의 페이지를 수용할 수 있는 주기억장치가 있으며, 초기에는 모두 비어 있다고 가정한다. 다음의 순서로 페이지 참조가 발생할 때, FIFO 페이지 교체 알고리즘을 사용할 경우 페이지 부재 횟수를 구하시오.

페이지 참조 순서 : 1, 2, 3, 1, 2, 4, 5, 1, 2, 3, 4

04 NUR 기법은 호출 비트와 변형 비트를 가진다. 다음 중 가장 먼저 교체될 페이지를 쓰시오.

페이지	1	2	3	4
호출 비트	0	1	1	0
변형 비트	1	0	1	0

05 다음은 가상기억장치 성능에 영향을 미치는 요인에 대한 설명이다. 설명에 대한 가장 적합한 용어를 쓰시오.

요인	설명
①	프로세스가 실행되는 동안 일부 페이지만 집중적으로 참조하는 성질
②	프로세스가 일정 시간 동안 자주 참조하는 페이지들의 집합
③	프로세스의 처리 시간보다 페이지 교체 시간이 더 많아지는 현상

①

②

③

06 다음의 설명과 가장 부합하는 용어를 쓰시오.

다중 프로그래밍 환경 하에서 용량이 크고 신속한 액세스가 가능한 디스크를 이용하여 출력할 데이터를 직접 프린터로 보내지 않고 디스크에 모았다가 나중에 한꺼번에 출력함으로써 프린터 장치의 공유 및 프린터 처리 속도를 보완하는 기법

07 HRN 방식으로 스케줄링할 경우, 입력된 작업이 다음과 같을 때, 우선순위가 가장 높은 작업을 쓰시오.

작업	대기 시간	서비스 시간
A	10초	9초
B	9초	5초
C	12초	15초

08 준비상태 큐에 프로세스 A, B, C가 차례로 도착하였다. 라운드로빈(Round Robin)으로 스케줄링 할 때 타임 슬라이스를 4초로 한 경우 세 프로세스의 평균 반환 시간을 구하시오.

프로세스	A	B	C
실행시간(초)	17	4	5

09 다음의 설명과 가장 부합하는 용어를 쓰시오.

> 다익스트라(Dijkstra)가 제안한 회피(Avoidance) 기법으로, 각 프로세스에게 자원을 할당하여 교착 상태가 발생하지 않고, 모든 프로세스가 완료될 수 있는 상태를 안전 상태, 교착 상태가 발생할 수 있는 상태를 불안전 상태라고 한다.

10 IPv6에서 Broadcast가 없어지고, 수신자들을 묶어 하나의 그룹으로 나타낸 주소를 사용하여 그룹 내에서 가장 가까운 호스트에게만 전송하는 방식을 의미하는 용어를 쓰시오.

11 네트워크 장비는 하나 이상의 네트워크를 상호 연결하는 장비이다. 다음은 네트워크 장비에 대한 설명이다. ①~④에 들어갈 가장 적합한 네트워크 장비를 쓰시오.

장비	설명
①	프로토콜이 전혀 다른 외부 네트워크와 접속하기 위한 출입구 역할을 하는 장비
②	장거리 데이터 전송에서 신호를 증폭하는 장비
③	경로를 설정하고 전달하는 기능을 제공하는 장비
④	여러 대의 컴퓨터를 연결하여 네트워크로 보내거나 하나의 네트워크로 수신된 정보를 여러 대의 컴퓨터로 송신하기 위한 장비

①
②
③
④

12 TCP/IP 계층 중 인터넷 계층의 프로토콜을 모두 고르시오.

> ⊙ ICMP   ⓛ ARP
> ⓒ SNMP   ② UDP
> ⑩ IP   ⊎ HDLC

13 다음은 프로토콜의 기본 요소에 대한 설명이다. ①~③에 들어갈 기본 요소를 쓰시오.

요소	설명
①	데이터 형식이나 부호화 등을 규정
②	개체 간의 통신 속도 조정이나 메시지 순서 제어 등을 규정
③	전송의 조작이나 오류 제어를 위한 제어 정보 등을 규정

①
②
③

14 데이터 프레임의 정확한 수신 여부를 매번 확인하면서 다음 프레임을 전송해 나가는 ARQ 방식을 고르시오.

> ⊙ Go-Back-N ARQ
> ⓛ Selective-Repeat ARQ
> ⓒ Stop-and-Wait ARQ
> ② Adaptive ARQ

15 Go-Back-N ARQ에서 7번째 프레임까지 전송하였는데 수신 측에서 6번째 프레임에 오류가 있다고 재전송을 요청해 왔다. 재전송되는 프레임의 개수를 구하시오.

챕터
기출예상문제 정답 및 해설

01 [정답] ❶ 영역 1 ❷ 영역 4 ❸ 영역 3

[해설] 배치(Placement) 전략
- 최초 적합(First Fit) : 첫 번째 배치시키는 방법
- 최적 적합(Best Fit) : 단편화를 가장 작게 남기는 분할 영역에 배치시키는 방법
- 최악 적합(Worst Fit) : 단편화를 가장 많이 남기는 분할 영역에 배치시키는 방법

02 [정답] 스와핑(Swapping)

[해설] [키워드] 단일 분할 할당, 프로그램과 교체 → [용어] 스와핑

03 [정답] 9

[해설] FIFO(First In First Out) : 가장 먼저 들여온 페이지를 먼저 교체 시키는 방법

참조 페이지	1	2	3	1	2	4	5	1	2	3	4
페이지 프레임	1	1	1	1	1	1	5	5	5	5	4
		2	2	2	2	2	2	1	1	1	1
			3	3	3	3	3	3	2	2	2
						4	4	4	4	3	3
부재 발생	√	√	√			√	√	√	√	√	√

04 [정답] 4

[해설] NUR(Not Used Recently) : 최근에 사용하지 않은 페이지를 교체하는 기법

페이지	1	2	3	4
호출 비트	0	1	1	0
변형 비트	1	0	1	0
교체 순서	2	3	4	1

05 [정답] ❶ 구역성(Locality, 국부성) 또는 참조 국부성(Locality Of Reference) ❷ 워킹 셋(Working Set) ❸ 스래싱(Thrashing)

[해설] [키워드] 일부 페이지만 집중 참조 → [용어] [용어] 구역성
[키워드] 자주 참조하는 페이지 집합 → [용어] [용어] 워킹 셋
[키워드] 처리 시간보다 교체 시간 더 많음 → [용어] [용어] 스래싱

06 [정답] 스풀링(Spooling)

[해설] [키워드] 디스크에 모음, 한꺼번에 출력 → [용어] 스풀링

07 [정답] B

[해설] HRN(Highest Response ratio Next) 우선순위 계산식 : (대기 시간 + 서비스 시간) / 서비스 시간

작업	우선순위 계산식	계산 결과	우선순위
A	(10+9)/9	2.1	2
B	(9+5)/5	2.8	1
C	(12+15)/15	1.8	3

08 [정답] 17초

[해설] RR(Round Robin) : FIFO 방식 선점형 기법

- 실행 순서

0	4	8	12	16	17	21	25	26
A	B	C	A	C	A	A	A	
4	4	4	4	1	4	4	1	

- 반환 시간 : 실행 종료 시간 – 도착 시간(도착 시간 모두 0초)
→ 평균 반환 시간 : (8+17+26) / 3 = 17

09 [정답] 은행원 알고리즘(Banker's Algorithm)

[해설] [키워드] 다익스트라(Dijkstra), 회피(Avoidance) 기법 → [용어] 은행원 알고리즘

10 [정답] 애니캐스트(Anycast)

[해설] [키워드] Broadcast가 없어짐, 수신자들 묶음, 가까운 호스트에게 전송 → [용어] 애니캐스트

11 [정답] ❶ 게이트웨이(Gateway) ❷ 리피터(Repeater) ❸ 라우터(Router) ❹ 허브(Hub)

[해설] [키워드] 프로토콜 다름, 출입구 → [용어] 게이트웨이
[키워드] 신호 증폭 → [용어] 리피터
[키워드] 경로 설정, 전달 → [용어] 라우터
[키워드] 여러 대 컴퓨터 연결, 하나의 수신, 여러 대 송신 → [용어] 허브

12 [정답] ㉠, ㉡, ㉢

[해설]
- SNMP는 응용 계층 프로토콜이다.
- UDP는 전송 계층 프로토콜이다.
- HDLC 네트워크 액세스 계층 프로토콜이다.

13 [정답] ❶ 구문(Syntax) ❷ 타이밍(Timing) ❸ 의미(Semantics)

[해설] [키워드] 데이터 형식 → [용어] 구문
[키워드] 속도 조정, 순서 제어 → [용어] 타이밍
[키워드] 오류 제어, 제어 정보 → [용어] 의미

14 [정답] ㉢

[해설] [키워드] 수신 여부 매번 확인 → [용어] 정지-대기(Stop-and-Wait) ARQ

15 [정답] 2

[해설] Go-Back-N ARQ : 여러 블록을 연속적으로 전송하고 부정 응답(NAK) 이후 모든 블록을 재전송 → 6, 7번 재전송

NOTE

12 챕터

제품 소프트웨어 패키징

- [제품 소프트웨어 패키징] 챕터는 테스트가 완료된 응용 소프트웨어를 사용자에게 배포하기 위해 패키징 도구를 이용한 패키징을 수행합니다.
- 최종 사용자에게 응용 소프트웨어 설치 매뉴얼과 사용자 매뉴얼을 제공합니다. 매뉴얼은 사용자 기준으로 작성하며 각 단계별 메시지 및 해당 화면을 순서대로 설명합니다.
- 응용 소프트웨어의 품질을 평가하기 위한 기준이 되는 국제 표준 제품 품질 특성에 대해 학습합니다. 품질 측정 항목을 통해 응용 소프트웨어가 요구사항을 충족하기 위한 능력을 확인할 수 있습니다.

01섹션. 제품 소프트웨어 패키징
01. 제품 소프트웨어 패키징과 릴리즈 노트 ★★
02. 패키징 도구 활용 ★★
03. 제품 소프트웨어 설치 매뉴얼, 사용자 매뉴얼 ★

02섹션. 소프트웨어 품질
01. 소프트웨어 품질 ★★
02. 소프트웨어 품질 표준 ★★

▶ 저작권 관리 구성 요소

- 키워드 저작권자 → 용어 콘텐츠 제공자(Contents Provider)
- 키워드 암호화된 콘텐츠 제공 → 용어 콘텐츠 분배자(Contents Distributor)
- 키워드 키 관리 및 라이선스 발급 관리 → 용어 클리어링 하우스(Clearing House)
- 키워드 콘텐츠 구매 → 용어 콘텐츠 소비자(Contents Customer)

▶ 품질 요구사항 : 기호 이번 유신사(기효 이번 유신사)

- 기능성(Functionality)
- 효율성(Efficiency)
- 이식성(Portability)
- 번
- 유지 보수성(Maintainability)
- 신뢰성(Reliability)
- 사용성(Usability)

▶ 품질 요구사항 특성

- 키워드 요구사항 기능 만족 → 용어 기능성
- 키워드 오류 없이 사용 가능 → 용어 신뢰성
- 키워드 다시 사용하고 싶은가 → 용어 사용성
- 키워드 할당된 시간, 한정된 자원 → 용어 효율성
- 키워드 요구사항 개선 및 확장 용이 → 용어 유지보수성
- 키워드 다른 플랫폼 적용 → 용어 이식성

▶ SPICE 모델 프로세스 : 조교 공지 관리(조고 공지 관리)

- 조직 프로세스
- 고객–관리 프로세스
- 공학 프로세스
- 지원 프로세스
- 관리 프로세스

▶ CMM 5단계 : 초반 정리 최적화

- 초기 단계
- 반복 단계
- 정의 단계
- 관리 단계
- 최적화 단계

01

제품 소프트웨어 패키징

응용 소프트웨어 배포를 위해 패키징 도구를 활용하여 제품 소프트웨어 패키지를 제작하고, 응용 소프트웨어 설치와 사용에 필요한 매뉴얼을 작성합니다. 그리고 패키징 시에 무단 배포 등을 막기 위한 보안에 대해서도 학습합니다.

★ ★

01 제품 소프트웨어 패키징과 릴리즈 노트

1 제품 소프트웨어 패키징

> **권쌤이 알려줌**
>
> 여러 모듈을 묶어 설치 파일을 만드는 것을 패키징이라고 합니다.

> **패치(Patch)**
> 이미 발표된 소프트웨어 제품의 기능 개선 또는 버그나 오류 등을 수정하기 위한 업데이트 프로그램

제품 소프트웨어 패키징은 개발이 완료된 제품 소프트웨어를 고객에게 전달하기 위한 형태로 패키징하고, 설치와 사용에 필요한 내용을 포함하는 매뉴얼(Manual, 설명서)을 작성하며, 제품 소프트웨어에 대한 패치[*] 개발과 업그레이드를 위해 버전 관리를 수행하는 능력이다.

- 고객 편의성 중심으로 진행되며, 이를 위한 매뉴얼 및 버전 관리를 포함한다.

학습 플러스 제품 소프트웨어 매뉴얼과 버전 관리

> 1. 제품 소프트웨어 매뉴얼
> 제품 소프트웨어 개발 단계부터의 적용 기준이나 패키징 이후 설치 및 사용자 측면의 주요 내용 등을 문서로 기록한 것으로, 사용자 중심의 기능 및 방법을 나타낸 설명서와 안내서
>
> 2. 제품 소프트웨어 버전 관리
> 패키지의 변경 내용을 관리하고, 소프트웨어의 변화를 시간에 따라 기록하며 특정 시점의 버전을 다시 꺼내올 수 있도록 관리하는 체계

2 패키징 작업 – 수행 순서

> **빌드(Build)**
> 소스 코드 파일 및 컴파일 된 파일들을 컴퓨터에서 실행할 수 있는 소프트웨어로 변환하는 과정

항목	설명
1. 기능 식별	신규 개발 소스의 목적 및 기능을 식별한다.
2. 모듈화	모듈 단위 분류 및 모듈화를 순서에 맞게 진행한다.
3. 빌드[*] 진행	제품 소프트웨어의 빌드 도구를 활용한 빌드를 단위(모듈)별로 진행한다.
4. 사용자 환경 분석	고객 편의성을 위한 사용자 요구사항 및 사용 환경을 사전에 분석한다.
5. 패키징 적용 시험	최종 패키징에 대해 사용자 입장의 불편한 점을 체크한다.
6. 패키징 변경 개선	사용자 입장을 반영하여 패키징에서 변경 및 개선을 진행한다.

제품 소프트웨어 배포본과 배포용 미디어

1. 제품 소프트웨어 배포본

최종 완성 단계에서 사용자가 정상 사용할 수 있도록 개발된 컴포넌트 또는 패키지에 대해 제품화하고, 배포 정보를 포함하여 공식적인 인증 절차를 통해 사용자에게 배포되도록 한다.

- 버전, 시스템 설치 및 운영을 위해 요구사항, 설치 방법, 달라진 기능, 알려진 버그 및 대처 방법 등을 포함하여 배포한다.
- 배포본은 자체의 고유 시리얼 넘버(Serial Number)※를 반드시 부착하여 복제 및 사후 지원을 고려하여 제작한다.

2. 제품 소프트웨어 배포용 미디어

배포용 미디어는 온라인, 오프라인으로 각각 제작할 수 있으며, 각 유형별로 특성에 맞추어 제작한다.

1) 오프라인 미디어

CD나 USB 메모리와 같이 오프라인상으로 제품을 배포할 수 있도록 제작한다.

- CD나 USB 메모리에는 반드시 고유의 시리얼 넘버를 포함하여 복제 등의 불법 유통을 방지한다.

2) 온라인 미디어

온라인상에서 제작되는 미디어는 그 특성에 맞도록 실행 파일로 통합하여 제작한다.

- 업그레이드나 오류 패치, 기능 수정 등이 빈번하게 일어날 수 있으므로, 사용자의 편의를 위해 정식 버전에 한하여 제품 지원을 계속한다.

> **시리얼 넘버(Serial Number)**
> 소프트웨어를 구분하기 위한 소프트웨어 식별 번호

3 릴리즈 노트(Release Note)

릴리즈 노트는 최종 사용자인 고객과 릴리즈 정보를 공유하는 문서이다.

- 일반적으로 특정 소프트웨어 릴리즈의 최근 변경사항, 개선사항 및 버그 수정을 간결히 요약한 것이다.
- 릴리즈(Release)※는 상세 서비스를 포함하여 회사가 제공하는 제품을 만들어 수정 및 변경 또는 개선하는 일련의 작업이며, 릴리즈 정보들이 릴리즈 노트와 같은 문서를 통해 제공된다.
- 테스트를 진행하고, 개발팀에서 제공하는 사양에 대해 최종 승인된 후 배포된다.

> **권쌤이 알려줌**
> 사용자는 릴리즈 노트를 보면서 응용 소프트웨어 테스트가 어떻게 진행됐는지, 개발팀의 제공 사양을 얼마나 준수했는지를 확인할 수 있습니다.

> **릴리즈(Release)**
> 공식적인 승인 과정과 테스트를 거친 소프트웨어, 관련된 문서 등의 변경사항을 사용자에게 성공적으로 전달하는 것

▼ 초기 버전 릴리즈 노트 작성 항목 [20년 1회]

개발 조직 차원에서의 릴리즈 노트에 대한 표준 형식은 없다. 하지만 통상적으로 배포되는 정보의 유형과 사용자의 요구사항에 기초하여 공통 항목으로 서식에 대한 다음 스타일은 정의되어야 한다.

항목	설명
Header	문서 이름(릴리즈 노트 이름), 제품 이름, 버전 번호, 릴리즈 날짜, 참고 날짜, 노트 버전 등
개요	제품 및 변경에 대한 간략한 전반적 개요
목적	릴리즈 버전의 버그 수정 및 새로운 기능과 릴리즈 노트의 목적에 대한 간략한 개요
이슈※ 요약	버그의 간단한 설명 또는 릴리즈의 추가 항목 요약
재현 항목	버그 발견에 대한 과정

> **이슈(Issue)**
> 시스템의 개선사항, 새로운 기능 등을 수행하기 위한 일의 단위

수정/개선 내용	수정/개선의 간단한 설명
사용자 영향도	버전 변경에 따른 최종 사용자 기준의 기능 및 응용 프로그램상의 영향도
SW 지원 영향도	버전 변경에 따른 소프트웨어의 지원 프로세스 및 영향도
노트	소프트웨어 및 하드웨어 Install 항목, 제품, 문서를 포함한 업그레이드 항목
면책 조항	회사 및 표준 제품과 관련된 메시지, 프리웨어*, 불법 복제 방지, 중복 등 참조에 대한 고지 사항
연락 정보	사용자 지원 및 문의 관련한 연락처 정보

> 프리웨어(Freeware)
> 저작자 또는 개발자에 의해 무상으로 배포되는 프로그램

4 릴리즈 노트 작성 – 수행 순서

항목	설명
1. 모듈 식별	신규 패키징 제품의 모듈 및 빌드 내용을 식별한다.
2. 릴리즈 정보 확인	패키징된 문서 이름, 제품 이름, 버전 번호, 릴리즈 날짜 등 릴리즈 정보를 확인한다.
3. 릴리즈 노트 개요 작성	빌드 내용에 따라 릴리즈 노트의 개요를 작성한다.
4. 영향도 체크	이슈, 버그 및 추가 영향도를 체크하여 기술한다.
5. 정식 릴리즈 노트 작성	항목에 따른 내용을 포함하여 정식 릴리즈 노트를 작성한다.
6. 추가 개선 항목 식별	추가 개선에 따른 추가 항목을 식별하여 릴리즈 노트를 작성한다.

기출 및 예상문제

01 제품 소프트웨어 패키징과 릴리즈 노트

[20년 1회]

01 릴리즈 노트는 보통 특정 소프트웨어 릴리즈의 최근 변경 사항, 개선 사항 및 버그 수정을 간결하게 요약한 것이다. 이러한 릴리즈 노트 작성 항목 중 문서 이름(릴리즈 노트 이름), 제품 이름, 버전 번호, 릴리즈 날짜, 참고 날짜, 노트 버전 등을 포함하는 항목은 무엇인지 쓰시오.

> 해설 [키워드] 문서 이름, 제품 이름, …, 노트 버전 → [용어] Header

02 다음에 제시된 소프트웨어 패키징 작업 과정을 순서대로 나열하시오.

> ㉠ 모듈화　　　㉡ 사용자 환경 분석
> ㉢ 빌드 진행　　㉣ 기능 식별
> ㉤ 패키징 변경 개선　㉥ 패키징 적용 시험

> 해설 패키징 작업 수행 순서 : 기능 식별 → 모듈화 → 빌드 진행 → 사용자 환경 분석 → 패키징 적용 시험 → 패키징 변경 개선

03 다음 설명의 ( ) 안에 공통적으로 들어갈 가장 적합한 용어를 쓰시오.

> • ( )은(는) 조직의 최종 사용자인 고객과 릴리즈 정보를 공유하는 문서이다.
> • 릴리즈 정보들은 테스트를 진행하고, 개발팀에서 제공하는 사양에 대해 최종 승인된 후 문서를 통해 배포된다.
> • 소프트웨어 출시 후 개선된 작업이 있을 때마다 관련 내용을 ( )에 담아 제공한다.

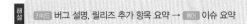

해설 [키워드] 릴리즈(Release) 정보 공유 문서 → [용어] 릴리즈 노트

해설 [키워드] 버그 설명, 릴리즈 추가 항목 요약 → [용어] 이슈 요약

04 릴리즈 노트는 보통 특정 소프트웨어 릴리즈의 최근 변경 사항, 개선 사항 및 버그 수정을 간결하게 요약한 것이다. 이러한 릴리즈 노트 작성 항목 중 버그의 간단한 설명 또는 릴리즈 추가 항목을 요약하는 항목은 무엇인지 쓰시오.

정답
01. Header(헤더) **02.** ②, ①, ⓒ, ⓛ, ⑭, ⑩ **03.** 릴리즈 노트(Release note) **04.** 이슈 요약

---

02 패키징 도구 활용

1 저작권 보호

1. 저작권(Copyright)

문학 학술 또는 예술의 범위에 속하는 창작물인 저작물에 대한 배타적 독점적 권리*로 타인의 침해를 받지 않을 고유한 권한이다.

2. 저작권 보호 기술

콘텐츠 및 컴퓨터 프로그램과 같이 복제가 쉬운 저작물에 대해 불법 복제 및 배포 등을 막기 위한 기술적인 방법이다.

2 저작권 보호 측면의 패키징 도구 활용

1. 패키징 수행과 디지털 저작권 관리(DRM)*의 절차 및 흐름

① 저작권 관리의 흐름

중앙의 클리어링 하우스에서 콘텐츠 제공자, 분배자, 소비자 간의 패키징 배포 및 키 관리, 라이선스 발급 관리를 수행한다.

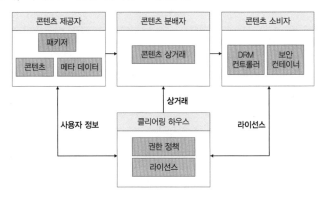

권쌤이 알려줌

유료 소프트웨어의 경우 무단 배포 등의 저작권 위배 행위가 발생할 수 있으므로, 저작권 보호를 위해 패키징 시 전자 서명 등과 같은 저작권 보호 기술을 적용합니다.

배타적 독점적 권리
권리자만이 그 이용을 허락할 수 있고, 누구에게나 주장할 수 있는 권리

DRM(Digital Rights Management)
웹을 통해 유통되는 각종 디지털 콘텐츠의 안전 분배와 불법 복제 방지를 위한 보호 방식을 말한다. 파일 교환 프로그램을 통해 전파되는 상업적 자료의 온라인 불법 복제로부터 디지털 콘텐츠를 보호하기 위한 것으로, 관련 법령이나 위반자 단속으로는 예방이 어렵기 때문에, 사후 단속보다 사전에 문제점을 파악해 첫 단계에서 내용 복제를 못하도록 한 것이다.

② 저작권 관리 구성 요소 [21년 2, 3회 필기] [20년 4회 필기]

메타 데이터(Meta Data)
데이터(Data)에 대한 데이터로, 데이터를 설명해 주는 데이터를 의미한다.
⑩ 음악의 메타 데이터는 '제목', '작곡가', '작사가' 등이 있다.

구성 요소	설명
콘텐츠 제공자 (Contents Provider)	콘텐츠를 제공하는 저작권자 • 패키저(Packager) : 콘텐츠를 메타 데이터*와 함께 배포 가능한 단위로 묶는 기능
콘텐츠 분배자 (Contents Distributor)	쇼핑몰 등으로써 암호화된 콘텐츠 제공
클리어링 하우스 (Clearing House)	키 관리 및 라이선스 발급 관리
콘텐츠 소비자 (Contents Customer)	콘텐츠를 구매하는 주체 • DRM 컨트롤러(DRM Controller) : 배포된 콘텐츠의 이용 권한 통제 • 보안 컨테이너(Security Container) : 원본을 안전하게 유통하기 위한 전자적 보안 장치

2. 패키징 도구(DRM) 구성 요소(암호화/보안 기술 요소)

[21년 1회 필기] [20년 2, 3, 4회 필기]

전자 서명(Digital Signature)
전자 문서의 변경 여부를 확인할 수 있도록 작성자의 고유 정보를 암호화하여 문서에 포함하는 기술

구성 요소	설명
암호화 (Encryption)	콘텐츠 및 라이선스를 암호화하고, 전자 서명*을 할 수 있는 기술
키 관리 (Key Management)	콘텐츠를 암호화한 키에 대한 저장 및 배포 기술
암호화 파일 생성 (Packager)	콘텐츠를 암호화된 콘텐츠로 생성하기 위한 기술
식별 기술 (Identification)	콘텐츠에 대한 식별 체계 표현 기술 ⑩ 물리적인 도서에 부여되는 ISBN(국제표준 도서번호)
저작권 표현 (Right Expression)	라이선스의 내용 표현기술
정책 관리 (Policy Management)	라이선스 발급 및 사용에 대한 정책 표현 및 관리 기술
크랙 방지 (Tamper Resistance)	크랙*에 의한 콘텐츠 사용 방지 기술
인증(Authentication)	라이선스 발급 및 사용의 기준이 되는 사용자 인증 기술 ⑩ ID/Password

크랙(Crack)
복사 방지나 등록 기술 등이 적용된 상용 소프트웨어의 비밀을 풀어 불법으로 복제하거나 파괴하는 것

4 패키징 도구 설치 및 배포 – 수행 순서

수행 순서	설명
1. 빌드 내용 식별	신규 패키징 제품의 모듈 및 빌드 내용을 식별한다.
2. 패키징 도구 식별	암호화/보안 중심의 패키징 도구를 식별한다.
3. 패키징 수행	DRM 흐름을 확인하여 패키징을 수행한다.
4. 패키징 도구 설치	환경에 맞게 패키징 도구 설치 작업을 진행하고, 패키징 도구 설치 완료 후 정상 동작을 확인한다.
5. 배포 작업	패키징 도구 설치 이후 제품 소프트웨어의 배포 작업을 진행하고 배포 작업 후 최종 패키징 결과를 확인한다.
6. 정상 배포 확인	최종 패키징 완료 후 암호화/보안 기능이 정상적으로 적용되었는지 확인한다.

[20년 4회 필기]

01 다음은 저작권 관리 구성 요소에 대한 설명이다. ①~④에 들어갈 가장 적합한 구성 요소를 〈보기〉에서 고르시오.

구분	설명
①	콘텐츠를 제공하는 저작권자
②	콘텐츠를 메타 데이터와 함께 배포 가능한 단위로 묶는 기능
③	키 관리 및 라이선스 발급 관리
④	배포된 콘텐츠의 이용 권한을 통제

〈보기〉
㉠ 콘텐츠 제공자(Contents Provider)
㉡ 콘텐츠 분배자(Contents Distributor)
㉢ 클리어링 하우스(Clearing House)
㉣ DRM 컨트롤러(DRM Controller)
㉤ 패키저(Packager)
㉥ 콘텐츠 소비자(Contents Customer)
㉦ 보안 컨테이너(Security Container)

① _____

② _____

③ _____

④ _____

해설
[키워드] 저작권자 → [용어] 콘텐츠 제공자
[키워드] 배포 가능한 단위로 묶는 기능 → [용어] 패키저
[키워드] 키 관리 및 라이선스 발급 관리 → [용어] 클리어링 하우스
[키워드] 이용 권한 통제 → [용어] DRM 컨트롤러

[21년 2회 필기]

02 디지털 저작권 관리(DRM) 구성 요소를 모두 고르시오.

㉠ Dataware house　　㉡ DRM Controller
㉢ Packager　　㉣ Contents Distributor

해설
데이터 웨어하우스(Dataware house)는 사용자의 의사 결정에 도움을 주기 위하여 시스템에서 추출/변환/통합되고 요약된 주제 중심적인 데이터베이스로, 디지털 저작권 관리와는 거리가 멀다.

[21년 3회 필기]

03 다음이 설명하는 저작권 관리 구성 요소는 무엇인지 쓰시오.

콘텐츠를 메타 데이터와 함께 배포 가능한 단위로 묶는다.

해설
[키워드] 배포 가능한 단위로 묶는(Package) 기능 → [용어] 패키저

[21년 1회 필기] [20년 2회 필기]

04 디지털 저작권 관리(DRM)의 기술 요소를 모두 고르시오.

㉠ 크랙 방지 기술　　㉡ 정책 관리 기술
㉢ 암호화 기술　　㉣ 방화벽 기술

해설
DRM 기술 요소 : 암호화, 키 관리, 암호화 파일 생성, 식별 기술, 저작권 표현, 정책 관리, 크랙 방지, 인증

[20년 3, 4회 필기]

05 디지털 저작권 관리(DRM) 기술을 모두 고르시오.

㉠ 콘텐츠 암호화 및 키 관리
㉡ 콘텐츠 식별 체계 표현
㉢ 콘텐츠 오류 감지 및 복구
㉣ 라이선스 발급 및 관리

해설
DRM 기술 요소 중 ㉠은 암호화 및 키 관리, ㉡은 식별 기술, ㉣는 정책 관리에 대한 설명이다.

[이전 기출]

06 다음의 설명과 가장 부합하는 용어를 쓰시오.

웹을 통해 유통되는 각종 디지털 콘텐츠의 안전 분배와 불법 복제 방지를 위한 보호방식을 말한다. 파일 교환 프로그램을 통해 전파되는 상업적 자료의 온라인 불법 복제로부터 디지털 콘텐츠를 보호하기 위한 것으로 관련 법령이나 위반자 단속으로는 예방이 어렵기 때문에 사후 단속보다 사전에 문제점을 파악해 첫 단계에서 내용 복제를 못하도록 한 것이다.

해설 키워드 불법 복제 방지, 디지털(Digital) 콘텐츠 보호 → 용어 DRM

정답
01. ❶ ㉠ ❷ ㉡ ❸ ㉢ ❹ ㉣ **02.** ㉡, ㉢, ㉣ **03.** 패키저(Packager) **04.** ㉠, ㉡, ㉢ **05.** ㉠, ㉡, ㉢ **06.** DRM(Digital Rights Management, 디지털 저작권 관리)

★
03 **제품 소프트웨어 설치 매뉴얼, 사용자 메뉴얼**

1 제품 소프트웨어 설치 매뉴얼 [20년 4회 필기]

제품 소프트웨어 설치 매뉴얼은 제품 소프트웨어 개발 단계부터 적용한 기준이나 패키징 이후 설치의 주요 내용 등을 문서로 기록한 것이다.

• 사용자 기준으로 작성한다.
• 최초 설치 실행부터 완료까지 순차적으로 진행한다.
• 각 단계별 메시지 및 해당 화면을 순서대로 전부 캡처하여 설명한다.
• 설치 중간에 이상 발생 시 해당 메시지와 에러 내용을 분류하여 설명한다.

2 제품 소프트웨어 설치 매뉴얼 작성 – 수행 순서

수행 순서	설명
1. 기능 식별	제품 소프트웨어 개발 목적, 주요 기능을 흐름 순으로 정리하여 설명한다.
2. UI 분류	설치 매뉴얼에 작성될 순서대로 UI를 분류한다.
3. 설치 파일/백업 파일 확인	설치할 파일(exe) 및 백업 파일의 이름과 폴더 위치 확인하고, 실행/환경/Log/백업 등의 다양한 파일들을 확인하고 기능을 숙지한다.
4. Uninstall 절차 확인	제품을 제거할 때를 고려하여 Uninstall 파일 및 진행 단계를 설명하고, Uninstall 이후 설치 전 상태를 기록한다.
5. 이상 Case 확인	설치 시 발생하는 이상 현상 관련 테스트를 수행하고, 다양한 이상 현상 발생에 따른 메시지 정리한다. • 다양한 이상 현상의 내용에 맞는 메시지가 간결하고 정상적으로 표시되는지 확인한다.
6. 최종 매뉴얼 적용	설치 완료 후 메시지와 화면을 캡처하여 설명한다.

③ 제품 소프트웨어 사용자 매뉴얼

제품 소프트웨어 사용자 매뉴얼은 사용에 필요한 절차 및 환경 등 전체 내용을 포함하는 매뉴얼을 작성하고, 제품 기능 및 고객 지원까지를 포함하여 문서로 기록한 것이다.

- 사용자 관점으로 진행된다.
- 제품 소프트웨어의 특성을 먼저 이해하고 작성을 진행해야 한다.
- 컴포넌트 명세서※나 컴포넌트 구현 설계서※를 기반으로 개발된 컴포넌트 사용 시 알아야 할 내용을 기술한다.

권쌤이 알려줌
제품 소프트웨어 사용자 매뉴얼은 제품 소프트웨어를 설치 후 사용 방법을 위한 설명서입니다.

컴포넌트 명세서
컴포넌트의 개요 및 내부 클래스의 동작, 인터페이스를 통해 외부와 통신하는 명세를 정의한 문서

컴포넌트 구현 설계서
컴포넌트 구현에 필요한 컴포넌트 구조도, 컴포넌트 목록, 컴포넌트 명세, 인터페이스 명세로 구성된 문서

메소드(Method)
특정한 목적의 작업을 수행하기 위한 프로그램 코드의 집합
- 함수(Function)와 동일한 의미를 가진다.

파라미터(Parameter, 매개변수)
각 모듈 간에 데이터를 넘겨주는 데 쓰이는 변수

학습플러스 ➕ 사용자 매뉴얼 작성 4단계 [21년 3회 필기]

작성 단계	내용
1. 작성 지침 정의	• 사용자 매뉴얼을 작성하기 위한 지침을 설정한다. • 실제 사용자 환경에 필요한 정보를 제공할 수 있는 형태로 작성될 수 있도록 하여야 한다.
2. 사용자 매뉴얼 구성 요소 정의	• 제품 소프트웨어의 기능, 구성 객체 목록, 객체별 메소드※ 및 파라미터※ 설명, 실제 사용 예제 등을 정의한다. • 사용자 환경 세팅 방법을 정의한다.
3. 구성 요소별 내용 작성	• 제품 소프트웨어 구성 요소별로 내용을 작성한다.
4. 사용자 매뉴얼 검토	• 작성된 사용자 매뉴얼이 개발된 제품의 기능을 제대로 설명하는지, 제품 사용 시 부족한 정보가 없는지 등을 검사한다. • 해당 기능별 관련 개발자와 함께 검토하면 보다 정확히 반영할 수 있어서 더욱 효과적이다. • 개발된 프로그램을 사용자 지침서의 내용에 따라 수행시키고, 프로그램과 맞지 않는 부분이 있는지 점검한다.

④ 제품 소프트웨어 사용자 매뉴얼 작성 - 수행 순서

수행 순서	설명
1. 기능 식별	제품 소프트웨어 개발 목적, 주요 기능을 흐름 순으로 정리하여 설명한다.
2. UI 분류	사용자 매뉴얼에 작성될 순서대로 UI를 분류한다.
3. 사용자 환경 파일 확인	설치할 파일(exe) 및 백업 파일의 이름과 폴더 위치 확인하고, 실행/환경/Log/백업 등의 다양한 파일들을 확인하고 기능을 숙지한다.
4. 초기화 절차 확인	제품을 제거할 때를 고려하여 Uninstall 파일을 설명하고, 초기화 단계 및 초기화 후 재사용을 위한 절차를 기술한다.
5. 이상 Case 확인	설치 시 발생하는 이상 현상 관련 테스트 수행하고, 다양한 이상 현상 발생 시 이에 따른 대응 방향 및 매뉴얼을 정리한다. • 다양한 이상 현상의 내용에 맞는 메시지가 간결하고 정상적으로 표시되는지 확인한다.
6. 최종 매뉴얼 적용	사용자 대응을 위한 대응사항 확인(FAQ) 및 결과에 대한 코드를 정리 후 추가 지원 방향을 검토한다.

[20년 4회 필기]

01 소프트웨어 설치 매뉴얼에 대한 설명으로 틀린 것을 모두 고르시오.

⊙ 설치 과정에서 표시될 수 있는 예외상황에 관련 내용을 별도로 구분하여 설명한다.
© 설치 시작부터 완료할 때까지의 전 과정을 빠짐없이 순서대로 설명한다.
© 설치 매뉴얼은 개발자 기준으로 작성한다.
® 설치 매뉴얼에는 목차, 개요, 기본사항 등이 기본적으로 포함되어야 한다.

해설 설치 매뉴얼은 사용자 기준으로 작성한다.

[21년 3회 필기]

02 제품 소프트웨어의 사용자 매뉴얼 작성 절차로 ①~③에 들어갈 가장 적합한 절차를 〈보기〉에서 고르시오.

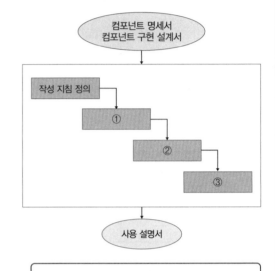

〈보기〉
⊙ 사용 설명서 검토
© 구성 요소별 내용 작성
© 사용 설명서 구성 요소 정의

① ....
② ....
③ ....

해설 사용자 매뉴얼 작성 4단계 : 작성 지침 정의 → 사용자 설명서 구성 요소 정의 → 구성 요소별 내용 작성 → 사용자 설명서 검토

정답
01. © **02. ①** © **②** © **③** ⊙

SECTION

02

소프트웨어 품질

응용 소프트웨어의 품질을 평가하는 기준을 국제 표준 제품 품질 특성이라고 합니다. 완성된 제품을 평가하는 제품 품질과 개발 과정을 평가하는 프로세스 품질로 구분할 수 있습니다. 응용 소프트웨어의 목적에 맞는 국제 표준을 참고하여 완성도 높은 응용 소프트웨어를 개발할 수 있습니다.

★★
01 소프트웨어 품질

1 소프트웨어 품질(Software Quality)

소프트웨어 품질은 사용자의 소프트웨어 요구사항을 충족하기 위한 능력에 영향을 미치는 소프트웨어 제품의 모든 특성과 속성이다.

- 사용자의 요구와 부합되는 정도를 의미한다.

▼ 품질 측정(목표, 표준) 항목 [21년 1, 3회 필기] [20년 2, 3회 필기]

항목	설명
정확성(Correctness)	사용자의 요구 기능을 충족시키는 정도
신뢰성(Reliability)	정확하고 일관된 결과를 얻기 위해 요구되는 기능을 오류 없이 수행하는 정도
효율성(Efficiency)	요구되는 기능을 수행하기 위한 필요한 자원의 소요 정도
무결성(Integrity)	허용되지 않는 사용이나 자료의 변경을 제어하는 정도
사용 용이성(Usability)	사용에 필요한 노력을 최소화하고 쉽게 사용할 수 있는 정도
유지보수성(Maintainability)	변경 및 오류의 교정에 대한 노력을 최소화하는 정도
유연성(Flexibility)	소프트웨어를 얼마만큼 쉽게 수정할 수 있는가 하는 정도
시험 용이성(Testability)	의도대로 기능이 수행되는 것을 보장하기 위해 프로그램을 시험(Test)할 수 있는 정도
이식성(Portability)	다양한 하드웨어 환경에서도 운용할 수 있도록 쉽게 수정할 수 있는 정도
재사용성(Reusability)	전체나 일부 소프트웨어를 다른 응용 목적으로 사용할 수 있는가 하는 정도
상호 운용성(Interoperability)	다른 소프트웨어와 정보를 교환할 수 있는 정도

권쌤이 알려줌

보기가 영문으로도 출제되니, 영문과 함께 학습하세요.

2 국제 표준 제품 품질 특성

국제 표준 제품 품질 특성은 제품에 대해 명확하게 정의된 특성을 의미하며, 소프트웨어 품질을 평가하는 기준 항목이다.

- 제품 품질 특성 평가와 프로세스 품질 특성 평가로 나눌 수 있다.

제품 품질 특성 평가 : 완성된 제품에 대한 평가	프로세스 품질 특성 평가 : 개발 과정에 대한 평가
• ISO/IEC 9126 • ISO/IEC 14598 • ISO/IEC 12119 • ISO/IEC 25000	• ISO/IEC 9000(품질 경영과 품질 보증) • ISO/IEC 12207 • ISO/IEC 15504(SPICE) • ISO/IEC 15288 • CMMI

기출 및 예상문제

01 소프트웨어 품질

[20년 2회 필기]

01 다음 중 소프트웨어 품질 측정을 위해 개발자 관점에서 고려해야 할 항목으로 거리가 먼 것을 모두 고르시오.

> ㉠ 정확성 ㉡ 무결성
> ㉢ 사용성 ㉣ 간결성

해설 소프트웨어 품질 측정 항목 중 간결성은 포함되지 않는다.

[20년 3회 필기]

02 소프트웨어 품질 목표 중 주어진 시간 동안 주어진 기능을 오류 없이 수행하는 정도를 나타내는 것은 무엇인지 쓰시오.

해설 키워드 오류 없이 수행 → 용어 신뢰성

[21년 1회 필기]

03 소프트웨어 품질 목표 중 소프트웨어의 일부분을 다른 시스템에서 사용할 수 있는 정도를 의미하는 것은 무엇인지 쓰시오.

해설 키워드 일부분을 다른 시스템에서 사용 → 용어 재사용성

[21년 1회 필기]

04 소프트웨어 품질 목표 중 쉽게 배우고 사용할 수 있는 정도를 나타내는 것은 무엇인지 쓰시오.

해설 키워드 쉽게 배우고 사용 → 용어 사용 용이성

[21년 3회 필기]

05 소프트웨어 품질 목표 중 하나 이상의 하드웨어 환경에서 운용되기 위해 쉽게 수정될 수 있는 시스템 능력을 의미하는 것은 무엇인지 쓰시오.

해설 키워드 하드웨어 환경에서 운용 → 용어 이식성

정답
01. ㉣ 02. 신뢰성(Reliability) 03. 재사용성(Reusablilty) 04. 사용 용이성(Usability) 05. 이식성(Portability)

02 소프트웨어 품질 표준

1 ISO/IEC 9126

ISO/IEC 9126은 품질 득성 빛 측성 기순을 제시한 것으로, 국제 표준으로 널리 사용된다.

1. 품질 모델(Quality Model)

품질 요구사항을 명세하고 품질을 평가하는 기준을 제공하는 특성 집합과 그들 간의 상호관계를 의미한다.

- 소프트웨어 품질은 정의된 품질 모델을 사용하여 평가해야 한다.
- 소프트웨어 품질 요구사항을 6가지 특성으로 구분한다. [20년 2회 필기]

품질 요구사항	상세 품질 요구사항
기능성 (Functionality)	적절성, 정밀성, 상호 운용성, 보안성, 준수성
신뢰성 (Reliability)	성숙성, 고장 허용성, 회복성, 준수성
사용성 (Usability)	이해성, 학습성, 운용성, 친밀성, 준수성
효율성 (Efficiency)	시간 효율성, 자원 활용성, 준수성
유지 보수성 (Maintainability)	분석성, 변경성, 안정성, 시험성, 준수성
이식성 (Portability)	적용성, 설치성, 대체성, 공존성, 준수성

합격자의 맘기법

품질 요구사항 : 기호 이번 유신 사(기호 이번 유신사)
- 기(능성)
- 호(효율성)
- 이(식성)
- 번
- 유(지 보수성)
- 신(뢰성)
- 사(용성)

합격자의 맘기법

품질 요구사항 특성
- 키워드 요구사항 기능 만족 → 용어 기능성
- 키워드 오류 없이 사용 가능 → 용어 신뢰성
- 키워드 다시 사용하고 싶은가 → 용어 사용성
- 키워드 할당된 시간, 한정된 자원 → 용어 효율성
- 키워드 요구사항 개선 및 확장 용이 → 용어 유지보수성
- 키워드 다른 플랫폼 적용 → 용어 이식성

① 기능성(Functionality)

실제 수행 결과와 품질 요구사항과의 차이를 분석하고, 실제 사용 시 정확하지 않은 결과가 발생할 확률을 확인하는 등 시스템의 동작을 관찰할 수 있는가?
- 사용자 요구사항을 정확하게 만족하는 기능을 제공하는지 여부를 나타낸다.

② 신뢰성(Reliability)

시스템이 일정한 시간 또는 작동되는 시간 동안 의도하는 기능을 수행함을 보증하는가?
- 오류 없이 믿고 사용할 수 있는지 여부를 나타낸다.

③ 사용성(Usability)

사용자와 컴퓨터 사이에 발생하는 어떠한 행위를 정확하고 쉽게 인지할 수 있는가?
- 향후 다시 사용하고 싶은지 여부를 나타낸다.

④ 효율성(Efficiency)

할당된 시간에 한정된 자원으로 얼마나 빨리 처리하는가?

⑤ 유지 보수성(Maintainability)

요구사항을 개선하고 확장하는 데 있어 얼마나 용이한가?

⑥ 이식성(Portability)

운영체제 또는 환경 등 다른 플랫폼에서도 많은 추가 작업 없이 얼마나 쉽게 적용이 가능한가?

 ISO/IEC 25010

ISO/IEC 9126은 호환성과 보안성 강화를 위해 2011년에 ISO/IEC 25010으로 대체되었다.

ISO/IEC 9126	기능성	신뢰성	사용성	효율성	유지 보수성	이식성		
ISO/IEC 25010	기능 적합성	신뢰성	사용성	실행 효율성	유지 보수성	이식성	호환성	보안성

2 ISO/IEC 14598

ISO/IEC 14598은 소프트웨어 제품 평가 프로세스의 개요와 평가에 대한 안내 지침 및 요구사항을 제공한다.

- 개발자에 대한 소프트웨어 제품 품질 향상과 구매자의 제품 품질 선정 기준을 제공한다.
- 개발자, 구매자, 평가자 별로 수행해야 할 프로세스를 규정한다.
- ISO/IEC 9126의 사용을 위한 절차와 소프트웨어 평가 프로세스에 대한 표준을 규정하며, ISO/IEC 9126 규정에 따른다.

3 ISO/IEC 12119　[20년 3회 필기]

ISO/IEC 12119는 소프트웨어의 품질 평가를 위해 정보기술과 소프트웨어 패키지에 대한 품질 요구사항 및 시험 사항을 규정한 국제 표준이다.

- 소프트웨어 제품 패키지 품질은 ISO/IEC 12119를 참조한다.

4 ISO/IEC 25000

ISO/IEC 25000은 ISO/IEC 9126, 14598, 12119 등의 여러 표준 문서를 통합하고 재구성하여 만든 표준 문서이다.

5 ISO/IEC 9000

ISO/IEC 9000은 품질 경영*과 품질 보증*에 관한 국제 규격이다.

- ISO/IEC 9000의 세부 내용에는 9001(설계, 개발, 서비스), 9002(생산과 설

 권쌤이 알려줌

소프트웨어 평가에 대한 여러 문서는 사용자들에게 오히려 혼란을 줄 수 있습니다. 따라서 통일되고 일관성 있는 하나의 표준 지침서가 사용자들에게 더 유용할 수 있습니다.

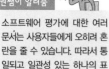 품질 경영
(QM; Quality Management)
전체 경영 기능 중 품질 정책을 결정하고 실시하는 것
• 품질에 대한 전략적 계획, 경영자원의 배분 및 기타의 체계적인 모든 활동을 포괄한다.

품질 보증
(QA; Quality Assurance)
제품 또는 서비스가 주어진 요구 품질을 만족시키고 있다는 적절한 신뢰감을 고객에게 제공하기 위해 필요한 계획적 및 체계적인 활동

치), 9003(최종 검사 및 시험), 9004(지침 표준)가 포함된다.

⑥ ISO/IEC 12207

ISO/IEC 12207은 소프트웨어의 개발, 운영, 유지보수 등을 체계적으로 관리하기 위한 소프트웨어 개발 생명 주기[*] 표준을 제공한다.

• ISO/IEC 12207 프로세스 구분 <u>[21년 2회 필기]</u>

소프트웨어 생명 주기
(SDLC; Software Development Life Cycle)
시스템 계획, 개발, 시험, 운영하는 전 과정

구분	설명
기본 생명 주기 프로세스	획득(계약 준비), 공급(계약), 개발(SW 구현), 운영, 유지보수 프로세스
지원 생명 주기 프로세스	품질 보증, 검증, 확인, 활동 검토, 감사, 문서화, 형상 관리[*], 문제 해결 프로세스
조직 생명 주기 프로세스	관리, 기반 구조, 개선, 훈련(교육) 프로세스

형상 관리(SCM; Software Configuration Management)
소프트웨어의 개발 과정에서 발생하는 산출물의 변경 사항을 버전 관리하기 위한 일련의 활동

⑦ ISO/IEC 15504(SPICE) [20년 3, 4회 필기]

ISO/IEC 15504(SPICE)는 소프트웨어 프로세스 평가를 위한 표준이며, 정보시스템 분야에 특화된 품질 표준이자 인증 규격의 역할을 하고 있다.

• 5개의 프로세스 범주로 구분된 40개 프로세스로 구성되어 있으며, 프로세스의 수행 능력을 6단계로 구분하였다.
• SPICE를 통한 평가는 40개 프로세스에 대해 기본 지침의 실행 여부와 산출물 유무로 판정한다.

1. SPICE 모델의 프로세스

합격자의 맘기법

SPICE 모델 프로세스 : 조교 공지 관리(조고 공지 관리)
• 조(직 프로세스)
• 교(고객−관리 프로세스)
• 공(학 프로세스)
• 지(원 프로세스)
• 관리(프로세스)

프로세스	설명
고객−공급 (Customer−Supplier) 프로세스	• 소프트웨어를 개발하여 고객에게 전달하는 것을 지원하고, 소프트웨어를 정확하게 운용하고 사용하도록 하기 위한 프로세스로 구성 • 구성 요소 : 인수, 공급, 요구 도출, 운영 • 관련 프로세스 : 10개
공학(Engineering) 프로세스	• 시스템과 소프트웨어 제품의 명세화, 구현, 유지보수하는 프로세스로 구성 • 구성 요소 : 개발, 소프트웨어 유지보수 • 관련 프로세스 : 9개
지원(Support) 프로세스	• 소프트웨어 생명 주기에서 다른 프로세스에 의해 이용되는 프로세스로 구성 • 구성 요소 : 문서화, 형상, 품질 보증, 검증, 확인, 리뷰, 감사, 품질 문제 해결 • 관련 프로세스 : 8개
관리(Management) 프로세스	• 소프트웨어 생명 주기에서 프로젝트 관리자에 의해 사용되는 프로세스로 구성 • 구성 요소 : 관리, 프로젝트 관리, 품질/위험 관리 • 관련 프로세스 : 4개
조직(Organization) 프로세스	• 조직의 업무 목적을 수립하고, 조직이 업무 목표를 달성하는 데 도움을 주는 프로세스로 구성 • 구성 요소 : 조직 배치, 개선 활동 프로세스, 인력 관리, 기반 관리, 측정 도구, 재사용 • 관련 프로세스 : 9개

2. SPICE 모델의 프로세스 수행 능력 6단계 [21년 2회 필기]

6단계	프로세스	내용
Level 0. 불완전(Incomplete) 단계	미구현 또는 미달성	• 프로세스가 구현되지 않음 • 프로세스가 목적을 달성하지 못함
Level 1. 수행(Performed) 단계	프로세스 수행 및 목적 달성	• 프로세스를 수행하고 목적을 달성함 • 프로세스가 정의된 산출물을 생산함
Level 2. 관리(Managed) 단계	프로세스 수행 계획 및 관리	• 정의된 자원의 한도 내에서 그 프로세스가 작업 산출물을 인도함
Level 3. 확립(Established) 단계	정의된 표준 프로세스 사용	• 소프트웨어 공학 원칙을 기반으로 정의된 프로세스를 수행함
Level 4. 예측(Predictable) 단계	프로세스의 정량적 이해 및 통제	• 프로세스가 목적 달성을 위해 통제됨 • 프로세스가 양적 측정을 통해 일관되게 수행됨
Level 5. 최적화(Optimizing) 단계	프로세스를 지속적으로 개선	• 프로세스 수행을 최적화함 • 지속적 개선을 통해 업무 목적을 만족시킴

8 ISO/IEC 15288

권쌤이 알려줌

ISO/IEC 15288이 개발되면서 소프트웨어 생명 주기 프로세스 표준인 ISO/IEC 12207과의 일관성 문제가 발생하기도 했습니다.

ISO/IEC 15288은 프로세스 및 생명 주기 단계를 포함하는 시스템 엔지니어링 표준이다.

• 세부 내용에는 합의 프로세스, 조직 프로세스, 과제 프로세스, 기술 프로세스가 포함된다.

9 CMMI(능력 성숙도 통합 모델)

권쌤이 알려줌

표준 프로세스는 요리 레시피입니다. 레시피대로 재료를 준비하고 그 순서에 따라 조리 시간을 지키며 음식을 만들면 초보자라도 어느 정도는 일정한 맛을 낼 수 있겠죠.

CMMI(Capability Maturity Model Integration)는 소프트웨어 개발 조직의 업무 능력 및 조직의 성숙도를 평가하는 모델이다.

• 조직의 프로세스 개선을 위해 개발되었으며, 기업에 표준 프로세스를 만들 수 있는 지침을 제시하고 그 기준이 된다.

• 프로젝트 목표 및 계획을 정량적으로 수립할 수 있고 최종 목표 달성에 대한 예측도 가능하여 생산성과 품질이 향상된다.

권쌤이 알려줌

CMMI 5단계와 CMM 5단계와 비교했을 때, CMMI에는 반복 단계가 없습니다.

CMMI 5단계 (소프트웨어 프로세스 성숙도)	프로세스	내용
1. 초기(Initial) 단계	프로세스 없음	예측/통제 불가능
2. 관리(Managed) 단계	규칙화된 프로세스	기본적인 프로젝트 관리 체계 수립
3. 정의(Defined) 단계	표준화된 프로세스	조직 차원의 표준 프로세스를 통한 프로젝트 지원
4. 정량적 관리(Quantitatively Managed) 단계	예측 가능한 프로세스	정량적으로 프로세스가 측정/통제됨
5. 최적화(Optimizing) 단계	지속적 개선 프로세스	프로세스 개선 활동

권쌤이 알려줌

소프트웨어 개발 모델에 한정된 영역을 가지는 CMM과 달리 CMMI는 시스템과 소프트웨어 영역을 하나의 프로세스 개선 툴로 통합시켜 기업의 프로세스 개선 활동에 대한 광범위한 적용성을 제공합니다.
• CMMI는 CMM을 발전시킨 것입니다.

CMM(능력 성숙도 모델) [20년 2, 4회 필기]

CMM(Capability Maturity Model)은 소프트웨어 품질 관리 체계 중 하나로 소프트웨어 기술을 지원하는 조직의 응용 프로그램을 개선하는 데 도움을 주기 위해 미국 소프트웨어 공학 연구소에서 개발한 절차이다.

CMM 5단계(소프트웨어 개발을 위한 조직의 능력, 성숙도)
1. 초기(Initial) 단계
2. 반복(Repeatable) 단계
3. 정의(Defined) 단계
4. 관리(Managed) 단계
5. 최적화(Optimizing) 단계

 합격자의 암기법

CMM 5단계 : 초반 정리 최적화
- 초(기) 단계
- 반(복) 단계
- 정(의) 단계
- (관)리 단계
- 최적화 단계

기출 및 예상문제

[20년 2회 필기]

01 ISO/IEC 9126의 소프트웨어 품질 특성 중 기능성(Functionality)의 하위 특성을 모두 고르시오.

> ㉠ 학습성   ㉡ 적합성
> ㉢ 정확성   ㉣ 보안성

해설 나머지는 사용성(Usability)의 하위 특성이다.

[20년 3회 필기]

02 패키지 소프트웨어의 일반적인 제품 품질 요구사항 및 테스트를 위한 국제 표준은 무엇인지 쓰시오.

해설 키워드 패키지, 품질 요구사항 및 테스트 → 용어 ISO/IEC 12119

[21년 2회 필기]

03 ISO 12207 표준의 기본 생명주기의 주요 프로세스에 해당하는 것을 모두 고르시오.

> ㉠ 획득 프로세스   ㉡ 개발 프로세스
> ㉢ 성능평가 프로세스   ㉣ 유지보수 프로세스

해설 기본 생명 주기 프로세스 : 획득(계약 준비), 공급(계약), 개발(SW 구현), 운영, 유지보수 프로세스

[20년 3회 필기]

04 소프트웨어 개발 표준 중 소프트웨어 품질 및 생산성 향상을 위해 소프트웨어 프로세스를 평가 및 개선하는 국제 표준은 무엇인지 쓰시오.

해설 키워드 프로세스 평가 → 용어 ISO/IEC 15504

[20년 4회 필기]

05 소프트웨어 프로세스에 대한 개선 및 능력 측정 기준에 대한 국제 표준은 무엇인지 쓰시오.

해설 키워드 프로세스 개선 및 능력 측정 → 용어 ISO/IEC 15504

[21년 2회 필기]

06 SPICE 모델의 프로세스 수행능력 수준의 단계별 설명이다. ①~④에 들어갈 가장 적합한 단계를 〈보기〉에서 고르시오.

단계	설명
①	미완성 단계
②	최적화 단계
③	예측 단계
④	확립 단계

〈보기〉

ⓐ Level 0   ⓑ Level 1
ⓒ Level 2   ⓓ Level 3
ⓔ Level 4   ⓕ Level 5

① ....

② ....

③ ....

④ ....

해설 SPICE 모델의 프로세스 수행 능력 6단계는 Level 0. 불완전 단계부터 Level 5. 최적화 단계까지로 구성되어 있다.

[20년 2, 4회 필기]

07 CMM(Capability Maturity Model) 모델의 레벨을 모두 고르시오.

ⓐ 최적 단계   ⓒ 관리 단계
ⓑ 정의 단계   ⓓ 계획 단계

해설 CMM 5단계는 초기 단계, 반복 단계, 정의 단계, 관리 단계, 최적화 단계로 구성되어 있다.
TIP CMM 5단계는 "초반 정리 최적화"로 기억하세요.

08 다음의 설명과 가장 부합하는 용어를 쓰시오.

ISO/IEC 9126 규정에 따르며, 소프트웨어 제품(Product) 평가 프로세스의 개요와 평가에 대한 안내 지침 및 요구사항을 제공하고, 개발자에 대한 소프트웨어 제품 품질 향상과 구매자의 제품 품질 선정 기준을 제공한다.

해설 키워드 ISO/IEC 9126 규정에 따름, 소프트웨어 제품 평가 → 용어 ISO/IEC 14598

정답
01. ⓑ, ⓒ, ⓓ 02. ISO/IEC 12119 03. ⓐ, ⓑ, ⓓ 04. ISO/IEC 15504(SPICE) 05. ISO/IEC 15504(SPICE) 06. ❶ ⓐ ❷ ⓕ ❸ ⓓ ❹ ⓔ 07. ⓐ, ⓑ, ⓒ 08. ISO/IEC 14598

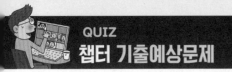
01 다음은 초기 버전 릴리즈 노트의 작성 항목에 대한 설명이다. 설명에 대한 가장 적합한 용어를 고르시오.

항목	설명
①	문서 이름, 제품 이름, 버전 번호, 릴리즈 날짜, 참고 날짜, 노트 버전 등
②	버그 발견에 대한 과정 설명
③	버전 변경에 따른 최종 사용자 기준의 기능 및 응용 프로그램상의 영향도 기술
④	버전 변경에 따른 소프트웨어의 지원 프로세스 및 영향도 기술

> ㉠ 면책 조항   ㉡ 재현 항목
> ㉢ 헤더   ㉣ 사용자 영향도
> ㉤ SW 지원 영향도

① ....
② ....
③ ....
④ ....

02 다음은 디지털 저작권 관리의 구성요소에 대한 설명이다. 설명에 대한 가장 적합한 보기를 고르시오.

구분	설명
①	콘텐츠를 제공하는 저작권자
②	쇼핑몰 등으로써 암호화된 콘텐츠 제공
③	콘텐츠를 구매해서 사용하는 주체
④	콘텐츠를 메타 데이터와 함께 배포 가능한 단위로 묶는 기능을 제공하는 프로그램
⑤	배포된 콘텐츠의 이용 권한을 통제하는 프로그램
⑥	콘텐츠 원본을 안전하게 유통하기 위한 전자적 보안 장치
⑦	키 관리 및 라이선스 발급 관리 등을 수행하는 곳

> ㉠ Clearing House   ㉡ Contents Provider
> ㉢ Package   ㉣ Contents Distributor
> ㉤ Contents Customer   ㉥ DRM Controller
> ㉦ Security Container

① ....

② ....
③ ....
④ ....
⑤ ....
⑥ ....
⑦ ....

03 다음은 디지털 저작권 관리의 기술요소에 대한 설명이다. 설명에 대한 가장 적합한 보기를 고르시오.

요소	설명
①	콘텐츠 및 라이선스를 암호화하고 전자 서명을 할 수 있는 기술
키 관리	콘텐츠를 암호화한 키에 대한 저장 및 분배 기술
②	콘텐츠를 암호화된 콘텐츠로 생성하기 위한 기술
식별 기술	콘텐츠에 대한 식별 체계 표현 기술
③	라이선스의 내용 표현 기술
정책 관리	라이선스 발급 및 사용에 대한 정책 표현 및 관리 기술
④	크랙에 의한 콘텐츠 사용 방지 기술
인증	라이선스 발급 및 사용의 기준이 되는 사용자 인증 기술

> ㉠ 크랙 방지   ㉡ 저작권 표현
> ㉢ 암호화   ㉣ 암호화 파일 생성

① ....
② ....
③ ....
④ ....

04 다음에 제시된 제품 소프트웨어 설치 매뉴얼 작성 과정을 순서대로 나열하시오.

> ㉠ 이상 Case 확인   ㉡ Uninstall 절차 확인
> ㉢ UI 분류   ㉣ 설치 파일/백업 파일 확인
> ㉤ 최종 매뉴얼 적용   ㉥ 기능 식별

① ....

05 다음 설명의 ( ) 안에 들어갈 가장 적합한 용어를 쓰시오.

> 제품 소프트웨어 ( )은(는) 사용자가 소프트웨어를 사용할 때 필요한 내용이 기록되어 있는 설명서와 안내서이다. 사용자 관점으로 진행되며, 이를 위한 제품 기능 및 고객 지원까지를 포함한다. 이는 컴포넌트 명세서와 컴포넌트 구현 설계서를 기반으로 작성한다.

06 다음은 소프트웨어 품질 측정 항목에 대한 설명이다. 설명과 가장 부합하는 항목을 〈보기〉에서 고르시오.

> ⊙ 사용자의 요구 기능을 충족시키는 정도
> © 쉽게 수정할 수 있는가 하는 정도
> © 다른 하드웨어 환경에서 운용 가능하도록 쉽게 수정될 수 있는 정도

> 〈보기〉
> ⊙ Efficiency　　　　　© Integrity
> © Portability　　　　　② Maintainability
> ⊚ Flexibility　　　　　⊎ Correctness

① ....
② ....
③ ....

07 ISO/IEC 9126의 소프트웨어 품질 특성 중 유지보수성(Maintainability)의 하위 특성으로 옳은 것을 모두 고르시오.

> ⊙ 대체성　　　　　© 고장 허용성
> © 분석성　　　　　② 회복성
> ⊚ 안정성　　　　　⊎ 변경성

08 다음 설명의 ( ) 안에 들어갈 가장 적합한 용어를 쓰시오.

> ( )은(는) 소프트웨어 평가에 대한 ISO/IEC 9126, 14598, 12119 등의 여러 표준 문서들을 통합하고 재구성하여 만든 표준 문서이다. 통일되고 일관성 있는 하나의 표준 지침서가 사용자들에게는 더 유용할 것이라는 취지로 작성되었다.

09 소프트웨어의 개발, 운영, 유지보수 등을 체계적으로 관리하기 위한 소프트웨어 생명 주기 표준을 제공하는 것은 무엇인지 쓰시오.

10 다음은 SPICE 모델의 프로세스에 대한 설명이다. 설명에 대한 가장 적합한 보기를 고르시오.

구분	설명
①	시스템과 소프트웨어 제품의 명세화, 구현, 유지보수하는 프로세스로 구성되어 있다.
②	조직의 업무 목적을 수립하고, 조직이 업무 목표를 달성하는 데 도움을 주는 프로세스로 구성되어 있다.
③	소프트웨어를 개발하여 고객에게 전달하는 것을 지원하고, 소프트웨어를 정확하게 운용하고 사용하도록 하기 위한 프로세스로 구성되어 있다.
④	소프트웨어 생명 주기에서 다른 프로세스에 의해 이용되는 프로세스로 구성되어 있다.
⑤	소프트웨어 생명 주기에서 프로젝트 관리자에 의해 사용되는 프로세스로 구성되어 있다.

> ⊙ 고객-공급(Customer-Supplier) 프로세스
> © 조직(Organization) 프로세스
> © 관리(Management) 프로세스
> ② 지원(Support) 프로세스
> ⊚ 공학(Engineering) 프로세스

① ....
② ....
③ ....
④ ....
⑤ ....

11 다음 설명의 ( ) 안에 공통적으로 들어갈 가장 적합한 용어를 쓰시오.

- ( )은(는) 기존의 소프트웨어 품질 보증 기준으로 널리 사용되고 있는 업무 능력 및 성숙도 평가 기준(CMM)의 후속 모델이다.
- ( )의 목적은 소프트웨어 제품 또는 서비스의 개발, 획득, 유지보수를 위한 조직의 공정 및 관리 능력을 향상시키기 위한 가이드를 제공하는 데 있다.
- ( )은(는) 검증된 실무 활동을 반영하여 조직의 성숙도 및 공정 능력 평가, 공정 향상을 위한 활동의 우선순위 결정, 실제 공정 향상을 위한 구현 활동을 지원하는 틀로 구성되어 있다.

12 다음에 제시된 CMMI 5단계를 순서대로 나열하시오.

> ⊙ 관리 단계   ⓒ 최적화 단계
> ⓒ 정의 단계   ② 초기 단계
> ⑩ 정량적 단계

챕터
기출예상문제 정답 및 해설

01 **정답** ① ⓒ ② ⓛ ③ ② ④ ⑩
해설 키워드 이름, 번호, 날짜, 버전 등 → 용어 헤더(Header)
키워드 버그 발견, 과정 → 용어 재현 항목
키워드 최종 사용자 기준, 영향도 → 용어 사용자 영향도
키워드 소프트웨어의 지원, 영향도 → 용어 SW 지원 영향도

02 **정답** ① ⓛ ② ② ③ ⑩ ④ ⓒ ⑤ ⑭ ⑥ ⑭ ⑦ ⊙
해설 키워드 저작권자 → 용어 콘텐츠 제공자(Contents Provider)
키워드 암호화된 콘텐츠 제공 → 용어 콘텐츠 분배자(Contents Distributer)
키워드 콘텐츠 구매 → 용어 콘텐츠 소비자(Contents Customer)
키워드 배포 가능한 단위로 묶는(Package) 기능 → 용어 패키저(Packager)
키워드 이용 권한 통제 → 용어 DRM 컨트롤러(DRM Controller)
키워드 유통, 전자적 보안(Security) 장치 → 용어 보안 컨테이너(Security Container)
키워드 키 관리 및 라이선스 발급 관리 → 용어 클리어링 하우스(Clearing House)

03 **정답** ① ⓒ ② ② ③ ⓛ ④ ⊙
해설 키워드 암호화 → 용어 암호화(Encryption)
키워드 암호화된 콘텐츠 생성 → 용어 암호화 파일 생성(Packager)
키워드 라이선스 내용 표현 → 용어 저작권 표현(Right Expression)
키워드 크랙, 사용 방지 → 용어 크랙 방지(Tamper Resistance)

04 **정답** ⑭, ⓒ, ②, ⓛ, ⊙, ⑩
해설 설치 매뉴얼 작성 순서 : 기능 식별 → UI 분류 → 파일 확인 → Uninstall 설치 확인 → 이상 Case 확인 → 최종 매뉴얼 적용

05 **정답** **사용자 매뉴얼**
해설 키워드 사용자, 소프트웨어 설명서, 안내서 → 용어 사용자 매뉴얼

06 **정답** ① ⑭ ② ⓛ ③ ⓒ
해설 키워드 사용자 요구 기능 충족 정도 → 용어 정확성(Correctness)

키워드 쉽게 수정할 수 있는 정도 → 용어 유연성(Flexibility)
키워드 다른 하드웨어 환경에서 사용 → 용어 이식성(Portability)

07 **정답** ⓒ, ⑩, ⑭
해설 ISO/IEC 9126 품질 요구사항
- 기능성 : 적절성, 정밀성, 상호 운용성, 보안성, 준수성
- 신뢰성 : 성숙성, 고장 허용성, 회복성, 준수성
- 사용성 : 이해성, 학습성, 운영성, 친밀성, 준수성
- 효율성 : 시간 효율성, 자원 활용성, 준수성
- 유지 보수성 : 분석성, 변경성, 안정성, 시험성, 준수성
- 이식성 : 적용성, 설치성, 대체성, 공존성, 준수성

08 **정답** **ISO/IEC 25000**
해설 키워드 여러 표준 문서 통합하고 재구성한 표준 문서 → 용어 ISO/IEC 25000

09 **정답** **ISO/IEC 12207**
해설 키워드 소프트웨어 개발 생명 주기 표준 → 용어 ISO/IEC 12207

10 **정답** ① ⑩ ② ⓛ ③ ⊙ ④ ② ⑤ ⓒ
해설 키워드 제품의 명세화, 구현, 유지보수 → 용어 공학 프로세스
키워드 조직의 업무 → 용어 조직 프로세스
키워드 고객에게 전달 → 용어 고객-공급 프로세스
키워드 다른 프로세스에 의해 이용 → 용어 지원 프로세스
키워드 프로젝트 관리자에 의해 사용 → 용어 관리 프로세스

11 **정답** **CMMI(Capability Maturity Model Integration, 능력 성숙도 통합 모델)**
해설 키워드 CMM 후속 모델 → 용어 CMMI

12 **정답** ②, ⊙, ⓒ, ⑩, ⓛ
해설 CMMI 5단계 : 초기(Initial) 단계 → 관리(Managed) 단계 → 정의(Defined) 단계 → 정량적 관리(Quantitatively Managed) 단계 → 최적화(Optimizing) 단계

실전 모의고사 &
최신 기출문제

[실전 모의고사]

실전 모의고사 1~3회

서술형 대비문제

[최신 기출문제]

과년도 정보처리기사 실기 기출문제

01 다음 C언어로 구현된 프로그램을 분석하여 그 실행 결과를 쓰시오. [5점]

```c
#include <stdio.h>
#define SIZE 5
int main(void) {
    int i, j, temp;
    int data[SIZE] = {77, 54, 32, 91, 63};
    for(i = 0; i < SIZE-1; i++) {
        for(j = i+1; j < SIZE; j++) {
            if(data[i] < data[j]) {
                temp = data[j];
                data[j] = data[i];
                data[i] = temp;
            }
        }
    }
    for(i = 0; i < SIZE; i++) {
        printf("%d ", data[i]);
    }
}
```

02 다음의 설명과 가장 부합하는 용어를 쓰시오. [5점]

- 디자이너와 개발자가 최종적으로 참고하는 산출 문서이며, 정책이나 프로세스 및 콘텐츠의 구성, 와이어프레임(UI, UX), 기능에 대한 정의, 데이터베이스의 연동 등 구축하는 서비스를 위한 대부분의 정보가 수록 되어 있는 문서이다.
- 영상촬영 및 편집 시에 필요한 전체적인 정보가 담겨 있기 때문에 제작에 들어가기 전에 점검하는 데 유용하게 쓰이며, 촬영 및 편집을 하는 데에도 일종의 가이드라인이 되어 좀 더 효율적으로 일을 할 수 있게 도와준다.

03 소프트웨어 개발 보안의 3요소에 대하여 간략히 서술하시오. [5점]

04 주체가 속해 있는 그룹의 신원에 근거하여 객체에 대한 접근을 제한하는 방법으로, 객체의 소유자가 접근 여부를 결정하는 접근 통제 정책은 무엇인지 쓰시오. [5점]

....

05 다음의 설명과 가장 부합하는 용어를 쓰시오. [5점]

> • 일종의 개인키 암호화 알고리즘으로, 송신자와 수신자가 동일한 키로 데이터를 암호화/복호화한다.
> • 기술적으로 56비트의 키가 16회의 작업으로서 조직된 64비트 블록 암호문을 생성한다.

....

06 아래 [수강생] 테이블에서 이름이 '김'으로 시작하는 모든 튜플을 검색하는 SQL문을 작성하시오. [5점]

[수강생]

이름	과목	수강료
김길현	정보	100
이상인	컴활	120
남기욱	워드	80
권지온	정보	100
김상현	사무	100

....

....

....

07 다음 Java언어로 구현된 프로그램을 분석하여 그 실행 결과를 쓰시오. [5점]

```java
public class Gisafirst {
    public static void main(String[] args) {
        int num = 256;
        int sum = 0;
        while(num != 0) {
            sum += num % 10;
            num /= 10;
        }
        System.out.println(sum);
    }
}
```

08 아래 설명에서 ①, ②에 들어갈 가장 적합한 용어를 쓰시오. [5점]

모듈의 독립성은 결합도(Coupling)과 응집도(Cohesion)에 의해 측정된다. 결합도는 두 모듈간의 상호 의존도를 측정하는 것으로 모듈간의 결합도를 최소화하여 모듈의 독립성을 높인다. 응집도는 한 모듈 내에 있는 구성요소의 기능적 관련성을 평가하는 기준으로 응집도가 높을수록 모듈의 독립성은 높아진다. 독립성이 가장 높은 결합도와 응집도는 (①) 결합도와 (②) 응집도이다.
- (①) 결합도는 모듈 간의 인터페이스로 전달되는 파라미터를 통해서만 모듈 간의 상호 작용이 일어나는 경우로 한 모듈의 수정에 영향받는 모듈이 적다.
- (②) 응집도는 모듈 내부의 모든 기능이 단일한 목적을 위해 수행되는 경우이다. 예를 들어 하나의 모듈은 결제 기능을 위해 필요한 요소들만 포함하고 있는 경우이다.

① ⋯⋯⋯⋯⋯⋯⋯⋯⋯⋯⋯⋯⋯⋯⋯⋯⋯⋯⋯⋯⋯⋯⋯⋯⋯⋯⋯⋯⋯⋯⋯⋯

② ⋯⋯⋯⋯⋯⋯⋯⋯⋯⋯⋯⋯⋯⋯⋯⋯⋯⋯⋯⋯⋯⋯⋯⋯⋯⋯⋯⋯⋯⋯⋯⋯

09 다음은 Python언어로 구현한 구구단 출력 프로그램이다. 프로그램과 〈출력〉을 분석하여 ( ) 안에 공통적으로 들어갈 가장 적합한 답을 쓰시오. [5점]

```python
for n in (   )(1, 10):
    for m in (   )(2, 10):
        print("%d x %d = %d" % (m, n, m*n), end='\t')
    print()
```

〈출력〉

```
2 x 1 = 2    3 x 1 = 3    4 x 1 = 4    5 x 1 = 5    6 x 1 = 6    7 x 1 = 7    8 x 1 = 8    9 x 1 = 9
2 x 2 = 4    3 x 2 = 6    4 x 2 = 8    5 x 2 = 10   6 x 2 = 12   7 x 2 = 14   8 x 2 = 16   9 x 2 = 18
2 x 3 = 6    3 x 3 = 9    4 x 3 = 12   5 x 3 = 15   6 x 3 = 18   7 x 3 = 21   8 x 3 = 24   9 x 3 = 27
2 x 4 = 8    3 x 4 = 12   4 x 4 = 16   5 x 4 = 20   6 x 4 = 24   7 x 4 = 28   8 x 4 = 32   9 x 4 = 36
2 x 5 = 10   3 x 5 = 15   4 x 5 = 20   5 x 5 = 25   6 x 5 = 30   7 x 5 = 35   8 x 5 = 40   9 x 5 = 45
2 x 6 = 12   3 x 6 = 18   4 x 6 = 24   5 x 6 = 30   6 x 6 = 36   7 x 6 = 42   8 x 6 = 48   9 x 6 = 54
2 x 7 = 14   3 x 7 = 21   4 x 7 = 28   5 x 7 = 35   6 x 7 = 42   7 x 7 = 49   8 x 7 = 56   9 x 7 = 63
2 x 8 = 16   3 x 8 = 24   4 x 8 = 32   5 x 8 = 40   6 x 8 = 48   7 x 8 = 56   8 x 8 = 64   9 x 8 = 72
2 x 9 = 18   3 x 9 = 27   4 x 9 = 36   5 x 9 = 45   6 x 9 = 54   7 x 9 = 63   8 x 9 = 72   9 x 9 = 81
```

10 아래 설명에서 ①~③에 들어갈 가장 적합한 용어를 쓰시오. [5점]

운영체제(Operating System)는 컴퓨터 시스템의 자원들을 효율적으로 관리하며, 사용자가 컴퓨터를 편리하고 효과적으로 사용할 수 있도록 환경을 제공하는 소프트웨어이다. 운영체제의 성능을 평가하는 기준에는(①), (②), 사용가능도, (③)이(가) 있으며, 다음과 같다.

- (①) : 일정 시간 내에 시스템이 처리하는 일의 양
- (②) : 시스템이 주어진 문제를 정확하게 해결하는 정도
- 사용 가능도(Availability): 시스템을 사용할 필요가 있을 때 즉시 사용 가능한 정도
- (③) : 시스템에 작업을 의뢰한 시간부터 처리가 완료될 때까지 걸린 시간

①
②
③

11 다음의 설명과 가장 부합하는 용어를 쓰시오. [5점]

- IP나 ICMP의 특성을 악용하여 엄청난 양의 데이터를 한 사이트에 집중적으로 보냄으로써 네트워크의 일부를 불능상태로 만드는 공격 방법
- 엄청난 양의 핑과 그에 대응하는 에코 메시지로 인해 실시간 트래픽이 정상적으로 처리될 수 없게 만드는 공격 방법
- 무력화하는 방법 : 각 네트워크 라우터에서 IP 브로드캐스트 주소를 사용할 수 없게 미리 설정해 놓는 방법

12 OSI 7계층 중 아래에서 설명하는 계층은 무엇인지 쓰시오. [5점]

> 망 계층으로부터 제공되는 서비스를 보완하고 상위 계층 사이에서 망의 경로와 서비스 품질을 고려하지 않아도 되는 통신 경로 및 통신 수단을 제공한다. 종단 시스템(End-to-End) 간에 데이터 전송과 중계 접속점 장애에 따른 패킷 분실, 중복을 방지하는 기능을 갖는다. 이 계층의 주요 기능은 주소 설정, 다중화, 오류 제어, 흐름제어이며, TCP, UDP 등의 표준이 있다.

....

13 아래는 V-모델과 테스트 레벨의 관계를 도식화한 것이다. ①~④에 들어갈 가장 적합한 테스트를 쓰시오. [5점]

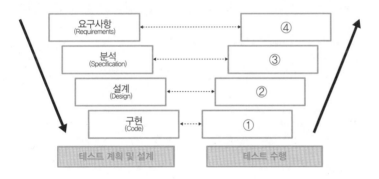

① ....
② ....
③ ....
④ ....

14 백업의 목적은 크게는 천재지변이나 해킹, 작게는 소프트웨어 버그 및 오동작 등으로 인한 각종 재해에 대비해 시스템을 복구 가능한 상태로 만들기 위해 준비하는 것이다. 자료를 백업하는 방법 중 백업 대상 데이터 영역 중 변경되거나 증가된 데이터만을 백업받는 방식은 무엇인지 쓰시오. [5점]

....

15 다음은 학생 테이블에 대해 GISA에게 부여된 SELECT 권한을 취소하는 SQL문이다. 아래 SQL문의 ( ) 안에 들어갈 가장 적합한 명령어를 쓰시오. [5점]

( ) SELECT ON 수강생 FROM GISA;

16 다음 Python언어로 구현된 프로그램을 분석하여 그 실행 결과를 쓰시오. [5점]

```python
test = {'a':'KOREA', 'b':2, 'a':'korea', 'b':2}
print(test['a'])
```

17 다음 Java언어로 구현된 프로그램을 분석하여 그 실행 결과를 쓰시오. [5점]

```java
public class Gisafirst {
    public static void main(String[] args) {
        System.out.println(true && true);
        System.out.println(true || false);
        System.out.println(!true);
        System.out.println((3 < 5) && (2 > 1));
        System.out.println((1 > 6) || (5 == 4));
    }
}
```

18 UNIX/LINUX 명령어 중 파일의 권한 모드(읽기, 쓰기, 실행) 설정하여 파일의 접근을 제한하는 명령어를 쓰시오. [5점]

....

19 아래 설명에서 ①, ②에 들어갈 가장 적합한 용어를 쓰시오. [5점]

> UNIX는 1960년대 말에 미국 AT&T 벨(Bell) 연구소에서 개발한 운영체제이다. UNIX 시스템의 구성 요소는 다음과 같다.
> • (①)은(는) 운영체제에서 가장 핵심적인 역할인 자원을 관리하며, 시스템이 원활히 작동할 수 있도록 제어해 준다.
> • (②)은(는) 사용자와 시스템 간의 대화를 가능하게 해주며, 이용자가 입력시킨 문장을 읽어 그 문장이 요청하는 시스템 기능을 수행하도록 해주는 명령 해석기이다.

① ....

② ....

20 다음의 설명과 가장 부합하는 용어를 쓰시오. [5점]

> 패킷 제어 로직을 악용하여 시스템의 자원을 고갈시키는 공격이다. 데이터의 송·수신 과정에서 패킷의 크기가 커 여러 개로 분할되어 전송될 때 분할 순서를 알 수 있도록 Fragment Offset 값을 함께 전송하는데, 이 값을 변경시켜 수신 측에서 패킷 재조립 시 과부하가 발생하도록 공격한다.

....

실전 모의고사
1회 정답 및 해설

• 답안의 한글과 영문(영문 약어) 중 하나만 작성하면 됩니다.

01 **정답** **91 77 63 54 32**

해설 선택 정렬 – 내림차순

```c
#include <stdio.h>
#define SIZE 5
// 상수 SIZE 선언 및 초기화 → #define : 상수 등을 특정 문자로 치환하는 선행처리 지시자
int main(void) {
    int i, j, temp;    // 변수 선언
    int data[SIZE] = {77, 54, 32, 91, 63};
    // 크기가 5인 배열 data 선언 및 초기화
    /* 선택 정렬(내림차순) */
    for(i = 0; i < SIZE-1; i++) {
    // i는 0부터 SIZE-1보다 작을 때까지 for문 실행
        for(j = i+1; j < SIZE; j++) {
        // j는 i+1부터 SIZE보다 작을 때까지 for문 실행
            if(data[i] < data[j]) {
            // data[i]가 data[j]보다 작은 경우
                temp = data[j];
                // temp에 data[j] 값 저장
                data[j] = data[i];
                // data[j]에 data[i] 값 저장
                data[i] = temp;
                // data[i]에 temp 값 저장
            }
        }
    }
    /* 배열 data 원소 출력 */
    for(i = 0; i < SIZE; i++) {
    // i는 0부터 SIZE보다 작을 때까지 for문 실행
        printf("%d ", data[i]); // data[i] 값 출력
    }
}
```

02 **정답** 스토리보드(Storyboard)

해설 **키워드** 최종적으로 참고하는 산출 문서, 전체적인 정보 → **용어** 스토리보드

03 **정답** • 기밀성(Confidentiality) : 인가된 사용자만 정보 자산에 접근할 수 있다.
• 무결성(Integrity) : 적절한 권한을 가진 사용자에 의해 인가된 방법으로만 정보를 변경할 수 있다.
• 가용성(Availability) : 정보 자산에 대해 적절한 시간에 접근 가능하다.

해설 **키워드** 인가된 사용자만, 접근 허용 → **용어** 기밀성
키워드 인가된 방법으로만, 정보 변경 → **용어** 무결성
키워드 적절한 시간, 접근 가능 → **용어** 가용성
TIP 소프트웨어 개발 보안 3요소는 "무기가"로 기억하세요.

04 **정답** 임의 접근 통제(DAC; Discretionary Access Control, 신분기반 정책)

해설 **키워드** 신원(신분)에 근거, 접근 제한(Access Control) → **용어** 임의 접근 통제
TIP 접근 제어는 "신임 보강 역할"로 기억하세요.

05 정답 **DES(Data Encryption Standard, 데이터 암호화 표준)**

해설 키워드 개인키 암호화 알고리즘, 56비트 키, 65비트 암호문 → 용어 DES

06 정답 **SELECT * FROM 수강생 WHERE 이름 LIKE '김%';**

해설 SELECT문 일반 형식 : SELECT 속성 FROM 테이블명 [WHERE 조건];
  • % : 모든 문자를 의미

07 정답 **13**

해설 입력 받은 자연수 N의 각 자리 수 합계

```
while(num != 0) {
// num이 0이 아닌 동안 while문 실행
    sum += num % 10;
    // sum에 sum + num % 10 값 저장
        → 각 자릿수의 합계 저장
    num /= 10;
    // num에 num / 10 값 저장
        → 백의 자리 → 십의 자리 → 일의 자리 저장
}
```

디버깅표

num	num != 0	sum
256	T	6
25	T	11
2	T	13
0	F	while문 종료

08 정답 **❶ 자료(Data) ❷ 기능적(Functional)**

해설 키워드 파라미터를 통해서만 상호 작용 → 용어 자료 결합도

키워드 내부의 모든 기능이 단일한 목적을 위해 수행 → 용어 기능적 응집도

09 정답 **range**

해설 구구단 출력

```
for n in range(1, 10):
# n은 1에서 9까지 for문 실행
    for m in range(2, 10):
    # m은 2에서 9까지 for문 실행
        print("%d x %d = %d" % (m, n, m*n), end='\t')
        # "m 값 x n 값 = m*n 값" 출력 후 탭(tab)
    print() # 개행
```

10 정답 **❶ 처리 능력(Throughput) ❷ 신뢰도(Reliability) ❸ 반환시간 또는 응답시간(Turn Around Time)**

해설 키워드 일정 시간, 처리 양 → 용어 처리 능력

키워드 정확하게 해결 → 용어 신뢰도

키워드 걸린 시간(Time) → 용어 반환시간 또는 응답시간

11 정답 **스머핑(Smurfing) 또는 Ping 홍수(Ping Flood)**

해설 키워드 IP, ICMP 특성 악용, 엄청난 양의 데이터를 한 사이트에 집중적으로 → 용어 스머핑 또는 Ping 홍수

12 정답 **전송 계층(Transport Layer)**
해설 키워드 종단 시스템(End-to-End), TCP, UDP → 용어 전송 계층

13 정답 **① 단위 테스트(Unit Test) ② 통합 테스트(Integration Test) ③ 시스템 테스트(System Test) ④ 인수 테스트(Acceptance Test)**
해설 V모델은 애플리케이션 테스트와 소프트웨어 개발 단계를 연결하여 표현한 것으로, 각 단계별로 적합한 테스트가 진행된다.

14 정답 **증분 백업(Incremental Backup)**
해설 키워드 변경되거나 증가(Incremental)된 데이터만을 백업 → 용어 증분 백업

15 정답 **REVOKE**
해설 키워드 권한 취소 → 용어 REVOKE

16 정답 **korea**
해설 코드 해설

```
test = {'a':'KOREA', 'b':2, 'a':'korea', 'b':2}
# 딕셔너리 선언 및 초기화
print(test['a'])
# key a의 value 값 출력
```

TIP 딕셔너리의 키(Key)는 변하지 않는 고유한 값이므로 중복을 허용하지 않습니다. 따라서 키(Key)가 중복 사용될 경우 마지막 한 개 값만 저장됩니다.

17 정답 **true**
　　　true
　　　false
　　　true
　　　false
해설 논리 연산자

```
System.out.println(true && true);
// && : AND 연산자
→ A && B : A와 B가 모두 true인 경우에만 true
System.out.println(true || false);
// || : OR 연산자
→ A || B : A와 B 둘 중 하나라도 true인 경우 true
System.out.println(!true);
// ! : NOT 연산자 → !A : A의 부정
System.out.println((3 < 5) && (2 > 1));
// true && true = true
System.out.println((1 > 6) || (5 == 4));
// false || false = false
```

18 정답 **chmod**
해설 키워드 파일의 권한 모드(mode) 설정(change), 접근 제한 → 용어 chmod

19 정답 **① 커널(Kernel) ② 쉘(Shell)**
해설 키워드 핵심 → 용어 커널
　　　키워드 명령 해석기 → 용어 쉘

20 정답 **TearDrop 공격**
해설 키워드 패킷 재조립 시 과부하 → 용어 TearDrop 공격

01 웹 서비스(Web Service)는 네트워크상에서 서로 다른 종류의 컴퓨터들 간에 상호작용을 하기 위한 소프트웨어 시스템이다. 웹 서비스는 서비스 지향적 분산 컴퓨팅 기술의 일종이다. 웹 서비스의 주요 구성 요소 3가지를 영문 약어로 쓰시오. [5점]

....

....

02 UML 다이어그램을 구조 다이어그램과 행위 다이어그램으로 분류하였을 때, 각 분류에 맞게 구분하시오 [5점]

㉠ Activity Diagram	㉡ State Diagram
㉢ Component Diagram	㉣ Sequence Diagram
㉤ Class Diagram	㉥ Object Diagram

① 구조 다이어그램 ....

② 행위 다이어그램 ....

03 다음의 설명과 가장 부합하는 용어를 쓰시오. [5점]

- OSI 기본 참조 모델의 각 계층에서 프로토콜이 달라 호환성이 없는 복수의 통신망을 상호 접속하여 프로토콜의 변환을 행하는 장비이다.
- 프로토콜이 다른 복수의 통신망 간에 프로토콜을 변환하여 정보를 주고받는 기능을 하는 네트워크 장비이다.

....

04 데이터베이스를 잘못 설계하면 불필요한 데이터 중복으로 인한 공간낭비를 넘어 부작용을 초래할 수 있다. 이러한 부작용을 이상(Anomaly)이라고 한다. 데이터베이스 이상 현상의 종류 3가지를 쓰시오. [5점]

05 다음 Python언어로 구현된 프로그램을 분석하여 그 실행 결과를 쓰시오. [5점]

```python
num = [15, 2, 9, 11, 20]
sum = 0
for i in range(len(num)):
    sum = sum + num[i]
print(sum)
```

06 FIFO 방식으로 스케줄링 할 경우, 입력된 작업이 다음과 같을 때, 평균 반환 시간을 계산하시오. (단, 소수점 이하는 반올림 처리한다.) [5점]

작업	도착 시간	실행 시간
JOB 1	0	9
JOB 2	1	3
JOB 3	2	3

07 다음 C언어로 구현한 최솟값, 최댓값을 구하는 프로그램과 〈출력〉을 분석하여 ①, ② 안에 들어갈 가장 답을 쓰시오. [5점]

```
#include <stdio.h>
#define SIZE 5
int main() {
    int arr[SIZE] = {3, 6, 2, 8, 1};
    int max, min, i;
    max = arr[0];
    min = arr[0];
    for (i = 0; i < SIZE; i++) {
        if (( ① )) {
            max = arr[i];
        }
        if (( ② )) {
            min = arr[i];
        }
    }
    printf("%d %d", max, min);
    return 0;
}
```

〈출력〉

```
8 1
```

① ....

② ....

08 다음 설명의 ( ) 안에 공통적으로 들어갈 가장 적합한 용어를 쓰시오. [5점]

(   )은(는) 개발하는 소프트웨어가 복잡해짐으로 인해 보안상 취약점이 발생할 수 있는 부분을 보완하여 프로그래밍하는 것이다. (   )에는 안전한 소프트웨어를 개발하기 위해 지켜야 할 코딩 규칙과 소스 코드 취약 목록이 포함된다. 미국은 2002년 연방 정보보안 관리법(FISMA)을 제정해 (   )을(를) 의무화했고, 마이크로소프트는 윈도 비스타(Windows Vista)를 개발할 때 (   )을(를) 도입했다. 우리나라에서는 2012년 12월부터 '소프트웨어 개발 보안' 제도를 시행하여 (   )을(를) 의무화하였다.

....

09 DCL의 종류 중 ( ) 명령어는 데이터베이스 내의 연산이 성공적으로 종료되어 연산에 의한 수정 내용을 지속적으로 유지하기 위한 명령어를 말한다. ( ) 안에 들어갈 가장 적합한 SQL를 쓰시오. [5점]

```
UPDATE 학생 SET 연락처 = ' 070-1234-5678 '
WHERE 성명 = ' 기사퍼스트 ';
(        );
```

10 아래 설명에서 ①, ②에 들어갈 가장 적합한 용어를 쓰시오. [5점]

애플리케이션 테스트는 애플리케이션에 잠재되어 있는 결함을 찾아내는 일련의 행위 또는 절차로, 소프트웨어 내부 구조의 참조 여부에 따라 다음과 같이 구분한다.
- (①) 테스트는 프로그램의 내부 로직을 보면서 테스트를 수행하는 방식으로 프로그램의 제어 구조에 따라 선택, 반복 등의 부분들을 수행함으로써 논리적 경로를 제어한다.
- (②) 테스트는 프로그램 내부 구조의 자세한 지식 없이 사용자 요구 명세서를 보면서 테스트하고 주로 구현된 기능을 테스트하므로 성능, 부정확한 기능, 인터페이스 오류를 발견할 수 있으나 논리 구조상의 오류는 발견이 어렵다.

① ....

② ....

11 다음 설명의 ( ) 안에 공통적으로 들어갈 가장 적합한 용어를 쓰시오. [5점]

라우팅 알고리즘은 데이터는 송신 측으로부터 수신 측까지 데이터를 전달하는 과정에서 다양한 물리적인 장치들을 거쳐 갈 때 목적지까지의 최적 경로를 산출하기 위한 알고리즘이다. 경로 선택 정보 프로토콜의 난점을 해결하여 발생한 변경 정보에 대해 빠른 업데이트를 하는 ( )은(는) 라우팅 정보에 변화가 생길 경우, 변화된 정보만 네트워크 내의 모든 라우터에게 알리는 링크 상태 알고리즘을 사용한다. ( )은(는) 인터넷 망에서 이용자가 최단 경로를 선정할 수 있도록 라우팅 정보에 노드 간의 거리 정보, 링크 상태 정보를 실시간으로 반영하여 최단 경로로 라우팅을 지원하는 프로토콜로, 경로 수에 제한이 없으므로 대규모 네트워크에 사용된다.

12 다음의 설명과 가장 부합하는 용어를 쓰시오. [5점]

> 특정 시스템 컴포넌트의 개발이 완료되지 않은 상황에서도 필요한 시험을 진행하기 위해 생성된 더미 컴포넌트(dummy component)이다. 하향식 통합 테스트에서 메인 제어 모듈은 작성된 프로그램을 사용하고, 아직 작성되지 않은 하위 제어 모듈 및 모든 하위 컴포넌트를 대신하여 사용되고, 테스트가 완료되면 실제 모듈 또는 컴포넌트로 대체된다.

13 다음 설명의 ( ) 안에 공통적으로 들어갈 가장 적합한 용어를 쓰시오. [5점]

> UML의 구성 요소 중 관계는 사물과 사물 사이의 연관성을 표현하는 것이다. 그 중 ( ) 관계는 한 클래스가 다른 클래스를 포함하는 상위 개념일 때 두 클래스 사이에는 ( ) 관계가 존재한다. 예를 들어 가전 제품에는 세탁기, TV, 냉장고가 있을 경우 아래와 같이 ( ) 관계가 나타난다.
>
>

14 다음 설명과 가장 부합하는 용어를 쓰시오. [5점]

> - 최종 사용자가 다차원 정보에 직접 접근하여 대화식으로 정보를 분석하고 의사결정에 활용하는 과정에서 등장하였다.
> - 의사결정 지원 시스템 가운데 대표적인 예로, 사용자가 동일한 데이터를 여러 기준을 이용하는 다양한 방식으로 바라보면서 다차원 데이터 분석을 할 수 있도록 도와준다.

15 다음 C언어로 구현된 프로그램을 분석하여 그 실행 결과를 쓰시오. [5점]

```c
#include <stdio.h>
int main() {
    int a = 3;
    int b = 5;
    int max;
    (a > b) ? (max = a) : (max = b);
    printf("%d\n", max);
    a = 7;
    max = (a > b) ? a : b;
    printf("%d", max);
}
```

16 응집도는 모듈이 독립적인 기능으로 잘 정의되어 있는 정도를 의미한다. 독립적인 모듈이 되기 위해서는 응집도가 강해야하며, 독립성이 높을수록 모듈을 수정하더라도 다른 모듈에 거의 영향을 미치지 않는다. 다음에 제시된 응집도 유형을 높은 품질의 유형부터 순서대로 나열하시오. [5점]

기능적,   우연적,   논리적,   순차적,   시간적

→   →   →   →

17 다음의 설명과 가장 부합하는 용어를 쓰시오. [5점]

로그인할 때마다 그 세션에서만 사용할 수 있는 일회성 패스워드를 생성하는 보안 시스템이다. 동일한 패스워드가 반복해서 재사용됨으로써 발생할 수 있는 패스워드 도난 문제를 예방하는 것이 목적이다. 일반 패스워드와는 달리 단방향 암호 기반의 해시라는 패스워드를 사용하며, 그 세션이 끝나면 폐기되기 때문에 재사용이 불가능해 안전하다.

18 다음 JAVA언어로 구현된 프로그램을 분석하여 그 실행 결과를 쓰시오. [5점]

```java
class Hello {
    public void call() {
        print();
    }
    public void print() {
        print();
        System.out.print("hello");
    }
}
class World extends Hello {
    public void call() {
        super.print();
    }
    public void print() {
        System.out.println("world");
    }
}
public class Gisafirst {
    public static void main(String[] args) {
        Hello object = new World();
        object.call();
    }
}
```

19 다음 Python언어로 구현된 프로그램을 분석하여 그 실행 결과를 쓰시오. [5점]

```python
class Rectangle:
    count = 0

    def __init__(self, width, height):
        self.width = width
        self.height = height
        Rectangle.count += 1

    def calcArea(self):
        area = self.width * self.height
        return area

    def isSquare(rectWidth, rectHeight):
        return rectWidth == rectHeight

    def printCount(cls):
        print(cls.count)

square = Rectangle.isSquare(5, 5)
print(square)

rect1 = Rectangle(5, 5)
rect2 = Rectangle(2, 5)
rect1.printCount()
```

20 다음 설명의 ( ) 안에 공통적으로 들어갈 가장 적합한 용어를 쓰시오. [5점]

( )은(는) 데이터베이스가 미리 정해 놓은 조건을 만족하거나 어떤 동작이 수행되면 자동적으로 수행되는 동작을 의미한다. 데이터 무결성 유지 및 로그 메시지 출력 등의 별도 처리를 위해 ( )을(를) 사용하기도 한다. 즉, ( )(이)란 테이블에 미리 지정한 어떤 이벤트가 발생할 때 활동하도록 한 객체로서 생성 후에는 EXECUTE 명령어를 실행시키지 않고도 자동 실행되기 때문에 매우 편리하다.

실전 모의고사
2회 정답 및 해설

* 답안의 한글과 영문(영문 약어) 중 하나만 작성하면 됩니다.

01 정답 **SOAP, UDDI, WSDL**

해설 **TIP** 웹 서비스 구성 요소와 각각의 정의를 기억하세요.

02 정답 **❶ ©, ⑩, ⑭ ❷ ㉠, ⓛ, ㉣**

해설 • 구조 다이어그램(Structural UML Diagrams)
 − 클래스 다이어그램(Class diagram)
 − 객체 다이어그램(Object diagram)
 − 패키지 다이어그램(Package diagram)
 − 컴포넌트 다이어그램(Component diagram)
 − 복합 구조 다이어그램(Composite structure diagram)
 − 배치 다이어그램(Deployment diagram)
 − 프로필 다이어그램(Profile diagram)
• 행위 다이어그램(Behavioral UML Diagrams)
 − 유스케이스 다이어그램(Usecase diagram)
 − 활동 다이어그램(Activity diagram)
 − 상태 다이어그램(State diagram)
 − 시퀀스 다이어그램(Sequence diagram)
 − 커뮤니케이션 다이어그램(Communication diagram)
 − 타이밍 다이어그램(Timing diagram)
 − 상호작용 개요 다이어그램(Interaction overview diagram)

03 정답 **게이트웨이(Gateway)**

해설 키워드 프로토콜이 다른, 변환, 상호 접속 → 용어 게이트웨이

04 정답 **삽입 이상(Insertion Anomaly), 삭제 이상(Deletion Anomaly), 갱신 이상(Update Anomaly)**

해설 **TIP** 이상 현상은 "삽살개(삽삭갱)"으로 기억하세요.

05 정답 **57**

해설 리스트 원소 합계

```
num = [15, 2, 9, 11, 20] # 리스트 선언 및 초기화
sum = 0 # 변수 선언 및 초기화
for i in range(len(num)):
# i는 0부터 len(num)-1까지 for문 실행
→ len(num) : 배열 len의 크기(길이) = 5
    sum = sum + num[i]
    # sum에 sum + num[i] 값 저장
print(sum) # sum 값 출력
```

06 정답 **11**

해설 FIFO(First-In First-Out) : 준비상태에서 도착한 순서에 따라 CPU를 할당하는 기법
• 평균 반환시간 = 평균 실행시간 + 평균 대기시간 = 5 + 6 = 11
 − 평균 실행시간 : (9+3+3) / 3 = 5
 − 평균 대기시간 : (0+8+10) / 3 = 6

07 정답 **❶ arr[i] 〉 max ❷ arr[i] 〈 min**

해설 최댓값, 최솟값 구하기

```
#define SIZE 5 // 상수 SIZE 선언 및 초기화
int main() {
    int arr[SIZE] = {3, 6, 2, 8, 1};
    // 크기가 5인 배열 arr 선언 및 초기화
    int max, min, i; // 변수 선언
    max = arr[0]; // max에 arr[0] 값 저장
    min = arr[0]; // min에 arr[0] 값 저장
    for (i = 0; i < SIZE; i++) {
    // i는 0부터 SIZE보다 작을 때까지 for문 실행
        if (arr[i] > max) {
        // arr[i]가 max보다 큰 경우
            max = arr[i];
            // max에 arr[i] 값 저장 → 최댓값 저장
        }
        if (arr[i] < min) {
        // arr[i]가 min보다 작은 경우
            min = arr[i];
            // min에 arr[i] 값 저장 → 최솟값 저장
        }
    }
    printf("%d %d", max, min); // max, min 값 출력
    return 0; // 프로그램 종료
}
```

08 정답 **시큐어 코딩(Secure Coding)**
해설 키워드 보안상(Secure) 취약점이 발생할 수 있는 부분을 보완하여 프로그래밍 → 용어 시큐어 코딩

09 정답 **COMMIT**
해설 키워드 성공적으로 종료, 지속적으로 유지 → 용어 COMMIT

10 정답 **① 화이트박스(White Box) ② 블랙박스(Black Box)**
해설 키워드 내부 로직을 보면서 → 용어 화이트박스
키워드 구현된 기능 테스트 → 용어 블랙박스

11 정답 **OSPF(Open Shortest Path First, 최단 경로 우선 프로토콜)**
해설 키워드 링크 상태 알고리즘, 정보를 실시간 반영 → 용어 OSPF

12 정답 **스텁(Stub) 또는 테스트 스텁(Test Stub)**
해설 키워드 하향식 통합 테스트, 아직 작성되지 않은 모듈을 대신하여 사용 → 용어 스텁 또는 테스트 스텁

13 정답 **일반화 또는 상속(Generalization)**
해설 키워드 상위 개념 → 용어 일반화 또는 상속

14 정답 **OLAP(Online Analytical Processing, 올랩)**
해설 키워드 다차원 데이터 분석 → 용어 OLAP

15 정답 **5**
7
해설 조건 ? 수식1 : 수식2
: 조건이 True이면 수식1, False이면 수식2 실행

```
int a = 3; // 변수 선언 및 초기화
int b = 5; // 변수 선언 및 초기화
int max; // 변수 선언
(a > b) ? (max = a) : (max = b);
// a가 b보다 크면 max에 a 값 저장, 그렇지 않으면 max에 b 값 저장
printf("%d\n", max); // max 값 출력 및 개행
a = 7; // a에 7 저장
max = (a > b) ? a : b;
// a가 b보다 크면 max에 a 값 저장, 그렇지 않으면 max에 b 값 저장
printf("%d", max); // max 값 출력
```

16 정답 **기능적 → 순차적 → 시간적 → 논리적 → 우연적**

해설 응집도 종류 : 기능적 > 순차적 > 교환적 > 절차적 > 시간적 > 논리적 > 우연적

17 정답 **OTP(One-Time Password, 일회용 패스워드)**

해설 키워드 일회성(One-Time), 패스워드(Password) 생성 → 용어 OTP

18 정답 **world**
　　hello

해설 상속, 오버라이딩

```
    class Hello {
        public void call() {
            print();
        }
⑤      public void print() {
⑥          print();
            // 하위 클래스의 메소드 print 호출
            - 하위 클래스의 오버라이딩 메소드는 상위 클래스 메소드보다 우선순위가 높다.
⑨          System.out.print("hello"); // "hello" 출력
        }
    }
    class World extends Hello {
③      public void call() {
④          super.print();
            // 상위 클래스의 메소드 print 호출
        }
⑦      public void print() {
⑧          System.out.println("world"); // "world" 출력 및 개행
        }
    }
    public class Gisafirst {
        public static void main(String[] args) {
①          Hello object = new World();
            // 클래스 World의 객체 object 생성
            - 오버라이딩하기 위해 하위 클래스로 객체 변수를 생성하고 데이터 타입은 상위 클래스로 지정한다.
②          object.call();
            // 객체 object의 메소드 call 호출
            → 클래스 World의 메소드 call 호출
        }
    }
```

19 정답 True
2

해설 코드 해설

```
    class Rectangle: # 클래스 Rectangle 생성
        count = 0 # 변수 선언 및 초기화

⑦¦⑫    def __init__(self, width, height): # 클래스 Rectangle의 생성자 선언(매개변수 : width, height)
⑧¦⑬        self.width = width # 클래스 Rectangle의 속성 width에 매개변수로 전달받은 값 width 저장
⑨¦⑭        self.height = height # 클래스 Rectangle의 속성 height에 매개변수로 전달받은 값 height 저장
⑩¦⑮        Rectangle.count += 1 # count 값 1 증가
                ⋮
②      def isSquare(rectWidth, rectHeight): # 메소드 isSquare 선언
③          return rectWidth == rectHeight
            # rectWidth == rectHeight 결과 반환
            → 두 매개변수가 같으므로 결과는 True

⑰      def printCount(cls): # 메소드 printCount 선언
⑱          print(cls.count) # count 값 출력

①¦④ square = Rectangle.isSquare(5, 5) # 메소드 isSquare의 객체 square 생성(전달 인자 : 5, 5) 및 반환 값 저장
⑤  print(square) # square 값 출력

⑥  rect1 = Rectangle(5, 5) # 클래스 Rectangle의 객체 rect1 생성(전달 인자 : 5, 5)
⑪  rect2 = Rectangle(2, 5) # 클래스 Rectangle의 객체 rect2 생성(전달 인자 : 2, 5)
⑯  rect1.printCount() # 객체 rect1의 메소드 printCount 실행
```

TIP cls는 클래스 자기 자신을 참조하는 매개변수입니다. ⑱번의 cls.count는 자기 자신의 클래스에 포함된 변수 count를 의미합니다.

20 정답 트리거(Trigger)
해설 키워드 자동 수행, 이벤트 발생 → 용어 트리거

01 다음은 데이터베이스 키(Key)에 대한 설명이다. ①, ②에 들어갈 가장 적합한 용어를 쓰시오. [5점]

> 한 릴레이션 내에 있는 속성들의 집합으로 구성된 키는 슈퍼키(Super Key) 이다. 한 릴레이션 내에 있는 속성들 중에서 튜플을 유일하게 식별하기 위해 사용되는 속성들의 부분집합을 후보키(Candidate Key) 라고 한다. 그 중에 특별히 선정한 키를 (①) 또는 주 키(Major Key)라고도 한다. 후보키 중에서 선정된 (①)을(를) 제외한 나머지 후보키를 (②)(이)라고 한다. 그리고 여러 릴레이션의 내용을 참조하여 결과를 낼 때는 같은 의미를 가지는 컬럼 값의 연결을 통하게 되는데, 이 때 참조하는 테이블에서의 컬럼을 외래키(Foreign Key)라 한다.

①

②

02 다음의 설명과 가장 부합하는 용어를 쓰시오. [5점]

> 악성 코드 중에서 마치 유용한 프로그램인 것처럼 위장하여 사용자들로 하여금 거부감 없이 설치를 유도하는 프로그램

03 다음의 설명과 가장 부합하는 용어를 쓰시오. [5점]

> • 특수한 목적을 가진 하나의 표적에 대해 다양한 기술을 이용해 지속적으로 정보를 수집하고 취약점을 파악하여 이를 바탕으로 피해를 주는 공격 기법이다.
> • 공격 방법은 내부자에게 악성코드가 포함된 이메일을 오랜 기간 꾸준히 발송해 한 번이라도 클릭되길 기다리는 형태나, 스턱스넷(Stuxnet)과 같이 악성코드가 담긴 이동식디스크(USB) 등으로 전파하는 형태, 악성코드에 감염된 P2P 사이트에 접속하면 악성코드에 감염되는 형태 등이다.
> • 효과적으로 방어하기 위해서는 기업 내 모든 파일에 대한 가시성을 확보하고, 파일을 실시간으로 행위 분석을 해야 한다.

04 다음은 작업 내역을 원격 저장소에 반영하기 위한 Git 명령어에 대한 설명이다. ①~③에 들어갈 가장 적합한 명령어를 쓰시오. [5점]

> - (①) : 작업 내역을 로컬 저장소에 저장하기 위해 스테이징 영역에 저장
> - (②) : 작업 내역을 로컬 저장소에 저장
> - (③) : 로컬 저장소의 변경 내역을 원격 저장소에 반영

①

②

③

05 배치 프로그램은 사용자와의 상호 작용 없이 일련의 작업들을 작업 단위로 묶어 정기적으로 반복 수행하거나 정해진 규칙에 따라 일괄처리 하는 것을 말한다. 배치 프로그램의 필수 요소 다섯 가지를 쓰시오. [5점]

06 라운드로빈(Round-Robin) 방식으로 스케줄링할 경우, 입력된 작업이 다음과 같고 각 작업의 CPU 할당 시간이 5시간일 때, CPU의 사용 순서를 쓰시오. [5점]

작업	입력 시간	작업 수행 시간
A	10:00	10시간
B	10:30	5시간
C	12:00	15시간

→   →   →   →

07 다음의 설명과 가장 부합하는 용어를 쓰시오. [5점]

웹 브라우저에 홈페이지 내용을 표현하기 위해 사용하는 스크립트를 악용할 수 있는 취약점이나 해킹 기법을 의미하며, 홈페이지 게시판, 전자메일 등에 악의적인 목적의 스크립트를 숨겨놓고 사용자가 해당 게시물 또는 메일을 클릭하였을 때 악성 스크립트가 실행되어 로그인 정보나 개인정보, 내부 자료 등을 탈취한다.

08 다음 Java언어로 구현된 프로그램을 분석하여 그 실행 결과를 쓰시오. [5점]

```
public class Gisafirst {
    public static void main(String args[]) {
        int a = 10;
        System.out.println(a++);
        System.out.println(a);
        System.out.println(++a);
    }
}
```

09 아래 설명에서 ①, ②에 들어갈 가장 적합한 용어를 쓰시오. [5점]

- IPv6은 현재 사용하고 있는 IP 주소 체계인 IPv4의 주소 부족 문제를 해결하기 위해 개발된 IP 주소 체계의 차세대 버전이다. IPv6은 총 (①)비트로 구성되어 있고, 각 부분은 16진수로 표현하며 콜론(:)으로 구분한다. IPv6는 기존 IPv4에서 다소 미흡했던 (②) 서비스가 제공된다.
- (②)은(는) 서비스의 질을 의미하는 것으로, 네트워크에서 일정 기준 이하의 지연 시간이나 데이터 손실률 등을 보증하기 위한 서비스 규격이다. 전송 우선순위에 따라 네트워크 트래픽을 분류하고 우선순위가 높은 트래픽을 먼저 전송하게 된다. 화상 회의, 영상 전화, 동영상 전송 등의 실시간 프로그램은 (②)을(를) 사용함으로써 네트워크 대역폭을 가장 효율적으로 사용할 수 있게 된다.

① ....

② ....

10 서비스 거부 공격의 한 유형인 스니핑(Sniffing)에 대해 간략히 서술하시오. [5점]

....

....

....

11 다음 C언어로 구현된 프로그램을 분석하여 그 실행 결과를 쓰시오. [5점]

```c
#include <stdio.h>
int main(void) {
    int a[8] = {0};
    int i = 0;
    int n = 11;
    while(n > 0) {
        a[i++] = n % 2;
        n /= 2;
    }
    for(i = 7; i >= 0; i--) {
        printf("%d", a[i]);
    }
}
```

....

12 다음 C언어로 구현된 프로그램을 분석하여 그 실행 결과를 쓰시오. [5점]

```c
#include <stdio.h>
void f1(int a, int b) {
    int c;
    c = a;
    a = b;
    b = c;
}
void f2(int *a, int *b) {
    int c;
    c = *a;
    *a = *b;
    *b = c;
}
int main() {
    int n = 3, m = 5;
    f1(n, m);
    printf("%d %d\n", n, m);
```

```
    f2(&n, &m);
    printf("%d %d", n, m);
}
```

13 다음 설명의 ( ) 안에 공통적으로 들어갈 가장 적합한 용어를 쓰시오. [5점]

- ( )은(는) 주로 상하 관계나 동종 관계로 구분할 수 있는 프로그램들 사이에서 매개 역할을 하거나 프레임워크 역할을 하는 일련의 중간 계층 프로그램이다.
- 일반적으로 응용 프로그램과 운영 체계의 중간 계층에 위치한다.
- 시스템 소프트웨어와 응용 소프트웨어의 중간에서 특정 응용에 최적화된 공통 프레임워크를 제공하며, 클라이언트/서버의 중간 계층 ( )은(는) 응용 프로그램과 데이터베이스, 웹 서버 간 연결을 최적화시켜 주는 역할을 한다.

14 다음 Python언어로 구현된 프로그램을 분석하여 그 실행 결과를 쓰시오. [5점]

```python
array = [10, 9, 8, 7, 6]
a = 0
b = 0
for i in array:
    if(i % 2 == 0):
        a += i
    else:
        b += i
print (a, b)
```

15 다음의 설명과 가장 부합하는 용어를 쓰시오. [5점]

- TCP/IP프로토콜 전송계층 통신 프로토콜 중의 하나로서 비연결성이며 순서제어가 없다.
- 신뢰성보다도 고속성이 요구되는 멀티미디어 응용 등에서 사용된다.

16 다음 설명의 ( ) 안에 공통적으로 들어갈 가장 적합한 용어를 쓰시오. [5점]

> ( )은(는) 시스템 보안이 제거된 비밀 통로로, 서비스 기술자나 유지 보수 프로그램 작성자의 접근 편의
> 를 위해 시스템 설계자가 고의로 만들어 놓은 시스템의 보안 구멍을 뜻한다. 최종 단계에서 삭제되어야
> 하는 ( )이(가) 남아 있으면 컴퓨터 범죄에 악용되기도 한다.

17 사용자 인터페이스는 사용자와 컴퓨터 상호 간의 소통을 원활히 하게 도와주는 연계 작업
을 말한다. 사용자 인터페이스의 설계 원칙 중 사용자의 요구사항을 최대한 수용하며, 오
류를 최소화해야 하는 것을 의미하는 원칙은 무엇인지 쓰시오. [5점]

18 다음 Java언어로 구현된 프로그램을 분석하여 그 실행 결과를 쓰시오. [5점]

```java
public class Gisafirst {
    public static void main(String[] args) {
        int[] data = {51, 23, 6, 17, 11};
        int target = 13;
        int near = 0;
        int abs = 0;
        int min = 999;
        for(int i = 0; i < data.length; i++) {
            abs = ((data[i] - target) < 0) ? -(data[i] - target) : (data[i] -
target);
            if(abs < min) {
                min = abs;
                near = data[i];
            }
        }
        System.out.println(near);
    }
}
```

[19~20] 다음 [학생] 테이블을 참고하여 각 물음에 답하시오.

[학생]

이름	성별	나이	주소	수강과목
김도영	여	29	서울	정보
차준현	남	21	서울	사무
이상권	남	22	부산	정보

19 [학생] 테이블에서 나이가 20 이상 25 이하인 모든 튜플을 검색하는 SQL문을 작성하시오. (단, 나이 속성은 숫자형이다.) [5점]

20 [학생] 테이블에서 이름이 '이상권'인 튜플의 주소를 '서울'로 변경하는 SQL문을 작성하시오. (단, 이름, 주소 속성은 문자형이다.) [5점]

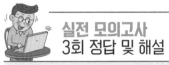

실전 모의고사
3회 정답 및 해설

* 답안의 한글과 영문(영문 약어) 중 하나만 작성하면 됩니다.

01 정답 ❶ 기본키(Primary Key) ❷ 대체키(Alternate Key)
해설 키워드 후보키 중 특별히 선정한 키 → 용어 기본키
키워드 선정된 키를 제외한 나머지 후보키 → 용어 대체키

02 정답 트로이 목마(Trojan Horse)
해설 키워드 위장하여 설치 유도 → 용어 트로이목마

03 정답 APT(Advanced Persistent Threat, 지능형 지속 공격)
해설 키워드 지속적(Persistent)으로 취약점 파악, 공격(Threat) → 용어 APT

04 정답 ❶ add ❷ commit ❸ push
해설 키워드 스테이징 영역에 저장 → 용어 add
키워드 로컬 저장소에 저장 → 용어 commit
키워드 원격 저장소에 반영 → 용어 push

05 정답 견고함, 안전성, 성능, 대용량 데이터, 자동화
해설 TIP 배치 프로그램 필수 요소는 "건성은 안 되지(견성은 안 대자)"로 기억하세요.

06 정답 A → B → C → A → C → C
해설 라운드 로빈(Round Robin, RR) : FIFO 방식 선점형 기법
· 실행 순서

0	5	10	15	20	25	30

A	B	C	A	C	C
5	5	5	5	5	5

07 정답 XSS(Cross Site Scripting, 크로스 사이트 스크립팅)
해설 키워드 웹 브라우저, 스크립트(Script) 악용 → 용어 XSS

08 정답 10
11
12
해설 증감 연산자

```
int a = 10; // 변수 선언 및 초기화
System.out.println(a++);
// a 출력 후 a 값 1 증가 [출력 : 10, a = 11]
System.out.println(a);
// a 출력 [출력 : 11]
System.out.println(++a);
// a 값 1 증가 후 a 출력 [출력 : 12, a = 12]
```

09 정답 ❶ 128 ❷ QoS(Quality of Service, 서비스 품질)
해설 · IPv6는 128비트를 16비트씩 8개의 필드로 나누어 콜론(:)으로 구분한다.
· 키워드 서비스(Service)의 질(Quality) → 용어 QoS

10 정답 네트워크의 중간에서 남의 패킷 정보를 도청하는 해킹 유형이다.
해설 키워드 네트워크, 도청 → 용어 스니핑(Sniffing)

11 정답 00001011
해설 2진수 변환

```
int a[8] = {0}; // 배열 a 선언 및 초기화
                → a[0]~a[7] 값 = 0
int i = 0; // 변수 선언 및 초기화
int n = 11; // 변수 선언 및 초기화
while(n > 0) { // n이 0보다 큰 동안 while문 실행
    a[i++] = n % 2; // a[i++]에 n % 2 값 저장
    n /= 2; // n에 n / 2 값 저장
}
for(i = 7; i >= 0; i--) {
// i는 7부터 0보다 크거나 같을 때까지 1씩 감소하며 for문 실행
    printf("%d", a[i]); // a[i] 값 출력
} // 배열 a 역순 출력
```

디버깅표

n	n > 0	a[i++]	i	배열 a
11	T	a[0]=11%2=1	1	10000000
5	T	a[1]=5%2=1	2	11000000
2	T	a[2]=2%2=0	3	11000000
1	T	a[3]=1%2=1	4	11010000
0	F	while문 종료		

12 (정답) 3 5
5 3

(해설) 코드 해설

```
④ void f1(int a, int b) {
   // 함수 f1 선언(매개변수 : a, b)
⑤     int c; // 변수 선언
⑥     c = a; // c에 a 값 저장
⑦     a = b; // a에 b 값 저장
⑧     b = c; // b에 c 값 저장
   }
⑪ void f2(int *a, int *b) {
   // 함수 f2 선언(매개변수 : 포인터 변수 a, 포인터 변수 b)
⑫     int c; // 변수 선언
⑬     c = *a; // c에 포인터 변수 a가 가리키고 있는 메모리 주소의 값 저장
⑭     *a = *b; // 포인터 변수 a에 포인터 변수 b가 가리키고 있는 메모리 주소의 값 저장
⑮     *b = c; // 포인터 변수 b에 c 값 저장
   }
① int main() { // 메인 함수 실행
②     int n = 3, m = 5; // 변수 선언 및 초기화
③     f1(n, m); // 함수 f1 호출(전달인자 : 3, 5)
⑨     printf("%d %d\n", n, m); // n, m 값 출력 및 개행
⑩     f2(&n, &m); // 함수 f2 호출(전달인자 : n, m의 메모리 주소)
⑯     printf("%d %d", n, m); // n, m 값 출력 및 개행
   }
```

TIP 함수 f1을 실행하면 변수 n, m의 값만 매개변수로 전달되고 함수가 종료되면 그 값도 소멸됩니다. 그러므로 ⑨번에서 값이 교환되어 출력되지 않습니다. 포인터를 사용하면 메모리 주소가 전달되어 메모리에 저장된 값을 참조할 수 있으므로 함수 f2 실행 결과가 변수 n, m의 메모리 주소의 값으로 저장됩니다. 그러므로 ⑯번에서 값이 교환되어 출력됩니다.

13 정답 **미들웨어(Middleware)**

해설 키워드 중간(Midlle), 소프트웨어(Software) → 용어 미들웨어

14 정답 **24 16**

해설 코드 해설

```
array = [10, 9, 8, 7, 6] // 리스트 선언 및 초기화
a = 0 // 변수 선언 및 초기화
b = 0 // 변수 선언 및 초기화
for i in array:
// i에 array[0]~array[5] 값을 대입하여 for문 실행
    if(i % 2 == 0):
    // i를 2로 나눈 나머지가 0인 경우 → 짝수
        a += i // a에 a + i 값 저장
    else:
    // i를 2로 나눈 나머지가 0이 아닌 경우 → 홀수
        b += i // b에 b + i 값 저장
print(a, b) // a, b 값 출력
```

15 정답 **UDP(User Datagram Protocol, 사용자 데이터그램 프로토콜)**

해설 키워드 전송 계층 프로토콜, 비연결성, 고속성 → 용어 UDP

16 정답 **트랩도어(TrapDoor) 또는 백도어(BackDoor)**

해설 키워드 보안이 제거된 비밀 통로, 보안 구멍 → 용어 트랩도어 또는 백도어

17 정답 **유연성**

해설 키워드 오류를 최소화 → 용어 유연성

18 정답 **11**

해설 배열 원소 중 target 값과 가장 가까운 수 찾기
· 조건 ? 수식1 : 수식2
: 조건이 True이면 수식1, False이면 수식2 실행

```
for(int i = 0; i < data.length; i++) {
// i는 0부터 data.length보다 작을 때까지 for문 실행
→ data.length : 배열 data의 크기(길이) = 5
abs = ((data[i] - target) < 0) ? -(data[i] - target) : (data[i] - target);
// abs에 (data[i] - target) 값이 0보다 작으면 -(data[i] - target) 값 저장,
   그렇지 않으면 (data[i] - target) 값 저장
    if(abs < min) {
    // abs가 min보다 작은 경우
        min = abs;
        // min에 abs 값 저장 → 최솟값 저장
        near = data[i];
        // near에 data[i] 값 저장 → target과 가장 가까운 수 저장
```

디버깅표

i	data[i]	data[i] − target < 0	abs	abs < min	min	near
0	data[0] = 51	51 − 13 < 0 → F	38	38 < 999 → T	38	51
1	data[1] = 23	23 − 13 < 0 → F	10	10 < 38 → T	10	23
2	data[2] = 6	6 − 13 < 0 → T	7	7 < 10 → T	7	6
3	data[3] = 17	17 − 13 < 0 → F	4	4 < 7 → T	4	17
4	data[4] = 11	11 − 13 < 0 → T	2	1 < 7 → T	2	11
5	for문 종료					

19 정답 SELECT * FROM 학생 WHERE 나이 BETWEEN 20 AND 25;

해설 SELECT문 일반 형식 : SELECT 속성 FROM 테이블명 [WEHRE 조건];
  • BETWEEN A AND B : A와 B 사이의 값
  TIP 데이터타입이 숫자일 경우 속성에 작은 따옴표(' ')를 표시히지 않습니다.

20 정답 UPDATE 학생 SET 주소='서울' WHERE 이름='이상권';

해설 UPDATE문 일반 형식 : UPDATE 테이블명 SET 속성명 = 데이터 [WEHRE 조건];
  TIP 데이터타입이 문자일 경우 속성에 작은 따옴표(' ')를 표시합니다.

[01챕터 : 요구사항 확인]

01 폭포수 모델(Waterfall Model)에 대해 간략히 서술하시오.

키워드 순차적으로 한 단계,
한 단계

....

....

....

02 애자일 모델(Agile Model)에 대해 간략히 서술하시오.

키워드 변경에 유연, 기민하게
대응

....

....

....

03 CASE(Computer Aided Software Engineering)에 대해 간략히 서술하시오.

키워드 소프트웨어 개발 과정, 자
동화

....

....

....

[02챕터 : 데이터 입출력 구현]

04 참조 무결성(Referential Integrity)에 대해 간략히 서술하시오.

키워드 참조할 수 없는 외래키 값

....

....

....

정답

※ 답안에 밑줄로 표시한 내용이 포함되어야 합니다.

01. 선형 수차적 모델, 고전적 생명주기 모형이라고도 하며, 가장 오래된 모델로 순차적으로 한 단계, 한 단계를 진행해 나가는 모델이다.

02. 소프트웨어 개발 과정에서 지속적으로 발생하는 변경에 유연하고 기민하게 대응하여 생산성과 품질 향상을 목표로 하는 협력적인 모델이다.

03. 소프트웨어 개발 과정 일부 또는 전체를 자동화하기 위한 도구이다.

04. 릴레이션은 참조할 수 없는 외래키 값을 가질 수 없다.

05 개체 무결성(Entity Integrity)에 대해 간략히 서술하시오.

....

....

....

[키워드] 기본키, 널(Null) 값이나 중복 값

06 도메인 무결성(Domain Integrity)에 대해 간략히 서술하시오.

....

....

....

[키워드] 도메인에 속한 값

07 이상(Anomaly)에 대해 간략히 서술하시오.

....

....

....

[키워드] 종속, 중복, 불일치

08 정규화(Normalization)에 대해 간략히 서술하시오.

....

....

....

[키워드] 무손실 분해, 이상의 발생 가 능성

정답

※ 답안에 밑줄로 표시한 내용이 포함되어야 합니다.

05. 한 릴레이션의 기본키를 구성하는 속성값은 널(Null) 값이나 중복 값을 가질 수 없다.

06. 각 속성 값은 반드시 정의된 도메인에 속한 값이어야 한다.

07. 릴레이션에서 일부 속성들의 종속으로 인해 데이터의 중복이 발생하여 릴레이션 조작 시 불일치가 발생하는 것을 의미한다.

08. 릴레이션을 무손실 분해하여 삽입, 삭제, 갱신 이상의 발생 가능성을 줄이는 작업이다

09 인덱스(Index)에 대해 간략히 서술하시오.

키워드 〈키, 값 포인터 쌍〉

....

....

....

10 뷰(View)에 대해 간략히 서술하시오.

키워드 가상 테이블

....

....

....

11 트랜잭션의 특성 네 가지를 간략히 서술하시오.

키워드
• 원자성(Atomicity) : 모두 반영, 전혀 반영되지 아니어야 된다.
• 일관성(Consistency) : 성공적으로 완료, 항상 일관성 있는 데이터베이스 상태
• 독립성, 격리성(Isolation) : 병행 실행, 다른 하나의 트랜잭션의 연산이 끼어들 수 없다.
• 영속성, 지속성(Durability) : 결과 영구적으로 반영

....

....

....

....

12 병행 제어(Concurrency Control)에 대해 간략히 서술하시오.

키워드 동시에 여러 개, 상호 작용 제어

....

....

....

정답

※ 답안에 밑줄로 표시한 내용이 포함되어야 합니다.

09. 검색을 빠르게 하기 위해 〈키 값, 포인터〉 쌍으로 구성된 보조적인 데이터 구조이다.

10. 사용자에게 접근이 허용된 자료만을 제한적으로 보여주기 위해서 하나 이상의 기본 테이블로부터 유도된 가상 테이블을 의미한다.

11. • 원자성(Atomicity) : 트랜잭션이 데이터베이스에 모두 반영되거나 아니면 전혀 반영되지 아니어야 된다.
• 일관성(Consistency) : 트랜잭션이 그 실행을 성공적으로 완료하면 항상 일관성 있는 데이터베이스 상태로 변환하여야 한다.
• 독립성, 격리성(Isolation) : 둘 이상의 트랜잭션이 동시에 병행 실행되고 있을 때 또 다른 하나의 트랜잭션의 연산이 끼어들 수 없다.
• 영속성, 지속성(Durability) : 트랜잭션의 결과는 영구적으로 반영되어야 한다.

12. 트랜잭션을 동시에 여러 개 수행할 때, 데이터베이스 일관성 유지를 위해 트랜잭션 간의 상호 작용을 제어하는 것을 의미한다.

13 데이터 마이닝(Data Mining)에 대해 간략히 서술하시오.

....

....

....

키워드 유용한 상관관계, 의사 결정에 이용

[03챕터 : 통합 구현]

14 UDDI(Universal Description, Discovery and Integration)에 대해 간략히 서술하시오.

....

....

....

키워드 웹 서비스, 정보 등록 및 검색, 저장소

15 SOAP(Simple Object Access Protocol)에 대해 간략히 서술하시오.

....

....

....

키워드 XML 기반의 메세지 교환, 통신 규약(프로토콜)

16 WSDL(Web Services Description Language)에 대해 간략히 서술하시오.

....

....

....

키워드 웹 서비스의 상세 정보를 기술, 언어

정답

※ 답안에 밑줄로 표시한 내용이 포함되어야 합니다.

13. 많은 데이터 가운데 숨겨져 있는 유용한 상관관계를 발견하여, 미래에 실행 가능한 정보를 추출해 내고 의사 결정에 이용하는 과정을 의미한다.

14. 웹 서비스에 대한 정보를 등록하고 검색하기 위한 저장소로, 공개적으로 접근, 검색이 가능한 레지스트리이다.

15. 네트워크상에서 HTTP, HTTPS, SMTP 등을 이용하여 XML 기반의 메세지를 교환하기 위한 통신 규약이다.

16. 웹 서비스와 관련된 포맷이나 프로토콜 등의 상세 정보를 기술하고 게시하기 위한 언어이다.

17 미들웨어(Middleware)에 대해 간략히 서술하시오.

키워드 응용프로그램(애플리케이션, 클라이언트)과 운영환경(운영체제, 서버) 간에 통신

·····

·····

·····

[04챕터 : 서버 프로그램 구현]

18 객체 지향 구성 요소 중 클래스(Class)에 대해 간략히 서술하시오.

키워드 동일한 속성과 메소드, 객체들의 집합

·····

·····

·····

19 객체 지향 특징 중 정보은폐(Information Hiding)에 대해 간략히 서술하시오.

키워드 속성과 메소드를 하나로 묶어서

·····

·····

·····

20 병행 제어(Concurrency Control)에 대해 간략히 서술하시오.

키워드 자신의 연산만을 통하여 접근 허용

·····

·····

·····

정답

※ 답안에 밑줄로 표시한 내용이 포함되어야 합니다.

17. 응용프로그램과 운영환경 간에 통신이 이루어질 수 있게 서비스를 제공하는 소프트웨어이다.

18. 동일한 속성과 메소드 등을 가지고 있는 객체들의 집합이다.

19. 속성과 메소드를 하나로 묶어서 객체로 구성하는 것을 의미한다.

20. 객체는 다른 객체로부터 자신의 자료를 숨기고 자신의 연산만을 통하여 접근을 허용하는 것을 의미한다.

21 객체 지향 특징 중 추상화(Abstraction)에 대해 간략히 서술하시오.

....

....

....

키워드 중요한 부분을 중심으로 간략화

22 객체 지향 특징 중 상속(Inheritance)에 대해 간략히 서술하시오.

....

....

....

키워드 상위 클래스, 하위 클래스가 물려받는 것

23 객체 지향 특징 중 다형성(Polymorphism)에 대해 간략히 서술하시오.

....

....

....

키워드 동일한 메소드명 사용, 응답

24 객체 지향 설계 원칙 중 단일 책임 원칙(Single-Responsibility Principle)에 대해 간략히 서술하시오.

....

....

....

키워드 변경 이유, 오직 하나

정답

※ 답안에 밑줄로 표시한 내용이 포함되어야 합니다.
21. 복잡한 문제의 본질을 이해하기 위해 세부 사항은 배제하고 중요한 부분을 중심으로 간략화하는 것을 의미한다.
22. 상위 클래스의 속성과 메소드를 하위 클래스가 물려받는 것을 의미한다.
23. 객체들이 동일한 메소드명을 사용하여 같은 의미의 응답할 수 있는 것을 의미한다.
24. 클래스를 변경해야 하는 이유는 오직 하나여야 한다.

25 객체 지향 설계 원칙 중 개방 폐쇄의 원칙(Open-Closed Principle)에 대해 간략히 서술하시오.

키워드 확장 열림, 변경 닫힘

....

....

....

26 객체 지향 설계 원칙 중 리스코프 교체의 원칙(Liskov Substitution Principle)에 대해 간략히 서술하시오.

키워드 상위 클래스를 하위 클래스로 대체

....

....

....

27 객체 지향 설계 원칙 중 인터페이스 분리의 원칙(Interface Segregation Principle)에 대해 간략히 서술하시오.

키워드 구체적인 여러 개의 인터페이스

....

....

....

28 객체 지향 설계 원칙 중 의존 관계 역전의 원칙(Dependency Inversion Principle)에 대해 간략히 서술하시오.

키워드 추상 클래스에 의존

....

....

....

정답

※ 답안에 밑줄로 표시한 내용이 포함되어야 합니다.

25. 확장에는 열려 있어야 하고, 변경에는 닫혀있어야 한다.

26. 기반 클래스(상위 클래스)는 파생 클래스(하위 클래스)로 대체할 수 있어야 한다.

27. 하나의 일반적인 인터페이스보다는 구체적인 여러 개의 인터페이스가 낫다.

28. 클라이언트는 구체 클래스가 아닌 추상 클래스에 의존해야 한다.

29 응집도(Cohesion)에 대해 간략히 서술하시오.

....

....

....

키워드 모듈 안, 서로 관련되어 있는 정도

30 결합도(Coupling)에 대해 간략히 서술하시오.

....

....

....

키워드 모듈 간 상호 의존도

31 형상 관리(Software Configuration Management)에 대해 간략히 서술하시오.

....

....

....

키워드 산출물의 변경 사항을 버전 관리

[05챕터 : 인터페이스 구현]

32 XML(eXtensible Markup Language)에 대해 간략히 서술하시오.

....

....

....

키워드 HTML 문법이 상호 호환되지 않는 문제, SGML의 복잡함 해결, 다목적 마크업 언어

정답

※ 답안에 밑줄로 표시한 내용이 포함되어야 합니다.

29. 모듈 안의 요소들이 서로 관련되어 있는 정도를 의미한다.

30. 모듈 간의 상호 의존도를 의미한다.

31. 소프트웨어의 개발 과정에서 발생하는 산출물의 변경 사항을 버전 관리하기 위한 일련의 활동이다.

32. 웹 브라우저 간 HTML 문법이 상호 호환되지 않는 문제와 SGML의 복잡함을 해결하기 위하여 개발된 다목적 마크업 언어이다.

33 객체 지향 설계 원칙 중 개방 폐쇄의 원칙(Open-Closed Principle)에 대해 간략히 서술하시오.

키워드 인터넷 프로토콜에서 보안성 제공

....

....

....

[06챕터 : 화면 설계]

34 UI(User Interface)에 대해 간략히 서술하시오.

키워드 사용자와 컴퓨터 상호 간의 소통

....

....

....

35 UI(User Interface)의 설계 원칙 네 가지를 간략히 서술하시오.

키워드
• 직관성 : 쉽게 이해하고 사용
• 유효성 : 목적을 정확하게 달성
• 학습성 : 쉽게 배우고 익힘
• 유연성 : 요구사항 최대한 수용, 오류 최소화

....

....

....

....

36 프로토타입(Prototype)에 대해 간략히 서술하시오.

키워드 동적 효과 적용

....

....

....

정답

※ 답안에 밑줄로 표시한 내용이 포함되어야 합니다.

33. 망 계층(Network Layer)인 인터넷 프로토콜에서 보안성을 제공해 주는 표준화된 기술이다.

34. 사용자와 컴퓨터 상호 간의 소통을 원활히 하게 도와주는 장치 또는 소프트웨어를 의미한다.

35. • 직관성 : 누구나 쉽게 이해하고 사용할 수 있어야 한다.　　　　• 유효성 : 사용자의 목적을 정확하게 달성하여야 한다.
　　 • 학습성 : 누구나 쉽게 배우고 익힐 수 있어야 한다.　　　　• 유연성 : 사용자의 요구사항을 최대한 수용하며, 오류를 최소화하여야 한다.

36. 정적인 화면으로 설계된 스토리보드 또는 와이어프레임에 동적 효과를 적용함으로써 실제 구현된 것처럼 시뮬레이션이 가능한 동적 모형을 의미한다.

[07챕터 : 애플리케이션 테스트 관리]

37 소프트웨어 테스트의 원리 중 결함 집중(Defect Clustering)에 대해 간략히 서술하시오.

....

....

....

> **키워드** 결함, 특정 모듈에 집중되어 존재

38 파레토(Pareto)의 법칙에 대해 간략히 서술하시오.

....

....

....

> **키워드** 결함의 80%, 전체 기능 중 20%에 집중

39 소프트웨어 테스트의 원리 중 살충제 패러독스(Pesticide Paradox)에 대해 간략히 서술하시오.

....

....

....

> **키워드** 주기적, 테스트 케이스 리뷰하고 개선

40 소프트웨어 테스트의 원리 중 오류-부재의 궤변(Absence of Errors Fallacy)에 대해 간략히 서술하시오.

....

....

....

> **키워드** 사용자의 요구사항을 만족, 품질

정답

※ 답안에 밑줄로 표시한 내용이 포함되어야 합니다.

37. 애플리케이션 결함의 대부분은 소수의 특정한 모듈에 집중되어 존재한다.

38. 전체 결함의 80%는 소프트웨어 제품의 전체 기능 중 20%에 집중되어 있다.

39. 동일한 테스트 케이스로 반복 실행하면 결함을 발견할 수 없으므로, 주기적으로 테스트 케이스를 리뷰하고 개선해야 한다.

40. 소프트웨어 결함을 모두 제거해도 사용자의 요구사항을 만족시키지 못하면 해당 소프트웨어는 품질이 높다고 할 수 없다.

41 테스트 케이스(Test Case)에 대해 간략히 서술하시오.

키워드 설계 산출물, 입력 값, 실행 조건, 기대 결과

....

....

....

42 테스트 오라클(Test Oracle)에 대해 간략히 서술하시오.

키워드 결과가 참인지 거짓인지, 비교

....

....

....

43 테스트 시나리오(Test Scenario)에 대해 간략히 서술하시오.

키워드 여러 테스트 케이스의 집합, 동작 순서 기술

....

....

....

44 외계인 코드(Alien code)에 대해 간략히 서술하시오.

키워드 유지보수 작업이 어려운 코드

....

....

....

정답

※ 답안에 밑줄로 표시한 내용이 포함되어야 합니다.

41. 명세 기반 테스트의 설계 산출물로 입력 값, 실행 조건, 기대 결과로 구성된 테스트 항목의 명세서를 의미한다.

42. 테스트의 결과가 참인지 거짓인지를 판단하기 위해서 사전에 정의된 참 값을 입력하여 비교하는 기법 및 활동을 의미한다.

43. 테스트 수행을 위한 여러 테스트 케이스의 집합으로서, 테스트 케이스의 동작 순서를 기술한 문서이며 테스트를 위한 절차를 명세한 문서이다.

44. 아주 오래되거나 참고 문서 또는 개발자가 없어 유지보수 작업이 어려운 코드를 의미한다.

45 리팩토링(Refactoring)에 대해 간략히 서술하시오.

....

....

....

키워드 외부 행위는 바꾸지 않고, 내부 구조 개선

[08챕터 : SQL 응용]

46 스키마(Schema)에 대해 간략히 서술하시오.

....

....

....

키워드 구조와 제약조건에 대한 명세

47 DCL(데이터 제어어) 중 COMMIT에 대해 간략히 서술하시오.

....

....

....

키워드 데이터베이스에 적용

48 트리거(Trigger)에 대해 간략히 서술하시오.

....

....

....

키워드 이벤트 발생, 관련 작업 자동 수행

정답

※ 답안에 밑줄로 표시한 내용이 포함되어야 합니다.

45. 코드의 외부 행위는 바꾸지 않고, 내부 구조를 개선시켜 소프트웨어 시스템을 변경하는 프로세스이다.

46. 데이터베이스의 구조와 제약조건에 대한 명세를 기술한 것이다.

47. 트랜잭션이 성공했을 경우 그 결과를 데이터베이스에 적용하여 작업을 완료시킨다.

48. 데이터베이스의 데이터 삽입, 수정, 삭제 등의 이벤트가 발생할 때마다 관련 작업이 자동으로 수행되는 프로그램이다.

[09챕터 : 소프트웨어 개발 보안 구축]

49 소프트웨어 개발 보안의 3요소에 대해 간략히 서술하시오.

키워드
- 기밀성(Confidentiality) : 인가된 사용자만 접근 가능
- 무결성(Integrity) : 인가된 방법으로만 정보 변경
- 가용성(Availability) : 적절한 시간 또는 시점에 접근 가능

50 Secure OS(Secure Operation System)에 대해 간략히 서술하시오.

키워드 커널에 보안 기능 추가, 운영체제

[10챕터 : 소프트웨어 개발 보안 구축]

51 변수 명명법 중 상수(Constant) 표기법에 대해 간략히 서술하시오.

키워드 모든 문자 대문자, 단락을 _(언더스코어)

52 오버라이딩(Overriding)에 대해 간략히 서술하시오.

키워드 상속 관계, 동일한 메소드 재정의

정답
※ 답안에 밑줄로 표시한 내용이 포함되어야 합니다.
49. • 기밀성(Confidentiality): 인가된 사용자만 정보 자산에 접근이 가능하다.
- 무결성(Integrity): 적절한 권한을 가진 사용자에 의해 인가된 방법으로만 정보를 변경할 수 있다.
- 가용성(Availability): 정보 자산에 대해 적절한 시간 또는 시점에 접근이 가능하다.
50. 운영체제상에 내재된 보안상의 결함으로 발생할 수 있는 각종 해킹으로부터 시스템을 보호하기 위하여 기존 운영체제의 커널에 보안 기능을 추가한 운영체제이다.
51. 모든 문자를 대문자로 사용하며, 단어 사이의 단락을 _(언더스코어)로 표기한다.
52. 상속 관계에 있는 상위(부모) 클래스의 메소드와 동일한 메소드를 하위(자식) 클래스에 재정의하는 것이다.

53 오버로딩(Overloading)에 대해 간략히 서술하시오.

....

....

....

> 키워드 하나의 클래스 내, 같은 이름으로 여러 개의 메소드 정의

54 지역 변수(Local Variable)와 전역 변수(Global Variable)에 대해 간략히 서술하시오.

....

....

....

> 키워드
> • 지역 변수(Local Variable) : 변수가 선언된 함수 내에서만 사용
> • 전역 변수(Global Variable) : 소스 코드 전체에서 사용

[11챕터 : 응용 SW 기초 기술 활용]

55 워킹셋(Working Set)에 대해 간략히 서술하시오.

....

....

....

> 키워드 자주 참조하는 페이지들의 집합

56 스래싱(Thrashing)에 대해 간략히 서술하시오.

....

....

....

> 키워드 페이지 교체 시간, CPU 이용률 저하

정답

※ 답안에 밑줄로 표시한 내용이 포함되어야 합니다.

53. 하나의 클래스 내에서 같은 이름의 메소드를 여러 개 정의하는 것으로, 매개변수의 데이터 타입과 개수를 다르게 하여 다양한 유형의 호출에 응답한다.

54. • 지역 변수(Local Variable) : 변수가 선언된 함수나 블록 내에서만 사용 가능한 변수이다.
    • 전역 변수(Global Variable) : 함수 외부에 선언해 소스 코드 전체에서 사용 가능한 변수이다.

55. 프로세스가 일정 시간 동안 자주 참조하는 페이지들의 집합을 의미한다.

56. 프로세스의 처리 시간보다 페이지 교체 시간이 더 많아져 CPU 이용률이 저하되는 현상을 의미한다.

57 상호 배제(Mutual Exclusion)에 대해 간략히 서술하시오.

키워드 공유 메모리 혹은 공유 파일 사용 중, 다른 프로세스 사용 배제

58 교착상태(DeadLock)에 대해 간략히 서술하시오.

키워드 자원을 점유한 상태, 무한정 기다리는 현상

[12챕터 : 제품 소프트웨어 패키징]

59 DRM(Digital Rights Management)에 대해 간략히 서술하시오.

키워드 불법 유통 및 배포, 데이터의 저작권 보호

60 저작권 관리 구성 요소 중 클리어링 하우스(Clearing House)의 역할에 대해 간략히 서술하시오.

키워드 키, 라이선스 발급

정답
※ 답안에 밑줄로 표시한 내용이 포함되어야 합니다.
57. 한 프로세스가 공유 메모리 혹은 공유 파일을 사용하고 있을 때 다른 프로세스들이 사용하지 못하도록 배제시키는 제어 기법이다.
58. 둘 이상의 프로세스들이 자원을 점유한 상태에서 다른 프로세스가 점유하고 있는 자원을 요구하며 무한정 기다리는 현상을 의미한다.
59. 데이터의 불법 유통 및 배포를 안전하게 함으로써 인터넷 또는 기타 디지털 미디어를 통해 유통되는 데이터의 저작권을 보호하기 위한 시스템이다.
60. 키 관리 및 라이선스 발급 관리를 담당한다.

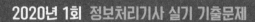

01 살충제 패러독스(Pesticide Paradox)에 대해 간략히 서술하시오. [5점]

....

....

....

> 해설　키워드 동일한 테스트 케이스 반복 사용 X → 용어 살충제 패러독스

02 데이터 마이닝(Data Mining)에 대해 간략히 서술하시오. [5점]

....

....

....

> 해설　키워드 상관관계, 일정한 패턴 → 용어 데이터 마이닝

03 컴퓨터 통신에서 컴퓨터 상호 간 또는 컴퓨터와 단말기 간에 데이터를 송·수신하기 위한 통신 규약인 프로토콜의 기본 3요소를 쓰시오. [5점]

....

....

....

> 해설　TIP 프로토콜의 기본 요소는 "구타의미"로 기억하세요.

04 다음의 설명과 가장 부합하는 용어를 쓰시오. [5점]

> 웹 페이지의 기본 형식인 HTML의 문법이 각 웹 브라우저에서 상호 호환적이지 못하다는 문제와 SGML의 복잡함을 해결하기 위하여 개발된 것으로, 다른 특수한 목적을 가지는 마크업 언어를 만드는 데 사용하도록 권장하는 다목적 마크업 언어이다.

> 해설　키워드 SGML의 복잡함 해결, 다목적 마크업 언어(Markup Language) → 용어 XML

05 다음 설명의 ( ) 안에 공통적으로 들어갈 가장 적합한 용어를 쓰시오. [5점]

> • ( )은(는) 웹과 컴퓨터 프로그램에서 용량이 적은 데이터를 교환하기 위해 데이터 객체를 속성-값 쌍(Attribute-Value pairs) 형태로 표현하는 형식으로, 자바스크립트(JavaScript)를 토대로 개발되었다.
> • 주로 AJAX에서 많이 사용되고 XML을 대체하는 주요 데이터 포맷이다.
> • ( )의 사용 예시

```
{
    "이름" : "김아름",
    "나이" : 22,
    "성별" : "여",
    "취미" : "음악 듣기"
}
```

> 해설　키워드 속성-값 쌍 형태, 자바스크립트(JavaScript) → 용어 JSON

정답

※ 답안의 한글과 영문(영문 약어) 중 하나만 작성하면 됩니다.

01. 동일한 테스트 케이스로 반복 실행하면 더 이상 새로운 결함을 발견할 수 없으므로 주기적으로 테스트 케이스를 점검하고 개선해야 한다. **02.** 많은 데이터 가운데 숨겨져 있는 유용한 상관관계를 발견하여, 미래에 실행 가능한 정보를 추출해 내고 의사 결정에 이용하는 과정을 말한다. **03.** 구문(Syntax), 타이밍(Timing), 의미(Semantics) **04.** XML(eXtensible Markup Language, 확장성 마크업 언어) **05.** JSON(JavaScript Object Notation, 제이슨)

06 학생(STUDENT) 테이블에 전산과 학생이 50명, 전자과 학생이 100명, 기계과 학생이 50명 있다고 할 때, 다음 SQL문 ①, ②, ③의 실행 결과 튜플 수는 각각 얼마인지 쓰시오. (단, DEPT는 학과 컬럼명이다.) [5점]

> ① SELECT DEPT FROM STUDENT;
> ② SELECT DISTINCT DEPT FROM STUDENT;
> ③ SELECT COUNT (DISTINCT DEPT) FROM STUDENT WHERE DEPT='전산과';

① ....

② ....

③ ....

해설
① STUDENT 테이블에서 모든 학과명(DEPT)을 검색한다.
② STUDENT 테이블에서 중복 제거된 학과명(DEPT)만 검색한다.
③ STUDENT 테이블에서 학과명(DEPT)이 '전산과'인 튜플의 중복을 제거한 개수를 검색한다.

07 HRN(Highest response ratio Next) 스케줄링 기법의 우선순위 계산식을 쓰시오. [5점]

....

....

....

해설
HRN 스케줄링은 우선순위를 부여하고 그 중 가장 높은 프로세스에게 CPU를 할당하는 기법이다.

08 다음은 트랜잭션 특성에 대한 설명이다. ①, ②에 들어갈 가장 적합한 특성을 쓰시오. [5점]

특성	설명
①	모두 반영되거나 아니면 전혀 반영되지 않아야 된다.
일관성	트랜잭션이 그 실행을 성공적으로 완료하면 언제나 일관성 있게 DB 상태로 변환한다.
②	둘 이상의 트랜잭션이 동시에 병행 실행되고 있을 때 또 다른 하나의 트랜잭션의 연산이 끼어들 수 없다.
지속성	트랜잭션의 결과는 영구적으로 반영되어야 한다.

① ....

② ....

해설
`키워드` 모두 반영, 전혀 반영되지 않아야 된다. → `용어` 원자성
`키워드` 끼어들 수 없다. → `용어` 독립성, 격리성

09 다음의 설명과 가장 부합하는 용어를 쓰시오. [5점]

> 공격자가 패킷의 출발지 주소(Address)나 포트(Port)를 임의로 변경하여 출발지와 목적지 주소 또는 포트를 동일하게 함으로써, 공격 대상 컴퓨터의 실행 속도를 느리게 하거나 동작을 마비시켜 서비스 거부 상태에 빠지도록 하는 공격 방법이다. 수신되는 패킷 중 출발지 주소 또는 포트와 목적지 주소 또는 포트가 동일한 패킷들을 차단함으로써 이 공격을 피할 수 있다.

....

해설
`키워드` 출발지와 목적지 주소를 동일하게 → `용어` LAND 공격

정답
※ 답안의 한글과 영문(영문 약어) 중 하나만 작성하면 됩니다.
06. ❶ 200 ❷ 3 ❸ 1 **07.** (대기 시간 + 서비스 시간) / 서비스 시간 **08.** ❶ 원자성(Atomicity) ❷ 독립성 또는 격리성(Isolation) **09.** LAND 공격(Local Area Network Denial Attack)

10 다음의 설명과 가장 부합하는 암호화 알고리즘을 쓰시오. [5점]

> 128비트 암호화 해시 함수이다. RFC 1321로 지정되어 있으며, 주로 프로그램이나 파일이 원본 그대로인지를 확인하는 무결성 검사 등에 사용된다. 1991년에 로널드 라이베스트(Ronald Rivest)가 예전에 쓰이던 MD4를 대체하기 위해 고안했다.

> **해설** 〔키워드〕 RFC 1321, 로널드 라이베스트, MD4 대체 → 〔용어〕 MD5

11 다음 설명 중 ①, ②에 들어갈 가장 적합한 답을 쓰시오. [5점]

> 모듈화는 소프트웨어 설계의 기본 원리로써 SW 성능을 향상시키거나 시스템의 수정 및 재사용, 유지 관리 등이 용이하도록 시스템의 기능들을 모듈 단위로 분해하는 것을 의미한다. 모듈화의 목적은 소프트웨어 복잡도가 감소하고 변경이 쉽고 프로그램 구현을 용이하게 하는 것으로, 모듈 설계 시 (①)은(는) 낮추고 (②)은(는) 높여야 한다.

① _____

② _____

> **해설** 〔키워드〕 모듈 간의 상호 의존도 → 〔용어〕 결합도
> 〔키워드〕 서로 관련되어 있는 정도 → 〔용어〕 응집도

12 다음 C언어로 구현된 프로그램을 분석하여 그 실행 결과를 쓰시오. [5점]

```c
#include <stdio.h>
#define SIZE 5
int main(void) {
    int arr[SIZE] = {75, 100, 95, 50, 85};
    int i, j, temp;
    for(i = 1; i < SIZE; i++) {
        for(j = 0; j < SIZE-i; j++) {
            if(arr[j] > arr[j+1]) {
                temp = arr[j];
                arr[j] = arr[j+1];
                arr[j+1] = temp;
            }
        }
    }
    for(i = 0; i < SIZE; i++) {
        printf("%d ", arr[i]);
    }
}
```

> **해설** 버블 정렬(오름차순)
>
> ```c
> #define SIZE 5
> // 상수 SIZE 선언 및 초기화 → #define : 상수 등을
> //   특정 문자로 치환하는 선행처리 지시자
> int main(void) {
>     int arr[SIZE] = {75, 100, 95, 50, 85};
>     // 크기가 5인 배열 arr 선언 및 초기화
> ```
>
> | arr[0] | arr[1] | arr[2] | arr[3] | arr[4] |
> |--------|--------|--------|--------|--------|
> | 75 | 100 | 95 | 50 | 85 |
>
> ```c
>     int i, j, temp; // 변수 선언
>     for(i = 1; i < SIZE; i++) {
>     // i는 1부터 5보다 작을 때까지 for문 실행
>         for(j = 0; j < SIZE-i; j++) {
>         // j는 0부터 5-i보다 작을 때까지 for문 실행
>             if(arr[j] > arr[j+1]) {
>             // arr[j] 값이 arr[j+1] 값보다 큰 경우
>                 temp = arr[j];
>                 // temp에 arr[j] 값 저장
>                 arr[j] = arr[j+1];
>                 // arr[j]에 arr[j+1] 값 저장
>                 arr[j+1] = temp;
>                 // arr[j+1]에 temp 값 저장
>             }
>         }
>     }
>     for(i = 0; i < SIZE; i++) {
>     // i는 0부터 5보다 작을 때까지 for문 실행
>         printf("%d ", arr[i]); // arr[i] 값 출력
>     }
> }
> ```

〔정답〕
※ 답안의 한글과 영문(영문 약어) 중 하나만 작성하면 됩니다.
10. MD5(Message Digest Algorithm 5) **11. ❶** 결합도(Coupling) **❷** 응집도(Cohesion) **12.** 50 75 85 95 100

13 다음 Java언어로 구현된 프로그램을 분석하여 그 실행 결과를 쓰시오. [5점]

```java
public class Gisafirst {
    static int nSize = 4;
    public static void main(String[] args) {
        int[] arr = new int[nSize];
        makeArray(arr);
        for(int i = 0; i < nSize; i++) {
            System.out.print(arr[i] + " ");
        }
    }
    public static void makeArray(int[] arr) {
        for(int i = 0; i < nSize; i++) {
            arr[i] = i;
        }
    }
}
```

14 다음 C언어로 구현된 프로그램을 분석하여 그 실행 결과를 쓰시오. [5점]

```c
#include <stdio.h>
int main() {
    int i = 3;
    int k = 1;
    switch(i) {
        case 0:
        case 1:
        case 2:
        case 3: k = 0;
        case 4: k += 3;
        case 5: k -= 10;
        default: k--;
    }
    printf("%d", k);
}
```

해설 **코드해설**

```
static int nSize = 4; // 전역 변수 선언 및 초기화
public static void main(String[] args) {
    int[] arr = new int[nSize];
    // 크기가 4인 배열 arr 선언
    makeArray(arr);
    // 메소드 makeArray 호출(전달인자 : arr)
    for(int i = 0; i < nSize; i++) {
    // i는 0부터 4보다 작을 때까지 for문 실행
        System.out.print(arr[i] + " ");
        // arr[i] 값 출력 및 한 칸 띄움
    }
}
public static void makeArray(int[] arr) {
// 메소드 makeArray 선언(매개변수 : arr)
    for(int i = 0; i < nSize; i++) {
    // i는 0부터 4보다 작을 때까지 for문 실행
        arr[i] = i; // arr[i]에 i 값 저장
    }
```

a[0]	a[1]	a[2]	a[3]
0	1	2	3

```
}
```

TIP 위에서 사용된 static은 전역 변수로, 소스 코드 전체에서 사용 가능한 변수를 의미합니다. 전역 변수는 이후 자세히 학습합니다.

해설 break문을 생략할 경우 일치하는 실행문부터 switch문이 종료될 때까지 모든 문장을 실행한다.
• case 3의 k = 0부터 default의 k--까지 처리
→ 0 + 3 - 10 - 1 = -8

15 릴리즈 노트는 보통 특정 소프트웨어 릴리즈의 최근 변경 사항, 개선 사항 및 버그 수정을 간결하게 요약한 것이다. 이러한 릴리즈 노트 작성 항목 중 문서 이름(릴리즈 노트 이름), 제품 이름, 버전 번호, 릴리즈 날짜, 참고 날짜, 노트 버전 등을 포함하는 항목은 무엇인지 쓰시오. [5점]

해설 키워드 문서 이름, 제품 이름, …, 노트 버전 → 용어 Header

정답
※ 답안의 한글과 영문(영문 약어) 중 하나만 작성하면 됩니다.
13. 0 1 2 3 **14.** -8 **15.** Header(헤더)

16 총 라인 30,000, 개발자 5명, 인당 월평균 300 라인인 경우, LOC 기법 개발 기간 계산식과 답을 쓰시오. [5점]

> 해설
> 개발 기간 = 인월 / 투입 인원 = (30,000 / 300) / 5 = 20
> • 인월 = LOC / 1인당 월평균 생산 코드 라인 수

17 OSI 7계층 모델에서 비트 전송을 위한 기계적, 전기적, 절차적 특성을 정의한 계층은 무엇인지 쓰시오. [5점]

> 해설
> 키워드 기계적, 전기적, 절차적 → 용어 물리 계층

18 다음은 애플리케이션의 성능을 측정하기 위한 지표에 대한 설명이다. ①~③에 들어갈 가장 적합한 특성을 쓰시오. [5점]

구분	설명
①	주어진 시간에 처리할 수 있는 트랜잭션의 수로, 웹 애플리케이션의 경우 시간당 페이지 수로 표현하기도 한다.
②	사용자 입력이 끝난 후, 애플리케이션의 응답 출력이 개시될 때까지의 시간으로, 웹 애플리케이션의 경우 메뉴 클릭 시 해당 메뉴가 나타나기까지 걸리는 시간을 말한다.
③	사용자가 요구를 입력한 시점부터 트랜잭션 처리 후 그 결과의 출력이 완료할 때까지 걸리는 시간을 말한다.
자원 사용률	애플리케이션이 트랜잭션 처리하는 동안 사용하는 CPU 사용량, 메모리 사용량, 네트워크 사용량을 말한다.

①

②

③

> 해설
> 키워드 처리하는 일의 양 → 용어 처리량
> 키워드 응답(Response) → 용어 응답 시간
> 키워드 처리 완료 → 용어 경과 시간

19 비정규화(Denormalization)에 대해 간략히 서술하시오. [5점]

> 해설
> 키워드 정규화 원칙 위배 행위 → 용어 비정규화

20 다음 프로그램 구조에서 Fan-in 개수가 2 이상인 모듈을 쓰시오. [5점]

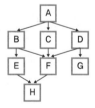

> 해설
> 공유도(Fan-in) : 어떤 모듈을 제어(호출)하는 상위 모듈의 개수
> → F : 3 (B, C, D), H : 2 (E, F)

정답

※ 답안의 한글과 영문(영문 약어) 중 하나만 작성하면 됩니다.
16. (30,000 / 300) / 5 = 20개월 **17.** 물리 계층(Physical layer) **18.** ❶ 처리량(Throughput) ❷ 응답 시간(Response Time) ❸ 경과 시간(Turnaround Time)
19. 시스템의 성능 향상, 개발 과정의 편의성, 운영의 단순화를 목적으로 수행되는 의도적인 정규화 원칙 위배 행위를 말한다. **20.** F, H

01 다음의 설명과 가장 부합하는 용어를 쓰시오. [5점]

> A씨는 한국아이티 보안관제실에서 근무한다. 정보시스템 운영 중 서버가 다운되거나 자연 재해나 시스템 장애 등의 이유로 대고객 서비스가 불가능한 경우가 종종 발생하는 것으로, 이와 같은 상황에서의 "비상사태 또는 업무중단 시점부터 업무가 복구되어 다시 정상 가동될 때까지의 시간"을 의미한다.

해설 키워드 중단 시점, 복구(Recovery), 정상가동 시간(Time) → 용어 RTO

02 다음 Python으로 구현된 프로그램을 분석하여 그 실행 결과를 쓰시오. [5점]

```
asia= {'한국', '중국', '일본'}
asia.add('베트남')
asia.add('중국')
asia.remove('일본')
asia.update(['홍콩', '한국', '태국'])
print(asia)
```

해설 집합 – 순서 없음, 중복 X

```
asia.add('베트남') # {'중국', '한국', '베트남', '일본'}
asia.add('중국') # {'중국', '한국', '베트남', '일본'}
asia.remove('일본') # {'중국', '한국', '베트남'}
asia.update(['홍콩', '한국', '태국'])
# {'베트남', '중국', '한국', '홍콩', '태국'}
```

TIP 집합은 순서가 없으므로 여러 결과가 출력됩니다. 순서 상관없이, 집합 요소만 중복 없이 포함되어 있으면 정답입니다.

03 다음의 설명과 가장 부합하는 용어를 쓰시오. [5점]

> JavaScript를 사용한 비동기 통신기술로 클라이언트와 서버 간에 XML 데이터를 주고받는 기술이다. 전체 페이지를 새로 고치지 않고도 페이지의 일부만을 위한 데이터를 로드 할 수 있어, 메뉴 등 화면상의 객체를 자유롭게 움직이고 다룰 수 있다. 비슷한 기능의 액티브X나 플래시 등에 비해 가볍고 속도가 빨라 차세대 웹 기술로 각광받고 있다.

해설 키워드 JavaScript(자바스크립트), 비동기(Asynchronous), XML 데이터를 주고받음 → 용어 AJAX

04 다음의 설명과 가장 부합하는 용어를 쓰시오. [5점]

> 고객의 요구사항 변화에 유연하게 대응하기 위해 일정한 주기를 반복하면서 개발하는 방법론으로, 워터폴(Waterfall)에 대비되는 방법론이다. 최근 이 방법론은 개발 관련뿐 아니라 기업 경영 등에도 활용되고 있다.

해설 키워드 변화에 유연, 일정 주기 반복 → 용어 애자일 방법론

정답
※ 답안의 한글과 영문(영문 약어) 중 하나만 작성하면 됩니다.
01. RTO(Recovery Time Objective, 목표 복구 시간) 02. {'홍콩', '한국', '베트남', '중국', '태국'}, {'중국', '베트남', '홍콩', '태국', '한국'} 등 순서 상관없음
03. AJAX(Asynchronous JavaScript and XML, 비동기식 자바스크립트 XML) 04. 애자일(Agile) 방법론

05 다음 Java언어로 구현된 프로그램과 〈출력〉을 분석하여 ( ) 안에 들어갈 가장 적합한 답을 쓰시오. [5점]

```
class Parent {
    public void print() {
        System.out.println("Parent");
    }
}
class Child extends Parent {
    public void print() {
        System.out.println("Child");
    }
}
public class Gisafirst {
    public static void main(String[] args) {
        Parent pa = (      ) Child();
        pa.print();
    }
}
```

〈출력〉

```
Child
```

> **해설**
> 객체(Object)는 현실 세계에 존재하는 실체로, 클래스를 실제 사용할 수 있도록 만든 것이다.
> • 형식 : 클래스명 변수명 = new 클래스명();
> **TIP** "Parent pa = new Child();"에서 클래스 Child의 객체 pa를 생성하는 이유는 오버라이딩을 하기 위해 하위 클래스(Child)로 객체 변수를 생성하고 데이터 타입은 상위 클래스(Parent)로 지정합니다.

06 아래 〈처리 조건〉에 부합하는 SQL문을 작성하시오. [5점]

〈처리 조건〉

[학생]

학번	이름	성별	학과코드	학년
A001	김기영	남	사무	2
A002	최현주	여	정보	3
A003	이미영	여	사무	4

• [학생] 테이블에서 3학년과 4학년 학생의 학번과 이름을 검색하는 SQL문을 작성하시오. (단, 학년은 숫자 형식이고, 나머지는 문자 형식이다.)
• 조건 처리를 위해 IN (value1, value2, …) 형식으로 입력하시오. (학년 속성은 숫자형)
• SQL문의 끝에는 세미콜론(;)을 반드시 표기하시오.

> **해설**
> SELECT문 일반 형식
> : SELECT 속성 FROM 테이블명 [WHERE 조건];

07 DCL(데이터 제어어) 중 ROLLBACK에 대해 간략히 서술하시오. [5점]

> **해설**
> **키워드** 트랜잭션 실패, 이전 상태 → **용어** ROLLBACK

정답
05. new 06. SELECT 학번, 이름 FROM 학생 WHERE 학년 IN (3, 4); 07. 트랜잭션의 실패로 작업을 취소하고, 이전 상태로 되돌린다.

08 다음의 설명과 가장 부합하는 용어를 영문으로 쓰시오. [5점]

> 망 계층(Network layer)인 인터넷 프로토콜(IP)에서 보안성을 제공해 주는 표준화된 기술로, 무결성과 인증을 보장하는 인증 헤더(AH)와 기밀성을 보장하는 암호화(ESP)를 이용한 보안통신규약이다. IPv4에서는 선택으로 IPv6에서는 필수로 제공하도록 되어 있다.

해설 키워드 인터넷 프로토콜(IP), 보안성 제공 → 용어 IPsec

09 애플리케이션 자동화 테스트 도구 중 애플리케이션을 실행하지 않고, 소스 코드에 대한 코딩표준, 코딩 스타일, 코드 복잡도 및 남은 결함을 발견하기 위하여 사용하는 도구는 무엇인지 쓰시오. [5점]

해설 키워드 애플리케이션 실행 X, 소스 코드 → 용어 정적 분석 도구

10 아래에서 설명하는 디자인 패턴을 영문으로 쓰시오. [5점]

> 한 객체의 상태가 바뀌면 그 객체에 의존하는 다른 객체들한테 연락이 가고 자동으로 내용이 갱신되는 방식으로 일 대 다(One-To-Many) 의존성을 가지는 디자인 패턴이다. 서로 상호작용을 하는 객체 사이에서는 가능하면 느슨하게 결합(Loose coupling)하는 디자인을 사용해야 한다.

해설 키워드 자동으로 내용 갱신, 일 대 다 → 용어 옵저버

11 다음의 설명과 가장 부합하는 용어를 쓰시오. [5점]

> 휴대 전화를 비롯한 휴대용 장치를 위한 운영 체제와 미들웨어, 사용자 인터페이스 그리고 표준 응용 프로그램을 포함하고 있는 모바일 운영체제이다. 이는 리눅스 커널 위에서 동작하며, 자바와 코틀린 언어로 앱을 만들어 동작한다.

해설 키워드 휴대 전화, 자바, 코틀린, 앱 → 용어 안드로이드

12 student 테이블의 name 속성에 'idx_name' 이름의 인덱스를 생성하는 SQL문을 작성하시오. [5점]

해설 CREATE INDEX문 일반 형식
: CREATE INDEX 인덱스명 ON 테이블명(속성명);

13 다음 설명의 ( ) 안에 공통적으로 들어갈 가장 적합한 용어를 쓰시오. [5점]

> 일반적으로 널리 알려진 HTTP, HTTPS, SMTP 등을 사용하여 XML 기반의 메시지를 컴퓨터 네트워크 상에서 교환하는 프로토콜이다. HTTP 프로토콜 상에 ( ) Envelope, Header, Body로 구성된 하나의 XML 문서 표현되는데 복잡한 구성으로 인해 HTTP 상에서는 전달되기 무거워, 이러한 단점을 보완하고자 ( )의 대안 중 하나인 레스트 풀(RESTful) 웹 서비스로 대체할 수 있다.

해설 키워드 XML 기반의 메시지, 교환 → 용어 SOAP

정답
※ 다른 답안은 한글과 영문(영문 약어) 중 하나만 작성해도 되지만, 10번 답안은 반드시 영문으로 작성해야 합니다.
08. IPsec(Internet Protocol Security, 인터넷 보안 프로토콜) **09.** 정적 분석 도구(Static Analysis Tools) **10.** Observer **11.** 안드로이드(Android)
12. CREATE INDEX idx_name ON student(name); **13.** SOAP(Simple Object Access Protocol, 단순 객체 접근 프로토콜)

14 입력 데이터 검증 및 표현에 관련된 보안 약점 중 SQL Injection에 대해 간략히 서술하시오. [5점]

해설 키워드 SQL 구문 삽입(Injection) → 용어 SQL 인젝션(SQL Injection, SQL 삽입)

15 다음은 UI(User Interface) 설계 원칙에 대한 설명이다. ( ) 안에 들어갈 가장 적합한 원칙을 쓰시오. [5점]

원칙	설명
직관성	누구나 쉽게 이해하고 사용할 수 있어야 한다.
( )	사용자의 목적을 정확하게 달성하여야 한다.
학습성	누구나 쉽게 배우고 익힐 수 있어야 한다.
유연성	사용자의 요구사항을 최대한 수용하며, 오류를 최소화하여야 한다.

해설 키워드 사용자 목적 달성 → 용어 유효성

16 LINUX에서 사용자에게는 읽기/쓰기/실행, 그룹에게는 읽기/실행, 기타에게는 실행 권한을 a.txt 파일에 부여하는 명령어를 한 줄로 쓰시오. (단, 8진법 숫자를 사용한다.) [5점]

해설 파일 권한

사용자(User)			그룹(Group)			다른 사용자(Other)		
R	W	X	R	W	X	R	W	X
4	2	1	4	2	1	4	2	1
7			5			1		

• chmod : 파일의 접근 권한 모드(읽기, 쓰기, 실행) 설정

17 연계 데이터(Linked data)와 오픈 데이터(Open data)가 결합된 단어로, 웹에서 누구나 사용할 수 있도록 무료로 공개되는 연계 데이터를 의미하는 용어를 영문으로 쓰시오. [5점]

해설 키워드 연계 데이터(Linked data) + 오픈 데이터(Open data) → 용어 LOD

18 다음은 데이터베이스 설계 순서를 나열한 것이다. 아래 〈보기〉를 참고하여 ( ) 안에 들어갈 가장 적합한 답을 순서대로 쓰시오. [5점]

〈보기〉
논리적 설계, 개념적 설계, 물리적 설계

요구사항 분석 → ( ) → ( ) → ( ) → 구현

해설 TIP 데이터베이스 설계 순서는 "요괴눈물(요개논물)"로 기억하세요.

정답
※ 답안의 한글과 영문(영문 약어) 중 하나만 작성하면 됩니다.
14. 웹 응용 프로그램에 강제로 SQL 구문을 삽입하여 내부 데이터베이스 서버의 데이터를 유출 및 변조하고 관리자 인증을 우회하는 공격 기법이다.
15. 유효성 16. chmod 751 a.txt 17. LOD(Linked Open Data) 18. 개념적 설계, 논리적 설계, 물리적 설계

19 다음 Java언어로 구현된 프로그램을 분석하여 그 실행 결과를 쓰시오. [5점]

```
class A {
    int a;
    public A(int n) {
        a = n;
    }
    public void print() {
        System.out.println("a=" + a);
    }
}
class B extends A {
    public B(int n) {
        super(n);
        super.print();
    }
}
public class Gisafirst {
    public static void main(String[] args) {
        B obj = new B(10);
    }
}
```

① 메인 함수 실행
② 클래스 B의 객체 obj 생성
– 객체 생성 시 클래스 B의 생성자 호출(전달인자 : 10)
③ 객체 생성 시 호출되는 생성자 함수 실행
④|⑤ 클래스 B의 상위 클래스인 A의 생성자 실행
⑥ a에 10 저장
⑦|⑧ 클래스 B의 상위 클래스인 A의 메소드 print 실행
⑨ "a=10" 출력

20 다음 설명의 ( ) 안에 공통적으로 들어갈 가장 적합한 용어를 쓰시오. [5점]

소프트웨어 ( )은(는) 변경 제어, 개발 전반 산출물에 대하여 관리한다. 이를 지원하는 도구로는 Git, SVN 등이 있다.

( )은(는) 다음과 같은 특성을 가지고 있다.

• 소프트웨어 변경사항을 파악하고 제어하며, 적절히 변경되고 있는지에 대해 확인하여 해당 담당자에게 통보하는 작업이다.
• ( )은(는) 프로젝트 생명주기의 전 단계에서 수행하는 활동이며, 유지보수 단계에서도 수행되는 활동이다.
• ( )을(를) 함으로써 소프트웨어 개발의 전체 비용을 줄이고, 개발 과정에서 발생하는 여러 가지 문제점 발생 요인이 최소화되도록 보증하는 것을 목적으로 한다.

코드해설

```
class A {
    int a;
⑤  public A(int n) {
⑥      a = n;
    }
⑧  public void print() {
⑨      System.out.println("a=" + a);
    }
}
class B extends A {
③  public B(int n) {
④      super(n);
⑦      super.print();
    }
}
public class Gisafirst {
①  public static void main(String[] args) {
②      B obj = new B(10);
    }
}
```

해설 키워드 개발 전반 산출물 → 용어 형상 관리

정답
※ 답안의 한글과 영문(영문 약어) 중 하나만 작성하면 됩니다.
19. a=10 **20.** 형상 관리(SCM; Software Configuration Management)

01 다음은 EAI 구축 유형에 대한 설명이다. ①, ②에 들어갈 가장 적합한 유형을 쓰시오. [5점]

구분	개념도	설명
①		• 두 대의 컴퓨터가 직렬 인터페이스를 이용하여 통신을 할 때 사용하는 방식
②		• 단일 접점인 허브 시스템을 통해 데이터를 전송하는 중앙 집중형 방식
Mes-sage Bus		• 애플리케이션 사이에 미들웨어를 두어 처리하는 방식
Hy-brid		• (②)와 Message Bus의 혼합 방식 • 그룹 내에서는 (②) 방식으로 연결하고, 그룹 간에는 Message Bus 방식으로 연결

① ....

② ....

해설　키워드 두 대의 컴퓨터, 직렬 → 용어 PPP
　　　키워드 허브 시스템, 중앙 집중형 → 용어 Hub & Spoke

02 다음의 설명과 가장 부합하는 용어를 쓰시오. [5점]

> 대표적인 내부 라우팅 프로토콜로, 링크 상태 라우팅 프로토콜로도 불린다. 이는 대규모 네트워크에 적합하며 인터넷망에서 이용자가 최단 경로를 선정할 수 있도록 라우팅 정보에 노드 간의 거리 정보, 링크 상태 정보를 실시간으로 조합하여 최단 경로로 라우팅을 지원한다. 최단 경로 탐색에는 Dijkstra 알고리즘을 사용한다.

해설　키워드 링크 상태 라우팅 프로토콜 → 용어 OSPF

03 다음 설명의 ( ) 안에 들어갈 가장 적합한 용어를 쓰시오. [5점]

> 심리학자 톰 마릴은 컴퓨터가 메시지를 전달하고 메시지가 제대로 도착했는지 확인하며, 도착하지 않았을 경우 메시지를 재전송하는 일련의 방법을 가리켜 '기술적 은어'라는 뜻으로 ( )(이)라 불렀다.

해설　키워드 톰 마릴, 기술적 은어 → 용어 프로토콜

04 헝가리안 표기법(Hungarian Notation)에 대해 간략히 서술하시오. [5점]

해설　키워드 이름 앞에 데이터 타입 명시 → 용어 헝가리안 표기법

정답
※ 답안의 한글과 영문(영문 약어) 중 하나만 작성하면 됩니다.
01. ❶ PPP(Point to Point) ❷ Hub & Spoke　02. OSPF(Open Shortest Path First, 최단 경로 우선 프로토콜)　03. 프로토콜(Protocol)　04. 컴퓨터 프로그래밍에서 변수나 함수의 이름 앞에 데이터 타입을 명시하는 코딩 규칙

05 데이터베이스의 스키마(Schema)에 대해 간략히 서술하시오. [5점]

....
....
....

해설 키워드 구조와 제약조건에 대한 명세 → 용어 스키마

07 UI(User Interface) 설계 원칙 중 직관성에 대해 간략히 서술하시오. [5점]

....
....
....

해설 키워드 누구나 쉽게 이해, 사용 → 용어 직관성

06 다음 C언어로 구현된 프로그램을 분석하여 그 실행 결과를 쓰시오. [5점]

```
#include <stdio.h>
int main() {
    int i = 0, c = 0;
    while(i < 10) {
        i++;
        c *= i;
    }
    printf("%d", c);
}
```

08 C++에서 생성자(Constructor)에 대해 간략히 서술하시오. [5점]

....
....
....

해설 키워드 객체 생성 시 자동으로 호출, 제일 먼저 실행, 함수 → 용어 생성자
TIP C++과 JAVA에서 생성자의 기능은 동일합니다.

....

해설 **코드해설**

```
int i = 0, c = 0; // 변수 선언 및 초기화
while(i < 10) { // i가 10보다 작은 동안 while문 실행
    i++; // i 값 1 증가
    c *= i; // c에 c * i 값 저장
}
printf("%d", c); // c 값 출력
```

디버깅표

i	c
0	0
1	0×1 = 0
2	0×2 = 0
:	:
9	0×9 = 0
10	0×10 = 0

09 형상 통제에 대해 간략히 서술하시오. [5점]

....
....
....

해설 키워드 변경 요구, 현재의 기준선(베이스라인), 조정 → 용어 형상 통제(=변경 제어)

정답
05. 데이터베이스의 구조와 제약조건에 대한 명세를 기술한 것을 의미한다. **06.** 0 **07.** 누구나 쉽게 이해하고 사용할 수 있어야 한다. **08.** 객체 생성 시 초기화 작업을 위한 함수로써, 객체를 생성할 때 자동으로 호출되고 제일 먼저 실행된다. **09.** 식별된 형상 항목에 대한 변경 요구를 검토하여 현재의 기준선이 잘 반영될 수 있도록 조정하는 작업

10 다음의 설명과 가장 부합하는 용어를 영문으로 쓰시오. [5점]

> TCP/IP 기반의 인터넷 통신 서비스에서 인터넷 프로토콜(IP)과 조합하여 통신 중에 발생하는 오류의 처리와 전송 경로의 변경 등을 위한 제어 메시지를 취급하는 무연결 전송(Connectionless Transmission)용의 프로토콜로 OSI 기본 참조 모델의 네트워크층에 해당한다.

> **해설** 키워드 IP와 조합, 제어 메시지(Control Message) → 용어 ICMP

11 [학생] 테이블에 데이터 타입이 문자 20자리인 '주소' 속성을 추가하는 SQL문을 완성하기 위하여 ①, ②에 들어갈 가장 적합한 답을 쓰시오. [5점]

> (①) TABLE 학생 (②) 주소 VARCHAR(20);

① ....
② ....

> **해설** ALTER TABLE : ADD(새로운 속성 추가), ALTER(기본값 변경), DROP(속성 제거)

12 소프트웨어 공학에서 리팩토링(Refactoring)을 하는 목적에 대해 간략히 서술하시오. [5점]

....

> **해설** 키워드 외부 행위는 바뀌지 않고 내부 구조 개선 → 용어 리팩토링

13 다음 화이트박스 테스트의 제어 흐름에 대한 분기 커버리지를 수행하는 경우 〈보기〉를 참고하여 실행할 수 있는 테스트 케이스를 순서대로 나열하시오. [5점]

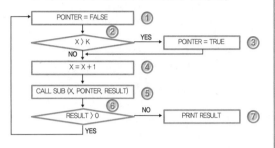

> 〈보기〉
> ① : ( ) → ( ) → ( ) → ( ) → ( ) → ( ) → ( )
> ② : ( ) → ( ) → ( ) → ( ) → ( ) → ( )

① ....

② ....

> **해설** 분기(Branch, 결정, Decision) 커버리지
> : 조건문 내에 존재하는 조건들의 참(True)과 거짓(False)이 적어도 한 번 이상 실행된다.
>
> | 테스트 케이스 | X 〉 K | RESULT 〉 0 | 경로 |
> |---|---|---|---|
> | 1 | T | T | 1→2→3→4→5→6→1 |
> | 1 | F | F | 1→2→4→5→6→7 |
> | 2 | T | F | 1→2→3→4→5→6→7 |
> | 2 | F | T | 1→2→4→5→6→1 |

14 X ⊃ Y인 두 개의 릴레이션 R(X)와 S(Y)가 있을 때, R의 속성이 S의 속성 값을 모두 가진 튜플에서 S가 가진 속성을 제외한 속성만을 구하는 연산자의 기호를 쓰시오. [5점]

....

> **해설** 키워드 제외한 속성만 → 용어 DIVISION(÷)

정답

※ 10번 답안은 영문과 영문 약어 중 하나만 작성하면 됩니다.
10. ICMP(Internet Control Message Protocol) **11.** ❶ ALTER ❷ ADD **12.** 코드의 외부 행위(동작, 기능)은 바뀌지 않고 내부 구조를 개선시켜 소프트웨어를 보다 이해하기 쉽고, 수정하기 쉽도록 만드는 것이다. **13.** ❶ 1234561 ❷ 124567 또는 ❶ 1234567 ❷ 124561 **14.** ÷

15 성적 테이블에서 과목별 점수의 평균이 90점 이상인 '과목이름', '최소점수', '최대점수'를 검색하는 SQL문을 〈처리 조건〉에 부합하도록 작성하시오. [5점]

〈처리 조건〉
- WHERE문은 사용하지 않는다.
- 집계 함수(Aggregation Function)를 사용하여 구성한다.
- '최소점수', '최대점수'는 별칭(Alias)을 위한 AS문을 사용한다.
- 대/소문자를 구분하지 않고, 세미콜론(;)은 생략 가능하다.

⎯⎯⎯⎯⎯⎯⎯⎯⎯⎯⎯⎯⎯⎯⎯⎯

⎯⎯⎯⎯⎯⎯⎯⎯⎯⎯⎯⎯⎯⎯⎯⎯

> [해설] SELECT문 일반 형식 : SELECT 속성 FROM 테이블명 [WHERE 조건] [GROUP BY 속성 [HAVING 조건]];
> - GROUP BY 속성 : 해당 속성을 그룹화
> - HAVING 조건 : 그룹에 대한 조건
> - MIN(속성) : 그룹별 최솟값
> - MAX(속성) : 그룹별 최댓값
> - AVG(속성) : 그룹별 평균

16 시스템이나 시스템 구성 요소 또는 프로그램 내부 구조를 보지 않고 주로 구현된 기능을 테스트하는 테스트 기법으로, 동치 분할 테스트, 경계값 분석 테스트 등을 이용하는 테스트 기법은 무엇인지 쓰시오. [5점]

⎯⎯⎯⎯⎯⎯⎯⎯⎯⎯⎯⎯⎯⎯⎯⎯

> [해설] [키워드] 내부 구조 X, 기능 → [용어] 블랙박스 테스트

17 다음 C언어로 구현된 프로그램을 분석하여 그 실행 결과를 쓰시오. [5점]

```c
#include <stdio.h>
int r1() {
    return 4;
}
int r10() {
    return (30+r1());
}
int r100() {
    return (200+r10());
}
int main() {
    printf("%d", r100());
    return 0;
}
```

⎯⎯⎯⎯⎯⎯⎯⎯⎯⎯⎯⎯⎯⎯⎯⎯

> [해설] return문
>
> ```
> ⑦   int r1() {
> ⑧       return 4;
>     }
> ⑤   int r10() {
> ⑥⑨     return (30+r1());
>     }
> ③   int r100() {
> ④⑩     return (200+r10());
>     }
> ①   int main() {
> ②⑪     printf("%d", r100());
> ⑫       return 0;
>     }
> ```
>
> ① 메인 함수 실행
> ②⑪ 함수 r100을 호출한 후 함수의 반환 값 출력
> ③ 함수 r100 실행
> ④⑩ 함수 r10을 호출한 후, 함수의 반환 값에 200을 덧셈하여 함수를 호출한 곳(main)으로 반환 → 234
> ⑤ 함수 r10 실행
> ⑥⑨ 함수 r1을 호출한 후, 함수의 반환 값에 30을 덧셈하여 함수를 호출한 곳(r100)으로 반환 → 34
> ⑦ 함수 r1 실행
> ⑧ 함수를 호출한 곳(r10)으로 4 반환
> ⑫ 프로그램 종료

⎯⎯⎯⎯⎯⎯⎯⎯⎯⎯⎯⎯⎯⎯⎯⎯⎯⎯⎯⎯⎯⎯⎯⎯⎯⎯⎯⎯⎯⎯⎯⎯⎯⎯⎯⎯⎯⎯⎯

[정답]

※ 답안의 한글과 영문(영문 약어) 중 하나만 작성하면 됩니다.
15. SELECT 과목이름, MIN(점수) AS 최소점수, MAX(점수) AS 최대점수 FROM 성적 GROUP BY 과목이름 HAVING AVG(점수) >= 90; **16.** 블랙박스 테스트(Black Box Test) **17.** 234

18 다음 Java언어로 구현된 프로그램을 분석하여 그 실행 결과를 쓰시오. [5점]

```java
public class Gisafirst {
    public static void main(String[] args) {
        int i = 0;
        int sum = 0;
        while(i < 10) {
            i++;
            if(i % 2 == 1)
                continue;
            sum += i;
        }
        System.out.print(sum);
    }
}
```

19 학생 테이블에서 이름이 '민수'인 튜플을 삭제하고자 한다. 다음 〈처리 조건〉을 참고하여 SQL문을 작성하시오. [5점]

〈처리 조건〉
• 명령문 마지막의 세미콜론(;)은 생략이 가능하다.
• 인용 부호가 필요한 경우 작은따옴표(' ')를 사용한다.

> **해설** DELETE문 일반 형식
> : DELETE FROM 테이블명 [WHERE 조건];

20 다음 Java언어로 구현된 프로그램을 분석하여 그 실행 결과를 쓰시오. [5점]

```java
abstract class Vehicle {
    String name;
    abstract public String getName(String val);
    public String getName() {
        return "Vehicle name:" + name;
    }
}
class Car extends Vehicle {
    String name;
    public Car(String val) {
        name = super.name = val;
    }
    public String getName(String val) {
        return "Car name:" + val;
    }
    public String getName(byte val[]) {
        return "Car name:" + val;
    }
}
public class Gisafirst {
    public static void main(String args[]) {
        Vehicle obj = new Car("Spark");
        System.out.print(obj.getName());
    }
}
```

> **해설** 1부터 10까지 짝수 합계
>
> ```
> while(i < 10) { // i가 10보다 작은 동안 while문 실행
>     i++; // i 값 1 증가
>     if(i % 2 == 1)
>     // i를 2로 나눈 나머지 값이 1인 경우
>         continue; // 이후 문장은 실행하지 않고,
>                   //   while문의 선두로 되돌아가서 실행
>     sum += i; // sum에 sum + i 값 저장
> }
> System.out.print(sum); // sum 값 출력
> ```
>
> 디버깅표
>
> | i | i % 2 | sum |
> |---|-------|-----|
> | 0 | | 0 |
> | 1 | 1 % 2 = 1 | |
> | 2 | 2 % 2 = 0 | 2 |
> | : | : | : |
> | 8 | 8 % 2 = 0 | 20 |
> | 9 | 9 % 2 = 1 | |
> | 10 | 10 % 2 = 0 | 30 |

정답
18. 30   19. DELETE FROM 학생 WHERE 이름 = '민수';   20. Vehicle name:Spark

코드해설

```
abstract class Vehicle {
    String name;
    abstract public String getName(String val);
⑥  public String getName() {
⑦      return "Vehicle name:" + name;
    }
}
class Car extends Vehicle {
    String name;
③  public Car(String val) {
④      name = super.name = val;
    }
    public String getName(String val) {
        return "Car name:" + val;
    }
    public String getName(byte val[]) {
        return "Car name:" + val;
    }
}
public class Gisafirst {
①  public static void main(String args[]) {
②      Vehicle obj = new Car("Spark");
⑤|⑧    System.out.print(obj.getName());
    }
}
```

① 메인 함수 실행

② 클래스 Car의 객체 obj 생성

– 객체 생성 시 클래스 Car의 생성자 호출(전달인자 : Spark)

③ 객체 생성 시 호출되는 생성자 함수 실행(val : Spark)

④

Car 클래스   Vehicle 클래스

⑤|⑧ 객체 obj의 메소드 getName 호출 및 함수의 반환 값 출력

⑥ 매개변수가 없는 메소드 getName 실행(오버로딩)

⑦ Vehicle name:Spark 반환

01 스니핑(Sniffing)에 대해 간략히 서술하시오. [5점]

....

....

....

해설　키워드 도청 → 용어 스니핑

02 정보보안의 3대 목표 중 가용성(Availability)의 개념을 간략히 서술하시오. [5점]

....

....

....

해설　키워드 적절한 시점에 접근 → 용어 가용성

03 릴레이션에서 일부 속성들의 종속으로 인해 데이터의 중복이 발생하여 테이블 조작 시 불일치가 발생하는 것을 이상(Anomaly) 현상이라고 한다. 이러한 이상(Anomaly) 현상의 종류 세 가지를 쓰시오. [5점]

....

....

....

해설　TIP 이상 현상의 종류는 "삽살개(삽삭갱)"로 기억하세요.

04 다음의 설명과 가장 부합하는 용어를 쓰시오. [5점]

- 오픈 소스를 기반으로 한 분산 컴퓨팅 플랫폼이다.
- 일반 PC급 컴퓨터들로 가상화된 대형 스토리지를 형성한다.
- 다양한 소스를 통해 생성된 빅 데이터를 효율적으로 저장하고 처리한다.

....

해설　키워드 오픈 소스 기반, 분산 컴퓨팅 플랫폼, 빅 데이터 저장, 처리 → 용어 하둡

05 다음 설명의 ( ) 안에 공통적으로 들어갈 가장 적합한 용어를 쓰시오. [5점]

( )은(는) IPv4의 주소 고갈 문제의 대안으로 IPv4 주소 체계를 128비트 크기로 확장한 인터넷 주소 체계이다. 표현방법은 128비트를 여덟 부분으로 나누어 각 부분을 콜론(:)으로 구분하여 표현하며, 각 구분은 16진수로 표현한다. ( )은(는) 주소 공간의 확장으로 하나의 주소를 여러 계층으로 나눠 다양한 방법으로 사용이 가능하며, IPv4에서 자주 사용하지 않는 헤더 필드를 제거해 헤더 포맷을 단순화시키고 데이터를 특성에 맞게 분류 및 처리해 향상된 서비스를 지원하며 보안과 개인 보호 기능을 지원한다.

....

해설　키워드 IPv4 주소 고갈, 128비트 크기로 확장 → 용어 IPv6

정답
※ 답안의 한글과 영문(영문 약어) 중 하나만 작성하면 됩니다.
01. 네트워크의 중간에서 남의 패킷 정보를 도청하는 해킹 유형의 하나 02. 정보 자산에 대해 적절한 시간에 접근 가능한 것을 의미한다. 03. 갱신 이상(Update Anomaly), 삽입 이상(Insertion Anomaly), 삭제 이상(Deletion Anomaly) 04. 하둡(Hadoop) 05. IPv6(Internet protocol version 6)

06 다음 설명의 ( ) 안에 공통적으로 들어갈 가장 적합한 용어를 쓰시오. [5점]

> • ( )은(는) 1960년대 말에 미국 AT&T 벨(Bell) 연구소에서 개발한 운영체제이다. 원래 워크스테이션/서버용이었지만, 데스크톱이나 임베디드용으로도 쓰인다.
> • ( )의 파일 시스템의 구조는 계층적 트리 구조로, 처음으로 어셈블리가 아니라 C언어라는 고급 프로그래밍 언어로 커널까지 작성된 운영체제이다.
> • ( )은(는) 고급 언어인 C언어로 개발되었기 때문에 다른 하드웨어로 이식하기가 쉬우며, 멀티태스킹 기술을 도입하여 여러 사용자가 동시에 사용할 수 있게 되었다.

해설 [키워드] 벨(Bell) 연구소, C언어, 커널 → [용어] UNIX

07 컴퓨터 네트워킹에서 쓰이는 용어로서, IP 패킷의 TCP/UDP 포트 숫자와 소스 및 목적지의 IP 주소 등을 재기록하면서 라우터를 통해 네트워크 트래픽을 주고받는 기술로써 네트워크 주소 변환이라고도 하는 것을 영문 약어로 쓰시오. [5점]

해설 [키워드] 컴퓨터 네트워킹(Network), IP 주소(Address), 재기록, 라우터, 네트워크 트래픽 → [용어] NAT(Network Address Translation, 네트워크 주소 변환)

08 다음 Java언어로 구현된 프로그램에서 〈코드〉와 〈출력〉을 분석하여 ①, ②에 들어갈 가장 적합한 답을 쓰시오.

〈코드〉

```
public class Gisafirst {
    public static void main(String[] args) {
        int[][] array = new int [(①)][(②)];
        for(int i = 0; i < 3; i++) {
            for(int j = 0; j < 5; j++) {
                array[i][j] = 3 * j + i + 1;
                System.out.print(array[i][j] +
" ");
            }
            System.out.println();
        }
    }
}
```

〈출력〉

```
1 4 7 10 13
2 5 8 11 14
3 6 9 12 15
```

① ....

② ....

해설 **이차원 배열**

```
① int[][] array = new int[3][5];
② for(int i = 0; i < 3; i++) {
③     for(int j = 0; j < 5; j++) {
④         array[i][j] = 3 * j + i + 1;
⑤         System.out.print(array[i][j] + " ");
⑥     }
⑦     System.out.println();
```

① 3행 5열 배열 array 생성
②~⑥ 3행 5열 배열에 요소 저장 후 출력
⑦ 개행
• 안쪽 for문이 종료되면, 즉 각 행의 모든 값을 출력했으면 개행한다.

1	4	7	10	13
2	5	8	11	14
3	6	9	12	15

정답
※ 06번 답안은 한글과 영문(영문 약어) 중 하나만 작성해도 되지만, 07번 답안은 반드시 영문 약어로 작성해야 됩니다.
06. UNIX(유닉스) **07.** NAT **08.** ❶ 3 ❷ 5

09 다음은 프로세스 상태 전이도를 나타낸 것이다. ①~③에 들어갈 가장 적합한 상태를 쓰시오.

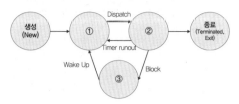

① ....

② ....

③ ....

해설 프로세스 주요 3가지 상태는 준비(Ready), 실행(Run), 대기(Wait, Block)이다.

10 다음 설명의 ( ) 안에 들어갈 가장 적합한 용어를 쓰시오. [5점]

GoF(Gang of Four) 디자인 패턴은 에릭 감마(Erich Gamma), 리처드 헬름(Richard Helm), 랄프 존슨(Ralph Johnson), 존 블리시데스(John Vlissides)가 제안한 디자인 패턴이다. 객체지향 개념에 따른 설계 중 재사용할 경우 유용한 설계를 디자인 패턴으로 정립한 것으로, 생성 패턴, 구조 패턴, ( ) 패턴으로 구분하여 패턴을 설명한다.

해설 GoF 디자인 패턴 분류 : 생성 패턴, 구조 패턴, 행위 패턴

11 다음 Python으로 구현된 프로그램을 분석하여 그 실행 결과를 쓰시오. [5점]

```
lol = [[1, 2, 3], [4, 5], [6, 7, 8, 9]]
print(lol[0])
print(lol[2][1])
for sub in lol:
    for item in sub:
        print(item, end=" ")
    print()
```

해설 코드해설

```
print(lol[0])
# 전체 리스트(lol)의 1행 출력
print(lol[2][1])
# 전체 리스트(lol)의 3행 2열 출력
① for sub in lol:
    # 전체 리스트(lol)의 부분 리스트(sub) 반복
②   for item in sub:
        # 부분 리스트(sub)의 요소(item) 반복
        print(item, end=" ")
        # 리스트 내 정수(요소) 출력 및 한 칸 띄움
    print() # 개행
```

① sub → 부분 리스트

1	2	3

4	5

6	7	8	9

② item → 정수(요소)

```
1 2 3
4 5
6 7 8 9
```

정답

※ 답안의 한글과 영문(영문 약어) 중 하나만 작성하면 됩니다. ※ 답안 중 ¶(단락 기호) 표시는 줄바꿈을 의미합니다.

09. ❶ 준비(Ready) ❷ 실행(Run) ❸ 대기(Wait, Block) **10.** 행위(Behavioral) **11.** [1, 2, 3] ¶ 7 ¶ 1 2 3 ¶ 4 5 ¶ 6 7 8 9

12 다음 C언어로 구현된 프로그램을 분석하여 그 실행 결과를 쓰시오. [5점]

```c
#include <stdio.h>
int main() {
    char *p = "KOREA";
    printf("%s\n", p);
    printf("%s\n", p+3);
    printf("%c\n", *p);
    printf("%c\n", *(p+3));
    printf("%c ", *p+2);
}
```

해설 코드해설

```
① char *p = "KOREA";
② printf("%s\n", p);
③ printf("%s\n", p+3);
④ printf("%c\n", *p);
⑤ printf("%c\n", *(p+3));
⑥ printf("%c ", *p+2);
```

① 문자열 포인터 p 선언 및 초기화

	메모리 주소	값
p →	100	K
	101	O
	102	R
	103	E
	104	A

② 문자열 포인터 p의 시작 주소부터 문자열 끝까지 출력 및 개행
③ 문자열 포인터 p의 (시작 주소+3)부터 문자열 끝까지 출력 및 개행
④ 문자열 포인터 p의 시작 주소에 접근하여, 해당 메모리 주소에 저장된 값 출력 및 개행
⑤ (문자열 포인터 p의 시작 주소+3)의 메모리 주소에 저장된 값 출력 및 개행
⑥ 문자열 포인터 p의 시작 주소에 저장된 값에 2를 덧셈한 값 출력

TIP C언어에서 문자는 아스키코드 규칙에 의해 정수로 저장되므로 덧셈, 뺄셈 등의 연산이 가능합니다.
예 A = 65, K = 75, M = 77

13 다음의 설명과 가장 부합하는 용어를 쓰시오. [5점]

> 트랜잭션 수행 도중 데이터를 변경하면 변경 정보를 로그 파일에 저장하고, 트랜잭션이 부분 완료되기 전이라도 모든 변경 내용을 즉시 데이터베이스에 반영하는 기법이다. 회복 시 로그 파일을 참조하여 Redo와 Undo 연산을 모두 실행한다.

해설 키워드 즉시 반영, Redo와 Undo 모두 실행 → 용어 즉시 갱신 기법

14 다음 Java언어로 구현한 프로그램과 〈출력〉을 분석하여 ①, ②에 들어갈 가장 적합한 답을 쓰시오.

```java
public class Gisafirst {
    public static void main(String[] args) {
        int a[] = new int[8];
        int i = 0, n = 10;
        while((   ①   )) {
            a[i++] = (   ②   );
            n /= 2;
        }
        for(i = 7; i >= 0; i--)
            System.out.printf("%d", a[i]);
    }
}
```

〈출력〉

```
00001010
```

① ....

② ....

정답
※ 답안의 한글과 영문(영문 약어) 중 하나만 작성하면 됩니다. ※ 답안 중 ¶(단락 기호) 표시는 줄바꿈을 의미합니다.
12. KOREA ¶ EA ¶ K ¶ E ¶ M **13.** 즉시 갱신(Immediate Update) 기법 **14.** ❶ n > 0 ❷ n % 2

2진수 변환

```
int a[] = new int[8]; // 크기가 8인 배열 a 선언
int i = 0, n = 10; // 변수 선언 및 초기화
while(n > 0) { // n이 0보다 큰 동안 while문 실행
    a[i++] = n % 2;
    // a[i]에 n % 2 값 저장 후 i 값 1 증가
    n /= 2; // n에 n / 2 값 저장
}
for(i = 7; i >= 0; i--)
// i는 7부터 0보다 크거나 같을 때까지 1씩 감소하며
    for문 실행(배열 역순 출력)
    System.out.printf("%d", a[i]); // a[i] 값 출력
```

디버깅표

i	n	n > 0	a[i++]	배열 a
0	10	T	a[0]=10%2=0	00000000
1	5	T	a[1]=5%2=1	01000000
2	2	T	a[2]=2%2=0	01000000
3	1	T	a[3]=1%2=1	01010000
4	0	F		while문 종료

TIP n은 정수형이므로 2.5는 소수점 아래 절삭되어 2가 저장됩니다.

---

15 다음의 설명과 가장 부합하는 용어를 쓰시오. [5점]

> P2P 네트워크를 이용하여 온라인 금융 거래 정보를 온라인 네트워크 참여자(peer)의 디지털 장비에 분산 저장하는 기술을 의미한다. 비트 코인(Bitcoin)이 이것의 가장 대표적인 예이며, 주식·부동산 거래 등 다양한 금융거래에 사용이 가능하고, 현관 키 등의 보안과 관련된 분야에도 활용될 수 있어 크게 주목받고 있다.

해설 키워드 P2P, 온라인 금융 거래 정보, 비트코인 → 용어 블록체인

---

16 특정 몇몇 입력 값들에 대해서만 원하는 결과를 제공해주는 오라클로, 전 범위 테스트가 불가한 경우 사용하며 경계값, 구간별 예상 값 결과 작성 시 사용하는 오라클은 무엇인지 쓰시오. [5점]

해설 키워드 특정 몇몇 입력 값, 원하는 결과 제공 → 용어 샘플링 오라클

---

17 [학생] 테이블에서 '학과'와 학과별 학생 수인 '학과별튜플수'를 검색하는 SQL문을 [결과]를 참고하여 〈처리 조건〉에 부합하도록 작성하시오. [5점]

[학생]

학번	이름	학과	학점
0001	김길현	전기	3.5
0002	이상인	컴퓨터	4.1
0003	남기욱	전자	2.7
0004	권지온	컴퓨터	3.6
0005	김상현	전자	4.0

〈처리 조건〉
- WHERE문은 사용하지 않는다.
- 집계함수(Aggregation Function)를 사용하여 구성한다.
- GROUP BY를 사용하여 구성한다.
- '학과별튜플수'는 별칭(Alias)을 위한 AS문을 사용한다.
- 대/소문자를 구분하지 않고, 세미콜론(;)은 생략 가능하다.
- 인용 부호 표시, 사용 시에는 작은따옴표(' ')를 쓴다.

[결과]

학과	학과별튜플수
전기	1
컴퓨터	2
전자	2

해설 COUNT(속성) : 그룹별 튜플수

정답

※ 답안의 한글과 영문(영문 약어) 중 하나만 작성하면 됩니다.

15. 블록체인(Blockchain) **16.** 샘플링 오라클(Sampling Oracle) **17.** SELECT 학과, COUNT(학과) AS '학과별튜플수' FROM 학생 GROUP BY 학과;

18 다음 Java언어로 구현한 프로그램을 분석하여 그 실행 결과를 쓰시오. [5점]

```java
class Parent {
    int compute(int num) {
        if(num <= 1)
            return num;
        return compute(num-1) + compute(num-2);
    }
}
class Child extends Parent {
    int compute(int num) {
        if(num <= 1)
            return num;
        return compute(num-1) + compute(num-3);
    }
}
public class Gisafirst {
    public static void main(String[] args) {
        Parent obj = new Child();
        System.out.print(obj.compute(4));
    }
}
```

⑦ ④~⑥번 반복

TIP 재귀 함수는 자기 자신을 다시 호출하는 함수를 의미합니다.

재귀 함수

num	num <= 1	return
4	F	compute(3)+compute(1)
3	F	compute(2)+compute(0)
2	F	compute(1)+compute(-1)
0	T	0
1	T	1
-1	T	-1

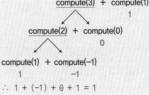

∴ 1 + (-1) + 0 + 1 = 1

19 다음 표와 같이 프로그램의 입력 조건에 중점을 두고, 어느 하나의 입력 조건에 대하여 타당한 값과 그렇지 못한 값을 설정하여 해당 입력 자료에 맞는 결과가 출력되는지 확인하는 테스트 기법은 무엇인지 쓰시오. [5점]

테스트 케이스	1	2	3
점수 범위	0~60점	61~70점	71~80점
입력 값	55점	65점	78점
예상 결과 값	50만 원	100만 원	200만 원
실제 결과 값	50만 원	100만 원	200만 원

해설 오버라이딩, 재귀 함수

```java
class Child extends Parent {
④   int compute(int num) {
⑤       if(num <= 1)
            return num;
⑥       return compute(num-1) + compute(num-3);
    }
}
public class Gisafirst {
①   public static void main(String[] args) {
②       Parent obj = new Child();
③       System.out.print(obj.compute(4));
    }
```

① 메인 함수 실행
② 클래스 Child의 객체 obj 생성
- 오버라이딩하기 위해 하위 클래스로 객체 변수를 생성하고 데이터 타입은 상위 클래스로 지정한다.
③ 객체 obj의 메소드 compute 호출(전달 인자 : 4)
  → 클래스 Child의 메소드 compute 호출
④ 메소드 compute 실행(num : 4)
⑤ if(4 <= 1) → FALSE
⑥ return compute(3) + compute(1)
  → 메소드 compute 호출(재귀 함수)

해설 **키워드** 입력 조건에 중점 → **용어** 동치 분할 검사

정답
※ 답안의 한글과 영문(영문 약어) 중 하나만 작성하면 됩니다.
18. 1 **19.** 동치(동등) 분할 테스트(Equivalence Partitioning Testing)

20 다음은 인터넷 쇼핑몰 다이어그램의 일부를 나타낸 것이다. 이는 UML(Unified Modeling Language) 다이어그램 중 어떤 다이어그램인지 쓰시오. [5점]

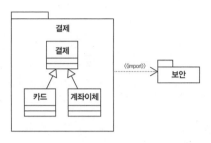

> **해설** 패키지 다이어그램은 요소들을 그룹화한 패키지들의 관계를 계층적 구조로 표현한 다이어그램이다.

정답
※ 답안의 한글과 영문(영문 약어) 중 하나만 작성하면 됩니다.
20. 패키지 다이어그램(Package diagram)

NOTE

01 IP 호스트가 자신의 MAC 주소는 알지만 IP 주소를 모르는 경우, 서버로부터 MAC 주소에 해당하는 IP 주소를 요청하기 위해 사용하는 프로토콜은 무엇인지 쓰시오. [5점]

> 해설 | 키워드 MAC 주소를 통하여 IP 주소를 얻음 → 용어 RARP

02 다음의 설명과 가장 부합하는 용어를 〈보기〉에서 찾아 쓰시오. [5점]

> ① 데이터베이스 파일의 저장 구조 및 접근 경로를 결정하고, 테이블 정의서 등이 결과로 작성되는 단계
> ② ER 다이어그램, 트랜잭션 모델링을 병행적으로 수행하는 단계
> ③ 테이블을 설계하고, 정규화 과정을 거치는 단계

> 〈보기〉
> 구현   개념적 설계   논리적 설계
> 요구 분석   물리적 설계

① ....

② ....

③ ....

> 해설 | 키워드 저장 구조, 접근 경로 → 용어 물리적 설계
> 키워드 ER 다이어그램, 트랜잭션 모델링 → 용어 개념적 설계
> 키워드 정규화 → 용어 논리적 설계

03 웹 서비스명, 제공 위치, 메시지 포맷, 프로토콜 정보 등 웹 서비스에 대한 상세 정보가 기술된 XML 형식으로 구현되어 있는 언어는 무엇인지 쓰시오. [5점]

> 해설 | 키워드 웹 서비스(Web Service), 상세 정보 → 용어 WSDL

04 아래 설명에서 ①, ②에 들어갈 가장 적합한 용어를 쓰시오. [5점]

> • (①) 요구사항은 수행될 기능과 관련된 입력과 출력 및 그들 사이의 처리 과정과 목표 시스템 구현을 위해 소프트웨어가 가져야할 기능적 속성에 대한 요구사항이다.
> • (②) 요구사항은 시스템의 기능에 관련되지 않은 사항으로, 시스템이 정상적으로 작동하기 위한 성능, 보안과 같은 제약 조건에 대한 요구사항이다.

① ....

② ....

> 해설 | 키워드 수행될 기능, 기능적 속성 → 용어 기능적 요구사항
> 키워드 성능, 보안, 제약 조건 → 용어 비기능적 요구사항

05 다음 Python언어로 구현된 프로그램을 분석하여 그 실행 결과를 쓰시오. [5점]

```
class arr:
    a = ["Seoul","Kyeonggi","Incheon","Daejeon",
"Daegu","Pusan"]
str01=' '
for i in arr.a:
    str01 = str01 + i[0]
print(str01)
```

정답
※ 답안의 한글과 영문(영문 약어) 중 하나만 작성하면 됩니다.
01. RARP(Reverse Address Resolution Protocol, 역순 주소 결정 프로토콜) **02.** ❶ 물리적 설계 ❷ 개념적 설계 ❸ 논리적 설계 **03.** WSDL(Web Services Description Language, 웹 서비스 기술 언어) **04.** ❶ 기능적(기능) ❷ 비기능적(비기능) **05.** SKIDDP

코드해설

```
class arr: # 클래스 arr 생성
    a = ["Seoul","Kyeonggi","Incheon","Daejeon",
    "Daegu","Pusan"] # 리스트 a 선언 및 초기화
```

	i[0]					
a[0]	S	e	o	u	l	
a[1]	K	y	e	o	n	g	g	i
a[2]	I	n	c	h	e	o	n
a[3]	D	a	e	j	e	o	n
a[4]	D	a	e	g	u	
a[5]	P	u	s	a	n	

```
str01=' ' # 변수 선언 및 초기화
for i in arr.a:
# i에 클래스 arr의 리스트 a[0]~a[5]를 차례대로 대입
    str01 = str01 + i[0]
    # str01에 str01 + i[0] 값 저장 → 문자열 덧셈
print(str01) # str01 값 출력
```

06 EMP 테이블을 참고하여 다음 SQL문의 실행 결과를 쓰시오. [5점]

[EMP]

EMPNO	SAL
100	1000
200	3000
300	2000

[SQL문]

```
SELECT COUNT(*)
FROM EMP
WHERE EMPNO > 100
AND SAL >= 3000
OR EMPNO = 200;
```

[SQL문] : [EMP] 테이블에서 EMPNO가 100 초과이고, SAL이 3000 이상이거나 EMPNO가 200인 개수를 검색한다.

COUNT(*)
1

07 다음 Java언어로 구현된 프로그램을 분석하여 그 실행 결과를 쓰시오. [5점]

```
public class Gisafirst{
    public static void main(String []args){
        int a[][] = {{45, 50, 75}, {89}};
        System.out.println(a[0].length);
        System.out.println(a[1].length);
        System.out.println(a[0][0]);
        System.out.println(a[0][1]);
        System.out.println(a[1][0]);
    }
}
```

코드해설

```
int a[][] = {{45, 50, 75}, {89}};
// 이차원 배열 a 선언 및 초기화
```

| a[0] | 45 | 50 | 75 |
| a[1] | 89 | | |

```
System.out.println(a[0].length);
// a[0]의 길이 출력 및 개행 → 3
System.out.println(a[1].length);
// a[1]의 길이 출력 및 개행 → 1
System.out.println(a[0][0]);
// 배열 a의 0행 0열 요소 출력 및 개행 → 45
System.out.println(a[0][1]);
// 배열 a의 0행 1열 요소 출력 및 개행 → 50
System.out.println(a[1][0]);
// 배열 a의 1행 0열 요소 출력 및 개행 → 89
```

08 시스템의 성능 향상, 개발 과정의 편의성 등을 위해 정규화된 데이터 모델을 분할, 통합, 추가하는 과정으로, 의도적으로 정규화 원칙을 위배하는 행위를 일컫는 용어는 무엇인지 쓰시오. [5점]

키워드 분할, 통합, 추가, 정규화 원칙 위배 행위 → 용어 반정규화

정답

※ 답안의 한글과 영문(영문 약어) 중 하나만 작성하면 됩니다. ※ 답안 중 ¶(단락 기호) 표시는 줄바꿈을 의미합니다.
06. 1 **07.** 3 ¶ 1 ¶ 45 ¶ 50 ¶ 89 **08.** 반정규화(Denormalization, 비정규화, 역정규화)

09 다음의 각 설명과 가장 부합하는 블랙박스 테스트 기법을 쓰시오. [5점]

> ① 0 <= x <= 100이면 x = -1, x = 0, x = 10, x = 11을 검사하는 기법
> ② 입력 값의 범위가 1~100이면 유효 값 1~100과 무효 값 -1, 0, 101, 102를 나눠서 검사하는 기법

① ....

② ....

> **해설**
> • 경계 값 분석 : 입력 조건의 중간 값보다 경계 값에서 오류가 발생될 확률이 높으므로 입력 조건의 경계 값으로 테스트하는 기법
> • 동치(동등) 분할 검사 : 입력 자료에 초점을 맞춰 테스트 케이스를 만들고 검사하는 기법

10 다음의 설명과 가장 부합하는 용어를 〈보기〉에서 고르시오. [5점]

> ① 개별 모듈이 제대로 구현되어 정해진 기능을 정확히 수행하는지를 테스트
> ② 소프트웨어 각 모듈 간의 상호작용이 정상적으로 실행되는지 확인하는지를 테스트

> 〈보기〉
> ㉠ 시스템 테스트   ㉡ 인수 테스트
> ㉢ 알파 테스트   ㉣ 단위 테스트
> ㉤ 통합 테스트   ㉥ 회귀 테스트

① ....

② ....

> **해설**
> [키워드] 개별 모듈, 기능 수행 → [용어] 단위 테스트(Unit Test)
> [키워드] 상호작용 → [용어] 통합 테스트(Integration Test)

11 아래 설명에서 ①, ②에 들어갈 가장 적합한 답을 쓰시오. [5점]

> • IPv6는 16비트씩 총 (①)비트로 구성되어 있다.
> • IPv4는 (②)비트씩 총 32비트로 구성되어있다.

① ....

② ....

> **해설**
> [키워드] 16비트, 총 128비트 → [용어] IPv6
> [키워드] 8비트, 총 32비트 → [용어] IPv4

12 다음의 설명과 가장 부합하는 용어를 쓰시오. [5점]

> • 실행 프로세스 간에 통신을 가능하게 하는 기술을 의미한다.
> • 주요 기법에는 공유 메모리 기법, 메시지 전달 기법이 있다.
> • 메시지 전달에 기반을 둔 기법들에는 시그널, 세마포어, 파이프, 소켓 등이 있다.

> **해설**
> [키워드] 프로세스(Process) 간 통신(Communication), 공유 메모리, 메시지 전달 기법 → [용어] IPC

13 다음의 설명과 가장 부합하는 용어를 쓰시오. [5점]

> 기업에서 운영되는 서로 다른 플랫폼 및 애플리케이션들 간의 정보 전달, 연계, 통합을 가능하게 해 주는 솔루션으로, 크게 Point to Point, Hub & Spoke, Message Bus, Hybrid 형태의 구성으로 분류될 수 있다.

> **정답**
> ※ 답안의 한글과 영문(영문 약어) 중 하나만 작성하면 됩니다.
> **09.** ❶ 경계값 분석(Boundary Value Analysis) ❷ 동치(동등) 분할 검사(Equivalence Partitioning Testing) **10.** ❶ ㉣ ❷ ㉤ **11.** ❶ 128 ❷ 8 **12.** IPC(Inter-Process Communication, 프로세스 간 통신) **13.** EAI(Enterprise Application Integration, 기업 애플리케이션 통합 솔루션)

해설 키워드 기업(Enterprise), 애플리케이션(Application) 간, 통합 (Integration), Point to Point~Hybrid → 용어 EAI

14 아래 [학생] 테이블의 Cardinality와 Degree를 구하시오. [5점]

[학생]

학번	이름	학과	학점
0001	김길현	전기	3.5
0002	이상인	컴퓨터	4.1
0003	남기욱	전자	2.7
0004	권지온	컴퓨터	3.6
0005	김상현	전자	4.0

① Cardinality _____

② Degree _____

해설
- 카디널리티(Cardinality) : 튜플들의 수
- 차수(Degree) : 속성들의 수

15 다음 C언어로 구현된 프로그램을 분석하여 그 실행 결과를 쓰시오. [5점]

```c
#include <stdio.h>
int main() {
    struct insa{
        char name[10];
        int age;
    } a[] = {"Kim", 28, "Lee", 38, "Park", 41,
"Choi", 30};
    struct insa *p;
    p = a;
    p++;
    printf("%s\n", p->name);
    printf("%d", p->age);
    return 0;
}
```

해설 **코드해설**

```c
① struct insa{
    char name[10];
    int age;
}② a[] = {"Kim", 28, "Lee", 38, "Park", 41, "Choi",
30};
③ struct insa *p;
④ p = a;
⑤ p++;
⑥ printf("%s\n", p->name);
⑦ printf("%d", p->age);
```

① 구조체 insa 정의
② 구조체 배열 a 선언 및 초기화

	a[0]	a[1]	a[2]	a[3]
name	"Kim"	"Lee"	"Park"	"Choi"
age	28	38	41	30

③ 구조체 포인터 변수 p 선언
④ 구조체 포인터 변수 p에 구조체 배열 a의 시작 주소 저장

p
↓

	a[0]	a[1]	a[2]	a[3]
name	"Kim"	"Lee"	"Park"	"Choi"
age	28	38	41	30

⑤ 구조체 포인터 변수 p는 가리키고 있던 구조체 배열의 다음 번째(두 번째)의 구조체 배열로 이동

        p
        ↓

	a[0]	a[1]	a[2]	a[3]
name	"Kim"	"Lee"	"Park"	"Choi"
age	28	38	41	30

⑥ 구조체 포인터 변수 p가 가리키는 메모리 주소의 name 값 출력 및 개행

        p
        ↓

	a[0]	a[1]	a[2]	a[3]
name	"Kim"	"Lee"	"Park"	"Choi"
age	28	38	41	30

⑦ 구조체 포인터 변수 p가 가리키는 메모리 주소의 age 값 출력

        p
        ↓

	a[0]	a[1]	a[2]	a[3]
name	"Kim"	"Lee"	"Park"	"Choi"
age	28	38	41	30

정답
※ 답안의 한글과 영문(영문 약어) 중 하나만 작성하면 됩니다. ※ 답안 중 ¶(단락 기호) 표시는 줄바꿈을 의미합니다.
14. ❶ 5 ❷ 4 15. LEE ¶ 38

16 다음은 데이터 모델 구성 요소에 대한 설명이다. ①, ②에 들어갈 가장 적합한 용어를 쓰시오. [5점]

> • (①) : 데이터베이스에 저장된 실제 데이터를 처리하는 방법에 대한 명세로서 데이터베이스를 조작하는 기본 도구
> • (②) : 논리적으로 표현된 개체 타입들 간의 관계로서 데이터 구조 및 정적 성질 표현
> • 제약조건 : 데이터베이스에 저장될 수 있는 실제 데이터의 논리적인 제약조건

① ....

② ....

> **해설** 키워드 실제 데이터 처리, 기본 도구 → 용어 연산
> 키워드 개체 타입들 간의 관계 → 용어 구조

17 다음의 설명과 가장 부합하는 용어를 쓰시오. [5점]

> 시스템 객체에 대한 접근을 사용자 개인 또는 그룹의 식별자를 기반으로 제한하는 접근 통제 방법이다. 사용자나 그룹이 객체의 소유자라면 다른 주체에 대해 자신의 판단에 의해서이 객체에 대한 접근 권한을 줄 수 있다.

> **해설** 키워드 개인 또는 식별자, 접근(Access) 권한을 줌 → 용어 임의 접근 통제

18 다음 Java언어로 구현된 프로그램을 분석하여 그 실행 결과를 쓰시오. [5점]

```java
public class Gisafirst {
    public static void main(String[] args) {
        int j, i;
        for(j = 0, i = 0; i <= 5; i++) {
            j += i;
            System.out.print(i);
            if(i == 5) {
                System.out.print("=");
                System.out.print(j);
            } else {
                System.out.print("+");
            }
        }
    }
}
```

> **해설** 코드해설
>
> ```java
> for(j = 0, i = 0; i <= 5; i++) {
> // i는 0부터 5보다 작거나 같을 때까지 for문 실행
>     j += i; // j에 j + i 값 저장
>     System.out.print(i); // i 값 출력
>     if(i == 5) { // i가 5인 경우
>         System.out.print("="); // "=" 출력
>         System.out.print(j); // j 값 출력
>     } else { // i가 5가 아닌 경우
>         System.out.print("+"); // "+" 출력
>     }
> }
> ```
>
> 디버깅표
>
> | i | j | 출력 |
> |---|---|------|
> | 0 | 0 | 0+ |
> | 1 | 1 | 0+1+ |
> | 2 | 3 | 0+1+2+ |
> | 3 | 6 | 0+1+2+3+ |
> | 4 | 10 | 0+1+2+3+4+ |
> | 5 | 15 | 0+1+2+3+4+5=15 |
> | 6 | | for문 종료 |

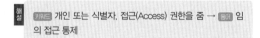

정답

※ 답안의 한글과 영문(영문 약어) 중 하나만 작성하면 됩니다.

16. ① 연산(Operation) **②** 구조(Data Structure) **17.** 임의 접근 통제(DAC; Discretionary Access Control, 신분 기반 정책) **18.** 0+1+2+3+4+5=15

19 다음의 설명과 가장 부합하는 용어를 〈보기〉에서 고르시오. [5점]

> ① 다른 모듈 내부에 있는 변수나 기능을 다른 모듈에서 사용하는 경우
> ② 모듈 간의 인터페이스로 배열이나 오브젝트(Object), 자료구조(Structure) 등이 전달되는 경우
> ③ 파라미터가 아닌 모듈 밖에서 선언되어 있는 전역 변수를 참조하고 전역 변수를 갱신하는 식으로 상호 작용하는 경우

> 〈보기〉
> ㉠ 자료 결합도　　　㉡ 스탬프 결합도
> ㉢ 제어 결합도　　　㉣ 공통 결합도
> ㉤ 내용 결합도　　　㉥ 외부 결합도

① ....

② ....

③ ....

> 해설　키워드 다른 모듈, 변수나 기능 사용 → 용어 내용 결합도
> 키워드 오브젝트, 자료 구조 → 용어 스탬프 결합도
> 키워드 모듈 밖, 전역 변수 → 용어 공통 결합도

> 해설　키워드 세션(Session)을 가로채다(Hijacking) → 용어 세션 하이재킹

20 다음 설명의 (　) 안에 공통적으로 들어갈 가장 적합한 용어를 쓰시오. [5점]

> • (　)은(는) '세션을 가로채다'라는 의미로, 정당한 사용자의 세션 상태를 훔치거나 도용하여 액세스하는 보안 공격 기법이다.
> • TCP (　)은(는) 클라이언트/서버 간 TCP 세션으로 통신 중일 때 RST 패킷을 보내어 일시적으로 희생자의 세션을 끊고 공격자에게 서버와의 연결을 재설정하는 보안 공격이다.

 ....

정답
※ 답안의 한글과 영문(영문 약어) 중 하나만 작성하면 됩니다.
19. ❶ ㉤ **②** ㉡ **❸** ㉣　**20.** 세션 하이재킹(Session Hijacking, 세션 가로채기)

01 다음의 설명과 가장 부합하는 용어를 쓰시오. [5점]

> 네트워크 장치를 필요로 하지 않고, 멀티 홉 라우팅 기능에 의해 무선 인터페이스가 가지는 통신 거리상의 제약을 극복하며, 노드들의 이동이 자유롭기 때문에 네트워크 토폴로지가 동적으로 변화되는 특징이 있다. 응용 분야로는 긴급구조, 긴급회의, 전쟁터에서의 군사 네트워크 등이 있다.

> 해설 키워드 멀티 홉 라우팅, 노드 이동 자유로움, 동적으로 변화 → 용어 애드혹 네트워크

02 다음은 UI 설계 도구에 대한 설명이다. 설명과 가장 부합하는 용어를 쓰시오. [5점]

> ① 사용자가 어떤 시스템, 제품, 서비스를 직 · 간접적으로 이용하면서 느끼고 생각하게 되는 지각과 반응, 행동 등의 총체적 경험을 말한다.
> ② 사용자와 컴퓨터 상호 간의 소통이 원활하게 이뤄지도록 도와주는 장치 또는 소프트웨어이다. 이것의 예로 CLI가 있다.

① ....

② ....

> 해설 키워드 총체적 경험(Experience) → 용어 UX
> 키워드 사용자(User)와 컴퓨터 간 소통, CLI → 용어 UI

03 트랜잭션(Transaction)의 특성에는 원자성(Atomicity), 일관성(Consistency), 독립성(Isolation), 영속성(Durability)이 있다. 이 중 원자성(Atomicity)에 대해 간략히 서술하시오. [5점]

> 해설 키워드 모두 반영, 전혀 반영되지 않아야 된다. → 용어 원자성

04 아래 테이블을 참고하여 설명의 (   ) 안에 들어갈 가장 적합한 답을 쓰시오. [5점]

> 제 (   ) 정규형은 부분 함수적 종속성을 제거하여 완전 함수적 종속을 만족한다.

[수강]

학번	수강과목	이름	성적
A001	데이터베이스	이상희	80
A002	운영체제	김시현	90
A002	프로그래밍	김시현	70
A003	운영체제	권상태	100

↓

[학생]

학번	이름
A001	이상희
A002	김시현
A003	권상태

[성적]

학번	수강과목	성적
A001	데이터베이스	80
A002	운영체제	90
A002	프로그래밍	70
A003	운영체제	100

> 해설 키워드 부분 함수적 종속 제거, 완전 함수적 종속 → 용어 제2 정규형

정답
※ 답안의 한글과 영문(영문 약어) 중 하나만 작성하면 됩니다.
01. 애드혹 네트워크(Ad-Hoc Network) 02. ❶ UX(User Experience, 사용자 경험, 사용자 인식 반응 경험) ❷ UI(User Interface, 사용자 인터페이스)
03. 트랜잭션이 데이터베이스에 모두 반영되거나 아니면 전혀 반영되지 않아야 한다. 04. 2

05 학생 테이블에서 점수가 90점 이상인 학생의 학점을 'A'로 변경하고자 한다. 다음 SQL문에서 ①, ②에 들어갈 가장 적합한 답을 쓰시오. [5점]

> (①) 학생 (②) 학점 = 'A'
> WHERE 점수 >= 90;

① ....

② ....

> **해설** 튜플을 변경(수정)할 때 UPDATE 명령어를 사용한다.

06 [학생정보] 테이블의 학과와 [학과정보] 테이블의 학과가 같은 학생의 이름을 검색하고자 한다. SQL문의 ①, ②에 들어갈 가장 적합한 답을 쓰시오. [5점]

[학생정보]

학번	이름	학과
A001	김길현	컴퓨터
A002	이상인	바이오
A003	남기욱	전기
A004	권지온	컴퓨터
A005	김상현	바이오

[학과정보]

학과	학생수
전기	50
컴퓨터	30
전자	80

[실행 결과]

이름
김길현
남기욱
권지온

> SELECT 이름 FROM 학생정보 a JOIN 학과정보 b
> (①)a.학과 = b.(②);

① ....

② ....

> **해설**
> • FROM 학생정보 a JOIN 학과정보 b
> : [학생정보] 테이블과 [학과정보] 테이블을 JOIN하여
> ([학생정보] 테이블 별칭 : a, [학과정보] 테이블 별칭 : b)
> • ON a.학과 = b.학과 : [학생정보] 테이블의 학과와 [학과정보] 테이블의 학과의 값이 같은
> • SELECT 이름 : 이름을 검색한다.

07 다음 Python으로 구현된 프로그램을 분석하여 그 실행 결과를 쓰시오. [5점]

```
num = 100
res = 0
for i in range(1, 3):
    res = num >> i
    res = res + 1
print(res)
```

> **해설** 코드해설
>
> ```
> for i in range(1, 3): # i는 1부터 2까지 for문 실행
>     res = num >> i
>     # res에 num을 2진수로 표현한 후,
>       i만큼 오른쪽으로 이동시킨 값 저장
>     res = res + 1 # res 값 1 증가
> ```
>
> 디버깅표
>
> | i | num | num >> i | res + 1 |
> |---|-----|----------|---------|
> | 1 | $100 = 01100100_{(2)}$ | $00110010_{(2)} = 50$ | 51 |
> | 2 | $100 = 01100100_{(2)}$ | $00011001_{(2)} = 25$ | 26 |

정답
05. ❶ UPDATE ❷ SET 06. ❶ ON ❷ 학과 07. 26

08 다음 설명에 가장 부합하는 암호화 알고리즘을 쓰시오. [5점]

> DES를 보완한 것으로, 2001년 미국 표준 기술 연구소(NIST)에서 발표한 개인키 암호화 알고리즘이다. 128, 192, 256비트의 암호/복호키를 이용하여 128비트의 블록을 암호화, 복호화 하는 대칭키 암호 방식이다.

....

해설 키워드 DES 보완, 미국 표준 기술 연구소(NIST), 개인키 → 용어 AES

09 다음은 커버리지에 대한 설명이다. 설명과 가장 부합하는 커버리지를 〈보기〉에서 고르시오. [5점]

> • (①) 커버리지 : 모든 문장이 한 번 이상 수행되어야 한다.
> • (②) 커버리지 : 전체 조건식에 대해 True, False가 한 번 이상 수행되어야 한다.
> • (③) 커버리지 : 전체 조건식과 상관없이 모든 개별 조건식에 대해 True, False가 한 번 이상 수행되어야 한다.

〈보기〉
㉠ 조건/결정	㉡ 다중조건
㉢ 조건	㉣ 결정(분기)
㉤ 변형 조건/결정	㉥ 구문(문장)

① ....

② ....

③ ....

해설 키워드 모든 문장 → 용어 구문(Statement, 문장) 커버리지
키워드 전체 조건식 → 용어 결정(Decision, 분기, Branch) 커버리지
키워드 개별 조건식 → 용어 조건(Condition) 커버리지

10 다음은 수강생 테이블을 이용하여 이름이 '이'로 시작하는 모든 튜플을 수강료를 기준으로 내림차순으로 검색하는 SQL문을 작성하고자 한다. SQL문의 ①, ②에 들어갈 가장 적합한 답을 쓰시오. [5점]

> SELECT * FROM 수강생 WHERE 이름
> LIKE '(①)' ORDER BY 수강료 (②);

① ....

② ....

해설 '이'로 시작하는: 이%, 내림차순 : DESC

11 다음의 설명과 가장 부합하는 응집도를 〈보기〉에서 고르시오. [5점]

> ① 어떤 구성 요소의 출력이 다음 구성 요소의 입력으로 사용되지 않고, 순서에 따라 수행되는 경우
> ② 동일한 입·출력을 사용하여 서로 다른 기능을 수행하는 구성 요소들이 모인 경우
> ③ 단일 기능의 요소로 하나의 모듈을 구성하여 모든 기능들이 연관되어 있는 경우

〈보기〉
㉠ Functional Cohesion
㉡ Sequential Cohesion
㉢ Communication Cohesion
㉣ Procedural Cohesion
㉤ Temporal Cohesion
㉥ Logical Cohesion
㉦ Coincidental Cohesion

① ....

② ....

③ ....

해설 키워드 순서에 따라 → 용어 절차적 응집도(Procedural Cohesion)
키워드 동일한 입·출력, 다른 기능 수행 → 용어 교환(통신)적 응집도(Communication Cohesion)
키워드 단일 기능, 연관 → 용어 기능적 응집도(Functional Cohesion)

정답
※ 답안의 한글과 영문(영문 약어) 중 하나만 작성하면 됩니다.
08. AES(Advanced Encryption Standard, 고급 암호 표준) 09. ❶㉥ ❷㉣ ❸㉢ 10. ❶이% ❷DESC 11. ❶㉣ ❷㉢ ❸㉠

12 다음의 설명과 가장 부합하는 패킷 교환 방식을 쓰시오. [5점]

> ① 연결형 교환 방식으로, 정보 전송 전에 제어 패킷에 의해 가상 경로를 설정하여 목적지 호스트에 미리 연결 후 통신한다. 가상 경로를 미리 설정하여 송신 측에서 전송한 순서와 수신 측에 도착한 순서가 동일하며, 정해진 시간 내 또는 다량의 데이터를 연속으로 전송할 때 적합한 방식이다.
> ② 비연결형 교환 방식으로, 가상 경로를 설정하지 않고 헤더에 붙여서 개별적으로 전달한다. 패킷을 수신한 라우터는 순간마다 최적의 경로를 선택하여 전송하므로, 패킷은 서로 다른 경로로 전송될 수 있다. 이 방식은 송신 측에서 전송한 순서와 수신 측에 도착한 순서가 다를 수 있으며, 짧은 메시지의 일시적인 전송에 적합한 방식이다.

① _____

② _____

해설 키워드 연결형, 가상 경로 미리 설정 → 용어 가상 회선 방식
키워드 비연결형, 헤더, 최적의 경로 → 용어 데이터그램 방식

13 다음 ( ) 안에 공통적으로 들어갈 가장 적합한 용어를 쓰시오. [5점]

> GoF(Gang of Four) 디자인 패턴 중 ( ) 패턴은 반복적으로 사용되는 객체들의 상호 작용을 패턴화한 것으로, 클래스나 객체들이 상호 작용하는 방법, 알고리즘 등과 관련된 패턴이다. ( ) 패턴에는 Interpreter, Observer, Command, Visitor 등이 있다.

해설 키워드 상호 작용 → 용어 행위 패턴

14 다음 설명의 ( ) 안에 들어갈 가장 적합한 용어를 쓰시오. [5점]

> 동시에 여러 개의 트랜잭션을 수행할 때, 데이터베이스 일관성 유지를 위해 트랜잭션 간의 상호 작용을 제어하는 것을 병행 제어 기법이라고 한다. 병행 제어 기법 중 ( ) 기법은 트랜잭션들이 사용하는 자원에 대하여 하나의 트랜잭션이 사용하는 데이터를 다른 트랜잭션이 접근하지 못하게 상호 배제(Mutual Exclusive) 기능을 제공한다.

해설 키워드 다른 트랜잭션 접근 못함, 상호 배제 → 용어 로킹 기법

15 다음 럼바우(Rumbaugh) 분석 기법에 대한 설명과 가장 부합하는 용어를 〈보기〉에서 고르시오. [5점]

> - (①) Modeling : 입력에 대한 결과를 나타내며, 자료 흐름도(DFD)를 이용하여 각 객체에서 수행되는 동작들을 기술한다.
> - (②) Modeling : 상태도(STD)를 이용하여 시간에 따라 객체들의 제어 흐름, 상호 반응, 연산 순서를 나타낸다.
> - (③) Modeling : 시스템에서 요구되는 객체를 찾아내어 객체(Object)들의 특성을 규명하여 개체 관계도(ERD)로 표현한다.

〈보기〉
㉠ Abstraction	㉡ State	㉢ Information
㉣ Usecase	㉤ Function	㉥ Transaction
㉦ Dynamic	㉧ Sequence	㉨ Relation

① _____

② _____

③ _____

해설 키워드 자료 흐름도(DFD) → 용어 기능(Functional) 모델링
키워드 상태도(STD) → 용어 동적(Dynamic) 모델링
키워드 개체 관계도(ERD) → 용어 정보(Information) 모델링
TIP 객체(Object) 모델링을 정보(Information) 모델링이라고도 합니다.

정답
※ 답안의 한글과 영문(영문 약어) 중 하나만 작성하면 됩니다.
12. ❶ 가상 회선 방식 ❷ 데이터그램 방식 **13.** 행위(Behavioral) **14.** 로킹(Locking) **15.** ❶ ㉤ ❷ ㉦ ❸ ㉢

16 다음 C 프로그램의 결과 값을 쓰시오. [5점]

```c
#include <stdio.h>
int sq(int num, int ran);
int main() {
    int res;
    res = sq(2, 10);
    printf("%d", res);
    return 0;
}
int sq(int num, int ran) {
    int res = 1;
    for (int i = 0; i < ran; i++) {
        res = res * num;
    }
    return res;
}
```

해설 **2제곱 반복**

```c
int main() {
    int res; // 변수 선언
    res = sq(2, 10); // res에 sq(2, 10) 값 저장
    printf("%d", res); // res 값 출력
    return 0; // 프로그램 종료
}
int sq(int num, int ran) {
    int res = 1; // 변수 선언 및 초기화
    for (int i = 0; i < ran; i++) {
    // i는 0부터 10보다 작을 때까지 for문 실행
        res = res * num;
        // res에 res * 2 값 저장
    }
    return res; // res 값 반환
}
```

디버깅표

i	num	ran	res
	2	10	1
0			1 * 2 = 2
1			2 * 2 = 4
2			4 * 2 = 8
:	:	:	:
8			256 * 2 = 512
9			512 * 2 = 1024
10			for문 종료

17 JAVA 언어로 구현된 〈코드〉와 〈출력〉을 분석하여 ( ) 안에 들어갈 가장 적합한 답을 〈보기〉에서 고르시오. [5점]

```java
public class Gisafirst {
    public static void main(String[] args) {
        System.out.print(Gisafirst.test(1));
    }
    (     ) String test(int num) {
        return (num >= 0) ? "positive" : "nega-
tive";
    }
}
```

〈출력〉
positive

〈보기〉

㉠ static	㉡ register
㉢ auto	㉣ public
㉤ private	㉥ package
㉦ default	◎ protected
㉧ new	

해설 static 메소드는 객체 생성 없이 호출할 수 있는 메소드이다.

18 다음 C언어로 구현된 프로그램을 분석하여 그 실행 결과를 쓰시오. [5점]

```c
#include <stdio.h>
int main() {
    int arr[3];
    int x = 0;
    *(arr + 0) = 1;
    arr[1] = *(arr + 0) + 2;
    arr[2] = *arr + 3;
    for (int i = 0; i < 3; i++) {
        x = x + arr[i];
    }
    printf("%d", x);
}
```

정답
16. 1024 **17.** ㉠ **18.** 8

해설 코드해설

```
int arr[3]; // 크기가 3인 배열 arr 선언
int x = 0; // 변수 선언 및 초기화
*(arr + 0) = 1;
// 배열 첫 번째 주소(100)의 데이터값에 1 저장
arr[1] = *(arr + 0) + 2;
// arr[1]에 배열 첫 번째 주소(100)의 데이터값(1)
   과 2를 더한 값 대입 → arr[1] = 3
arr[2] = *arr + 3;
// arr[2]에 배열 첫 번째 주소(100)의 데이터값(1)
   과 3을 더한 값 대입 → arr[2] = 4
for (int i = 0; i < 3; i++) {
// i는 0부터 3보다 작을 때까지 for문 실행
   x = x + arr[i]; // x에 x + arr[i] 값 저장
}
printf("%d", x); // x 값 출력(1 + 3 + 4 = 8)
```

TIP (arr + 0) = (배열 첫 번째 주소 + 0) = 배열 첫 번째 주소,
*(arr + 0) = 배열 첫 번째 주소의 데이터값 = *arr 과 같
이 정리해 두세요.

19 다음 Java언어로 구현된 프로그램을 분석하여 그 실행
결과를 쓰시오. [5점]

```
public class over1 {
    public static void main(String[] args) {
        over1 a1 = new over1();
        over2 a2 = new over2();
        System.out.println(a1.result(3, 2) +
a2.result(3, 2));
    }
    int result(int x, int y) {
        return x + y;
    }
}
class over2 extends over1 {
    int result(int x, int y) {
        return x - y + super.result(x, y);
    }
}
```

해설 상속, 오버라이딩
• super : 상위 클래스를 호출하는 예약어

```
public class over1 {
    public static void main(String[] args) {
①     over1 a1 = new over1();
②     over2 a2 = new over2();
③⑩   System.out.println(a1.result(3, 2)+a2.
result(3, 2));
    }
④⑧   int result(int x, int y) {
⑤⑨   return x + y;
    }
}
class over2 extends over1 {
⑥   int result(int x, int y) {
⑦⑪  return x - y + super.result(x, y);
    }
}
```

①,② 객체 변수 생성
③⑪ a1.result(3, 2)와 a2.result(3, 2)를 더한 결과 출력
   → 5 + 6 = 11
④⑤ a1.result(3, 2)의 실행값인 3 + 2 = 5 반환
⑥⑦ x - y 연산 및 상위 클래스의 result() 수행
⑧⑨ 3 + 2 = 5 반환
⑩ a2.result(3, 2)의 실행값인 3 - 2 + 5 = 6 반환

20 하향식 통합에 있어서 모듈 간의 통합 시험을 위해 일
시적으로 필요한 조건만을 가지고 임시로 제공되는 시
험용 모듈을 무엇이라고 하는지 쓰시오. [5점]

해설 [키워드] 하향식 통합, 시험용 모듈 → [용어] 스텁

정답
※ 답안의 한글과 영문(영문 약어) 중 하나만 작성하면 됩니다.
19. 11 **20.** 스텁(Stub)

01 다음 JAVA 프로그램이 실행되었을 때의 결과를 쓰시오. [5점]

```java
class Singleton {
    private static Singleton instance = null;
    private int count = 0;

    static public Singleton getInstance() {
        if(instance == null) {
            instance = new Singleton();
            return instance;
        }
        return instance;
    }
    public void count() {
        count++;
    }
    public int getCount() {
        return count;
    }
}
public class Gisafirst {
    public static void main(String[] args) {
        Singleton sg1 = Singleton.getIn-
stance();
        sg1.count();

        Singleton sg2 = Singleton.getIn-
stance();
        sg2.count();

        Singleton sg3 = Singleton.getIn-
stance();
        sg3.count();

        System.out.print(sg1.getCount());
    }
}
```

해설

싱글톤 패턴은 오직 하나의 객체만을 가지도록 하며, 객체가 사용될 때 똑같은 객체를 여러 개 만드는 것이 아닌 기존에 생성했던 동일한 객체를 사용한다.

• 싱글톤 패턴을 생성할 때는 기본적으로 private를 사용하여 외부에 있는 클래스의 접근을 차단한다.

```java
class Singleton { // 클래스 Singleton 생성
    private static Singleton instance = null;
    // 싱글톤 객체를 static 변수로 선언 및 초기화
    → 유일한 인스턴스를 저장하기 위함
    private int count = 0; // 변수 선언 및 초기화

    static public Singleton getInstance() {
    // 메소드 getInstance 선언
        if(instance == null) {
        // instance가 null인 경우
            instance = new Singleton();
            // 클래스 Singleton의 객체 instance 생성
            return instance; // instance 반환
        }
        return instance; // instance 반환
    }
④⑧⑫ public void count() { // 메소드 count 선언
⑤⑨⑬  count++; // count 값 1 증가(0 → 1 → 2 → 3)
    }
⑮  public int getCount() { // 메소드 getCount 선언
⑯    return count; // count 값 반환
    }
}
public class Gisafirst {
①  public static void main(String[] args) {
    // 메인 함수 선언
②    Singleton sg1 = Singleton.getInstance();
    // 클래스 Singleton의 메소드 getInstance의
      객체 sg1 생성
③    sg1.count(); // 객체 sg1의 메소드 count 호출

⑥    Singleton sg2 = Singleton.getInstance();
    // 클래스 Singleton의 메소드 getInstance의
      객체 sg2 생성
⑦    sg2.count(); // 객체 sg2의 메소드 count 호출

⑩    Singleton sg3 = Singleton.getInstance();
    // 클래스 Singleton의 메소드 getInstance의
      객체 sg3 생성
⑪    sg3.count(); // 객체 sg3의 메소드 count 호출

⑭⑰   System.out.print(sg1.getCount());
    // 객체 sg1의 메소드 getCount 호출 및 출력
    }
}
```

TIP 메소드 getInstance가 최초로 호출되면 클래스 Singleton의 객체 instance가 new에 의해 생성됩니다. instance는 static 변수이므로, 처음 생성 이후 항상 동일한 instance를 반환합니다.

정답

01. 3

02 다음 ( ) 안에 공통적으로 들어갈 가장 적합한 용어를 쓰시오. [5점]

> ( ) Spoofing은 ( ) 메시지를 이용하여 상대방의 데이터 패킷을 중간에서 가로채는 공격 기법으로, 자신의 MAC 주소를 다른 컴퓨터의 MAC 주소인 것처럼 속이는 공격 기법이다.

해설 키워드 MAC 주소 속임 → 용어 ARP 스푸핑

03 데이터 제어어(DCL) 중 GRANT에 대해 간략히 서술하시오. [5점]

해설 키워드 권한 부여 → 용어 GRANT

04 다음은 AAA 서버에 대한 설명이다. ①~③에 들어갈 내용으로 적합한 것을 〈보기〉에서 고르시오. [5점]

> AAA 서버는 네트워크 환경에서 사용자에 대한 안전하고 신뢰성 있는 (①), (②), (③)을(를) 체계적으로 제공하는 정보 보호 기술이다. 이는 신분을 확인하는 (①), 접근·허가를 결정하는 (②), 리소스 사용 정보를 수집·관리하는 (③)을(를) 통합한 보안소프트웨어로, 3A라고도 한다.

> 〈보기〉
> ㉠ Architecture ㉡ Authentication
> ㉢ Access ㉣ Avoidance
> ㉤ Authorization ㉥ Application
> ㉦ Accouting

① _____

② _____

③ _____

해설 키워드 신분 확인 → 용어 인증(Authentication)
키워드 접근·허가 결정 → 용어 인가(Authorization)
키워드 사용 정보 수집·관리 → 용어 계정(Accounting)

05 객체를 생성하기 위해 인터페이스를 정의하지만, 어떤 클래스의 인스턴스를 생성할지에 대한 결정은 서브클래스가 내리도록 하며, Virtual-Constructor 패턴이라고도 하는 것을 〈보기〉에서 고르시오. [5점]

> 〈보기〉
> ㉠ Adapter ㉢ Factory Method
> ㉢ Command ㉣ Builder
> ㉤ Bridge ㉥ Facade

해설 키워드 결정, 서브클래스 → 용어 팩토리 메소드(Factory Method)

06 결합도 중 단순 처리할 대상의 값만 전달되는 게 아니라 어떻게 처리를 해야 한다는 제어 요소가 전달되는 경우의 결합도를 영문으로 쓰시오. [5점]

해설 키워드 어떻게 처리, 제어(Control) 요소 → 용어 제어 결합도

정답
※ 02번 답안은 한글과 영문(영문 약어) 중 하나만 작성해도 되지만, 06번 답안은 반드시 영문으로 작성해야 합니다.
02. ARP(Address Resolution Protocol, 주소 결정 프로토콜) 03. 데이터베이스 사용자에게 권한을 부여한다. 04. ❶ ㉡ ❷ ㉤ ❸ ㉦ 05. ㉢ 06. Control Coupling

07 다음 C 프로그램의 결과 값을 쓰시오. [5점]

```c
#include <stdio.h>
struct src {
    char name[12];
    int os, db, hab, hhab;
};
int main() {
    struct src st[3] = {{"가", 95, 88}, {"나",
84, 91}, {"다", 86, 75}};
    struct src* p;

    p = &st[0];

    (p+1)->hab = (p+1)->os + (p+2)->db;
    (p+1)->hhab = (p+1)->hab + p->os + p->db;

    printf("%d", (p+1)->hab + (p+1)->hhab);
}
```

08 다음은 소프트웨어 통합 테스트에 대한 설명이다. ①, ②에 들어갈 가장 적합한 용어를 쓰시오. [5점]

(①) 통합 테스트는 애플리케이션 구조에서 최하위 레벨의 모듈 또는 컴포넌트로부터 위쪽 방향으로 제어의 경로를 따라 이동하면서 구축과 테스트를 시작한다. (②)은(는) 하위 모듈은 있으나 상위 모듈이 없는 경우 하위 모듈을 구동하기 위해 사용하는 것으로, 테스트 대상 하위 모듈 호출, 파라미터 전달, 모듈 테스트 수행 후 결과 도출 등 (①) 통합 테스트에 필요한 제어 프로그램이다.

① _____

② _____

해설 | 키워드 최하위로부터 위쪽 → 용어 상향식 통합 테스트
키워드 상위 모듈이 없는 경우, 하위 모듈 구동 → 용어 드라이버

해설

구조체 배열 st

	p ↓ a[0]	p+1 ↓ a[1]	p+2 ↓ a[2]
name	"가"	"나"	"다"
os	95	84	86
db	88	91	75
hab		159	
hhab		342	

```
(p+1)->hab = (p+1)->os + (p+2)->db;
// 84 + 75 = 159
(p+1)->hhab = (p+1)->hab + p->os + p->db;
// 159 + 95 + 88 = 342
(p+1)->hab + (p+1)->hhab
// 159 + 342 = 501
```

09 다음 Python언어로 구현된 프로그램을 분석하여 그 실행 결과를 쓰시오. [5점]

```python
x, y = 100, 200
print(x= =y)
```

해설 | Python은 연산의 결과가 거짓일 경우 False를 반환한다.
TIP 프로그래밍 언어는 대·소문자를 구분하는 점을 유의해 주세요.

정답
※ 답안의 한글과 영문(영문 약어) 중 하나만 작성하면 됩니다.
07. 501 **08.** ❶ 상향식(Bottom Up) ❷ 드라이버(Driver) 또는 테스트 드라이버(Test Driver) **09.** False

10 다음 두 테이블을 참고하여 아래 SQL문의 실행 결과를 쓰시오. [5점]

[A]

NAME
SMITH
ALLEN
SCOTT

[B]

RULE
S%
%T%

```
SELECT COUNT(*) CNT
FROM A CROSS JOIN B
WHERE A.NAME LIKE B.RULE;
```

해설
- FROM A CROSS JOIN B : [A] 테이블과 [B] 테이블을 CROSS JOIN하여

NAME	RULE	
SMITH	S%	→ ○
SMITH	%T%	→ ○
ALLEN	S%	→ ×
ALLEN	%T%	→ ×
SCOTT	S%	→ ○
SCOTT	%T%	→ ○

- WHERE A.NAME LIKE B.RULE : A 테이블의 NAME이 B 테이블의 RULE과 같은 ⑩ WHERE SMITH LIKE S% → O
- SELECT COUNT(*) CNT : 튜플의 개수를 검색한다.

CNT
4

11 다음 설명의 ( ) 안에 공통적으로 들어갈 가장 적합한 용어를 쓰시오. [5점]

파일검색의 접근 기법에는 순차, ( ), 해싱이 있다. ( )은(는) 〈키 값, 포인터〉 쌍으로 구성된 구조로, 검색의 기준이 되는 칼럼을 뽑아 ( )(으)로 지정하여 검색할 수 있다.

해설 키워드 〈키 값, 포인터〉 쌍 → 용어 인덱스

12 테스트 케이스의 빈칸에 들어갈 알맞은 용어를 〈보기〉에서 고르시오. [5점]

고유 번호	테스트 대상	①	②	③
IT_H_01	사용자 로그인	시스템 로그인 화면	올바르지 않은 사용자 ID, 패스워드	오류 메시지
IT_H_02	사용자 로그인	시스템 로그인 화면	올바른 사용자 ID, 패스워드	로그인 성공 메시지

〈보기〉
- ㉠ 테스트 조건
- ㉡ 테스트 환경
- ㉢ 테스트 유형
- ㉣ 테스트 데이터
- ㉤ 예상 결과
- ㉥ 수행 단계

① ....

② ....

③ ....

해설 테스트 케이스는 테스트 데이터(입력 값), 테스트 조건(실행 조건), 예상 결과(기대 결과)로 구성된 테스트 명세서이다.

13 UML 다이어그램 중 아래에서 설명하는 다이어그램은 무엇인지 쓰시오. [5점]

- 객체들의 집합으로 각 객체들이 가지는 속성과 메소드를 포함하는 다이어그램이다.
- 시스템 내 클래스의 정적 구조를 표현하고 클래스와 클래스, 클래스의 속성 사이의 관계를 나타낸다.
- 문제 해결을 위한 도메인 구조를 나타내 보이지 않는 도메인 안의 개념과 같은 추상적인 개념을 기술하기 위해 나타낸다.
- 소프트웨어의 설계 혹은 완성된 소프트웨어의 구현 설명을 목적으로 사용할 수 있다.

정답

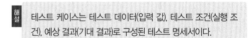

※ 답안의 한글과 영문(영문 약어) 중 하나만 작성하면 됩니다.
10. 4 **11.** 인덱스(Index) **12.** ❶ ㉠ ❷ ㉣ ❸ ㉤ **13.** 클래스 다이어그램(Class Diagram)

정보처리기사 실기 기출문제

해설 **키워드** 속성, 메소드, 클래스(Class)와 속성 사이의 관계 → **용어** 클래스 다이어그램

14 다음은 OSI 7계층에 대한 설명이다. 설명과 가장 부합하는 계층을 쓰시오. [5점]

① 동기화, 오류제어, 흐름제어 등의 전송에러를 제어하는 계층
② 중계 기능, 경로 설정 등을 주로 수행하는 계층
③ 코드 변환, 암호화, 데이터 압축 등을 담당하는 계층

① ....

② ....

③ ....

해설 **키워드** 동기화, 오류제어, 흐름제어 → **용어** 데이터 링크 계층
키워드 중계, 경로 설정 → **용어** 네트워크 계층
키워드 코드 변환, 암호화, 데이터 압축 → **용어** 표현 계층

15 다음 설명에 가장 부합하는 암호화 알고리즘을 쓰시오. [5점]

1975년 미국 국립 표준국(NBS)이 IBM사의 제안을 바탕으로 제정한 개인키 암호화 알고리즘이다. 56bit의 암·복호키를 이용하여 64bit의 블록을 암호화, 복호화하는 방식이다. 이는 16번의 라운드를 반복하여 암호화가 진행된다.

해설 **키워드** IBM, 개인키, 56bit 키, 64bit 블록, 16라운드 → **용어** DES
TIP 라운드(Round)란 암호화의 한 단계를 여러 번 반복하여 수행하게 되어 있는 구조를 의미합니다.

16 다음 C언어로 구현된 프로그램을 분석하여 그 실행 결과를 쓰시오. [5점]

```c
#include <stdio.h>
int main() {
    int *array[3];
    int a = 12, b = 24, c = 36;
    array[0] = &a;
    array[1] = &b;
    array[2] = &c;

    printf("%d", *array[1] + **array + 1);
}
```

해설 코드해설

```
int *array[3]; // 크기가 3인 포인터 배열 array 선언
int a = 12, b = 24, c = 36; // 변수 선언 및 초기화
array[0] = &a;
// 포인터 배열 array[0]에 변수 a의 메모리 주소 저장
array[1] = &b;
// 포인터 배열 array[1]에 변수 b의 메모리 주소 저장
array[2] = &c;
// 포인터 배열 array[2]에 변수 c의 메모리 주소 저장
printf("%d", *array[1] + **array + 1); // 24+12+1
// *array[1] : 포인터 배열 array[1]이 가리키고 있는
메모리 주소에 접근하여 해당 메모리 주소에 저장된 값
// **array : 배열 변수 array에 저장된 값이 주소가 되고
(*array), 그 주소가 가리키고 있는 메모리 주소에 접근하
여 해당 메모리 주소에 저장된 값(**array)
```

	메모리 주소	값		메모리 주소	값
array[0]	100	200 ●	→	200	12
array[1]	101	201 ●	→	201	24
array[2]	102	202 ●	→	202	36

정답
※ 답안의 한글과 영문(영문 약어) 중 하나만 작성하면 됩니다.
14. ❶ 데이터 링크(Data Link) 계층 ❷ 네트워크(Network) 계층 ❸ 표현(Presentation) 계층 **15.** DES(Data Encryption Standard, 데이터 암호화 표준) **16.** 37

17 다음 JAVA 프로그램이 실행되었을 때의 결과를 쓰시오. [5점]

```java
public class Gisafirst {
    public static void main(String[] args) {
        int w = 3, x = 4, y = 3, z = 5;
        if((w == 2 | w == y) & !(y > z) & (1
== x ^ y != z)) {
            w = x + y;

            if(7 == x ^ y != w) {
                System.out.println(w);
            } else {
                System.out.println(x);
            }
        } else {
            w = y + z;

            if(7 == y ^ z != w) {
                System.out.println(w);
            } else {
                System.out.println(z);
            }
        }
    }
}
```

18 명세 기반 테스트 중 입력 자료 간의 관계와 출력에 영향을 미치는 상황을 체계적으로 분석 후 효용성이 높은 테스트 케이스를 선정해서 테스트하는 기법을 〈보기〉에서 고르시오. [5점]

〈보기〉
㉠ Cause-Effect Graphing Testing
㉡ Boundary Value Analysis
㉢ Comparison Testing
㉣ Equivalence Partitioning Testing
㉤ Fault Based Testing

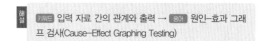

해설 │ 키워드 입력 자료 간의 관계와 출력 → 용어 원인-효과 그래프 검사(Cause-Effect Graphing Testing)

19 다음의 설명과 가장 부합하는 용어를 쓰시오. [5점]

사용자가 그래픽을 통해 컴퓨터와 정보를 교환하는 환경을 말하며, 그래픽 또는 마우스 기반으로 기기를 조작하는 인터페이스이다. 대표적으로는 마이크로소프트의 Windows, 애플의 Mac OS 등이 있다.

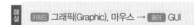

해설 │ 키워드 그래픽(Graphic), 마우스 → 용어 GUI

해설 │ **코드해설**

```
int w = 3, x = 4, y = 3, z = 5;
// 변수 선언 및 초기화
if((w == 2 | w == y) & !(y > z) & (1 == x ^ y != z))
{ // (F | T) & !(F) & (F ^ T) = T & T & T = T
    w = x + y; // w에 x + y 값 저장 → 7

    if(7 == x ^ y != w) { // (F ^ T) = T
        System.out.println(w); // w 값 출력
    }
```

TIP • &(비트곱, and) : 모두 T이면 T
• ^(배타적 논리합, xor) : 하나만 T이면 T

TIP if~else문은 if문의 값이 참(T)일 경우 if문만 실행하며, if문의 값이 거짓(F)일 경우 else문을 실행합니다.

정답
※ 답안의 한글과 영문(영문 약어) 중 하나만 작성하면 됩니다.
17. 7 **18.** ㉠ **19.** GUI(Graphical User Interface)

20 다음 설명의 ①, ②에 들어갈 가장 적합한 답을 〈보기〉에서 고르시오. [5점]

> 눈에 보이지 않는 것을 개념적으로 표현하는 것을 추상화라고 하며, 이는 실세계의 복잡한 상황을 간결하고 명확하게 개념화하는 것이다. (①)은(는) 클래스들 사이의 전체 또는 부분 같은 관계를 나타내며, 전체 객체가 없어져도 부분 객체는 없어지지 않는다. (②)은(는) 한 클래스가 다른 클래스를 포함하는 상위 개념일 때 IS-A 관계라고 한다.

〈보기〉
⊙ Dependency   ⓒ Association
ⓒ Generalization   ⓔ Aggregation
ⓜ Realization   ⓑ Composition

① ....

② ....

해설
키워드 전체 또는 부분 → 용어 집합 관계, 집약 관계 (Aggregation)
키워드 상위 개념 → 용어 일반화 관계, 상속 관계 (Generalization)

NOTE

01 다음 설명에 가장 부합하는 RAID 레벨을 쓰시오. [5점]

> - 데이터를 중복해서 기록하지 않는 RAID로, 스트라이핑(Striping)이라고도 한다.
> - 최소 2개 이상의 디스크가 필요하며, 빠른 데이터 입·출력을 위해 사용한다.
> - 미러링(Mirroring) 기술과 패리티(Parity) 기술을 포함하지 않아 하나의 디스크에 문제가 발생하면 전체 디스크에 문제가 발생한다.

해설

키워드 스트라이핑 → 용어 RAID 0

· RAID 종류

구분	설명
RAID 0	· 여러 개의 디스크에 데이터를 똑같이 분할(Striping)하여 저장하는 방식 · 스트라이핑(Striping)이라고도 부른다. · 여러 개의 디스크를 하나의 디스크처럼 인식하여 사용하므로, 하나의 디스크에 문제가 발생하면 전체에 문제가 생기게 된다.
RAID 1	· 여러 개의 디스크에 데이터를 똑같이 복제(Mirroring)하는 방식 · 미러링(Mirroring)이라고도 부른다. · 디스크마다 데이터가 복제되어 있으므로 안정성이 높다.
RAID 2	기록용디스크와 복구용(패리티용)디스크를 별도로 분리하여 구성하는 방식
RAID 3	바이트(Byte) 단위로 스트라이핑을 하고, 패리티용 디스크 1개를 별도로 구성하는 방식
RAID 4	블록(Block) 단위로 스트라이핑을 하고, 패리티용디스크 1개를 별도로 구성하는 방식
RAID 5	블록(Block) 단위로 스트라이핑을 하고, 패리티 정보를 매번 다른 디스크에 저장하는 방식
RAID 6	블록(Block) 단위로 스트라이핑을 하고, 패리티 정보를 두 개의 디스크에 분산 저장하는 방식

02 다음의 설명과 가장 부합하는 용어를 고르시오. [5점]

> ① 트랜잭션 로그를 이용하여 오류가 발생한 트랜잭션을 재실행하여 복구 수행
> ② 트랜잭션 로그를 이용하여 오류와 관련된 모든 변경을 취소하여 복구 수행

〈보기〉
㉠ undo   ㉡ backup
㉢ rollback   ㉣ logging
㉤ unlogging   ㉥ commit
㉦ cancel   ◎ redo

① _____

② _____

해설

키워드 재실행 → 용어 redo
키워드 취소 → 용어 undo

03 다음 Python언어로 구현한 프로그램을 분석하여 그 실행 결과를 쓰시오. [5점]

```python
def func(a, b=2):
    print('a=', a, 'b=', b)
func(20)
```

해설

코드해설

```
② def func(a, b=2):
    # 함수 func 실행(매개변수 : a = 20, b = 2)
③     print('a=', a, 'b=', b) # a, b 값 출력
① func(20) # 함수 func 호출 (전달인자 : 20)
```

정답

01. RAID 0   02. ❶ ◎ ❷ ㉠   03. a= 20 b= 2

04 [성적] 테이블의 점수를 내림차순으로 정렬하고자 한다. [SQL문]의 ①~③에 들어갈 가장 적합한 답을 쓰시오. [5점]

[성적]

number	name	major	score
13001	홍길동	전기	81
13002	이순신	기계	96
13003	강감찬	컴퓨터	84
13004	성춘향	컴퓨터	75
13005	이몽룡	전자	90

[SQL문]

```
SELECT name, score
FROM 성적
( ① ) BY ( ② ) ( ③ );
```

① ....

② ....

③ ....

해설 ORDER BY 점수 DESC : 점수를 내림차순으로 정렬

05 다음 JAVA언어로 구현한 프로그램을 분석하여 그 실행 결과를 쓰시오. [5점]

```
class A {
    int a;
    int b;
}
public class Gisafirst{
    static void func1(A m){
        m.a *= 10;
    }
    static void func2(A m){
        m.a += m.b;
    }
    public static void main(String args[]){
        A m = new A();
        m.a = 100;
        func1(m);
        m.b = m.a;
        func2(m);
        System.out.printf("%d", m.a);
    }
}
```

해설 코드해설

```
⑤ static void func1(A m){
⑥     m.a *= 10;
   }
⑨ static void func2(A m){
⑩     m.a += m.b;
   }
① public static void main(String args[]){
②     A m = new A();
③     m.a = 100;
④     func1(m);
⑦     m.b = m.a;
⑧     func2(m);
⑪     System.out.printf("%d", m.a);
   }
```

① 메인 함수 실행
② 클래스 A의 객체 m 생성 → 인스턴스 생성
③ 객체 m의 변수 a에 100 저장 → m.a = 100
④ static 메소드 func1 호출(전달 인자 : 객체 m)
   • 동일한 클래스 내의 static 메소드를 호출할 경우 클래스 명을 생략할 수 있다.
⑤ static 메소드 func1 실행(매개변수 : A = m)
⑥ m.a에 m.a * 10 값 저장 → m.a = 1000
⑦ 객체 m의 변수 b에 객체 m의 변수 a 값 저장 → m.b = 1000
⑧ static 메소드 func2 호출(전달 인자 : 객체 m)
⑨ static 메소드 fucn2 실행(매개변수 : A = m)
⑩ m.a에 m.a + m.b 값 저장 → m.a = 2000
⑪ m.a 값 출력

06 이상 현상 중 삭제 이상(Deletion Anomaly)에 대해 간략히 서술하시오. [5점]

....

....

....

정답
04. ❶ ORDER ❷ SCORE ❸ DESC 05. 2000 06. 유용한 정보를 함께 삭제하지 않고는 어떤 정보를 삭제하는 것이 불가능하다.

해설 [키워드] 유용한 정보를 함께 삭제, 어떤 정보 삭제 불가능 → [용어] 삭제 이상

해설 [키워드] 임시 키 무결성 프로토콜(Temporal Key Integrity Protocol) → [용어] TKIP

07 다음은 Python의 리스트 내장 함수에 대한 설명이다. ①~③에 들어갈 가장 적합한 함수를 〈보기〉에서 고르시오. [5점]

함수	설명
①	원래의 리스트에 지정한 리스트를 추가하여 확장하는 것으로, 여러 값을 한 번에 추가할 수 있다.
②	리스트의 마지막 요소를 삭제하고, 삭제한 값을 반환한다.
③	리스트를 역순으로 뒤집어준다.

〈보기〉
- ㉠ pop
- ㉡ copy
- ㉢ reverse
- ㉣ index
- ㉤ replace
- ㉥ sort
- ㉦ extend
- ㉧ count

①　
②　
③　

해설 [키워드] 리스트 추가, 확장 → [용어] extend
[키워드] 마지막 요소 삭제, 삭제 값 반환 → [용어] pop
[키워드] 역순 → [용어] reverse

08 다음 설명에 가장 부합하는 용어를 영문 약어로 쓰시오. [5점]

무선랜 보안 프로토콜인 유선급프라이버시(WEP)의 취약성을 보완하기 위해 고안된 임시 키 무결성 프로토콜로, IEEE 802.11의 무선 네트워킹 표준으로 사용되는 보안 프로토콜이다.

09 다음은 UI 종류에 대한 설명이다. ( ) 안에 들어갈 알맞은 용어를 영문 약어로 쓰시오. [5점]

종류	설명
CLI	텍스트 또는 키보드 기반으로 기기를 조작하는 인터페이스
GUI	그래픽 또는 마우스 기반으로 기기를 조작하는 인터페이스
( )	인간의 자연스러운 신체 움직임으로 기기를 조작하는 인터페이스
VUI	사람의 음성 기반으로 기기를 조작하는 인터페이스
OUI	모든 자연 상태가 입력과 출력이 동시에 이뤄지는 인터페이스

해설 [키워드] 자연(Natural)스러운 신체 움직임 → [용어] NUI

10 인터페이스 구현 검증 도구 중 다음 설명에 가장 부합하는 용어를 영문으로 쓰시오. [5점]

Erich Gamma와 Kent Beck이 만든 오픈 소스 테스트 프레임워크로, 자바 프로그래밍 언어용 유닛 테스트 프레임워크이다. XUnit이라는 이름의 유닛 테스트 프레임워크 계열의 하나이다.

해설 [키워드] 자바(Java), XUnit → [용어] JUnit

정답
07. ❶ ㉦ ❷ ㉠ ❸ ㉢ 08. TKIP 09. NUI 10. JUnit

11 블랙박스 테스트에 해당하는 것을 모두 고르시오. [5점]

⊙ Cause–Decision Graph
ⓒ Statement Coverage
ⓒ Boundary Value Analysis
ⓔ Equivalence Partitioning
ⓜ Decision Coverage
ⓗ Cause–Effect Graphing Testing
ⓐ Base Path Coverage
ⓞ Boundary Division Analysis
ⓩ Base Path Testing

해설 블랙박스 테스트 유형 : 오류 예측(Fault Based), 동등 분할 기법(Equivalence Partitioning Testing), 원인–결과 그래프 검사(Cause–Effect Graphing Testing), 경계값 분석(Boundary Value Analysis), 비교 검사(Comparison Testing)
TIP 블랙박스 테스트 종류는 "오동원 경비"로 기억하세요.

12 다음 설명에 가장 부합하는 용어를 영문 약어로 쓰시오. [5점]

정보 통신 서비스 제공자가 정보 통신망의 안정성 및 신뢰성을 확보하여 정보 자산의 기밀성, 무결성, 가용성을 실현하기 위한 관리적·기술적 수단과 절차 및 과정을 체계적으로 관리, 운용하는 정보 보호 관리 체계이다.

해설 키워드 정보 보호 관리 체계(Information Security Management System) → 용어 ISMS

13 다음의 설명과 가장 부합하는 용어를 〈보기〉에서 고르시오. [5점]

① 어떤 프로그램을 분석할 때 그 프로그램을 실행시키지 않고 그 자체를 분석한다.
② 프로그램의 실행을 모니터하며 프로그램 동작이나 반응을 추적하고 보고하는 도구로, 프로그램이 실행되는 동안 이벤트의 상태를 파악하기 위해 특정한 변수나 조건의 스냅샷을 생성 및 활용한다.

〈보기〉
⊙ Static analysis ⓒ Correlation analysis
ⓒ React analysis ⓔ Regression analysis
ⓜ Dynamic analysis ⓗ Discriminant analysis

① _____

② _____

해설 키워드 프로그램 실행 × → 용어 정적 분석(Static analysis)
키워드 프로그램 실행 ○ → 용어 동적 분석(Dynamic analysis)

14 다음 설명의 ①, ② 안에 들어갈 적합한 용어를 〈보기〉에서 고르시오. [5점]

• 슈퍼키는 (①)의 속성을 갖는다.
• 후보키는 (①)와(과) (②)의 속성을 갖는다.

〈보기〉
⊙ 가용성 ⓒ 무결성 ⓒ 유한성
ⓔ 최소성 ⓜ 독립성 ⓗ 희소성
ⓐ 원자성 ⓞ 유일성

① _____

② _____

해설 키워드 유일성 ○, 최소성 × → 용어 슈퍼키
키워드 유일성 ○, 최소성 ○ → 용어 후보키

정답
11. ⓒ, ⓔ, ⓗ 12. ISMS 13. ❶ ⊙ ❷ ⓜ 14. ❶ ⓞ ❷ ⓔ

15 다음은 스레드를 호출하는 프로그램을 JAVA언어로 구현한 것이다. ( ) 안에 들어갈 가장 적합한 답을 쓰시오. [5점]

```
class Car implements Runnable {
    inta;
    public void run(){
        System.out.println("메시지");
    }
}
public class Gisafirst{
    public static void main(String args[]){
        Thread t1 = new Thread(new (    )());
        t1.start();
    }
}
```

[출력]

메시지

코드해설

```
class Car implements Runnable {
// 클래스 Car 정의 → Runnable 인터페이스 상속
    int a; // 변수 선언
④  public void run() { // 메소드 run 실행
⑤      System.out.println("메시지");
        // "메시지" 출력 및 개행
    }
}
public class Gisafirst {
①  public static void main(String args[]) {
        // 메인 함수 실행
②      Thread t1 = new Thread(new Car());
        // 스레드 클래스의 객체 t1 생성
        → 스레드 클래스는 Runnable 인터페이스를
인수(Car 클래스)로 사용해야 한다.
③      t1.start();
        // 스레드 클래스에 포함된 메소드 start 실행 →
메소드 start를 실행하면 메소드 run을 호출한다.
    }
}
```

TIP Runnable 인터페이스 상속 후 스레드가 수행할 작업을 메소드 run에 정의해야 합니다.

16 다음 C언어로 구현한 프로그램을 분석하여 사용자가 5를 입력하였을 때, 그 실행 결과를 쓰시오. [5점]

```
#include <stdio.h>
intfunc(inta) {
    if (a <= 1) return 1;
    return a * func(a-1);
}
intmain() {
    int a;
    scanf("%d", &a);
    printf("%d", func(a));
}
```

재귀 함수

```
⑤ int func(int a) {
⑥    if (a <= 1) return 1;
⑦    return a * func(a-1);
}
① int main() {
②    int a;
③    scanf("%d", &a);
④⑧  printf("%d", func(a));
}
```

① 메인 함수 실행
② 변수 선언
③ 변수 a에 키보드로 입력받은 값 저장 → a = 5
④⑧ 함수 func를 호출한 후 함수의 반환 값 출력
⑤ 함수 func 실행
⑥ a가 1보다 작거나 같은 경우 1 반환
⑦ a * func(a-1) 반환

디버깅표

함수 func 호출	a	a <= 1	반환 값
func(5)	5	5 <= 1 → F	5 * func(4)
func(4)	4	4 <= 1 → F	4 * func(3)
func(3)	3	3 <= 1 → F	3 * func(2)
func(2)	2	2 <= 1 → F	2 * func(1)
func(1)	1	1 <= 1 → T	1

TIP 재귀 함수로 5×4×3×2×1의 결과값을 출력합니다.

정답
15. Car **16.** 120

17 다음은 정수를 역순으로 출력하는 프로그램을 C언어로 구현한 것이다. 프로그램과 〈출력〉을 분석하여①~③ 안에 들어갈 가장 적합한 답을 쓰시오. [5점]

```c
#include <stdio.h>
int main() {
    int number = 1234;
    int divider = 10;
    int result = 0;
    while(number ( ① ) 0) {
        result = result * divider;
        result = result + number ( ② ) divider;
        number = number ( ③ ) divider;
    }
    printf("%d", result);
}
```

[출력]

```
4321
```

① ....

② ....

③ ....

해설 코드해설

```
while (number > 0) {
// number가 0보다 큰 동안 while문 실행
    result = result * divider;
    // result에 result * divider 값 저장
    result = result + number % divider;
    // resul에 result + number % divider 값 저장
    number = number / divider;
    // number에 number / divider 값 저장
}
printf("%d", result); // result 값 출력
```

디버깅표

number > 0	result	number
1234	0	
1234 > 0 → T	0 → 4	123
123 > 0 → T	40 → 43	12
12 > 0 → T	430 → 432	1
1 > 0 → T	4320 → 4321	0
0 > 0 → F	while문 종료	

18 다음의 설명과 가장 부합하는 용어를 〈보기〉에서 고르시오. [5점]

공격 대상이 피해 대상이 방문할 가능성이 있는 합법적인 웹 사이트를 감염시켜 잠복하며, 피해 대상이 접속할 때까지 기다린 후 접속 시 피해 대상의 컴퓨터에 악성 프로그램을 추가로 설치하는 방법이다.

〈보기〉
㉠ Pharming	㉡ Spear Phishing
㉢ Watering Hole	㉣ DNS Spoofing
㉤ Nimda	㉥ Zero Day Attack
㉦ Worm Virus	㉧ Trap Door
㉨ Cyber Kill Chain	㉩ Ransomware

해설 키워드 웹 사이트를 감염시켜 잠복, 접속할 때까지 기다림 → 풀이 워터링 홀(Watering Hole)

19 다음 C언어로 구현한 프로그램을 분석하여 그 실행 결과를 쓰시오. [5점]

```c
#include <stdio.h>
int isPrime(intnumber) {
    int i;
    for(i = 2; i < number; i++) {
        if (number % i == 0)
            return 0;
```

정답
17. ❶ > 또는 != ❷ % ❸ / / **18.** ㉢ **19.** 29

```
    }
    return 1;
}
int main(void) {
    int number = 13195, max_div=0, i;
    for(i = 2; i < number; i++)
        if(isPrime(i) == 1 && number % i == 0)
        max_div= i;
    printf("%d", max_div);
    return 0;
}
```

⑤ 함수 isPrime 실행
⑥ 변수 선언
⑦ i는 2부터 number보다 작을 때까지 for문 실행
⑧ number % i 값이 0인 경우 return 0;(for문 종료) 실행,
  조건을 만족하지 않을 경우 ⑦번 실행
⑨ 1 반환
⑪ max_div 값 출력
⑫ 프로그램 종료

해설

소인수분해 : 소수들의 곱으로 나타내는 것
• 소수(Prime Number) : 약수가 1과 자기 자신밖에 없는 1 이
  외의 정수
• 약수 : 어떤 수를 나누어 떨어지게 하는 수
  예 4의 약수 : 1, 2, 4 → 소수 X
     5의 약수 : 1, 5 → 소수 O
• 13195 = 5 × 7 × 13 × 29
• max_div : 소수이면서 13195의 약수인 수 중 가장 큰 수를
  저장하는 변수

코드해설

```
⑤  int isPrime(int number) {
⑥    int i;
⑦    for(i = 2; i < number; i++) {
⑧      if (number % i == 0)
           return 0;
      }
⑨    return 1;
      }
①  int main(void) {
②    int number = 13195, max_div = 0, i;
③    for(i = 2; i < number; i++)
④¦⑩    if(isPrime(i) == 1 && number % i == 0)
             max_div = i;
⑪    printf("%d", max_div);
⑫    return 0;
      }
```

① 메인 함수 실행
② 변수 선언 및 초기화
③ i는 2부터 number보다 작을 때까지 for문 실행
④¦⑩ isPrime(i) 값이 1이고(⑤~⑨번 실행), number % i 값이
  0인 경우 max_div = i; 실행, 조건을 만족하지 않을 경
  우 ③번 실행
  • isPrime(i) == 1 && number % i == 0 : i는 소수이고, i
    는 number의 약수여야 한다.
⑤ 함수 isPrime 실행

---

20 다음은 V 모델 테스트 순서를 작성한 것이다. ①~④에 들어갈 가장 적합한 용어를 〈보기〉에서 고르시오. [5점]

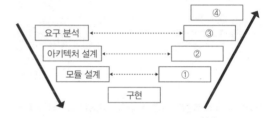

〈보기〉
㉠ 단위 테스트   ㉡ 통합 테스트
㉢ 시스템 테스트   ㉣ 인수 테스트

① ....

② ....

③ ....

④ ....

해설

V 모델 테스트 순서 : 단위 테스트 → 통합 테스트 → 시스템
테스트 → 인수 테스트
TIP V 모델의 테스트 순서는 "단통시인"으로 기억하세요.

정답

20. ① ㉠ ② ㉡ ③ ㉢ ④ ㉣

01 다음 설명의 ( ) 안에 공통으로 들어갈 가장 적합한 용어를 쓰시오. [5점]

> • 관계 데이터 연산은 중 ( )은(는) 원하는 정보가 무엇이라는 것만 정의하는 비절차적 방법이다.
> • 관계 데이터 모델의 제안자인 코드(E. F. Codd)가 수학의 Predicate Calculus에 기반을 두고 관계 데이터베이스를 위해 제안한 것으로, 튜플 ( )와(과) 도메인 ( )이(가) 있다.

해설   키워드 비절차적 방법, Predicate Calculus → 용어 관계 해석

02 다음의 설명과 가장 부합하는 암호화 알고리즘을 쓰시오. [5점]

> ① 스위스에서 1990년 라이(Lai), 메시(Messey)가 만든 PES(Proposed Encryption Standard)를 개량하여 제작된 블록 암호 알고리즘이다. ( )의 초기 이름은 iPES(Improved PES)였으며, 1992년 ( )(으)로 개명하였다. ( )은(는) 128비트의 키를 사용하여 64비트의 평문을 8라운드를 거쳐 암호화한다.
> ② 미국 NSA(National Security Agency)가 개발한 Clipper Chip에 내장되는 블록 암호 알고리즘으로, 소프트웨어로 구현되는 것을 막고자 Fortezza Card에 칩 형태로 구현하였으며, 전화기와 같은 음성을 암호화하는 데 주로 사용된다. 80비트의 키를 사용하여 64비트의 평문을 32라운드를 거쳐 암호화한다.

① ....

② ....

해설   키워드 PES, IPES, 128비트의 키, 8라운드 → 용어 IDEA(International Data Encryption Algorithm, 국제 데이터 암호화 알고리즘)
키워드 NSA, Clipper Chip, 80비트의 키, 32라운드 → 용어 Skipjack

03 H회사 제품들의 단가보다 높은 단가를 가진 제품을 출력하고자 한다. SQL문의 ( ) 안에 들어갈 가장 적합한 답을 쓰시오. [5점]

[제품]

제조사	제품명	단가
B	컴퓨터	500
A	휴대폰	100
H	컴퓨터	300
B	냉장고	1000
H	냉장고	500

[SQL문]

```
SELECT 제조사, 제품명, 단가
FROM 제품
WHERE 단가 > (     )
(SELECT 단가 FROM 제품 WHERE 제조사 = 'H');
```

해설
• 서브쿼리
 – SELECT 단가 : 단가를 검색한다.
 – FROM 제품 : [제품] 테이블에서
 – WHERE 제조사 = 'H' : 제조사가 'H'인

단가
300
500

• 메인쿼리
 – SELECT 제조사, 제품명, 단가 : 제조사, 제품명, 단가를 검색한다.

정답
01. 관계 해석   02. ❶ IDEA ❷ Skipjack   03. ALL

– FROM 제품 : [제품] 테이블에서
– WHERE 단가 〉 ALL : ALL 이하 서브쿼리 결과보다 단가가 높은

제조사	제품명	단가
B	냉장고	1000

04 [A] 테이블을 참고하여 SQL문의 실행 결과를 쓰시오. [5점]

[A]

COL1	COL2
2	NULL
4	5
3	6
6	3
NULL	3

[SQL문]

```
SELECT COUNT(COL2)
FROM A
WHERE COL1 IN (2, 3) OR COL2 IN (3, 5);
```

해설

[SQL문] : [A] 테이블에서 COL1이 2 또는 3이거나, COL2가 3 또는 5인 COL2의 개수를 검색한다.

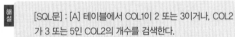

COL1	COL2	
2	NULL	→ ×
4	5	→ ○
3	6	→ ○
6	3	→ ○
NULL	3	→ ○

TIP COUNT는 NULL 값을 포함하지 않습니다.

05 다음 설명의 ( ) 안에 공통적으로 들어갈 가장 적합한 용어를 영문 약어로 쓰시오. [5점]

공중망 상에 사설망을 구축하여 마치 사설 구내망 또는 전용망 같이 이용하는 통신망이다. ( )의 정보 처리 방법으로는 IPSec와 SSL이 있다. SSL ( )은(는) 4계층 이상에서 암호화하기 때문에 익스플로러/파이어폭스 같은 웹 브라우저를 지원해 구축이 간편하고 투자비가 적게 든다. 반면 IPSec ( )은(는) 3계층에서 암호화해 IP 계층 확장 헤더가 붙기 때문에 별도의 하드웨어 장비가 필요하고 사용자/관리자 사용이 조금 불편하지만 보안성은 높다.

해설 키워드 공중망 상에 사설망(Private Network) 구축 → 용어 VPN(Virtual Private Network, 가상 사설망)

06 다음 설명의 ( ) 안에 들어갈 가장 적합한 용어를 〈보기〉에서 고르시오. [5점]

객체 지향 프로그래밍 5원칙 중 ( )은(는) 하나의 일반적인 인터페이스보다는 구체적인 여러 개의 인터페이스가 낫다는 원칙으로, 클라이언트는 자신이 사용하지 않는 메소드와 의존 관계를 맺거나 영향을 받으면 안 된다. 예를 들어 복합기에는 프린터, 팩스, 복사 기능이 포함되어 있으며, 클라이언트의 필요에 따라 프린터, 팩스, 복사 기능을 개별적으로 이용할 수 있다. 따라서 프린터 기능만 이용하는 클라이언트가 팩스 또는 복사 기능의 변경으로 인해 발생하는 문제에 영향을 받지 않도록 해야 한다.

〈보기〉
ⓐ LSP　　　ⓑ DSP　　　ⓒ DIP
ⓓ SRP　　　ⓔ OSP　　　ⓕ OCP
ⓖ IEP　　　ⓗ ISP

해설 키워드 여러 개의 인터페이스가 낫다 → 용어 인터페이스 분리의 원칙(ISP; Interface Segregation Principle)

07 다음 JAVA언어로 구현한 프로그램을 분석하여 그 실행 결과를 쓰시오. [5점]

```java
public class Main {
    public static void main(String args[]){
        int i = 3;
        int k = 1;
        switch(i) {
            case 0:
            case 1:
            case 2:
            case 3: k = 0;
            case 4: k += 3;
            case 5: k -= 10;
            default: k--;
        }
        System.out.println(k);
    }
}
```

해설 break문을 생략할 경우 일치하는 실행문부터 switch문이 종료될 때까지 모든 문장을 실행한다.
• case 3의 k = 0부터 default의 k--까지 처리
→ 0 + 3 - 10 - 1 = -8

08 다음 C언어로 구현한 프로그램을 분석하여 그 실행 결과를 쓰시오. [5점]

```c
#include <stdio.h>
struct gisa {
    int n;
    int g;
};
int main() {
    struct gisa st[2];
    for(int i = 0; i < 2; i++) {
        st[i].n = i;
        st[i].g = i + 1;
    }
    printf("%d", st[0].n + st[1].g);
}
```

해설 코드해설

```c
struct gisa {
    int n;
    int g;
}; // 구조체 gisa 정의
int main() {
    struct gisa st[2]; // 구조체 배열 st[2] 선언
    for(int i = 0; i < 2; i++) {
    // i는 0부터 2보다 작을 때까지 for문 실행
        st[i].n = i; // st[i].n에 i 값 저장
        st[i].g = i + 1; // st[i].g에 i + 1 값 저장
    }
```

	st[0]	st[1]
n	0	1
g	1	2

```c
    printf("%d", st[0].n + st[1].g);
    // st[0].n + st[1].g 값 출력 → 0+2 = 2
}
```

09 IP 주소가 223.13.234.132이고 서브넷 마스크가 255.255.255.192일 때 아래의 답을 구하시오. [5점]

• 네트워크 주소 : 223.13.234.(①)
• 해당 네트워크에서 네트워크 주소와 브로드캐스트 주소를 제외한 개수 : (②)개

① ....
② ....

해설
• 네트워크 주소 : 223.13.234.132 AND 255.255.255.192
　　　11011111.00001101.11101010.10000100
　AND　11111111.11111111.11111111.11000000
　　　11011111.00001101.11101010.10000000
　　　→ 223.13.234.128
• 네트워크 주소와 브로드캐스트 주소를 제외한 개수
　- 223.13.234.132/26 네트워크, 즉 네트워크 주소가 26bit 이고 호스트 주소가 6bit이다.

정답
07. -8 08. 2 09. ❶ 128 ❷ 62

네트워크	네트워크 ID	호스트 ID	IP 범위
1	00	000000 ~ 111111	223.13.234.0 ~ 223.13.234.63
2	01	000000 ~ 111111	223.13.234.64 ~ 223.13.234.127
3	10	000000 ~ 111111	223.13.234.128 ~ 223.13.234.191
4	11	000000 ~ 111111	223.13.234.192 ~ 223.13.234.255

– IP 주소 223.13.234.132는 3번째 네트워크에 포함되고 네트워크 주소와 브로드캐스트 주소를 제외한 개수는 62개이다.

10 다음의 설명과 가장 부합하는 용어를 한 단어로 쓰시오. [5점]

> ① ( ) 테스트는 개발자 없이 실 업무를 가지고 사용자가 직접 시험하는 테스트이다.
> ② ( ) 테스트는 개발자의 장소에서 사용자가 개발자 앞에서 시험하고 개발자는 뒤에서 결과를 지켜보는 테스트이다.

① ....

② ....

해설 키워드 개발자 없이, 실 업무 → 용어 베타 테스트
키워드 개발자의 장소, 개발자 앞에서 시험 → 용어 알파 테스트

11 다음 Python언어로 구현한 프로그램을 분석하여 그 실행 결과를 쓰시오. [5점]

```
a = 'REMEMBER NOVEMBER'
b = a[0:3] + a[12:16]
c = 'R AND %s' % 'STR'
print(b+c)
```

해설
• a

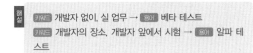

0	1	2	3	4	5	6	7	8	9	10	11	12	13	14	15	16
R	E	M	E	M	B	E	R		N	O	V	E	M	B	E	R

• b = REMEMBE(a[0:3] = REM, a[12:16] = EMBE)
• c = R AND STR

> c = 'R AND %s' % 'STR';
> # % 뒤에 있는 문자열로 %s를 대체한다.

• b+c = REMEMBER AND STR

12 [EMPLOYEE] 테이블을 참고하여 [관계대수식]의 [실행 결과] ①~⑤에 들어갈 가장 적합한 답을 쓰시오. [5점]

[EMPLOYEE]

NAME	AGE	TTL
김윤환	43	부장
김옥분	31	대리
장미화	37	차장
장기영	34	과장

[실행 결과]

①
②
③
④
⑤

[관계대수식]

$$\pi_{TTL}(EMPLOYEE)$$

① ....

② ....

③ ....

④ ....

⑤ ....

해설 [관계대수식] : 〈EMPLOYEE〉 테이블에서 속성명이 TTL인 튜플을 검색하라.
• PROJECT(π) : 릴레이션에서 주어진 조건을 만족하는 속성들을 검색하는 것

정답
10. ❶ 베타 ❷ 알파 11. REMEMBER AND STR 12. ❶ TTL ❷ 부장 ❸ 대리 ❹ 차장 ❺ 과장

13 다음 설명의 ( ) 안에 들어갈 가장 적합한 용어를 〈보기〉에서 고르시오. [5점]

> ( ) 테스트는 이미 테스트된 프로그램의 테스트를 반복하는 것으로, 결함 수정 이후 변경의 결과로 새롭게 만들어지거나, 이전 결함으로 인해 발견되지 않았던 또 다른 결함을 발견하는 테스트이다.

〈보기〉
㉠ Security   ㉡ Performance
㉢ Parallel   ㉣ Recovery
㉤ Regression   ㉥ Structure

해설 키워드 테스트 반복, 또 다른 결함 발견 → 용어 회귀(Regression) 테스트

14 다음의 설명과 가장 부합하는 용어를 〈보기〉에서 고르시오. [5점]

> 라우팅 방식 중 (①)은(는) 자치 시스템(AS) 내에서 게이트웨이 간에 라우팅 정보를 주고받는 데 사용되는 프로토콜이며, (②)은(는) 자치 시스템(AS) 상호 간에 게이트웨이가 라우팅 정보를 상호 교환하기 위한 프로토콜이다. (①)에는 RIP와 (③)이(가) 있는데 이중, (③)은(는) 링크 상태 라우팅 프로토콜로 RIP의 난점을 해결하여 발생한 변경 정보에 대해 RIP보다 빠른 업데이트 제공하는 프로토콜이다. (②)의 (④)은(는) 발전된 형태의 거리 벡터 라우팅 프로토콜로, (④)을(를) 사용하는 호스트들은 전송 제어 프로토콜(TCP)을 이용하여 통신한다.

〈보기〉
㉠ BGP   ㉡ ARP   ㉢ IGMP
㉣ OSPF   ㉤ RARP   ㉥ BCP
㉦ EGP   ㉧ IGP   ㉨ TGP

① ....

② ....

③ ....

④ ....

해설
키워드 자치 시스템(AS) 내 → 용어 IGP
키워드 자치 시스템(AS) 상호 간 → 용어 EGP
키워드 Link State, RIP의 난점 해결 → 용어 OSPF
키워드 발전된 형태의 거리 벡터 라우팅 프로토콜 → 용어 BGP

15 다음 C언어로 구현한 프로그램을 분석하여 그 실행 결과를 쓰시오. [5점]

```c
#include <stdio.h>
int gisa(char *p);
int main() {
    char *p1 = "2022";
    char *p2 = "202207";
    int a = gisa(p1);
    int b = gisa(p2);
    printf("%d", a + b);
}
int gisa(char *p) {
    int r = 0;
    while(*p != '\0') {
        p++;
        r++;
    }
    return r;
}
```

정답
13. ㉤ 14. ❶ ㉧ ❷ ㉦ ❸ ㉣ ❹ ㉠ 15. 10

해설

코드해설

```
        int main() {
①           char *p1 = "2022";
            // 포인터 변수 p1 선언 및 초기화
```

2	0	2	2	₩0

```
②           char *p2 = "202207";
            // 포인터 변수 p2 선언 및 초기화
```

2	0	2	2	0	7	₩0

```
③¦⑤      int a = gisa(p1);
            // a에 함수 gisa 호출 및 반환 값 저장 → a = 4
⑥¦⑧      int b = gisa(p2);
            // b에 함수 gisa 호출 및 반환 값 저장 → b = 6
⑨           printf("%d", a + b); // a + b 값 출력
④¦⑦ int gisa(char *p) { // 함수 gisa 실행
            int r = 0; // 변수 선언 및 초기화
            while(*p != '\0') {
            // 포인터 변수 p가 '\0'이 아닌 동안 while문
              실행
                p++; // p 값 1 증가
                r++; // r 값 증가
            }
            return r; // r 값 반환
        }
```

TIP C언어의 문자열은 문자열의 끝을 알리는 널 문자(\0)
가 문자열 끝에 자동으로 저장됩니다.

해설

코드해설

```
int a[4] = {0, 2, 4, 8};
// 크기가 4인 배열 a 선언 및 초기화
```

	메모리 주소	값
a[0]	100	0
a[1]	104	2
a[2]	108	4
a[3]	112	8

```
int b[3]; // 크기가 3인 배열 b 선언
int *p; // 포인터 변수 p 선언
int sum = 0; // 변수 sum 선언 및 초기화
for(int i = 1; i < 4; i++) {
// i는 1부터 4보다 작을 때까지 for문 실행
    p = a + i; // p에 a + i 값 저장
    b[i-1] = *p - a[i-1]; // b[i-1]에 *p - a[i-1] 값
      저장
    sum = sum + b[i-1] + a[i];
    // sum에 sum + b[i-1] + a[i]; 값 저장
}
printf("%d", sum); // sum 값 출력
```

디버깅표

i	p	b[i-1]	sum
1	104	b[0] = 2−0 = 2	0+2+2 = 4
2	108	b[1] = 4−2 = 2	4+2+4 = 10
3	112	b[2] = 8−4 = 4	10+4+8 = 22

16 다음 C언어로 구현한 프로그램을 분석하여 그 실행 결과를 쓰시오. [5점]

```c
#include <stdio.h>
int main() {
    int a[4] = {0, 2, 4, 8};
    int b[3];
    int *p;
    int sum = 0;
    for(int i = 1; i < 4; i++) {
        p = a + i;
        b[i-1] = *p - a[i-1];
        sum = sum + b[i-1] + a[i];
    }
    printf("%d", sum);
}
```

17 다음 JAVA언어로 구현한 프로그램을 분석하여 그 실행 결과를 쓰시오. [5점]

```java
class Main {
    public static void main(String args[]) {
        Gisa obj = new Gisa(3);
        obj.a = 5;
        int b = obj.func();
        System.out.println(obj.a + b);
    }
}
class Gisa {
    public Gisa(int a) {
        this.a = a;
    }
    public int func() {
        int b = 1;
```

정답

16. 22 17. 61

```
        for(int i = 1; i < a; i++) {
            b = a * i + b;
        }
        return a + b;
    }
    int a;
}
```

⑯ 클래스 Gisa의 객체 obj의 변수 a + b 값 출력 및 개행 →
5 + 56 = 61
• ⑫~⑭번 [디버깅표]

i	b	return a + b
	1	
1	5*1+1 = 6	
2	5*2+6 = 16	
3	5*3+16 = 31	
4	5*4+31 = 51	5+51 = 56

TIP this는 객체 자기 자신을 의미하는 예약어입니다.

해설 코드해설

```
class Main {
①    public static void main(String args[]) {
②┊⑯   Gisa obj = new Gisa(3);
⑦        obj.a = 5;
⑨┊⑮     int b = obj.func();
⑯        System.out.println(obj.a + b);
    }
}
class Gisa {
③    public Gisa(int a) {
④        this.a = a;
    }
⑩    public int func() {
⑪        int b = 1;
⑫        for(int i = 1; i < a; i++) {
⑬            b = a * i + b;
        }
⑭        return a + b;
    }
⑤┊⑧ int a;
}
```

① 메인 함수 실행
②┊⑯ 클래스 Gisa의 객체 obj 생성
• 객체 생성 시 클래스 Gisa의 생성자 호출(전달인자 : 3)
③ 생성자 Gisa 실행(매개변수 : a = 3)
④→⑤ 클래스 Gisa의 객체 obj의 변수 a에 Gisa 매개변수 a
값 저장 → a = 3
⑦→⑧ 클래스 Gisa의 객체 obj의 변수 a에 5 저장 → a = 5
⑨┊⑮ b에 클래스 Gisa의 객체 obj의 메소드 func 호출 및 반
환 값 저장 → b = 56
⑩ 메소드 func 실행
⑪ 변수 선언 및 초기화
⑫ i는 1부터 a(5)보다 작을 때까지 for문 실행
⑬ b에 a * i + b 값 저장
⑭ a + b 값 반환

18 다음은 함수 종속성에 대한 설명이다. 설명과 가장 부합하는 용어를 〈보기〉에서 고르시오. [5점]

학번	수강과목	성적	이름
A001	데이터베이스	80	이상희
A002	운영체제	90	김시현
A002	프로그래밍	100	김시현
A003	운영체제	100	권상태

① 성적은 {학번, 수강과목}에 대해서 (   ) Functional Dependency이다.

② 이름은 {학번, 수강과목} 중 학번만으로도 식별 가능하므로, 이름은 학번에 (   ) Functional Dependency이다.

③ 릴레이션에서 X, Y, Z의 속성이 있을 때, X → Y이고, Y → Z인 경우, X → Z는 (   ) Functional Dependency이다.

〈보기〉
㉠ Dependant   ㉡ Reflective
㉢ Transitive   ㉣ Full
㉤ Augmentation   ㉥ Union
㉦ Decomposition   ㉧ Partial

① ………………………………………………

② ………………………………………………

③ ………………………………………………

해설

- 함수적 종속(Functional Dependency)

> 학번, 수강과목 → 성적
> 학번 → 이름

- 완전 함수적 종속(Full Functional Dependency)

> 학번, 수강과목 → 성적

- 부분 함수적 종속(Partial Functional Dependency)

> 학번 → 이름

- 이행적 함수 종속(Transitive Functional Dependency) : X → Y이고, Y → Z인 경우, X → Z는 이행적 함수 종속 관계이다.

해설

키워드 인터넷상, 정보를 주고받음 → 용어 HTTP(Hyper Text Transfer Protocol, 하이퍼텍스트 전송 프로토콜)

키워드 다른 문서나 미디어 이동, 연결, 링크 → 용어 하이퍼텍스트(Hypertext)

키워드 인터넷 웹 페이지, 마크업 언어(Markup Language) → 용어 HTML(HyperText Markup Language, 하이퍼텍스트 마크업 언어)

TIP GET은 서버로부터 정보를 요청하는 메소드고, POST는 사용자가 서버에게 정보를 전달하는 메소드입니다.

19 다음의 설명과 가장 부합하는 용어를 〈보기〉에서 고르시오. [5점]

> ① 인터넷상에서 정보를 주고받을 수 있는 프로토콜로, 메소드를 사용하여 서버가 수행해야 할 동작을 지정하며 GET, POST 등이 있다.
> ② 다른 문서나 미디어로 이동할 수 있는 연결을 가지고 있는 텍스트로, 링크를 통해 연결된다.
> ③ 인터넷 웹 페이지를 만들 때 사용하는 표준 마크업 언어이다. 제목, 단락, 목록, 링크 등으로 텍스트의 구조적 의미를 나타내는 마크업 언어로, 구조화된 문서를 만든다.

> 〈보기〉
> ㉠ API   ㉡ WSDL   ㉢ SOAP
> ㉣ Hypertext   ㉤ AJAX   ㉥ HTML
> ㉦ XML   ㉧ HTTP   ㉨ DBMS

① ....

② ....

③ ....

20 다음은 어떤 프로그램 구조를 나타낸다. 모듈 F에서의 Fan-In과 Fan-Out을 구하시오. [5점]

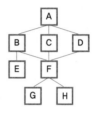

① Fan-In ....

② Fan-Out ....

해설

- 공유도(Fan-In) : 어떤 모듈을 제어(호출)하는 상위 모듈의 개수 → 3 (B, C, D)
- 제어도(Fan-Out) : 어떤 모듈에 의해 제어(호출)되는 하위 모듈의 개수 → 2 (G, H)

정답

19. ❶ ㉧ ❷ ㉣ ❸ ㉥ 20. ❶ 3 ❷ 2

01 관계 대수는 관계형 데이터베이스에서 원하는 정보와 그 정보를 검색하기 위해서 어떻게 유도하는가를 기술하는 절차적인 언어이다. 아래 ①~⑤에 들어갈 가장 적합한 관계 대수 연산자 기호를 쓰시오. [5점]

관계 대수 연산자	기호
합집합(Union)	①
차집합(Intersection)	②
카티션 프로덕트(Cartisian Product)	③
프로젝트(Project)	④
조인(Join)	⑤

①
②
③
④
⑤

> **해설**　**TIP**　관계 대수 연산자의 정의와 기호를 함께 기억해 주세요.

02 다음 Python언어로 구현된 프로그램을 분석하여 그 실행 결과를 쓰시오. [5점]

```
a=[1,2,3,4,5]
b=list(map(lambda num : num +100, a))
print(b)
```

> **해설**　코드해설
>
> ```
> a=[1,2,3,4,5] # 리스트 a 선언 및 초기화
> b=list(map(lambda num : num +100, a))
>     # 리스트 b 선언 및 초기화
> print(b) # 리스트 b 출력
> ```

- 람다(lambda) : 함수를 단 한 줄로 만드는 문법

  [형식] lambda 매개변수 : 표현식

- map() : 리스트의 요소를 하나씩 꺼내 함수를 적용

  [형식] map(함수, 리스트)

- list() : 리스트 타입으로 변환

  [형식] list(객체)

- b=list(map(lambda num : num +100, a))
  101, 102, 103, 104, 105

0	1	2	3	4
101	102	103	104	105

03 다음은 디자인 패턴에 대한 설명이다. 설명과 가장 부합하는 디자인 패턴을 〈보기〉에서 고르시오. [5점]

> ① 생성(합성)할 때 사용하는 디자인 패턴의 한 종류로, 기능의 클래스 계층과 구현의 클래스 계층을 연결하고, 구현부에서 추상 계층을 분리하여 각자 독립적으로 변형할 수 있게 해주는 디자인 패턴이다. 다른 이름으로 핸들/구현부(Handle/Body)라고도 한다.
> ② 행위 패턴의 한 종류로 어떤 클래스에 변화가 일어났을 때, 이를 감지하여 다른 클래스에 통보해 주는 디자인 패턴이다.

〈보기〉
㉠ Command 　　　㉡ Iterator
㉢ Proxy 　　　㉣ Bridge
㉤ Observer 　　　㉥ Structural
㉦ Creational 　　　㉧ Abstract Factory

①
②

> **해설**　키워드 구현부에서 추상 계층을 분리 → 용어 브리지(Bridge)
> 키워드 변화, 감지, 통보 → 용어 옵저버(Observer)

정답
01. ❶ U ❷ − ❸ X ❹ π ❺ ⋈　**02.** [101, 102, 103, 104, 105]　**03.** ❶ ㉣ ❷ ㉤

04 192.168.1.0/26 네트워크를 FLSM 방식을 이용하여 6개의 Subnet으로 나누고 IP Subnet-zero를 적용했을 때, Subnetting된 네트워크 중 2번째 네트워크의 브로드캐스트 IP 주소를 10진수로 쓰시오. [5점]

① ....

② ....

해설

- 192.168.1.0/26
  - IP 주소 : 192.168.1.0
  - 네트워크 주소 비트 : 26bit
  - C 클래스에 포함되고, 서브넷 마스크는 255.255.255.192 (11111111.11111111.11111111.11000000)이다.
- 네트워크마다 할당된 호스트 수가 모두 동일한 FLSM 방식으로 서브네팅했으므로 총 $2^2 = 4$개의 subnet을 가진다.

네트워크	호스트수	IP 주소 범위	
1	64	192.168.1.00000000 ~ 192.168.1.00111111	192.168.1.0 ~ 192.168.1.63
2	64	192.168.1.01000000 ~ 192.168.1.01111111	192.168.1.64 ~ 192.168.1.127
3	64	192.168.1.10000000 ~ 192.168.1.10111111	192.168.1.128 ~ 192.168.1.191
4	64	192.168.1.11000000 ~ 192.168.1.11111111	192.168.1.192 ~ 192.1.255

- 브로드캐스트(Broadcast) IP 주소 : 각 네트워크의 가장 마지막 주소

05 다음 JAVA언어로 구현된 프로그램을 분석하여 그 실행 결과를 쓰시오. [5점]

```java
class Gisafirst {
    public static void main(String[] args) {
        int[] result= new int[5];
        int[] arr = {79,34,10,99,50};
        for(int i = 0; i < 5; i++) {
            result[i] = 1;
            for(int j = 0; j < 5; j++) {
                if(arr[i] < arr[j]) {
                    result[i]++;
                }
            }
        }
        for(int k = 0; k < 5; k++) {
            System.out.print(result[k]);
        }
    }
}
```

해설

코드해설

```java
for(int i = 0; i < 5; i++) {
// i는 0부터 5보다 작을 때까지 for문 실행
    result[i] = 1;  // restul[i]에 1 저장
    for(int j = 0; j < 5; j++) {
    // j는 0부터 5보다 작을 때까지 for문 실행
        if(arr[i] < arr[j]) {
        // arr[i]값이 arr[j] 값보다 작은 경우
            result[i]++;  // result[i] 값 1 증가
        }
    }
}
```

- 배열 arr

0	1	2	3	4
79	34	10	99	50

- 배열 result

0	1	2	3	4
2	4	5	1	3

TIP 배열 result는 배열 arr의 요소(값)의 순위를 저장하는 배열입니다.

정답

04. 192.168.1.127 **05.** 24513

06 평가 점수에 따를 성적부여는 0점~69점은 D, 70점~79점은 C, 80점~89점은 B, 90점~100점은 A이다. 아래의 테스트 케이스와 같이 경계에 있는 값을 테스트 데이터로 생성하여 테스트 케이스를 도출하는 방법은 무엇인지 〈보기〉에서 고르시오. [5점]

테스트 케이스	1	2	3	4	5	6	7	8
테스트 데이터	−1	0	1	69	70	71	79	80
예상 결과	err	D	D	D	C	C	C	B
실제 결과	err	D	D	D	C	C	C	B

테스트 케이스	9	10	11	12	13	14	15
테스트 데이터	81	89	90	91	99	100	101
예상 결과	B	B	A	A	A	A	err
실제 결과	B	B	A	A	A	A	err

〈보기〉
㉠ Equivalence Partitioning
㉡ Boundary Value Partitioning
㉢ Cause-Effect Analysis
㉣ Equivalence Analysis
㉤ Control Flow Testing
㉥ Cause-Effect Graph
㉦ Boundary Value Analysis
㉧ Data Flow Testing

해설 키워드 경계에 있는 값을 테스트 데이터로 생성 → 용어 경계값 분석(Boundary Value Analysis)

07 다음 〈보기〉에서 형상 관리 도구를 모두 고르시오. [5점]

〈보기〉
㉠ OLAP   ㉡ CVS   ㉢ ATM
㉣ Hadoop   ㉤ Git   ㉥ cron
㉦ Spring   ㉧ SVN

해설 형상 관리 도구에는 RCS, CVS, 서브버전(Subversion), 클리어케이스(ClearCase), 비트키퍼(Btikeeper), 깃(Git) 등이 있다.

08 아래 CREATE TABLE 명령문을 실행하여 [부서] 테이블과 [직원] 테이블을 생성한 후 각각의 테이블에 데이터를 저장하였다고 할 때, 다음 〈SQL문〉의 ①, ②의 실행 결과 튜플 수는 각각 몇 개인지 쓰시오. [5점]

```
CREATE TABLE 부서 (
    부서코드 int NOT NULL,
    부서명 varchar(20) NOT NULL,
    PRIMARY KEY(부서코드)
);
```

```
CREATE TABLE 직원 (
    직원번호 int NOT NULL,
    부서코드 int NOT NULL, CONSTRAINT FK_부서코
드 FOREIGN KEY(부서코드) REFERENCES 부서(부서코
드) ON DELETE CASCADE
);
```

[부서]

부서코드	부서명
10	영업부
20	개발부
30	인사부

[직원]

직원번호	부서코드
1000	10
2000	20
3000	20
4000	20
5000	30
6000	30
7000	30

① SELECT COUNT(DISTINCT 부서코드) FROM 직원;
② DELETE FROM 부서 WHERE 부서코드=20;
   SELECT COUNT(DISTINCT 직원번호) FROM 직원;

① ....
② ....

정답
06. ㉦   07. ㉡, ㉤, ㉧   08. ❶ 3 ❷ 4

① SELECT COUNT(DISTINCT 부서코드) FROM 직원;
: [직원] 테이블에서 중복 제거된 부서코드의 개수를 검색한다. → 3

② DELETE FROM 부서 WHERE 부서코드=20;
: [부서] 테이블에서 부서코드가 20인 튜플을 삭제한다.

[부서]

부서코드	부서명
10	영업부
30	인사부

[직원]

직원번호	부서코드
1000	10
5000	30
6000	30
7000	30

SELECT COUNT(DISTINCT 직원번호) FROM 직원;
: [직원] 테이블에서 중복 제거된 직원번호의 개수를 검색한다. → 4

TIP [직원] 테이블의 부서코드 속성은 [부서] 테이블의 부서코드 속성을 참조하는 외래키이므로, ON DELETE CASCADE 옵션에 따라 [부서] 테이블의 부서코드 속성이 삭제되면 참조하는 [직원] 테이블의 부서코드 속성까지 모두 삭제됩니다.

09 다음의 설명과 가장 부합하는 용어를 영문 약어로 쓰시오. [5점]

- 방화벽, 안티바이러스 솔루션, 서버, 네트워크 장비 등으로부터 수집한 다양한 로그와 보안 이벤트 데이터를 빅데이터 기반으로 분석하는 보안 관제 솔루션이다.
- 보안 위협 징후를 판단할 수 있는 데이터(통계정보)를 생성하고 데이터로 보안 사고를 분석하고 예방·대응한다.
- 로그 관리를 통합적으로 수행하며 네트워크 포렌식과 보안 관련 준수성에 중요한 역할을 담당한다.
- syslog나 SNMP를 이용해 로그 및 이벤트를 모아 Collector에 실시간 취합–분석–관리–알림을 수행하기도 한다.

 키워드 다양한 로그와 보안(Security)이벤트(Event)데이터를 빅데이터 기반으로 분석 → **용어** SIEM(Security Information and Event Management, 보안 정보 및 이벤트 관리)

10 학생(STUDENT) 테이블에 컴퓨터정보과 학생 50명, 인터넷정보과 학생 100명, 사무자동화과 학생 50명에 관한 데이터가 있다고 가정할 때, 다음 SQL문의 ①~③을 각각 실행시키면, 결과 튜플 수는 각각 몇 개인지 쓰시오. (단, DEPT는 학과 컬럼명이다.) [5점]

① SELECT DEPT FROM STUDENT;
② SELECT DISTINCT DEPT FROM STUDENT;
③ SELECT COUNT (DISTINCT DEPT) FROM
  STUDENT WHERE DEPT='컴퓨터정보과' ;

①　...

②　...

③　...

 ① [STUDENT] 테이블에서 모든 학과명(DEPT)을 검색한다.
② [STUDENT] 테이블에서 중복 제거된 학과명(DEPT)만 검색한다.
③ [STUDENT] 테이블에서 학과명(DEPT)이 '컴퓨터정보과'인 튜플의 중복을 제거한 개수를 검색한다.

11 다음 C언어로 구현된 프로그램을 분석하여 그 실행 결과를 쓰시오. [5점]

```c
#include <stdio.h>
int main(void) {
    int n,k,s;
    int el=0;
    for (n=6; n<=30; n++){
        s=0;
        k=n/2;
        for (int j=1; j<=k; j++){
            if (n%j == 0){
                s=s+j;
            }
        }
        if (s == n){
            el++;
        }
    }
    printf("%d", el);
}
```

해설
코드해설

```
/* 6부터 30까지의 숫자 범위를 설정하는 for문 */
for (n=6; n<=30; n++){
    s=0;
    k=n/2;
/* 자기 자신을 제외한 약수의 합(s)을 구하는 for문 */
    for (int j=1; j<=k; j++){
        if (n%j == 0){
            s=s+j;
        }
    }
/* 자기 자신과 동일한 수의 개수(el)를 구하는 if문 */
    if (s == n){
        el++;
    }
}
```

- 6의 약수 : 1, 2, 3, ~~6~~
    1+2+3 = 6
    : 자기 자신(6) = 자기 자신을 제외한 약수의 합(6)
- 28의 약수 : 1, 2, 4, 7, 14, ~~28~~
    1+2+4+7+14 = 28
    : 자기 자신(28) = 자기 자신을 제외한 약수의 합(28)

디버깅표

n	j	n % j == 0	s	s == n	el
6	1	6 % 1 = 0 → T	1		
	2	6 % 2 = 0 → T	3		
	3	6 % 3 = 0 → T	6		
				T	1
⋮	⋮	⋮	⋮	⋮	⋮
28	1	28 % 1 = 0 → T	1		
	2	28 % 2 = 0 → T	3		
	3	28 % 3 = 0 → F			
	⋮	⋮			
	14	28 % 14 = 0 → T	28		
				T	2

---

12 다음은 프로세스 스케줄링에 대한 설명이다. 설명과 가장 부합하는 용어를 영문 약어로 쓰시오. [5점]

> ① 준비상태 큐에서 기다리고 있는 프로세스 중에서 실행 시간이 짧은 프로세스에 먼저 CPU를 할당하는 비선점형 기법
> ② 준비상태 큐에 먼저 들어온 프로세스가 먼저 CPU를 할당받고, 각 프로세스는 할당된 시간 동안만 실행한 후 실행이 완료되지 않으면 다음 프로세스에 CPU를 넘겨주고 큐의 가장 뒤로 배치되는 선점형 기법
> ③ 현재 실행 중인 프로세스의 남은 시간과 준비상태 큐에 새로 도착한 프로세스의 실행시간을 비교하여 가장 짧은 실행시간을 요구하는 프로세스에 CPU를 할당하는 선점형 기법

① ....

② ....

③ ....

해설

> 키워드 실행시간이 짧은(Shortest) 프로세스에 먼저(First) → 용어 SJF(Shortest Job First)
>
> 키워드 할당된 시간 동안만 실행 → 용어 RR(Round Robin, 라운드 로빈)
>
> 키워드 남은 시간(Remaining Time)과 실행시간을 비교하여 가장 짧은(Shortest) 프로세스에 먼저 할당 → 용어 SRT(Shortest Remaining Time)

13 다음 설명에서 ①~③에 들어갈 가장 적합한 용어를 쓰시오. [5점]

> UML을 구성하는 요소들에는 사물(Things), (①), 다이어그램(Diagram)이 있다. 사물의 종류 중 시스템의 구조를 표현하는 정적 사물(Structural Things)에는 클래스, 인터페이스, 통신, 컴포넌트, 패키지, 노드 등이 있다.
> - (①)은(는) 요소가 서로 연관되는 방법으로, 종류에는 의존, 연관, 일반화, 실체화가 있다.
> - (②)은(는) 유사한 책임을 가진 개체의 집합으로, 직사각형으로 표기하며 이름, 속성, 오퍼레이션을 넣는다.

정답
※ 답안의 한글과 영문 중 하나만 작성하면 됩니다.
12. ❶ SJF ❷ RR ❸ SRT **13.** ❶ 관계(Relationship) ❷ 클래스(Class) ❸ 인터페이스(Interface)

• (③)은(는) 클래스 또는 컴포넌트의 서비스를 명세화하는 오퍼레이션을 모아놓은 것으로, 원으로 표기한다. 특정 클래스나 컴포넌트의 전체 또는 일부 동작을 나타낼 수 있다.

① ....

② ....

③ ....

> 해설
> **키워드** 연관 → **용어** 관계(Relationship)
> **키워드** 개체의 집합 → **용어** 클래스(Class)
> **키워드** 오퍼레이션을 모아놓은 것, 동작 → **용어** 인터페이스(Interface)

14 다음의 설명과 가장 부합하는 용어를 〈보기〉에서 고르시오. [5점]

> ① 프로세서(processor) 안에 독립적인 보안 구역을 따로 두어 중요한 정보를 보호하는 하드웨어 기반의 보안 기술로, ARM사에서 개발하였다. 프로세서(processor) 안에 독립적인 보안 구역을 따로 두어 중요한 정보를 보호하는 하드웨어 기반의 보안 기술이다.
> ② 네티즌들이 사이트에 접속할 때 주소를 잘못 입력하거나 철자를 빠뜨리는 실수를 이용하기 위해 이와 유사한 유명 도메인을 미리 등록하는 일로, URL 하이재킹(hijacking)이라고도 한다.

> 〈보기〉
> ㉠ Trust Zone   ㉡ Typo Squating
> ㉢ Sumrfing   ㉣ Spear Phishing
> ㉤ Grayware   ㉥ StackGuard
> ㉦ Kill Switch   ㉧ Watering Hole

① ....

② ....

> 해설
> **키워드** 프로세서 안에 독립적인 보안 구역을 따로 → **용어** 트러스트존(Trust Zone)
> **키워드** 사이트 주소 잘못 입력, URL 하이재킹 → **용어** 타이포스쿼팅(Typosquating)

15 다음의 설명과 가장 부합하는 용어를 쓰시오. [5점]

> 한 번의 인증 과정으로 여러 컴퓨터상의 자원을 이용 가능하게 하는 인증 기능이다. 예를 들어 어느 컴퓨터에 로그인한 후 응용 프로그램을 사용할 때 또 로그인, 다른 서버상의 응용 프로그램을 사용할 때도 다시 로그인이 필요한 상황이라면, 사용자는 여러 개의 아이디와 비밀번호를 관리해야 한다. 하지만 이것을 도입한 환경에서는 사용자는 하나의 아이디와 비밀번호로 모든 기능을 사용할 수 있다.

....

> 해설
> **키워드** 한 번의 인증 과정으로여러 자원 이용 가능 → **용어** SSO

16 다음 JAVA언어로 구현된 프로그램을 분석하여 그 실행 결과를 쓰시오. [5점]

```java
class Gisafirst {
    public static void main(String[] args) {
        int a = 0;
        for(int i=1; i<999; i++){
            if(i%3==0 && i%2!=0)
                a = i;
            }
        System.out.print(a);
    }
}
```

....

> **정답**
> ※ 답안의 한글과 영문(영문 약어) 중 하나만 작성하면 됩니다.
> **14.** ❶ ㉠ ❷ ㉡ **15.** SSO(Single Sing-On, 통합 인증) **16.** 993

코드해설

```
for(int i=1; i<999; i++) {
// i는 1부터 999보다 작을 때까지 for문 실행
    if(i%3==0 && i%2!=0)
    // i를 3으로 나눈 나머지 값이 0이고, i를 2로
    나눈 나머지 값이 0이 아닌 경우
        a = i;  // a에 i 값 저장
}
```

• i%3 == 0 && i%2 != 0 : i는 3의 배수이고, i는 2의 배수가
아니어야 한다.

디버깅표

i	i % 3 == 0	i % 2 != 0	a
1	F		
2	F		
3	T	T	3
⋮	⋮	⋮	⋮
993	T	T	993
⋮	⋮	⋮	⋮
996	T	F	
997	F		
998	F		

17 다음의 설명과 가장 부합하는 용어를 쓰시오. [5점]

① 시스템이 아닌 사람들의 심리와 행동 양식을 교묘하
게 이용해 원하는 정보를 얻는 공격 기법이다. 신뢰
할 수 있는 사람으로 위장하여 다른 사람으로 하여금
자신의 목적을 위해 행동하도록 만드는 기술로, 물리
적, 네트워크 및 시스템 보안에 못지않게 인적 보안
이 중요하다.
② 정보를 수집한 후, 저장만 하고 분석에 활용하지 않
는 다량의 데이터이다. 처리되지 않은 채 미래에 사
용할 가능성이 있다는 이유로 삭제되지 않고 방치되
어 있어, 저장 공간만 차지하고 보안 위험을 초래할
수 있다.

① ....

② ....

> 키워드 사람들의 심리 이용 → 용어 사회 공학
> 키워드 저장만 하고 활용 × → 용어 다크 데이터

18 아래 ER 다이어그램의 ①~⑤에 들어갈 가장 적합한
용어를 〈보기〉에서 고르시오. [5점]

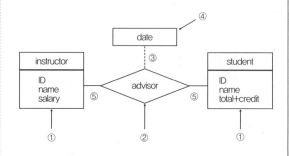

〈보기〉
㉠ 관계 집합과 관계 집합의 속성을 연결한다.
㉡ 개체 집합을 나타낸다.
㉢ 관계 집합을 나타낸다.
㉣ 관계 집합의 속성을 나타내며, 기본 키로 사용될 수
있는 항목이 있을 경우 밑줄로 나타낸다.
㉤ 개체 집합과 관계 집합을 연결한다.

① ....

② ....

③ ....

④ ....

⑤ ....

※ 답안의 한글과 영문 중 하나만 작성하면 됩니다.
17. ❶ 사회 공학(사회 공학적 해킹, 사회 공학 공격, 사회 공학 기법) **❷** 다크 데이터(Dark Data) **18. ❶** ㉡ **❷** ㉢ **❸** ㉠ **❹** ㉣ **❺** ㉤

해설 ER 모델의 구성 요소

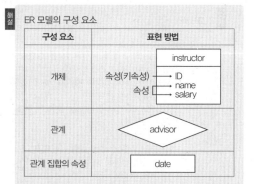

구성 요소	표현 방법
개체	속성(키속성) → ID 속성 → name → salary (instructor)
관계	advisor
관계 집합의 속성	date

해설 코드해설

```
static int nSize = 4; // 전역 변수 선언 및 초
                         기화
public static void main(String[] args) {
    int[] arr = new int[nSize]; // 크기가 4인
    배열 arr 선언
    makeArray(arr); // 메소드 makeArray 호출
    (전달인자 : arr)
    for(int i = 0; i < nSize; i++) { // i는 0
    부터 4보다 작을 때까지 for문 실행
        System.out.print(arr[i] + " "); //
        arr[i] 값 출력 및 한 칸 띄움
    }
}
public static void makeArray(int[] arr) { //
메소드 make Array 선언(매개변수 : arr)
    for(int i = 0; i < nSize; i++) { // i는 0
    부터 4보다 작을 때까지 for문 실행
        arr[i] = i; // arr[i]에 i 값 저장
    }
```

a[0]	a[1]	a[2]	a[3]
0	1	2	3

```
}
```

TIP 위에서 사용된 static은 전역 변수로, 소스 코드 전체에서 사용 가능한 변수를 의미합니다.

19 다음 JAVA언어로 구현된 프로그램을 분석하여 그 실행 결과를 쓰시오. [5점]

```java
public class Gisafirst {
    static int nSize = 4;
    public static void main(String[] args) {
        int[] arr = new int[nSize];
        makeArray(arr);
        for(int i = 0; i < nSize; i++) {
            System.out.print(arr[i] + " ");
        }
    }
    public static void makeArray(int[] arr) {
        for(int i = 0; i < nSize; i++) {
            arr[i] = i;
        }
    }
}
```

정답

19. 0 1 2 3

20 다음 C언어로 구현된 프로그램을 분석하여 그 실행 결과를 쓰시오. [5점]

```
#include <stdio.h>
int bound(int w, int h, int j, int i) {
        if(i >= 0 && i < h && j >= 0 && j < w)
                return 1;
        return 0;
}
int main() {
        int mines[4][4] = {{0,0,0,0}, {0,0,0,0},
{0,0,0,0}, {0,0,0,0}};
        int field[4][4] = {{0,1,0,1}, {0,0,0,1},
{1,1,1,0}, {0,1,1,1}};
        int w = 4;
        int h = 4;
        for(int y=0; y<h; y++) {
                for(int x=0; x<w; x++) {
                        if(field[y][x] == 0)
                                continue;
                                for(int i=y-1; i<=y+1;
i++) {
                                        for(int j=x-1;
j<=x+1; j++) {
                                        if(bound(w,h,i,j)
== 1) {
                                        mines[i][j]++;
                                        }
                                }
                        }
                }
        }
        for(int y=0; y<h; y++) {
                for(int x=0; x<w; x++) {
                        printf("%d", mines[y][x]);
                }
        printf("\n");
        }
}
```

해설

코드해설

```
for(int y=0; y<h; y++) {
// y는 0부터 h보다 작을 때까지 for문 실행
    for(int x=0; x<w; x++) {
    // x는 0부터 w보다 작을 때까지 for문 실행
        if(field[y][x] == 0)
        // field[y][x] 값이 0인 경우 → 현재
        값이 0인가?
            continue;
            // 이후 문장은 실행하지 않고, for
            문의 선두로 되돌아가서 실행 → 다
            음 요소로 이동
        for(int i=y-1; i<=y+1; i++) {
        // i는 y-1부터 y+1보다 작거나 같을 때
        까지 for문 실행
            for(int j=x-1; j<=x+1; j++) {
            // j는 x-1부터 x+1보다 작거나 같을
            때까지 for문 실행
                if(bound(w,h,i,j) == 1) {
                // 함수 bound 호출한 후, 함수의
                반환 값이 1인 경우
                    mines[i][j]++;
                    // mines[i][j] 값 1 증가 →
                    자기 자신을 포함하여 주변
                    배열의 값 + 1
                }
            }
        }
    }
}
```

• 함수 bound : 배열의 크기(mines[0][0] ~ mines[3][3]에 포함되는 범위일 때만 1을 반환(return)

```
int bound(int w, int h, int i, int j) {
    if(i >= 0 && i < h && j >= 0 && j < w)
        return 1;
    return 0;
}
```

– if문 : 현재 위치의 행과 열이 모두 0 이상 4 미만인가요?
참(True) : 1 반환
거짓(False) : 0 반환

정답
※ 답안 중 ¶(단락 기호) 표시는 줄바꿈을 의미합니다.
20. 1132 ¶ 3453 ¶ 3564 ¶ 3553

찾아보기

번호

3D 바이오 프린팅	76
3D 프린팅	72
4D 프린팅	72
4K 해상도	75

A

AES	28
AI	61
AIMD	274
ALGOL	194
AMI	55
APT	87
AR	60
ARIA	28
ARP	259
ARQ	274
ASCII 코드	112
ASLR	91
ASP	195

B

BaaS	49
BASIC	194
BCP	81
BGP	273
BLE	50
break문	122

C

C	194
C#	194
C++	194
C형 유에스비	74
CC	64
C&C 서버	84
CEP	79
CLASP	12
CMM	299
CMMI	298
COBOL	194

continue문	122
C-SCAN	239
CSMA/CA	262
CSMA/CD	262
CVE, CWE	15

D

DDoS	84
DES	28
DLP	46
DLT	64
DMZ	44
DNS	259
do~while문	120
DoS	83
DRDoS 공격	84
DRM	46, 287
DRM 컨트롤러	288
DSA	63
DX	66

E

ECC	28
EGP	273
ESM	45

F

FCFS	233, 238
FIFO	226, 233
FIN	56
for문	121, 182
FORTRAN	194
FTP 바운스 공격	15

G

GIS	66
goto문	123
GPIB	75
GPN	56
GPS	56

H

HAVAL	29
HIDS	43
Hierarchical 3 Layer 모델	267
HRN	234
HTML	196
HTTP 응답 분할	14
HTTP 헤더 인젝션	14

I

IaaS	49
ICMP	260
IDS	43
IEEE 802	262
if문	115, 181
IGP, IGRP	272
IMT-2020	53
iOS	221
IoT	50
IP	269
I-PIN	37
IPS	44
IPv4	250
IPv6	251
ISMS	68
ISO/IEC 9000	296
ISO/IEC 9126	295
ISO/IEC 12119	296
ISO/IEC 12207	297
ISO/IEC 14598	296
ISO/IEC 15288	298
ISO/IEC 15504(SPICE)	297
ISO/IEC 25000	296
ISO/IEC 25010	296
ISO/IEC 27001	36
ITS	70
ITU-T X.805	36

J

JAVA	194
JCL	195
JSP	195

K

KRACK	92

L

L2 스위치	266
L3 스위치	266
L4 스위치	266
L7 스위치	266
LAN	250
LAND 공격	84
LBS	57
LFSR	28
LFU	227
LINUX	220
LISP	196
LOD	79
LRU	226

M

M2M	55
Mac OS	220
MBSA	34
MD5	28
M-DISC	74
MEMS	74
MQTT	54
MR	61
MSA	69
MS-SDL	11

N

N2OS	65
NAC	45
NAT	54
NBTScan	34
NDN	52
NFC	51

NGN 52
NIDS 43
Nmap 34
N-NASH 29
N-step SCAN 240
NUR 227

O

O2O 68
OGSA 66
OPT 226
OSI 7계층 257
OSPF 272
OTP 37
OTT 55
OWASP 90

P

P2P 64
PaaS 49
PEM 90
PET 65
PHP 195
PIA 66
PIMS 68
PING Flood 83
PKI 65
PRM 67
PROLOG 196
Python 195

Q

QKD 65

R

RAID 73
RARP 259
RC4 28
RFID 51
RIA 64
RIP 272
RPA 80
RPO 80
RR 235

RSA 28
RTO 79

S

SaaS 49
SCAN 239
SDDC 63
SDE 62
SDN 62
SDP 63
SDS 63
Secure OS 12
Secure SDLC 11
SEED 28
SET 57
Seven Touchpoints 11
SHA-256 28
SJF 233
Slow Start 274
Smalltalk 195
SNEFRU 29
snort 43
SNS 53
SON 51
SOS 90
SQL 196
SQL Injection 14, 16
SQL 삽입 14, 16
SRM 90
SRT 235
SSH 261
SSO 63
SSTF 238
static 메소드 149
switch~case문 117
SYN 플러딩 83

T

TCP 269
TCP/IP 269
TearDrop 공격 84
TFN 84
TMS 45
tripwire 43

U

UDP 269
UNIX 219
Unix/Linux 주요 명령어 247
UPD Flooding 83
USN 55
UTM 45
UWB 51

V

V2X 76
VLAN 50
VPN 46
VR 60

W

WAN 250
WAP 58
WBAN 56
while문 119
Windows 219
Windows 기본 명령어 246
WIPI 57
WIPS 44
WLAN 51
Wm-Bus 55
WPAN 54

X

XML 196
XSS 14, 17

ㄱ

가상기억장치 225
가상 회선 방식 273
가용성 6
가짜 바이러스 94
개선된 for문 159
개인키 암호화 기법 26
객체 148, 187
객체 지향 프로그래밍 언어 194
거리 벡터 알고리즘 273

검사 시점과 사용 시점 14, 20
게이트웨이 266
경로 제어 272
계정 32
계정 관리 32
고객 여정 분석 80
고급 프로그래밍 언어 193
공간 구역성 228
공개키 암호화 기법 27
관리적 보안 33
교착상태 243
교착상태 회피 275
교체 전략 223
구역성 228
구조체 131
권한 33
권한 관리 33
그레이웨어 89
그리드 52
글로나스 56
기근 현상 236
기밀성 6
기술적 보안 33
기억장치 관리 전략 222

ㄴ

네트워크 슬라이싱 53
네트워크 토폴로지 267
네트워크 계층 257
노모포비아 70
노화 기법 235
논리 폭탄 88
뉴럴링크 61
뉴로모픽 반도체 76
님다 87

ㄷ

다중화 275
다크 데이터 80
다크웹 94
데이터 과학 80
데이터그램 방식 273
데이터 다이어트 79

데이터 링크 계층	257	모드 체크	89	비트코인	64	스쿨버스	91
데이터 타입	105	모바일 컴퓨팅	49	빅 데이터	77	스쿱	78
동기 제어	271	모바일 클라우드 컴퓨팅		빔 포밍	57	스크립트 언어	195
동기화 기법	242		50			스택가드	89
드로퍼	91	무결성	6	ㅅ		스턱스넷	87
디렉터리 접근 공격	14	무작위 대입 공격	88	사이버 협박	88	스테가노그래피	68
디봅스	69	무한 반복(무한 루프)	121	사이트 간 스크립팅	14, 17	스파이웨어	89
디스크 스케줄링	238	문맥 교환	236	사이트 간 요청 위조	15	스팸 차단 솔루션	46
디지털 아카이빙	79	문자열	129, 175	사전 공격	93	스푸핑	89
디지털 트윈	62	물리적 보안	33	사회 공학적 해킹	85	스풀링	232
디지털 포렌식	68	물리 계층	257	살라미	93	스피어 피싱	85
딕셔너리	178	미디어 빅뱅	55	상속	164, 189	슬라이딩 윈도우	274
딥 러닝	65	미러 사이트	58	상호 배제	242	시간 구역성	228
딥페이크	67			생성자	149, 188	시맨틱 웹	62
		ㅂ		생체 기반 인증	37	시스로그	90
ㄹ		반입 전략	222	서브넷	252	시큐어 코딩	16
라우터	266	반정형 데이터	80	서식 문자열	112	신 클라이언트	50
라이브러리	198	방화벽	41	선언형 언어	196	심볼릭 링크 경쟁	15
래드섹	57	배열	127, 158	세그먼테이션	224		
랜덤스토	76	배치 전략	222	세션	32	ㅇ	
랜섬웨어	86	백도어	85	세션 관리	32	안드로이드	220
런 타임	194	백본 스위치	266	세션 하이재킹	87	안티 포렌식	68
레인보우 테이블	93	뱅쿤	95	세션 계층	258	알레프	76
로그	33	버퍼 오버플로	14	세컨드 디바이스	76	암호문	26
로그 관리	33	베이퍼웨어	67	셰어웨어	89	암호화	26
루트킷	86	변수	106	소유 기반 인증	37	애드웨어	89
리스트	176	병행 프로세스	242	소프트웨어 개발 보안	6	애드혹 네트워크	51
리커버리 통제	90	보안 아키텍처	35	소프트웨어 에스크로	67	에스크로(임치) 서비스	66
리피터	265	보안 컨테이너	288	소프트웨어 품질	293	에지 컴퓨팅	56
릴리즈 노트	285	보안 프레임워크	35	숫자형	175	엔 스크린	73
링크 상태 알고리즘	273	보안 USB	46	슈타첼드라트	84	연산자	108
		복호화	26	스누핑	89	예외	201
ㅁ		봇넷	84	스니퍼	88	예외 처리	201
마이데이터	81	부인 방지	6	스니핑	88	오류 제어	274
마이크로 모빌리티	75	브로드 데이터	78	스래싱	228	오버라이딩	165
매시업	64	브리지	265	스레드	231	오버레이	223
매크로 바이러스	91	블록체인	64	스마트 그리드	52	오버로딩	166
맵리듀스	78	블루스나핑	92	스마트 오더	71	오토런 바이러스	91
머신 비전	61	블루재킹	92	스머핑	83	오픈스택	56
멀티 클라우드	49	블루킵	92	스미싱	85	오픈플로	56
메시 네트워크	53	블루투스	50	스와핑	223	온톨로지	62
메타버스	61	블루프린팅	92	스위치	265	옵테인 메모리	75
명령형 언어	196	비정형 데이터	80	스위치 재밍	93	와이브로	58
멤리스터	73	비컨	50	스캐빈징	91	와이선	53

운영체제 218
워 드라이빙 92
워킹 셋 228
워터링 홀 93
워터마킹 67
원격 현장감 67
원 세그 55
웜 바이러스 86
웨버홀리즘 70
웹 방화벽 45
웹 쉘 93
위성 인터넷 58
위치 기반 인증 37
위키노믹스 69
위험 7
위협 7
위협원 7
은닉 스캔 공격 93
응용 계층 258
이메일 인젝션 14
이블 트윈 공격 88
인가 33
인증 6, 37
인터넷 250
인터럽트 232
인터클라우드 컴퓨팅 49
인터프리터 193
인포그래픽스 81
인포러스트 70
임계구역 242

ㅈ

자바스크립트 195
자산 7
자연어 처리 62
저급 프로그래밍 언어 193
저작권 287
전문가 시스템 61
전송 계층 258
전역 변수 192
전자 서명 288
절차적 프로그래밍 언어
194
접근 33

접근 제어 33
접근 제한자 151
정지 및 대기 274
정형 데이터 80
제로 데이 공격 87
제어 문자 112
제품 소프트웨어 매뉴얼
284
제품 소프트웨어 버전 관리
284
제품 소프트웨어 사용자 매
뉴얼 291
제품 소프트웨어 설치 매뉴얼
290
제품 소프트웨어 패키징
284
조크 바이러스 94
좀비 PC 84
죽음의 핑 83
증강 가상 61
지그비 54
지능형 초연결망 52
지식 기반 인증 37
지역 변수 192
집합 179

ㅊ

참조 국부성 228
체스트 95
추상 클래스 168
취약점 7, 33
취약점 관리 33

ㅋ

커넥티드 카 75
컴파일러 193
컴파일 타임 194
컴패니언 스크린 73
코드 인젝션 14
콘텐츠 분배자 288
콘텐츠 소비자 288
콘텐츠 전송 네트워크 58
콘텐츠 제공자 288
콘텐츠 중심 네트워킹 52

큐싱 85
크라우드 소싱 69
크라임웨어 94
크로스 사이트 스크립팅
14, 17
크롤링 81
크리슈머 70
클라우드 게임 54
클라우드 컴퓨팅 49
클래스 147, 187
클리어링 하우스 288
클릭재킹 15
키로거 88
키로거 공격 88
키오스크 75
킬 스위치 90

ㅌ

타이포스쿼팅 92
타조 78
테크핀 71
텐서플로 61
튜링 시험 70
튜플 177
트래픽 제어 274
트랙웨어 89
트랩도어 85
트러스트존 74
트로이 목마 84
트리누 84
트립와이어 86

ㅍ

파밍 85
파일 241
파일 디스크립터 241
파일 시스템 241
패블릿 73
패스워드 32
패키저 288
패킷 교환 방식 273
페이지 교체 알고리즘 226
페이징 224
펨토셀 57

평문 26
포맷 스트링 버그 14
포스퀘어 53
포인터 134
폼 팩터 75
표현 계층 258
풋프린팅 94
프로그램 231
프로세서 231
프로세스 231
프로세스 스케줄링 233
프로세스 제어 블록 231
프로슈머 70
프로토콜 271
프록시 서버 43
프리웨어 89
피싱 85
피코넷 51
핑거 프린팅 68

ㅎ

하둡 78
하둡 분산 파일 시스템 78
하트블리드 92
함수 143, 186
해시 27
행위 기반 인증 37
허니팟 94
허브 265
허상 포인터 14
혼잡 제어 274
환경 변수 244
흐름 제어 274

NOTE

2023 비단길 정보처리기사 실기

2022. 4. 8. 초 판 1쇄 발행
2023. 4. 12. 개정 1판 1쇄 발행

저자와의
협의하에
검인생략

지은이 | 권우석, 김민서
펴낸이 | 이종춘
펴낸곳 | **BM** ㈜도서출판 **성안당**

주소 | 04032 서울시 마포구 양화로 127 첨단빌딩 3층(출판기획 R&D 센터)
     | 10881 경기도 파주시 문발로 112 파주 출판 문화도시(제작 및 물류)

전화 | 02) 3142-0036
     | 031) 950-6300

팩스 | 031) 955-0510
등록 | 1973. 2. 1. 제406-2005-000046호
출판사 홈페이지 | **www.cyber.co.kr**
내용 문의 | cafe.naver.com/gunsystem
ISBN | 978-89-315-5816-6 (13000)
정가 | 35,000원

이 책을 만든 사람들

책임 | 최옥현
기획 · 진행 | 박현수
교정 · 감수 | 스마트잇(이용현, 최성희), 이튜(김광수)
디자인 | 앤미디어
홍보 | 김계향, 유미나, 이준영, 정단비
국제부 | 이선민, 조혜란
마케팅 | 구본철, 차정욱, 오영일, 나진호, 강호묵
마케팅 지원 | 장상범
제작 | 김유석

이 책의 어느 부분도 저작권자나 **BM** ㈜도서출판 **성안당** 발행인의 승인 문서 없이 일부 또는 전부를 사진 복사나 디스크 복사 및 기타 정보 재생 시스템을 비롯하여 현재 알려지거나 향후 발명될 어떤 전기적, 기계적 또는 다른 수단을 통해 복사하거나 재생하거나 이용할 수 없음.

■ **도서 A/S 안내**

성안당에서 발행하는 모든 도서는 저자와 출판사, 그리고 독자가 함께 만들어 나갑니다.
좋은 책을 펴내기 위해 많은 노력을 기울이고 있습니다. 혹시라도 내용상의 오류나 오탈자 등이 발견되면 **"좋은 책은 나라의 보배"**로서 우리 모두가 함께 만들어 간다는 마음으로 연락주시기 바랍니다. 수정 보완하여 더 나은 책이 되도록 최선을 다하겠습니다.
성안당은 늘 독자 여러분들의 소중한 의견을 기다리고 있습니다. 좋은 의견을 보내주시는 분께는 성안당 쇼핑몰의 포인트(3,000포인트)를 적립해 드립니다.
잘못 만들어진 책이나 부록 등이 파손된 경우에는 교환해 드립니다.